“十二五”普通高等教育本科国家级规划教材

国家级一流本科课程 “创业学”慕课配套教材

21世纪通识教育系列教材

创业学

第4版·数字教材版

贺尊 著

中国人民大学出版社
·北京·

图书在版编目（CIP）数据

创业学：数字教材版/贺尊著. --4版. --北京：中国人民大学出版社，2023.12
21世纪通识教育系列教材
ISBN 978-7-300-32469-2

Ⅰ.①创…　Ⅱ.①贺…　Ⅲ.①创业-高等学校-教材　Ⅳ.①F241.4

中国国家版本馆CIP数据核字（2024）第013069号

“十二五”普通高等教育本科国家级规划教材
国家级一流本科课程“创业学”慕课配套教材
21世纪通识教育系列教材
创业学（第4版·数字教材版）
贺　尊　著
Chuangyexue

出版发行	中国人民大学出版社		
社　　址	北京中关村大街31号	邮政编码	100080
电　　话	010－62511242（总编室）		010－62511770（质管部）
	010－82501766（邮购部）		010－62514148（门市部）
	010－62515195（发行公司）		010－62515275（盗版举报）
网　　址	http://www.crup.com.cn		
经　　销	新华书店		
印　　刷	北京市鑫霸印务有限公司	版　　次	2011年3月第1版
开　　本	787 mm×1092 mm　1/16		2023年12月第4版
印　　张	22.75 插页1	印　　次	2024年11月第3次印刷
字　　数	538 000	定　　价	69.00元

出版说明

随着信息时代的来临、经济全球化的深入与文化软实力竞争的加剧，重视大学生人文素养与创新能力的培养，提升大学生的综合素质，已成为各国教育改革与发展关注的重点和热点。人们越来越意识到：高等教育不仅要培养大学生良好的专业素质，更重要的是使得他们在走向社会之后拥有长足的自我拓展能力。只有以宽口径、厚基础、复合型为人才培养目标，才能更好地提高我国高等教育的质量，培育出适应现代社会需求的具备公民意识、社会责任感与创新精神的优秀人才。

从中外大学通识教育的实践来看，通识教育是一项系统工程，而课程体系建设始终是推进通识教育的核心任务，教材建设则又是其中的重要环节。为满足广大高校师生对高质量通识教育教材的需求，中国人民大学出版社组织多学科、多领域的专家学者，在广泛调研与深入研讨的基础上，组织编写了这套“21 世纪通识教育系列教材”，为推动高等学校通识教育教材建设进行了探索。

本套教材分为人文、政法和经管三大板块，定位为非专业统开课教材，突出“通识”的特色，强调内容阐释的“基础”和“宽度”，力求突破单纯的“专业视域”或“知识视域”，引导学生调整知识结构，拓宽文化视野，以达成人才培养效果上的“宽度”，从而实现高等教育培养复合型人才的目标。

本套教材中的每一本均由该学科领域有影响力的专家学者领衔编撰。通识教材的“基础”与“宽度”，需要特别重视教材纲目与内容的适用性、可拓展性和灵活性。唯有在该领域具有丰富教学经验及精深学术水准的名家，方能“取精用宏”“由博返约”，编撰出体现“通识”特色的高水平教材。

本套教材形式与内容和谐统一，教材内容基础适用，语言简洁生动，并辅以典型、有趣的案例、图表，轻松活泼的栏目和插图等，图文并茂，引人入胜，照顾到青年学生群体的阅读习惯。

作为出版者，我们特别希望通过加强通识教育教材建设，推进高校课程体系的融会贯通，提高学生跨学科、跨文化的理解能力，为学生未来的职业生涯与人生发展奠定良好的知识和能力基础。这套通识教育系列教材只是开始，期望更多的专家学者共襄此事，推进通识教育教学的改革与发展。

中国人民大学出版社

序 言

在高等学校开展创新创业教育，是贯彻落实党的十七大提出的建设创新型国家的重大战略举措；是深化高等教育教学改革，培养学生创新精神和实践能力的重要途径；是落实以创业带动就业，促进高校毕业生充分就业的重要手段。创新创业教育作为适应经济社会和国家发展战略需要而产生的一种教学理念与模式，有助于高校将人才培养、科学研究和社会服务紧密地结合起来，实现从注重知识向更加重视学习能力、实践能力和创新能力的转变，教育学生学会知识技能，学会动手与动脑，学会生存与生活，学会做人与做事，促进学生主动适应社会；有助于激发大学生的学习兴趣和创业热情，有助于提高大学生服务国家和人民的社会责任感，树立创立事业、成就事业，服务于社会主义现代化建设的人生观和价值观。高校作为高素质创新人才培养的重要基地，理应通过开设创业学课程的路径，引导和帮助学生参与创业学习，更有效地唤醒创业意识，培育创新精神，提升创业能力。

然而，我国高校创新创业教育的总体发展水平不高，创新创业教育融入人才培养全过程仍面临三大障碍。

一是观念性障碍。当今社会普遍存在功利性的观念，热衷于对创新创业教育进行直接的商业价值评判。即使是高校的教育管理者也大都认为，创新创业教育是针对少数大学生的创业实践和就业行为，很难真正理解其人才素质培养的内在价值，因而不愿在教学层面推进全校性的创新创业教育，将其纳入学校的人才培养规划。与此同时，功利性的价值判断也局限了许多大学生的视野，导致他们误认为创新创业教育就是能立即带来商业经济效益的活动，以至于即使接受了创新创业教育的大学生也根本没有认真学习和思考，而是急功近利，盲目跟风，停留在生存、养家、赚钱的认知层面上，不能根据自身的特点进行创业素质的训练和提升。

二是资源性障碍。师资力量薄弱，本土化的优质教材缺乏，创新创业教育的实施机构以及专项资金和工作场地供给不足，阻碍了创新创业教育在高校的普及和推广。

三是机制性障碍。尚未建立创新创业教育融入人才培养体系的制度安排。在高校，创新创业教育大都远离第一课堂和专业教学，处于较为尴尬的境地。一些学校的人才培养目标、学科建设规划、师生激励导向、质量评价体系仍然没有将创新创业教育纳入其中。高校的创新创业教育较多停留在“创业大赛”和就业指导层面，很少采取规范的课堂教学模式，由此导致创新创业教育局限在少数学生，未能实现“面向全体学生，融入人才培养全过程”的育人目标。

如今，创新创业教育之所以成为社会瞩目的热点和焦点，不仅在于它是促进就业的最积极、最有效的方式之一，更深刻的意义还在于它是推动人才成长的时代趋势。创新创业教育的有效实施，关系高等教育改革发展和大学人才培养质量，关系我国未来人才体系构建和经济社会可持续发展能力。将创新创业教育融入高校人才培养全过程，应该遵循以下三条路径。

（一）以育人为目标，科学定位高校创新创业教育

创新创业教育本质上是一种素质教育，而高校创新创业教育的核心是“育人”。因此，推进全校性创新创业教育，需要坚持以人为本的科学发展观，以学生的发展为本，着力提高学生的综合素质和职业能力，促进学生的全面发展。以“育人”为目标的创新创业教育定位，事实上是将创新创业教育纳入素质教育范畴，贯穿教育、管理、服务一体化的育人过程，培养学生拥有凭技术悟性做出决策的能力、自觉主动去做工作的能力、构建人际关系的能力、识别和把握机遇的能力、创造性地解决问题的能力，使他们在今后各种工作环境中更具灵活性和竞争力。要知道，一旦大学毕业生拥有了创业素质，他们在任何单位和机构工作都会表现非凡、出类拔萃，这对经济社会发展和个人生活质量的提高会产生良好的效果。

（二）以教学为中心，建立健全创新创业教育课程体系

高校创新创业教育是一个以教学为中心的教育体系。建立健全创新创业教育课程体系，是开展全校性创新创业教育的基础，因此要切实发挥课堂教学的基础性作用。在课堂上培养学生的创业意识、创新精神和创业能力，对任何教师而言都是一个挑战。因而，必须“以转变教育思想、更新教育观念为先导”，“以改革人才培养模式和课程体系为重点”，不仅要将创新、创业的理念融入教学之中，还应重视学科的互补性和教学的综合性，把经济学、管理学、法学、心理学、教育学等学科的相关知识融入其中，形成内容丰富、涉及面广、操作性强的创新创业教育课程体系，这样方能实现创新创业教育课堂教学的预期成果。

高素质的师资是推进全校性创新创业教育课程体系落实的关键。创新创业教育的学科特性，要求教师拥有“学者＋企业家”的素质。因此，加强创新创业教育的师资队伍建设，要做好以下四个方面的工作：一是积极引导各专业教师、就业创业指导教师开展创新创业教育的理论和案例研究，将创新创业教育有效纳入专业教育和文化素质教育之中；二是支持教师到企业挂职锻炼，鼓励教师参与社会各行业的创新创业实践；三是积极从社会各界聘请企业家、创业成功人士、专家学者等作为兼职教师，建立一支专兼结合的高素质师资队伍；四是定期组织创新创业教育的师资培训，不断提高教师教学研究与指导学生创新创业实践的水平。

研发本土化的优质创业教育教材，探索行之有效的教学模式和教学方法，是完善创新创业教育课程体系的题中应有之义。

（三）以实践为载体，着力提高大学生的创业就业能力

创新创业教育的实践性特征，决定了创新创业教育必须延伸创业实践的服务平台，通过必要的实践环节帮助大学生磨炼意志，积累经验，提高创业就业能力。因此，需要建设好创新创业教育的校内校外两个平台。

一是搭建创新创业教育的校内实践平台。一方面将创新创业教育与教学实习见习、毕业论文设计以及素质教育的第二课堂有机结合起来；另一方面建立校内大学生创业孵化基地，为学生个体和群体的创业实践提供必要的创业扶持。建立创新创业教育服务网站，加强信息交流，提供政策咨询，推介创业商机，做好创业跟踪服务和校友创业管理培训工作。

二是拓展创新创业教育的校外实践平台。拓宽校外的创业实践基地，为学生搭建社会实践的服务平台，可以使学生直观地了解企业和感知企业家精神。通过鼓励和帮助具有创业意愿的同学在不影响学习的情况下，利用课余时间和假期，尝试与社会的对接，设立和参与一些投资少、见效快、风险小的创业项目，在实践中培养学生的创新精神和创业能力。

综上所述，创新创业教育的本质回归，即创新创业教育的教育价值定位，标志着我国创新创业教育发展进入了一个新阶段。创新创业教育本身的教育性质决定了其价值的基础性和未来性。教育不像造机器和盖房子那样立竿见影，而是通过开发受教育者的潜能，使其具备未来生存和发展所需的知识、技能和创造力。构建高校创新创业教育课程体系，搭建创新创业实践平台，是培养大学生的创新精神、创业意识和创业就业能力的有效载体，是培养创新型、实用型、复合型人才的重要途径。因此，“推进课程改革，加强教材建设，建立健全教材质量监管制度”成为《国家中长期教育改革和发展规划纲要（2010—2020年）》中的重要议题，成为高校提高人才培养质量、提高教育教学水平的基本建设任务。

贺尊博士奋斗在创业教育一线，深知创业教育的核心价值所在，深感本土化教材的迫切之需，因而潜心研发。他编写的这本著作适逢其时，非常值得推荐。本书较好地吸收和借鉴了国外创业教育的丰富成果，融合中国创业教育的本土化特色，提出了创业教育课程体系的四大模块，即理解创业（U）、准备创业（P）、实施创业（I）和管理创业（M），从而构建了“UPIM”创业教育课程体系。围绕如何提高创业者的创业素质、如何寻求商业创意、如何评估创业的可行性、如何创建新企业、如何撰写创业计划、如何获取创业资金、如何呵护“婴儿期”企业健康成长等问题，揭示了创业的基本原理和方法，为大学生接受创业通识教育提供了一幅清晰的“UPIM”路线图，旨在增强大学生的创业意识和创业素质，激发他们的创新创业行为。拜读贺尊博士书稿，深为其勇于探索和孜孜不倦的精神所感动，欣然为之作序。相信本书能够大大推进具有中国特色的创新创业教育理论体系的建设，大学的创业教育和大学生的创业学习会变得更有效率和更具乐趣。

李家华

教育部高等学校创业教育指导委员会副主任委员

国际劳工组织KAB创业教育（中国）研究所所长

中国人才研究会青年人才专业委员会常务副会长

北京高校毕业生就业促进会专家委员会主席

中国青年政治学院副院长

前言

创业学作为一门研究如何思考、推理和行动的科学，要求我们“把注意力集中在识别和挖掘先前未被开发的机遇过程中”。2022年，党的二十大胜利召开，“擘画了全面建设社会主义现代化国家、以中国式现代化全面推进中华民族伟大复兴的宏伟蓝图，吹响了奋进新征程的时代号角”。我们要深刻理解：“中国式现代化，是中国共产党领导的社会主义现代化。既有各国现代化的共同特征，更有基于自己国情的中国特色。”“中国式现代化是人口规模巨大的现代化，是全体人民共同富裕的现代化，是物质文明和精神文明相协调的现代化，是人与自然和谐共生的现代化。”深入学习领会党的二十大精神，我们不难发现，现代化是囊括经济、政治、文化、社会、生态在内的系统转型和整体发展，中国式现代化既要遵循世界现代化发展的普遍规律，又要探索立足中国具体国情的现代化发展的特殊路径。可见，在“高质量发展是全面建设社会主义现代化国家的首要任务”的前提下，创业者抓住新机遇，适应新格局，发掘其中蕴藏的创业机会，显得尤为关键和迫切。

变化在，则问题在，问题在，机会就在，每一个问题都是一个机会。问题是时代的声音，回答并解决问题是理论的根本任务。创业学的任务即从问题导向入手，“由变化所引发的问题或机会将产生一个解决方案，而该方案将导致更多的变化，从而使我们面临新的现实，以及一系列新的问题或机会”①。变化为新颖且与众不同的事物的产生提供了机会。变化是创新的基础，是一切商机的重要来源，没有变化，就没有创业机会，创业者只有创新才能把握时代、引领时代，才能从环境变化里挖掘到新的创业机会。

“我们坚持把实现人民对美好生活的向往作为现代化建设的出发点和落脚点”，这一新观点、新论断、新思想、新战略、新要求，为新时代的创业者指明了方向、提供了根本遵循。

第一，中国式现代化是人口规模巨大的现代化。中国式现代化经济体量大，这意味着立足于中国式现代化的创新创业，蕴藏着巨大的市场机会和发展机会。

---

① 爱迪思．企业生命周期．北京：中国人民大学出版社，2017：9－10.

第二，中国式现代化是全体人民共同富裕的现代化。这要求我们在推进中国式现代化进程中必须坚持以人民为中心的发展思想，着力维护社会公平正义，着力促进全体人民共同富裕。在以中国式现代化全面推进中华民族伟大复兴的进程中，我们既要鼓励一部分人先富起来，多劳多得，通过勤劳致富的手段来实现富裕，也要通过以创新引领创业、以创业带动就业的机制体制，激发亿万群众的智慧和创造力，让人人享有创业就业机会。这意味着创新创业是发展的动力之源，是共同富裕之道、公平正义之计、强国之策。

第三，中国式现代化是物质文明和精神文明相协调的现代化。党的十九大报告指出，中国特色社会主义进入新时代，我国社会主要矛盾已经转化为人民日益增长的美好生活需要和不平衡不充分的发展之间的矛盾。以人民为中心的发展思想，其实就是要解决不平衡不充分的发展问题。这意味着创新创业者要从物质文明和精神文明两方面来提供产品的"价值主张"，可以是物质上的"硬产品"，在建设制造强国、质量强国、航天强国、交通强国、网络强国、数字中国等方面建功立业，在构建新一代信息技术、人工智能、生物技术、新能源、新材料、高端装备、绿色环保等一批新的增长引擎方面取得重大成果，在载人航天、探月探火、深海深地探测、超级计算机、卫星导航、量子信息、核电技术、新能源技术、大飞机制造、生物医药等方面再创辉煌；可以是精神上的"软产品"，在坚守中华文化立场，提炼展示中华文明的精神标识和文化精髓，加快构建中国话语和中国叙事体系，讲好中国故事、传播好中国声音，展现可信、可爱、可敬的中国形象方面，去努力展现中国的文化自信。

第四，中国式现代化是人与自然和谐共生的现代化。党中央高度重视绿色发展，强调人与自然和谐共生，其实解决的就是不平衡不充分的发展的问题，它不仅涉及经济方面的发展，还涉及社会方面的发展，而且包括人与自然之间的和谐共生。这意味着绿色发展理念是所有创业者必须遵循的创业逻辑和基本原则。恩格斯说："我们不要过分陶醉于我们人类对自然界的胜利。对于每一次这样的胜利，自然界都对我们进行报复。"[①] 中国式现代化，要求广大创业者秉持绿色经济的发展理念，进入一条新的、市场化的、可持续的发展之路，这将给中国经济高质量发展带来前所未有的新机遇。

我们正处在以中国式现代化全面推进中华民族伟大复兴的新征程中。现代化是包括经济、政治、文化、社会、科技深刻转型的世界发展潮流和人类进步趋势，这些综合因素的变化，产生了创造新事物的潜力，并且给新企业的诞生提供了千载难逢的机会。作为这个时代的创业者，我们要增强问题意识，聚焦实践遇到的新问题，解决人民群众急难愁盼的问题，不断发掘出真正解决问题的新产品新服务。创业者要围绕人们对有更好的教育、更稳定的工作、更满意的收入、更可靠的社会保障、更高水平的医疗卫生服务、更舒适的居住条件、更优美的环境的期盼——这些尚未满足的需求——去捕捉商机，在变化的环境趋势、需要解决的问题以及市场遗留的缝隙中寻觅创业机会。创业者要明白：新时代要求我们有通过对市场需求的敏锐观察，应用新的技术，快速整合资源创造商业价值和社会价值的能力。

习近平总书记说："一切不为人民造福的理论都是没有生命力的。"人类的历史就是一部探索科学、开发技术、发展经济的历史。创业者的历史也是一部永远用新的技术不断地

① 马克思，恩格斯．马克思恩格斯文集：第9卷．北京：人民出版社，2009.

满足人们对美好生活追求的历史。技术永远跟着人类的需求走，需求越多的地方，技术发展越活跃，经济发展也会越好。创业学永远不变的定律是：优秀的创业者用技术打造产品，用产品开拓创造市场，满足人们的需求，来创造商业价值和社会价值。

党的二十大报告首次把教育、科技、人才三者统筹谋划，强调“教育、科技、人才是全面建设社会主义现代化国家的基础性、战略性支撑”，赋予教育在全面建设社会主义现代化国家新征程中新的战略地位和历史使命。在高校着力推进创新创业教育，既是国家实施创新驱动发展战略、促进经济高质量发展的迫切需要，也是促进高校毕业生更高质量创业就业的重要举措。高校的创新创业教育应在造就数以亿计的高素质劳动者、数以千万计的专门人才和一大批拔尖创新人才中，发挥文化引领的基础性作用，摒弃急功近利的思想，不以多少学生获得创业竞赛奖作为双创教育的“KPI”①，不以多少学生成为企业的创建者来论“英雄”，而是以学生的全面发展为中心，培养其社会责任感、创新精神、创业意识和创业能力，使受过创业精神熏陶的大学毕业生拥有为自己创造机遇的能力，在任何单位和机构工作都会表现非凡、出类拔萃，能更好地适应社会，更好地为促进经济社会发展和提高人们的生活质量做出贡献。

我相信，随着高校深入推进创新创业教育，越来越多的师生已经认识到——创新创业教育是每个人职业生涯的基础教育，它融合了创意、创造、创新、合作和敢为人先的理念，对各学科和专业提高人才培养质量具有不可或缺的作用。在深入推进新工科、新医科、新农科、新文科建设，引领带动高等教育提质创新发展的今天，为在校大学生开设一两门创业教育课程，应成为高校培养创新创业复合型人才的政治自觉、思想自觉和行动自觉。

孔子说：“知之者不如好之者，好之者不如乐之者。”多年来，我“入乎创业之内”，扮演着创业者的角色，在创新创业教育路上不断前行，享受着创业路上的酸甜苦辣，对不断优化的创新创业教育生态环境有切身体验。我深知喋喋不休的说教，不如行胜于言地干点实绩出来。因此，近三年，我把时间和精力更多地放在创业学课程与教材建设中，放在创业科普的社会活动中。创业成了我生活的主旋律，我乐此不疲地奔跑在创新创业教育的路上。

创新创业教育本质上是素质教育。发展素质教育，全面贯彻党的教育方针，落实立德树人根本任务，培养德智体美劳全面发展的社会主义建设者和接班人，把社会主义核心价值观融入教材、课堂和头脑，发挥“铸魂育人”的作用，让创新创业科普知识更大范围、更高层次、更深程度地惠及广大创业者，是每个创业教育者应有的政治责任和使命担当。

科技是第一生产力、人才是第一资源、创新是第一动力，深入实施科教兴国战略、人才强国战略、创新驱动发展战略，开辟发展新领域新赛道，不断塑造发展新动能新优势，归根结底需要把创新创业教育融入高校人才培养全过程中。其中，教材是人才培养的主要剧本，教学改革改到实处是教材。尺寸教材，国之大者。教材建设是国家事权，体现国家意志，是事关未来的战略工程、铸魂育人的基础工程。为贯彻党的二十大报告提出的“加强教材建设和管理”要求，我们成立了“新时代党的创新理论有机融入高校创业教育教材

① KPI 是“key performance indicator”的缩写，即关键绩效指标。

体系的构建研究”课题组，旨在将党的二十大精神有机融入创业学教材，融入人才培养全过程。

自 2008 年首次开设创业学课程以来，我们紧跟时代步伐，孜孜不倦地对创业学教材进行修订。从 2011 年第 1 版、2015 年第 2 版、2020 年第 3 版，直到现在的第 4 版，我们始终坚持求真务实的精神，一切从中国国情出发，着眼解决新时代改革开放和社会主义现代化建设的实际问题，围绕如何回答“中国之问、世界之问、人民之问、时代之问”，去努力解答“符合中国实际和时代要求”的“创业之问”，努力探索符合中国特色的创新创业教育的规律和教材体系，形成与时俱进的创业学理论成果，更好地指导中国大学生的创新创业实践，培养更多更好的“科学技术发明创造人才”，破解“钱学森之问”。①

当前，世界之变、时代之变、历史之变正以前所未有的方式展开。唯有矢志不渝、笃行不怠，方能不负时代。

这次修订在保持“UPIM”创业教育课程体系基本框架不变的同时，对每一章都进行了认真修订和补充。主要体现在以下四个方面：

第一，明确教材编写的指导思想，把习近平新时代中国特色社会主义思想进教材作为本次修订工作的重中之重。坚持以习近平新时代中国特色社会主义思想为指导，深入贯彻党的二十大精神，全面贯彻党的教育方针，落实立德树人根本任务，坚持和弘扬社会主义核心价值观，遵循创业教育教学规律和人才培养规律，坚持理论联系实际，守正创新，加强学科交叉，秉承为党育人、为国育才的使命，为培养德智体美劳全面发展的社会主义建设者和接班人提供坚强支持。

党的二十大报告指出，“完善中国特色现代企业制度，弘扬企业家精神，加快建设世界一流企业”。基于此，我们在教材编写过程中，增设了“新时代呼唤企业家精神”的内容，意在强调企业家是新时代发展创新型经济、建设创新型国家和世界科技强国的重要力量；增加“给电动车车座‘补窟窿’”“如何挣到更多的钱?”“需求层次理论与产品设计原则”等小贴士，旨在将劳动精神、奋斗精神、奉献精神、创造精神、勤俭节约精神融入教材，为培养担当中华民族复兴大任的时代新人提供智力支持。

中华优秀传统文化源远流长、博大精深，是中华文明的智慧结晶，其中蕴含的天下为公、民为邦本、为政以德、革故鼎新、任人唯贤、天人合一、自强不息、厚德载物、讲信修睦、亲仁善邻等，是中国人民在长期生产生活中积累的宇宙观、天下观、社会观、道德观的重要体现。在这次修订中，通过“创新＝发明创造 x 商业化”“创业是培养创业思维还是设计思维?”“U 盘诞生记”“清单革命：持续、正确、安全地把事情做好的方法”“数字伦理的塑造”等内容充分展现优秀传统文化。

第二，创新教材呈现方式，把数字教材建设作为本次修订工作的重要任务。数字教材建设是我国教材建设的重要组成部分，具有引领教育数字化变革的力量，承载着数字时代人才培养的使命。本版呈现的数字教材，是满足学生个性化学习需求的产物，它不是纸质

① 2005 年，我国著名科学家钱学森指出：“现在中国没有完全发展起来，一个重要原因是没有一所大学能够按照培养科学技术发明创造人才的模式去办学，没有自己独特的创新的东西，老是‘冒’不出杰出人才，这是很大的问题。”这便是著名的“钱学森之问”。参见：中共中央宣传部理论局．中国式现代化面对面．北京：学习出版社，2023：74.

教材的镜像呈现，而是以传统纸质教材为参照体系和基本依托，以数字平台和数字技术为支撑，结合已有的教材体系和国家级一流本科课程“创业学”线上资源而形成的特殊形态的教材。在数字教材建设过程中，我们构建了创业学的知识图谱，为学生提供海量的教育资源，在某种程度上打破了知识和学习的边界，无论学生身处何地，在任何时间都能够借助网络数据库获取需要的学习资源；同时还注重不同学科内容之间的整合和关联，力图以跨学科的教学活动培养学生的核心素养。另外，为了满足学生个性化学习的需求，师生可根据教育教学活动的实际需求，从“一纲多本”的数字教材中定制自己专属的数字教材，真正实现一个学生一张课表、一份学习计划，根据学习需求动态调整学习内容。这样做，不仅拓宽了教学时空，丰富了教学内涵，同时还有助于提高学生的学习效率。

第三，重新编写“商业模式的开发”“新创企业的管理要务”等章节内容，尤其对“精益创业画布”“商业模式画布”等概念有了新的见解。围绕商业模式画布建立的业务要优于通过其他方式建立的业务，因此对商业模式画布的理解以及在现实中将正确的部分组合在一起的能力，与产品或已设计的解决方案同样重要。就如同不投资于训练设施、教练和重要的赛事，而仅大量投资于体育人才的培养一样，不了解商业模式创新具有巨大的风险。同时，书中增加了“好的商业模式源自微创新”“创业计划是管理工具吗?”“创业营销的定价方略”“新创企业的弹性用工体系”“有效运用员工延迟的技巧”等小贴士，既与阅读材料相互补充，又进一步凸显本书以培养学生的创新精神和实践能力为重点的育人价值。

第四，顺应数字经济发展。人工智能时代最大的风险不是 AI 技术本身，而是忽视对 AI 技术价值的深度挖掘。新机会产生于利用与探索、发现与创造，以及过去、现在与未来之间的迭代互动之中。作为创新创业教育研究者，更要充分利用人工智能技术赋能教育教学，进而更好地培养学生创新创业能力，提升学生跨界思考和解决问题的能力。本书还增加了“人工智能助推创新创业”“中国数字经济方兴未艾”等小贴士，使数字经济的气息更加浓郁。

总的来看，经过修订，本教材在思想性、系统性、科学性、逻辑性、生动性、先进性、趣味性等方面得到了较大提升。教材依据“结构合理、内容新颖、知识融通、体系完备、资源丰富”的编写思路，以构建新兴交叉学科为切入点，推动创业学与经济学、管理学、法学、社会学等学科知识体系深度融合，为数字化创新创业教育教材体系建设作出应有贡献。同时推动教学改革新成果、学科专业发展新成就进教材，在教学方法和手段方面吸收国内外最新研究成果和研究动态，反映人才培养模式和教学改革的新趋势，便于教师开展混合式教学。

十五年来，很多从事创新创业教育的同行专家给我提供了很好的建议和帮助，很多使用本教材的老师，以及从事创新创业教育的同行专家给予我诸多智慧，在此，我要特别感谢他们（排名不分先后）：

丁红艳	新疆师范大学	葛建新	中央财经大学
李燕萍	武汉大学	张　宇	武汉纺织大学
马　丁	太原理工大学	赵丽梅	北京工业大学耿丹学院
王艳茹	中国社会科学院大学	汪小勤	华中科技大学
王一帆	西南交通大学	黎精明	武汉科技大学

王　超　武汉理工大学
张瑞琴　武汉设计工程学院
田　馨　贵州大学
李秉强　江西科技师范大学
毛　羽　华中科技大学
赵立军　三峡大学
邓立治　北京科技大学
卢绍伟　武汉科技大学
刘志阳　上海财经大学
刘　虹　武汉轻工大学
谢　静　中国石油大学（北京）
李　瑜　湖北经济学院
郭少东　河南工业大学
汪汝武　武汉科技大学
罗　航　武汉学院
徐　敏　华中师范大学
何中兵　哈尔滨工业大学
汪红梅　西北农林科技大学
叶　敏　湖北经济学院
汪　忠　湖南大学
张模蕴　湘潭大学
张晓梅　温州商学院
张　樊　湖北文理学院
张　桢　四川师范大学
张慧玉　浙江大学
邓汉慧　中南财经政法大学
陈建兰　广州工商学院
陈　昀　湖北经济学院
周丽霞　山西医科大学
白双瑞　吉林大学珠海学院
王　进　延安大学
梁　爽　重庆第二师范学院
熊广勤　中南财经政法大学
高德勇　兰州交通大学
何科方　武汉轻工大学
张　玲　湖北科技学院
陈　杰　贵州师范大学
焦亚冰　山东女子学院
李　英　南昌理工学院
王奕雪　云南民族大学
孙　杰　武汉纺织大学
潘泽江　中南民族大学
赵　君　武汉纺织大学
崔庆新　南开大学
严海宁　南昌航空大学
彭华涛　武汉理工大学
凡蓉蓉　武汉纺织大学
罗　兰　贵州大学
谢圭凡　贵州大学
覃　彪　西安石油大学
祁明德　广东工业大学
董永辉　湖北理工学院
曲　乐　青岛科技大学
谢文模　湖北经济学院
梅贤臣　湖北科技学院
姜家磊　徐州工学院
韩文思　中南民族大学
苏亚民　中南民族大学
童泽平　武汉科技大学
贺迎九　湖北轻工职业技术学院
刘昭晖　滇西应用技术大学
程胜利　宁夏大学
陶金元　北京联合大学
高杰英　首都经济贸易大学
吴建军　中南财经政法大学
曾　璇　华南农业大学
王　泉　湖北师范大学
吴　迪　四川大学
于春杰　临沂大学
贾振立　玉溪师范学院
梁永康　延安大学
刘宏山　辽宁大学
杜宏博　贵州师范学院
范振坤　山东管理学院
王　雪　海口经济学院
杨　芳　中南大学
缪　勇　湖北汽车工业学院
鞠志红　长春工业大学人文信息学院
李军鹏　合肥工业大学
施永川　温州大学
任素梅　乐山师范学院
徐　伟　中央民族大学

我要感谢中国高校创新创业教育联盟秘书处执行主任虞苍壁博士、学术部副部长徐杨巧博士，以及中国高校创新创业教育研究中心的工作人员和专家。感谢他们一直以来对我创业学教学研究工作的认可和鼓励，对湖北省创业研究会工作的鼎力支持。

我要感谢武汉科技大学校的领导和同事，他们是：倪红卫教授、孙国胜教授、吕勇教授、袁年兴教授、李莉教授、周冶芳教授、叶蓓教授、程毓主任编辑等。他们一直以来关心我的创业学教研工作，是我耕耘创业教育十余年的动力之源。

我要感谢湖北省创业研究会的领导，他们是：张卫东教授（华中科技大学）、张云川教授（武汉科技大学）、周运兰教授（中南民族大学）、李正旺教授（武汉纺织大学）、肖静教授（武汉理工大学）、张维纯教授（湖北中医药大学），及研究会理事和会员，以及湖北省社会科学界联合会许巍、祝金华等领导。他们的大力支持和信任，使得我们在推动创新创业成为生活方式和人生追求的进程中能够发挥出我们应有的作用和价值。

我要感谢“创业学”课程团队成员，她们是：谢韵典博士、何珊珊博士、丁莹博士，正是她们的不懈努力，才使得“创业学”课程在第三届湖北省高校教师教学创新大赛获得二等奖，在第五届全国高校混合式教学设计创新大赛斩获一等奖。

我要感谢我的研究生牛佳丽、王文勤、韩嘉豪、赵迎晨、王心惠、吕志梅、何小蝶等，以及在国家高等教育智慧教育平台、中国大学 MOOC、智慧树、学堂在线、优课联盟、学银在线等平台学习“创业学”课程的近 8 万大学生。我对他们取得的成绩既惊讶又高兴，因自己所传授的知识得到他们的认可而欣慰。

我要感谢我的家人，正是他们的理解和支持，才使修订工作得以顺利完成。

在本书出版之际，要特别感谢中国人民大学出版社管理出版分社的诸位编辑，他们为本书的修订付出了辛勤劳动。

本书的修订工作历时一年。全书由贺尊负责设计撰写提纲、总撰和统稿，具体分工：赵迎晨撰写“创新创业环境日益宽松”相关内容；王文勤撰写小贴士“U 盘诞生记”；贺嘉贝撰写第 2 章和第 3 章；谢韵典撰写第 6 章；其余章节由贺尊撰写完成。

最后，希望广大读者对本书提出批评和建议。

我的邮箱地址是 hezun66@163.com，微信号 wustzun。

贺 尊

目 录

第3篇 实施创业（I）

第4篇 管理创业（M）

第1章

导论：走进创业新时代

我们正处在一场静悄悄的大变革中——它是全世界人类创造力和创业精神的胜利。我相信它对21世纪的影响将等同或超过19世纪和20世纪的工业革命。

——杰弗里·蒂蒙斯（Jeffry A. Timmons）

永远不要怀疑，一小群拥有梦想和承诺的人可以改变这个世界。

——玛格丽特·米德（Margaret Mead）

》问题导入

1. 创业经济为什么会风靡全球？
2. 创业活动为什么在我国日益活跃？
3. 双创教育如何引领未来？

第1节 创业经济风靡全球

所有迹象都表明，21世纪将是创业经济大发展的时代。尤其是集知识、技术、管理、资本和创新驱动于一体的创业经济，对我国加快转变发展方式、优化经济结构、转换增长动力、促进社会就业，具有十分重大的现实意义。创新创业已成为经济高质量发展的重要引擎，成为一种价值导向、一种生活方式、一种人生追求。不难预见，随着世界各国和地区纷纷奏响创业经济的号角，创业经济必将风靡全球。

一、创新创业是经济发展的“发动机”

创新创业对一个国家和地区的经济发展具有巨大的推动作用。正如美国创业管理大师拉里·法雷尔（Larry Farrell）所言：“创业精神是国家繁荣的驱动力……政府从未像现在这样热衷于发展‘创业型经济’以开发就业机会，促进经济增长。”[①] 当今，美国超过95%的财富是创业一代自1980年创造出来的。进入21世纪，美国成年人（18～64岁）中大约有10%准备开办新企业，每年创办的新企业有9万多家，仅硅谷就聚集了7 000多家高科技公司，每天都有数十项技术成果衍生为技术创业型企业。

随着我国资源环境约束日益强化，要素的规模驱动力逐步减弱，传统的高投入、高消耗、粗放式发展方式难以为继，经济发展进入新常态，需要从要素驱动、投资驱动转向创新驱动。大力推进大众创业万众创新，支持各类市场主体不断开办新企业、开发新产品、开拓新市场，培育战略性新兴产业，有助于形成小企业“铺天盖地”、大企业“顶天立地”的发展格局，有助于实现以创新驱动实体经济高质量发展。在整个经济体系中，我国民营经济贡献了50%以上的税收、60%以上的国内生产总值、70%以上的技术创新成果、80%以上的城镇劳动力就业、90%以上的企业数量。[②]

回顾中国改革开放40多年的发展历程，具有创新创业精神的企业家为我们提供了新产品[③]，使我们的生活越来越美好，使我们的工作越来越有效率。全球创业观察（Global Entrepreneurship Monitor，GEM）的一项调查显示：中国青年人（18～44岁）的创业总体活跃程度在接受观察的70个国家和地区中排名22，创业活跃程度超出平均水平，在世界范围处于活跃地位。“80后”成为青年创业者的主力军，早期创业活动指数为21.34%，“90后”创业者的早期创业活动指数为14.32%。[④] 随着大众创业万众创新深入推进，我国日均新设企业超过1.8万户，市场主体总量超过1亿户。[⑤] 总之，创新创业已成为中国乃至世界各国和地区经济发展的“发动机”。

---

① 法雷尔．创业时代：唤醒个人、企业和国家的创业精神．北京：清华大学出版社，2006：导言．

② 习近平连续力挺民营经济，政策信号越来越强．（2018-11-03）．https://baijiahao.baidu.com/s?id=1616085620265874308&wfr=spider&for=pc.

③ 本书所使用“产品”一词，一般包含产品和服务。

④ 全球创业观察报告（2014）．（2015-01-31）．http://www.cye.com.cn/chuangyezixun/chuangyexinwen/201501312272030.htm.

⑤ 2019年政府工作报告．http://www.gov.cn/zhuanti/2019qglh/2019lhzfgzbg/index.htm.

二、创新创业是技术创新的“孵化器”

创业的核心和本质就是创新。创新支撑着创业，创业是创新的重要体现形式。成功的商业创业者善于抓住市场潜在的盈利机会，以获取商业利益为目标，重新整合资源，配置生产要素，通过创办组织，承担市场风险，建立起效能更强、效率更高和成本更低的生产运作系统，从而推出新产品、新工艺、新方法、新服务，开辟新市场、获得新资源，开展科技、商业和金融等方面的一系列创业经济活动。以美国为例，20 世纪 90 年代以来，创新型小企业承担了美国全部创新的 67%，成为美国技术创新的重要推动者。就中国而言，2012 年出口总量的 68%来自那些只有不到 2 000 名员工的公司。[①] 许多技术型创业企业已成为创新驱动发展的中坚力量，“中国制造”所焕发出的创造力，不仅成为中国经济发展的脊梁，更成为世界经济发展的最大推动者。可见，创新创业已成为世界各国和地区实现技术创新的“孵化器”。

三、创新创业是社会就业的“增容器”

就业是民生之本、财富之源，是最基本的民生。创业是发展之基、就业之源。我国 80%以上的就业机会来自中小企业。就美国而言，就业机会大多是由创业企业提供的，创业型就业是美国就业政策成功的核心。尤其在大企业进行大规模裁员时，中小企业在稳定就业方面发挥了十分重要的作用。如在 20 世纪 90 年代，美国的大企业裁掉了 600 多万个岗位，失业率却降到历史最低水平，这得益于创业企业所做出的就业贡献。

我国有 14 亿人口、9 亿多劳动力资源，每年高校毕业生、农村转移劳动力、城镇就业困难人员、退役军人数量较大，虽然人力资源转化为人力资本的潜力巨大，但就业总量压力较大，结构性矛盾凸显。推进大众创业，就是要通过转变政府职能，建设服务型政府，营造公平竞争的创业环境，使有梦想、有意愿、有能力的科技人员、高校毕业生、农民工、退役军人、失业人员等各类市场创业主体“如鱼得水”，通过创业增加收入，让更多的人富起来，促进收入分配结构调整，实现创新支持创业、创业带动就业的良性互动发展。

创新创业成为我国稳增长、促改革、调结构、惠民生、防风险、保稳定的重要举措，有利于不断增强创业者与就业者的获得感、幸福感、安全感。当前，打造大众创业万众创新的“升级版”，其目的就是要鼓励创业者通过创业实现自我雇佣的同时，吸纳更多求职者就业，就是要发挥创业带动就业的倍增效应，使创新创业成为全社会的价值追求，成为社会就业的巨大“增容器”。

---

① 吴晓波，雷李楠．中国为什么需要更多的“隐形冠军”？．哈佛商业评论（中文版），2019（7）．

第2节 创新创业赢在中国

我们正处在一个创新创业环境日益宽松、创新创业机会日趋增多的新时代。发展创业经济，不仅是建设创新型国家的重要举措，还是中国在21世纪全球经济战中赢得胜利的重要法宝。

一、创新创业环境日益宽松

为了加快实施创新驱动发展战略，积极响应党中央、国务院关于推进大众创业万众创新的号召，主动适应和引领经济发展新常态，打造经济发展新引擎，整合创新创业要素，搭建为市场主体服务的平台，引导更广泛的社会资源支持创新创业，国家和地方政府出台了很多支持和促进创业行动的政策和法律法规。在这些“政策红利”的推动下，我国跨入了前所未有的创新创业“快车道”。这些有助于优化创新创业环境的政策主要体现在利基创业扶持政策、新创企业支持政策以及中小企业延伸政策三方面。[①]

（一）利基创业扶持政策

我国的利基（niche）创业扶持政策主要是针对特殊人群提供一系列创业扶持措施，旨在激励特定人群增加创业活动，包括技术型利基创业政策和弱势群体利基创业政策两方面。

1. 技术型利基创业政策

技术型利基创业政策一般扶持那些拟创办技术型企业的科研工作者、发明者、大学毕业生等群体，旨在促进最具成长潜力的高科技型企业的创建和成长。我国技术型利基创业政策主要是鼓励大学生创业的优惠政策和创办高科技企业的优惠政策。

（1）鼓励大学生创业的优惠政策。

为鼓励大学生自主创业，国务院办公厅先后出台了《关于深化高等学校创新创业教育改革的实施意见》（国办发〔2015〕36号）、《关于进一步支持大学生创新创业的指导意见》（国办发〔2021〕35号）、《关于进一步做好高校毕业生等青年就业创业工作的通知》（国办发〔2022〕13号）等文件，给予大学生创业资金、税费、社会服务等方面的扶持。如从落实普惠金融政策方面，要求“将高校毕业生个人最高贷款额度提高至20万元，对10万元以下贷款、获得设区的市级以上荣誉的高校毕业生创业者免除反担保要求；对高校毕业生设立的符合条件的小微企业，最高贷款额度提高至300万元”[②]。从落实落细减税降费政策方面看，“高校毕业生在毕业年度内从事个体经营，符合规定条件的，在3年内按一定限额依次扣减其当年实际应缴纳的增值税、城市维护建设税、教育费附加、地方教育附加和个人所得税；对月销售额15万元以下的小规模纳税人免征增值税，对小微企业和个

① 全球创业型经济研究报告. http://www.docin.com/p-1686406989.html.

② 国务院办公厅关于进一步支持大学生创新创业的指导意见.（2021-10-12）. http://www.gov.cn/zhengce/content/2021-10/12/content_5642037.htm.

体工商户按规定减免所得税”[①]。在社会服务方面，要求“充分发挥大学科技园、大学生创业园、大学生创客空间等校内创新创业实践平台作用，面向在校大学生免费开放，开展专业化孵化服务。结合学校学科专业特色优势，联合有关行业企业建设一批校外大学生双创实践教学基地，深入实施大学生创新创业训练计划”[②]。“各地区、各高校要建立健全学生创业指导服务专门机构，做到‘机构、人员、场地、经费’四到位，对自主创业学生实行持续帮扶、全程指导、一站式服务”[③]。在创新创业信息服务方面，“大力宣传加强高校创新创业教育的必要性、紧迫性、重要性”，“及时总结推广各地各高校的好经验好做法，选树大学生创新创业成功典型，丰富宣传形式，培育创客文化，努力营造敢为人先、敢冒风险、宽容失败的氛围环境”[④]。由此可见，国家有关部门出台了一系列促进高校毕业生创业的优惠政策，涉及融资、开业、税收、创业培训、创业指导等诸多方面，将有力推动大学生自主创业和灵活就业步入快车道。

（2）创办高科技企业的优惠政策。

创办高科技企业的优惠政策主要体现在金融支持、税收优惠、产业集群发展等方面。例如，《关于新时期支持科技型中小企业加快创新发展的若干政策措施》（2019年）的文件中明确要求“鼓励各级地方政府设立支持科技型中小企业技术研发的专项资金”[⑤]；《中国银保监会关于银行业保险业支持高水平科技自立自强的指导意见》（2021年）的文件中要求“积极支持科技企业直接融资。在依法合规、风险可控、商业自愿前提下，支持商业银行具有投资功能的子公司、保险机构、信托公司等出资创业投资基金、政府产业投资基金等，为科技企业发展提供股权融资”[⑥]。税务总局围绕创新创业的主要环节和关键领域梳理了相关税费优惠政策措施，覆盖企业整个生命周期，优惠内容包括：国家重点扶持的高新技术企业减按15%税率征收企业所得税，“自2018年1月1日起，当年具备高新技术企业或科技型中小企业资格（以下统称资格）的企业，其具备资格年度之前5个年度发生的尚未弥补完的亏损，准予结转以后年度弥补，最长结转年限由5年延长至10年”[⑦]，同时还通过集群式创业的方式，增强创业企业对信息、社会网络、孵化平台等资源的可获得性。例如，《关于科技企业孵化器 大学科技园和众创空间税收政策的通知》（2018年）和《科技部关于印发〈科技企业孵化器管理办法〉的通知》（2018年）等文件，针对科技企业孵化器的管理提出了指导性的意见：“自2019年1月1日至2021年12月31日，对国家级、省级科技企业孵化器、大学科技园和国家备案众创空间自用以及无偿或通过出租等方

① 国务院办公厅关于进一步支持大学生创新创业的指导意见．(2021-10-12). http://www.gov.cn/zhengce/content/2021-10/12/content_5642037.htm.

② 同①.

③ 国务院办公厅关于深化高等学校创新创业教育改革的实施意见．(2015-05-04). http://www.gov.cn/gongbao/content/2015/content_2868465.htm?url_type=39&object_type=webpage&pos=1.

④ 同③.

⑤ 科技部印发《关于新时期支持科技型中小企业加快创新发展的若干政策措施》的通知．(2019-08-09). https://www.most.gov.cn/xxgk/xinxifenlei/fdzdgknr/fgzc/gfxwj/gfxwj2019/201908/t20190809_148275.html.

⑥ 中国银保监会关于银行业保险业支持高水平科技自立自强的指导意见．(2021-12-04). https://www.gov.cn/zhengce/zhengceku/2021-12/04/content_5655806.htm.

⑦ 财政部 税务总局关于延长高新技术企业和科技型中小企业亏损结转年限的通知．(2018-07-11). http://www.chinatax.gov.cn/n810341/n810755/c3578182/content.html.

式提供给在孵对象使用的房产、土地，免征房产税和城镇土地使用税；对其向在孵对象提供孵化服务取得的收入，免征增值税。”① “孵化器应加强服务能力建设，利用互联网、大数据、人工智能等新技术，提升服务效率。有条件的孵化器应形成‘众创-孵化-加速’机制，提供全周期创业服务，营造科技创新创业生态。”②

2. 弱势群体利基创业政策

我国的弱势群体利基创业政策主要是针对下岗失业人员、残疾人、农民工、退役军人等群体给予创业扶持，帮助他们克服创业中可能遇到的困难，提高他们的创业积极性。③

我国政府一直非常重视下岗职工的再就业问题，将创业作为促进下岗职工再就业的有效途径。一是给予创业资金的扶持。“登记失业人员自主创业或合伙创业，除助学贷款、扶贫贷款、住房贷款、购车贷款、5万元以下小额消费贷款（含信用卡消费）以外，本人及其配偶没有其他贷款的，可申请创业担保贷款。贷款额度不超过20万元，贷款期限不超过3年。合伙创业的，可根据合伙创业人数适当提高贷款额度，最高不超过符合条件个人贷款总额度的10%。还款积极、带动就业能力强、创业项目好的借款个人，还可继续享受创业担保贷款贴息。”④ 二是给予税收减免优惠政策。《关于进一步支持和促进重点群体创业就业有关税收政策的通知》（财税〔2019〕22号）以及《关于做好失业保险稳岗位提技能防失业工作的通知》（人社部发〔2022〕23号）等文件均提及对失业人员作出相应补贴，如“自办理个体工商户登记当月起，在3年（36个月，下同）内按每户每年12 000元为限额依次扣减其当年实际应缴纳的增值税、城市维护建设税、教育费附加、地方教育附加和个人所得税”⑤。三是提供创业管理方面的服务。要求各地结合实际情况，为下岗失业人员再就业安排适当经营场所，提供开业指导、相关政策咨询和创业培训等服务。登记失业人员参加职业技能培训，可按规定享受职业培训补贴、职业技能鉴定等政策。

针对其他弱势群体也有相关政策，如《全国妇联关于开展创业创新巾帼行动的意见》（2017年）指出：“用好扶持妇女创业创新政策。发挥妇女小额担保贷款、创业担保贷款等金融政策作用，支持妇女创办新型小微企业，加大信贷扶持服务力度。发挥现有政策的集成效应，引导妇女更多享有商事制度改革、税费减免、小微企业发展、电子商务、返乡人员创业等扶持政策。”《退役军人事务部等21部门关于支持退役军人创业创新的指导意见》（2022年）指出：“做好创业服务……要积极协调各部门资源，发挥就业创业指导团队、行业协会商会等社会力量作用，提供权威政策解读、个性化资源匹配等服务，助力企

① 关于科技企业孵化器 大学科技园和众创空间税收政策的通知．(2018-11-05). http://www.gov.cn/xinwen/2018-11/05/content_5337692.htm.

② 科技部关于印发《科技企业孵化器管理办法》的通知．https://www.gov.cn/gongbao/content/2019/content_5380370.htm.

③ 这些群体参与创业活动通常可以增强个人的技能、自信和自尊心，并通过新的网络关系增加社会资本。因此，他们通过创业活动不仅有可能获得经济上的成功，而且即使他们最终没有获得经济利益，创业经验仍然可能是他们摆脱社会孤立和弱势地位的第一步。

④ 登记失业人员就业创业扶持政策清单．(2020-10-14). https://www.gov.cn/xinwen/2020-10/14/content_5551175.htm.

⑤ 财政部 税务总局 人力资源社会保障部 国务院扶贫办关于进一步支持和促进重点群体创业就业有关税收政策的通知．(2019-02-02). http://www.gov.cn/gongbao/content/2019/content_5419231.htm? ivk_sa=1024320u.

业纾困解难、发展壮大，带动更多退役军人就业。”《关于扶持残疾人自主就业创业的意见》（2021 年）指出：“残疾人个人申请创业担保贷款、康复扶贫贴息贷款，贴息部分按照《财政部关于印发〈普惠金融发展专项资金管理办法〉的通知》（财金〔2016〕85 号）等规定进行贴息。残疾人自主创业、灵活就业的经营场所租赁、启动资金、设施设备购置符合规定条件的，可由各地给予补贴和小额贷款贴息。”

（二）新创企业支持政策

新创企业支持政策旨在从创业扶持政策和构建创业服务体系等方面，降低创业成本，以帮助创业者创办新企业。

1. 创业扶持政策

党的二十大报告明确指出：“完善促进创业带动就业的保障制度，支持和规范发展新就业形态……加强灵活就业和新就业形态劳动者权益保障。”自主创业作为灵活就业的一种形式，已经成为就业市场的一大趋势。随着数字经济的健康发展，新就业形态，例如直播带货、云客服、网约配送、快递收寄等在城镇、乡村都创造了大量就业岗位。据国家统计局相关数据，截至 2021 年底，中国灵活就业人员已经达到 2 亿人。国家希望充分发挥创业带动就业的倍增效应，“聚焦高校毕业生、农民工等群体创业需求，支持其创办投资少、风险小的创业项目，从事创意经济、个性化定制化文化业态等特色经营”①。

2. 构建创业服务体系

为鼓励、培育更多有创业意愿和创业能力的创业者，营造一个劳动者勇于创业、政府扶持创业、全社会促进创业的氛围，走出一条通过扶持劳动者创业、实现自身就业的同时带动更多的劳动者就业的新路子，各级政府部门积极构建创业服务体系，成立了专门的创业指导服务机构，建立了由企业家、专家学者及政府工作人员组成的创业天使导师服务队伍，为广大创业者提供创业指导的“绿色通道”，在项目开发、方案设计、风险评估、开业指导、融资服务、跟踪扶持等方面提供“一条龙”的创业服务；搭建全民创业信息服务平台，为全民创业提供政策法规、投资信息、创业项目、创业培训、创业诊断服务和指导；依托创业园区、再就业基地，建立创业实训基地，构建创业孵化基地、大学生创业园、科技孵化示范基地等创业平台和载体。

《国务院关于加快构建大众创业万众创新支撑平台的指导意见》指出：“大力发展专业空间众创。鼓励各类科技园、孵化器、创业基地、农民工返乡创业园等加快与互联网融合创新，打造线上线下相结合的大众创业万众创新载体。鼓励各类线上虚拟众创空间发展，为创业创新者提供跨行业、跨学科、跨地域的线上交流和资源链接服务。鼓励创客空间、创业咖啡、创新工场等新型众创空间发展，推动基于‘互联网＋’的创业创新活动加速发展。”众创、众包、众扶、众筹等四众平台，“有效拓展了创业创新与市场资源、社会需求的对接通道，搭建了多方参与的高效协同机制，丰富了创业创新组织形态，优化了劳动、信息、知识、技术、管理、资本等资源的配置方式，为社会大众广泛平等参与创业创新、共同分享改革红利和发展成果提供了更多元的途径和更广阔的空间”。“加快商事制度改革，支持各地结

---

① 国务院办公厅关于优化调整稳就业政策措施全力促发展惠民生的通知．(2023-04-26). http: //www.gov.cn/zhengce/zhengceku/2023-04/26/content_5753299.htm.

合实际放宽新注册企业场所登记条件限制，推动‘一址多照’、集群注册等住所登记改革，为创业创新提供便利的工商登记服务。”① 建立创业服务的担保体系，形成以政府投入为引导、企业投入为主体、民间资本和社会各方面共同参与、运作规则、监控有效的企业信用担保体系。这些创业服务体系的建立，极大地优化了创业环境，促进了新企业的创建。

（三）中小企业延伸政策

中小企业延伸政策是针对已存在的中小企业提供环境政策、金融服务政策、技术创新政策、税收优惠政策等。

1. 环境政策

为营造良好的创业氛围，我国提出要为中小企业营造良好发展环境，要求进一步放宽市场准入条件。坚决破除各种不合理门槛和限制，在市场准入、审批许可、招标投标、军民融合发展等方面，打造公平竞争环境，提供充足市场空间。不断缩减市场准入负面清单事项，推进“非禁即入”普遍落实，最大限度实现准入便利化。进一步深化对中小企业的“放管服”改革，继续推进商事制度改革，推动企业注册登记、注销便利化。推进环评制度改革，落实环境影响登记表备案制，将项目环评审批时限压缩至法定时限的一半。落实好公平竞争审查制度，营造公平、开放、透明的市场环境，清理废除妨碍统一市场和公平竞争的各种规定和做法。主动服务企业，对企业发展中遇到的困难，“一企一策”给予帮助。“创新监管方式，寓监管于服务之中。避免在安全、环保等领域微观执法和金融机构去杠杆中对中小企业采取简单粗暴的处置措施。深入推进反垄断、反不正当竞争执法，保障中小企业公平参与市场竞争。坚决保护企业及其出资人的财产权和其他合法权益，任何单位和个人不得侵犯中小企业财产及其合法收益。严格禁止各种刁难限制中小企业发展的行为，对违反规定的问责追责。”② 财政部在《关于进一步加大政府采购支持中小企业力度的通知》中明确要“规范资格条件设置，降低中小企业参与门槛……要严格按规定及时支付采购资金，不得收取没有法律法规依据的保证金，有效减轻中小企业资金压力”，“调整对小微企业的价格评审优惠幅度”③，提高政府采购工程面向中小企业预留份额从而促进中小企业成长，为我国中小企业的发展提供更加轻松的资金环境。

2. 金融服务政策

为了给中小企业营造更加宽松的金融环境，要“加大金融政策支持力度，着力提升对民营企业金融服务的针对性和有效性”“强化融资服务基础设施建设，着力破解民营企业信息不对称、信用不充分等问题”“完善绩效考核和激励机制，着力疏通民营企业融资堵点”“积极支持民营企业融资纾困，着力化解流动性风险并切实维护企业合法权益”④，帮助中小企业健康快速发展。

---

① 国务院关于加快构建大众创业万众创新支撑平台的指导意见．（2015－09－26）．http：//www.gov.cn/zhengce/zhengceku/2015－09/26/content_10183.htm.

② 中共中央办公厅 国务院办公厅印发《关于促进中小企业健康发展的指导意见》．（2019－04－07）．http：//www.gov.cn/zhengce/2019－04/07/content_5380299.htm.

③ 关于进一步加大政府采购支持中小企业力度的通知．（2022－05－30）．http：//gks.mof.gov.cn/guizhangzhidu/202205/t20220531_3814923.htm.

④ 中共中央办公厅 国务院办公厅印发《关于加强金融服务民营企业的若干意见》．（2019－02－14）．http：//www.gov.cn/zhengce/2019－02/14/content_5365818.htm.

3. 技术创新政策

2020 年我国科技部印发重磅政策，面向影响国家长远发展、产业安全、全球竞争的细分关键技术领域，布局建设领域类国家技术创新中心。2021 年财政部办公厅、知识产权局办公室发布《关于实施专利转化专项计划助力中小企业创新发展的通知》，该通知要求“贯彻新发展理念，以更高质量的知识产权信息开放和更高水平的知识产权运营服务供给，主动对接中小企业技术需求，进一步畅通技术要素流转渠道，推动专利技术转化实施，唤醒未充分实施的‘沉睡专利’，助力中小企业创新发展，推动构建新发展格局”①。“推动研发费用加计扣除、高新技术企业税收优惠、科技创业孵化载体税收优惠、技术交易税收优惠等普惠性政策‘应享尽享’，加快落实和推广中关村新一轮先行先试改革措施，进一步放大支持企业创新的政策效应”，加强对我国中小企业创新能力的培养，“引导企业加强关键核心技术攻关”，“对企业投入基础研究实行税收优惠政策”②，对提升中小企业自主创新能力起到了积极推动作用。

4. 税收优惠政策

为了在资金上缓解中小企业的压力，2021 年国务院办公厅印发《关于进一步加大对中小企业纾困帮扶力度的通知》，提出：“进一步推进减税降费。深入落实月销售额 15 万元以下的小规模纳税人免征增值税、小型微利企业减征所得税、研发费用加计扣除、固定资产加速折旧、支持科技创新进口等税收优惠政策。制造业中小微企业按规定延缓缴纳 2021 年第四季度部分税费。研究适时出台部分惠企政策到期后的接续政策。持续清理规范涉企收费，确保政策红利落地。”③

2022 年，我国先后发布《国家税务总局 财政部关于制造业中小微企业继续延缓缴纳部分税费有关事项的公告》《关于进一步实施小微企业“六税两费”减免政策的公告》，尽最大可能在税收上给予中小企业优惠。实施新的组合式税费支持政策，优先支持面广量大的中小微企业渡难关、增后劲。截至 2022 年 7 月 20 日，小微企业已获得新增减税降费和退税缓税缓费 1.25 万亿元。2023 年财政部、国家税务总局进一步“对小型微利企业年应纳税所得额不超过 100 万元的部分，减按 25%计入应纳税所得额，按 20%的税率缴纳企业所得税”，“对个体工商户年应纳税所得额不超过 100 万元的部分，在现行优惠政策基础上，减半征收个人所得税”。④ 这些优惠政策无疑为中小企业快速发展注入了动力。

总的来看，不同的政策因素会影响创业活动的效果。表 1－1 总结了政策领域、政策目标和政策措施。一些政策工具对创业活动具有更直接和短期的影响，如为创业者提供税收优惠、增加融资机会、加强知识产权保护，来降低创业成本；另一些政策工具则减少了行政障碍，如为开办新企业提供商事制度改革，减少与企业运营相关的成本。这些措施产生

---

① 关于实施专利转化专项计划助力中小企业创新发展的通知．(2021－03－25)．http：//jjs. mof. gov. cn/tongzhigonggao/202103/t20210324 _ 3675394. htm.

② 关于印发《企业技术创新能力提升行动方案（2022—2023 年）》的通知．(2022－08－22)．http：//jkw. mof. gov. cn/zhengcefabu/202208/t20220819 _ 3834753. htm.

③ 国务院办公厅关于进一步加大对中小企业纾困帮扶力度的通知．(2021－11－22)．http：//www. gov. cn/zhengce/zhengceku/2021－11/22/content _ 5652485. htm.

④ 关于小微企业和个体工商户所得税优惠政策的公告．(2023－03－27)．http：//szs. mof. gov. cn/zhengcefabu/202303/t20230327 _ 3874806. htm.

了立竿见影的效果，而诸如以“中国国际大学生创新大赛”为抓手的创新创业教育则更为间接和长远。创业政策着重于三个关键因素——动机、技能和机会。通过学习发掘商业创意的技巧，创业者能够发现或创造机会，但这需要具有动机和技能的行动者来实现这个机会。技能培养可以为创业者提供信息、培训和建议，对培养动机而言，创业教育则显得更重要。影响创业活动的政策领域主要体现在创业促进、创业教育、进入和退出的障碍、创业支持、创业和种子基金以及目标群体。[①]

表1-1　政策领域、政策目标和政策措施

政策领域	政策目标	政策措施
创业促进	• 增加社会价值 • 提高认识 • 推广榜样	• 奖励计划 • 塑造榜样 • 大众媒体活动 • 创业事件
创业教育	• 增加获得“诀窍”的机会 • 将创业教育纳入正规教育体系	• 将创业教育纳入本科人才培养全过程 • 开发与创业相关的课程 • 提高教师创新创业教育能力 • 支持青年创业 • 赞助商业计划竞赛 • 基金孵化器和种子资本计划
进入和退出的障碍	• 减少创办企业的时间和成本 • 增加创业和成长机会 • 消除对创业职业选择的“不利因素”	• 简化企业注册流程 • 审查竞争法和其他法规 • 减轻新公司的税收和行政负担 • 为新公司提供税收优惠 • 在政府中提倡更好的“放管服”
创业支持	• 轻松获取创办企业的信息、建议和咨询 • 促进“诀窍”的传播	• 为企业和创业者提供一站式服务 • 面向新创业者提供指导和培训 • 支持创业网络 • 提高业务咨询服务质量
创业和种子基金	• 解决在市场失灵和融资方面存在缺口的问题 • 减少信息不对称	• 提供小额贷款、创业前期和启动基金 • 贷款担保计划 • 为技术创业者提供种子基金 • 天使投资和创业投资的激励措施 • 获得有关可用资金的信息，建立与银行和金融中介机构的伙伴关系
目标群体	• 减少代表性不足的创业者群体的系统性障碍 • 降低高增长技术初创企业的风险	• 特定的目标群体中心 • 提供咨询、培训和指导服务 • 采购补贴 • 技术初创者的孵化器 • 创业投资种子基金、校园资本计划

资料来源：尼尔森，克莱弗，埃瓦尔德，等．创业的悖论：原书第2版．北京：机械工业出版社，2021：304．有改动。

① 尼尔森，克莱弗，埃瓦尔德，等．创业的悖论：原书第2版．北京：机械工业出版社，2021：302-303．

二、创新创业机会日益增多

随着互联网在生产要素配置中的优化和集成作用凸显，将互联网的创新成果深度融合于经济社会各领域之中，将大大提升实体经济的创新力和生产力。“互联网＋”代表了一种新的经济形态，其行动计划将重点促进以云计算、物联网、大数据为代表的新一代信息技术与现代制造业、生产性服务业等的融合创新，发展壮大新兴业态，打造新的产业增长点，为大众创业万众创新提供环境，为产业智能化提供支撑，增强新的经济动力，促进国民经济提质增效升级。可见，“互联网＋创新驱动”正席卷人类生活的各个领域，推动经济、社会、技术、政治、文化等诸多方面的变革，改变了人们的生活方式和工作方式。这些不断变化的环境趋势，为我们提供了前所未有的市场型创业机会、技术型创业机会和政策型创业机会。主要表现如下：

第一，外部环境（技术、市场和政策等）的变化、市场信息的不对称、产业结构的调整、社会人口的变化，以及尚未得到满足的原有需求或尚未解决的问题所引发的新需求，为我们提供了市场型创业机会。市场型创业机会的主要来源有：凭借高科技手段才能满足的需求，市场环境变化引发的消费新需求，发达国家和地区对落后区域的示范效应或者产业转移所带来的市场需求。

第二，技术的发展趋势为我们创造或带来技术型创业机会。新的技术突破，特别是非连续性创新为创业者提供了创业的技术来源。寻找技术型创业机会的主要路径有：新功能、新技术的出现，新技术替代旧技术，国家或区域之间技术势差引发的技术转移与扩散，新技术带来的新问题。

第三，政策变化带来的政策型创业机会。政策变化使得创业者可以去做原本“不允许做”的事情，促使创业者去做原本“不必做”的事情。“让市场主体‘法无禁止即可为’，让政府部门‘法无授权不可为’，调动千千万万人的积极性，为中国经济的发展不断地注入新动力。”① 政策型创业机会主要从经济体制的变革、宏观发展战略的调整以及产业规制政策的变化中产生，这些政策变化为创业者提供了有利机遇和通道。

众所周知，创业不仅需要恰当的时机，还需要获取创业的资金、人才、信息、技术、环境、政策等诸多方面的资源。在全面贯彻落实建设创新型国家，促进以创业带动就业的战略背景下，创业者获取创业资源的有利通道业已形成，时机业已成熟。创业环境中的融资、人才、信息、技术以及国家和地区创业政策等资源越来越丰富。例如，获取创业资金的有利通道，不仅有银行贷款、机构或个人的创业投资等融资渠道，还可以申请获得各种政策性低息贷款或无偿扶持资金（如科技型中小企业技术创新基金提供的资金）。另外，从相关网站和行业协会能够很方便地获取与企业产品有关的科技成果信息，以及产、供、销、人、财、物等方面的市场信息；从国家到地方各种利基创业扶持政策、创业孵化服务基地中能够获取源源不断的资源。总之，在我国获取创业资源的渠道越来越多。

随着 2008 年我国政府启动全国百个创业型城市试点工作，创业经济有望成为新一轮经济发展的增长极，各行各业涌现的数以千万计的创业者，将成为我国创业行动的主力

---

① 李克强：让市场“法无禁止即可为” 让政府“法无授权不可为”.（2014－03－13）. http：//lianghui.people.com.cn/2014npc/n/2014/0313/c382531－24626203.html.

军。大力发展科技型、资源综合利用型、劳动密集型、农副产品加工型、贸易促进型、社区服务型、建筑劳务型和信息服务型等行业，成为创业行动的共识。当前，我国已形成了一种“天高任鸟飞，海阔凭鱼跃”的创新创业环境，创新是我们永远高扬的旗帜，大众创业万众创新将成为我国经济发展的新引擎，中国必将赢得 21 世纪这场全球创业经济战的胜利。

小贴士

中国创业浪潮的“五部曲”

第一次创业浪潮

创业浪潮的第一阶段：1978—1983 年。1978 年 12 月，党的十一届三中全会作出了把工作重点转移到社会主义现代化建设上来的战略决策，掀开了以农村改革为重点的改革序幕，极大地解放了农村生产力，家庭联产承包责任制的推行点燃了民营经济之火，使得当时农村地区和偏远城市的商业迅速发展，许多农民成为改革开放后的第一批创业者。例如，杭州万向集团的创始人鲁冠球是第一位登上《商业周刊》的中国企业家，他就是在那个时候开始创业的。年广久是当时中国的第一个个体户，创立傻子瓜子企业。

第二次创业浪潮

创业浪潮的第二阶段：1984—1991 年。1984 年 10 月，党的十二届三中全会提出了发展“有计划的商品经济”的改革模式。这一阶段的改革重点由农村转向城市，以放开国有企业自主经营权为核心，使国有企业初步摆脱了计划经济体制束缚，同时个体经济、私营经济和外资企业等非国有经济成分迅速发展起来，诞生了联想、海尔、万科等一大批企业。

第三次创业浪潮

创业浪潮的第三阶段：1992—1998 年。1992 年 10 月，党的十四大确定了“建立社会主义市场经济体制”的改革目标。以邓小平南方谈话为契机，掀起了第二轮改革开放浪潮。在这一背景下，一大批有文凭、有理想、有稳定工作的知识分子、公务员走上了“下海”创业之路。例如，1993 年，36 岁的陈东升从国务院发展研究中心《管理世界》常务副总编的位置上辞职“下海”，创办了泰康人寿公司。从这一年开始，田源、毛振华、冯仑、王功权、潘石屹、朱新礼等大批知识分子做出了和陈东升同样的选择，辞去政府机构和科研院所的公职，通过创办企业追求他们的人生理想，并成为中国新一代企业家中的佼佼者，他们后来被称为“92 派”创业者。

第四次创业浪潮

创业浪潮的第四阶段：1999—2011 年。随着知识经济的到来，以互联网为代表的信息技术的迅速发展，推动人类进入信息时代。在这个互联网创业的机会窗口，诞生了新浪、搜狐、网易、腾讯、阿里巴巴、百度、京东等互联网创业型企业。

第五次创业浪潮

创业浪潮的第五阶段：2012 年至今。2012 年 4 月，以《国务院关于进一步支持小型微型企业健康发展的意见》的发布为契机，财政部、国家税务总局、人力资源社会保障部、教育部等部门先后出台了大学生创业扶持政策，大大激发了青年创业者的创业激情。

随着高校对创业教育的高度重视，大学生业已成为中国创业经济的主力军。《全球创业观察中国报告：创业环境与政策》（2014 年）显示：“80 后”是青年创业者的主体，创业活动最为活跃。31.1%的“90 后”在未来三年内有创业意愿，且不惧失败，都认为创业是好的职业选择。高中和大学学历的创业者占机会型创业者的比重在 70%以上。

总之，在过去的几十年里中国已经培养出一大批具有创新创业精神的创业者。新的创新创业者将彻底改变中国和世界的经济和社会结构，并为未来的几代人设立“创业遗传代码”。他们将比其他任何一种推动力量更能决定中国乃至世界的生活、工作和学习方式，并将继续成为引领世界经济发展的力量之一。

第3节 双创教育引领未来

创业精神是推动创业经济发展的持续动力。高等学校作为创业精神的培养地和培养高素质创新人才的主要场所，必须肩负起实施双创教育的重任。毫无疑问，发展创业经济需要双创教育作为智力支持和保障，要求高校“把创新创业教育作为推进高等教育综合改革的重要抓手，将创新创业教育贯穿人才培养全过程，面向全体大学生开发开设创新创业教育专门课程，纳入学分管理”①。推进双创教育，是“适应经济社会和国家发展战略需要而产生的一种教学理念与模式”，对“促进高等教育科学发展，深化教育教学改革，提高人才培养质量具有重大的现实意义和长远的战略意义”。② 大力推进高校双创教育，“是国家实施创新驱动发展战略、促进经济提质增效升级的迫切需要，是推进高等教育综合改革、促进高校毕业生更高质量创业就业的重要举措”③。

一、双创成为生活方式和人生追求

2002年教育部选择中国人民大学、清华大学、北京航空航天大学、黑龙江大学、上海交通大学、南京财经大学、武汉大学、西安交通大学、西北工业大学九所高校作为“创业教育”试点，2010年5月《教育部关于大力推进高等学校创新创业教育和大学生自主创业工作的意见》（教办〔2010〕3号）文件出台，2015年5月《国务院办公厅关于深化高等学校创新创业教育改革的实施意见》（国办发〔2015〕36号），2021年9月《国务院办公厅关于进一步支持大学生创新创业的指导意见》（国办发〔2021〕35号）颁布，由此可见，培养创新创业人才业已成为高等教育强国建设的基础与关键，成为高等教育强国的核心指标。推动创新创业教育高质量发展，要求我们有科学先进、广泛认同、具有中国特色的创新创业教育理念，要求我们建立健全课堂教学、自主学习、结合实践、指导帮扶、文化引领融为一体的高校创新创业教育体系，要求我们建立以创新创业为导向的新型人才培养模式，健全校校、校企、校地、校所协同的创新创业人才培养机制，打造一批创新创业教育特色示范课程。④ 创新创业教育不应局限于商学院或经济管理学院，而是要面向全体学生开发开设研究方法、学科前沿、创业基础、就业创业指导等方面的必修课和选修课，并将其纳入学分管理。因此，在大力推进新工科、新医科、新农科、新文科建设的背景下，将会有更多的理、工、农、医、文等学科的学生，在大学期间有机会学习一两门创业学课程。培养具备创新创业精神的大学毕业生，并不一定要使他们都成为企业的创建者，

① 教育部关于做好2015年全国普通高等学校毕业生就业创业工作的通知.（2015-12-14）. https://www.gov.cn/zhuanti/2015-12/14/content_5023419.htm.

② 教育部关于大力推进高等学校创新创业教育和大学生自主创业工作的意见.（2010-05-13）. http://www.moe.gov.cn/srcsite/A08/s5672/201005/t20100513_120174.html.

③ 国务院办公厅关于深化高等学校创新创业教育改革的实施意见.（2015-05-13）. https://www.gov.cn/zhengce/content/2015-05/13/content_9740.htm.

④ 国务院办公厅关于进一步支持大学生创新创业的指导意见.（2021-10-12）. https://www.gov.cn/zhengce/zhengceku/2021-10/12/content_5642037.htm.

而是使他们在任何单位和机构都表现得非凡、出类拔萃，能更好地满足未来社会需要，更好地为促进经济社会发展和提高个人生活质量发挥作用。总之，创新创业精神将成为每一位大学生必备的基本素质。

众所周知，并非只有商学院的学生热衷于创业活动，大学的艺术设计学院、工程学院、文理学院、医学院、法学院，也不乏创业者。因此，推行创新创业教育有助于帮助具有不同学科背景的学生成功实现创业。换言之，通过创新创业精神、创新创业意识和创新创业能力的培养，使学生拥有凭技术悟性做决策的能力、主动工作的能力、构建人际关系的能力、识别和把握机遇的能力、创造性地解决问题的能力，可以帮助学生在不同的职业生涯中获得成功，使他们在今后的各种工作环境中更具灵活性和竞争力。这些拥有创新创业能力的大学毕业生若进入传统产业，将推动这些产业的内部创业（intrapreneurship），促进传统产业开拓新的业务领域、开发创新产品，提升市场适应能力和创新能力。正如莱斯所言，“大型企业内部的创新者应该把创业工作看做一条可行的职业之路。……就该有一个简单明确的‘创业企业家’称号，作为他们名片上的介绍，不一定非要离开公司去施展才能，也不一定非要假装适应成熟的职能部门中死板的层级制度”[①]。如今，企事业单位更倾向于聘用具有创业思维的学生，这种倒逼机制[②]更加突出了创新创业教育在造就数以亿计的高素质劳动者、数以千万计的专门人才和一大批拔尖创新人才中的基础性作用。越来越多的师生认识到创新创业教育是每个人职业生涯中不可错失的基础教育，它融合了合作、创意、创造、创新和敢为人先的理念，在人才培养过程中具有不可或缺的作用。

纵深推进大众创业万众创新，为拥有创新创业精神的人提供了一个良好的发展平台。时代赋予当代大学生的使命是：不仅做求职者，还要成为工作岗位的创造者，为社会创造出更多的职位，带动一大批人实现就业。世界上唯一不变的就是变化，拥有具有创新创业精神的应变能力是应对未来不确定性的“撒手锏”。“具有创业素质是为自己创造机遇。”[③]因为劳动力市场的激烈竞争使职业转换频率不断提高，个人主动或被动转换职业的情况越来越普遍，很多人将在职业生涯中面临不止一次的职业选择，即使不用再就业，也有可能面临原有企业的内部创业。因此，当代大学生必须具备就业与创业的双重能力，具有多方位的职业转换能力和自主创业能力，只有这样才能适应经济社会发展的需要。这既是社会进步对劳动者素质提出的高要求，也是每一个劳动者实现全面和自由发展的必备素质。

创业是一种爱好、一种激情、一种艺术、一种科学、一种实践，更是一种生活方式和人生追求！《国务院关于强化实施创新驱动发展战略 进一步推进大众创业万众创新深入发展的意见》指出：“大力弘扬创新文化，厚植创业沃土，营造敢为人先、宽容失败的良好氛围，推动创新创业成为生活方式和人生追求。”[④] 创业将使得为自己工作的观念深深扎根于社会文化中，并显示出强劲势头。人人都有创业潜能，人人都有成功机会。你认为自己是一个什么样的人，你期望自己成为一个什么样的人，这将在很大程度上决定你自己的未

---

① 莱斯．精益创业：新创企业的成长思维．北京：中信出版社，2012：212－213.

② 倒逼机制是指企事业单位对创业型人才的大量需求，将迫使高校为满足这种自下而上的需求着力推进双创教育。

③ 上海市教育委员会．大学生创业素质通论教师用书．北京：高等教育出版社，2011：9.

④ 国务院关于强化实施创新驱动发展战略 进一步推进大众创业万众创新深入发展的意见．(2017－07－21). https://www.gov.cn/gongbao/content/2017/content_5217734.htm.

来。未来已来，预测未来的最好办法就是创造未来。大学生群体既具备最前沿的科学文化知识，又具有促进高等学校、科研院所科技成果转化的优势，一旦激发出他们的创新创业热情，他们最有可能成为创新的中坚力量、创业的生力军，最有可能成为技术创新的先行者和自主创新的开拓者。

二、推动双创教育课堂的教学革命

在课堂上着力培养学生的创新精神、创业意识和创业能力，对任何教师都是一个挑战。因此，必须以转变教育思想、更新教育观念为先导，以改革人才培养模式和课程体系为重点，改革考试考核内容和方式，注重考查学生运用知识分析问题、解决问题的能力，探索非标准答案考试，方能破除“高分低能”积弊，方能实现双创教育教学的预期效果。创业课程的宗旨在于教授如何创业，而不是教什么是创业。有效的创新创业教育，需要采取主动学习（active learning）、探究式学习（discovery learning）、项目学习（project-based learning）、干中学（learning by making）、实践学习（hands-on learning）、问题导向学习（problem-based learning）、自我学习（self-directed learning）、同伴互学（peer learning）、团队学习（team learning）等教学方法，使学生能够将所学的“游泳知识”应用于课堂之外的商海或工作中。

传统的“一言堂”“填鸭式”教学方法日益使学生学习疲劳。如何提高学习效果？如何选择合适的讲授方法来鼓励、支持学生的学习？对这些问题的求解与突破有助于制定有效的双创教育学习策略和教学策略。

科尔布（Kolb，1984）认为，在更深层次的学习中，学生若能积极参与到学习过程中（而非被动地接收信息），其学习效率最高。例如，要实现低层次的认知学习目标，一般方法是举办讲座或开设 100 人以上的大课堂，教师扮演的角色是课堂的管理者和专家。但是，“要想实现能够促进创业学习与鼓励学生创业思维和行动的课堂，就必须提供一种好玩、有吸引力、充满挑战并饶有趣味的体验”[①]。学习是作为活动的结果发生的。所有的活动都是有目的的。在真实的活动中，学习效果最佳。也就是说，高层次的学习目标，要实现课堂教学由相安无事、回答“是或否”、情感交流、批评质疑，最后升华到辩论，让学生进行应用和归纳，通过启发、讨论、参与、互动、体验和发现来实现。[②] 通过小组教学方法，教师的角色转变为激励者，发挥着支持、指导、监督学习过程的作用，激励学生建立自信去直面问题，鼓励学生拓展自己的认知，使学生的角色转换为知识的发掘者、学习的主导者、创业者。

高校推进双创教育，旨在提升学生的社会责任感、创新精神、创业意识和创业能力，注重培养学生的批判性思维[③]和创造性思维，激发创新创业灵感，提高学生的创新创业能力。然而，传统的创业教育大多偏重于灌输创业过程中的市场营销、财务、人才招聘、生产运作等管理知识，尤其是强调创业计划，把它作为创业教育学习成果的重要评估手段。事

---

① 内克，格林，布拉什．如何教创业：基于实践的百森教学法．北京：机械工业出版社，2015：32.

② 附录中的线下实训内容正是基于这一理念而设计的学习内容。

③ 批判性思维是指在复杂的情景中，能够灵活运用已有的知识和经验，对问题及解决方法进行选择、识别、假设，在反思的基础上进行分析、推理，作出合理判断和正确取舍的高级思维方法及形式。

实上，这种传统的创业教育观念结构缺少了一个重要的理念——将创业者作为评估创业教育成果的参照标准。双创教育的教学基于这样一个假设：人人都具备把某种创新精神、创业素质应用于实践的能力。因此，判断双创教育是否取得预期成果的标准，包括以下八个维度：一是教授主要的创业型行为和技能，培养敢于创业的态度；二是让学生能够认同、理解并感受创业者的生活世界；三是向学生传递创业型的核心价值观，体验创业型的行事、感知、组织、沟通和学习方式；四是让学生在职业生涯中产生具有创业精神的动力，并清楚地了解自己的相对优势，即便不能成为一个好的创业者，也可以成为一个好的“内创业者”；五是使学生了解创业的过程、相关的任务和还需汲取的知识；六是让学生具备与创业精神相称的核心竞争力；七是让学生掌握创业初始阶段所必备的主要商务知识和新创企业的管理精要；八是让学生了解人际关系的本质，学会驾驭处理各种复杂利益关系。

毫无疑问，想要取得预期学习成果，“创业教育主要应使用小组教学，因为这样的授课方式最能保证获得创业教育的预期成果”①。把小组活动确定为创业教育的一个重点教学方法之后，就可以根据教学内容来选择具体的教学方法。目前，国内外有 40 多种创业教育的教学方法，常用的教学方法有：小组教学法、画图教学法、小组评审教学法、辩论式教学法、头脑风暴教学法、情境教学法、案例分析教学法、寻找商业创意教学法、调动学生兴趣教学法、从人际关系管理的角度解读创业计划教学法、围绕模拟创业者生活世界的教学法、企业家走进课堂教学法等。总而言之，获得预期的教学成果取决于整合最适宜的教学方法。因课时制宜、因内容制宜选择课堂教学方式方法，科学设计课程考核内容和方式，推行小班化教学、混合式教学、翻转课堂，构建线上线下相结合的教学模式，有助于激发学生的求知欲望，提高其学习效率和自主学习能力。

本章小结

● 创业经济融知识、技术、管理、资本与创业精神于一体，对加快转变经济发展方式，调整优化经济结构以及缓解就业压力具有深刻的现实意义和长远的战略意义。创新创业是经济发展的“发动机”，是推动技术创新的“孵化器”，是促进社会就业的“增容器”。

● 日益宽松的创业环境和日趋增多的创业机会，为我国带来了一个前所未有的“创业黄金期”。国家和地方政府出台了诸多利基创业扶持政策、新创企业支持政策和中小企业延伸政策。

● 全球化和信息技术革命的浪潮正席卷人类生活的各个领域。这些不断变化的环境趋势，为我们提供了前所未有的市场型创业机会、技术型创业机会和政策型创业机会。

● 高等学校是创业精神的产生地和培养高素质创新人才的主要场所。深化高等学校双创教育改革，是国家实施创新驱动发展战略、促进经济提质增效和升级的迫切需要，是推进高等教育综合改革、促进高校毕业生更高质量创业就业的重要举措。

● 具有创业素质是为自己创造机遇。创业是一种爱好、一种激情、一种艺术、一种科学、一种实践，更是一种生活方式和人生追求。推动大众创业万众创新，坚持创新引领创业、创业带动就业。一旦大学生的创新创业潜能得以释放，他们将最有可能成为技术创业

---

① 上海市教育委员会．大学生创业素质通论教师用书．北京：高等教育出版社，2011：28.

的生力军，最有可能成为技术进步的先行者和自主创新的助推器。

思考题

1. 创业经济为什么会风靡全球？
2. 如何理解大众创业与万众创新之间的关系？
3. 什么是利基创业扶持政策？
4. 对新创企业有哪些支持政策？
5. 针对中小企业有哪些延伸政策？
6. 什么是市场型创业机会？
7. 什么是技术型创业机会？
8. 什么是政策型创业机会？
9. 创新创业教育的非功利性主要体现在哪些方面？

UPIM

01

第1篇

理解创业（U）

知识改变命运，创业改变人生。
拥有创业素质就是为自己创造机遇。

第2章

创业是什么

创业不仅需要激情，更需要知识和理智。

——约翰·道格拉斯（John Douglas）

创业的方法是：大胆规划，积极执行。

——克里斯汀·博雅（Christian Boya）

问题导入

1. 什么是创业？
2. 创业过程包括几个阶段？
3. 创业有哪些类型？

第1节 创业的属性

进入21世纪，我们迎来了一个崭新的“创业时代”。世界各国都对创业充满了浓厚的兴趣，创业已成为世界经济增长的重要引擎。那么，什么是创业？什么是创业精神？其本质、特点是什么？我们有必要从这里开始——理解创业（understand entrepreneurship）。

一、创业的内涵

★路标　从不同视角，给出创业及创新的内涵。

“创业”是由“创”和“业”组成的复合词。“创”具有创建、创办、创立、创造、创新等含义；“业”有家业、事业、企业、就业、产业等内涵。从词义上理解，创业有“创建企业”或“开创事业”之意。《辞海》将创业定义为：“创立基业。”广义的创业，可以理解为开创新事业。“任何一个在极度不确定情况下开发新产品或新业务的人，都是创业企业家。无论他本人是否意识到，也不管他是身处政府部门、获得风险资本投资的公司、非营利机构，还是由财务投资人主导的营利性企业。”① 因此，百姓创家业，能人创企业，干部创事业，可以作为广义创业概念的一个注释。狭义的创业，则是指个人或团体依法登记设立企业，以盈利为目的，从事诸如生产、加工、销售、服务、分销等商业活动。

学者们从不同角度对创业的概念进行了诠释。在各种概念中出现频次最多的关键词是：“开始、创建、创造”“新事业、新企业”“创新、新产品、新市场”“追逐机会”“风险承担、风险管理、不确定性”“追逐利润、个人获利”“资源或是生产方式的新组合”等。

表2-1中列出的关键词基本上反映了创业活动的不同侧面。追逐利润、价值创造、追求成长等词，反映的是创业目标；追逐机会、创造变革、统帅资源、管理、新事业或新企业等词，阐释的是实现创业目标的手段；风险承担、超前认知与行动、活动过程等词，传达的是创业活动的基本属性。

表2-1　创业定义中包含的关键词

序号	对创业定义的不同诠释	出现频次
1	开始、创建、创造	41
2	新事业、新企业	40
3	创新、新产品、新市场	39
4	追逐机会	31
5	风险承担、风险管理、不确定性	25
6	追逐利润、个人获利	25
7	资源或是生产方式的新组合	22

① 莱斯．精益创业：新创企业的成长思维．北京：中信出版社，2012：14.

续表

序号	对创业定义的不同诠释	出现频次
8	管理	22
9	统帅资源	18
10	价值创造	13
11	追求成长	12
12	活动过程	12
13	已有企业	12
14	首创活动、超前认知与行动	12
15	创造变革	9
16	所有权	9
17	责任、权威之源	8
18	战略形成	6

资料来源：张玉利．创业管理．北京：机械工业出版社，2008：4.

创业已成为研究企业家和创业活动的一个重要内容。关于创业，目前还没有一个广泛接受和一致的定义。以下是一些具有代表性的定义。

哈佛商学院教授斯蒂文森（H. H. Stevenson，1985）认为："创业是不拘泥于当前资源条件的限制，寻找机会，将不同的资源要素加以组合以利用和开发机会并创造价值的过程。"① 这一定义强调了察觉机会、追逐商机的意愿以及获得成功的信心和可能性在创业过程中的重要性。

美国百森商学院教授蒂蒙斯（Timmons，1999）认为："创业是一种思考、推理和行动的方法，它不仅要受机会的制约，还要求创业者有完整缜密的实施方法和讲求高度平衡技巧的领导艺术。创业不仅为企业主，也为所有的参与者和利益相关者创造、提高和实现价值，或使价值再生。"②

美国鲍尔州立大学商学院教授库拉特科（Kuratko）和佛罗里达国际大学教授霍杰茨（Hodgetts）认为："创业是一个涉及远见、改变和创新的动态过程。它需要投入精力与热情来进行创新并实施新的构想和新的解决办法。创业的必要因素包括能承担一定风险——时间、财产或职业的风险；有能力成立一个高效的风险团队；整合所需资源的创造性技能；制订一个稳固的商业计划的基础技能；最后，具备一种远见，在别人认为是混乱、矛盾和迷惑的地方发现机遇。"③

李志能等（2000）认为："创业是一个发现和捕获机会并由此创造出新颖的产品、服务或实现其潜在价值的过程。"④

南开大学张玉利教授认为："把创业仅仅理解为创建新企业是片面的，创业的本质更在于把握机会、创造性地整合资源、创新和快速行动，创业精神是创业的源泉。"⑤

---

① H. Stevenson，D. Gumpert. The Heart of Entrepreneurship. Harvard Business Review，1985（3）：85－94.

② 蒂蒙斯，斯皮内利．创业学：第 6 版．北京：人民邮电出版社，2005：23.

③ 库拉特科，霍杰茨．创业学：理论、流程与实践：第 6 版．北京：清华大学出版社，2004：29.

④ 李志能，郁义鸿，希斯瑞克．创业学．上海：复旦大学出版社，2000：9.

⑤ 张玉利，李乾文，李剑力．创业管理研究新观点综述．外国经济与管理，2006（5）：1.

武汉科技大学贺尊教授认为：广义的创业，是在易变性（volatility）、不确定性（uncertainty）、复杂性（complexity）、模糊性（ambiguity）的环境趋势中，追逐不确定性机会[①]（uncertainty opportunity），发掘"最适时"的项目（project），进行投资（investment）和管理（management）的过程。因此，创业是创业者在"乌卡"（VUCA）环境中，敢为人先，追求"UPIM"的过程。[②] 狭义的创业，就是为了满足客户需求，通过创建一家新企业，致力于推出新产品、新工艺、新方法、新服务，开辟新市场，获得新资源，开展科技、商业和金融等一系列价值创造活动的过程。

从上述创业的定义中我们不难发现，创新对创业有着特殊的意义。通过创新，创业者要么创造出新的财富来源，要么赋予现在的资源更大的创造财富的潜力。创新是创业者将机会转化成市场概念的过程。创新使创业者成为市场变革的催化剂。创新是基于客户需求的一次重生，如果创新不以客户为中心，就违反了创新的纪律。创新是创业的特定工具，是发掘不同产品与服务变化机会的方法。

创新并不需要天才，但需要训练，不需要灵光乍现，但需要遵守纪律。创新是每个人都可以参与的一项实践，创新带给每个参与者的体验是成就感和满足感。人人都有创新创业潜能，人人都有成功机会，人人都应该把自己看作一个"企业"，需要具备大量的技能、素质和经验，都应该成为自己的"CEO"。无论你是在校生，还是求职者，无论你正在创业路上，抑或准备去创业，都有必要学习创新创业课程，以助你增强创新创业素质，提升识别各种机遇的能力，帮你成为创业型员工（内部创业者）、创业型管理者、公共部门创业者以及社会创业者。

创新是创业的源泉，成功的创业离不开创新。每个成功的创业者都注重创新，他们可能开发出新的产品或服务，也可能找到新的商业模式，还可能探索出新的制度和管理方式，从而获得成功。然而，我们经常会遇到这样的情况：有的人对自己发明的产品很自豪，对顾客不喜欢自己的产品感到不理解，忽视顾客的需求。这是把发明、创新、创业混为一谈的做法。因此，有必要梳理创业与创新之间的关系。

首先，创新是寻找新的、更好的方式以达成有价值的目标。创新有别于发明创造。发明创造只是产生了一项新的技术或产品，与创新还有很远的距离。创新要做的是将新的构想通过新产品、新流程，以及新的服务方式，有效体现到市场中，进而创造新价值。因此，创新与市场紧密相连，是使技术商业化、知识资本化并创造价值的复杂过程，而不仅仅停留在新的发明或新的创造。众所周知，爱迪生并不是电灯泡的唯一发明者，英国物理学家斯旺发明的电灯泡在技术方面甚至比爱迪生的要好。但是，爱迪生做的事情不只是发明电灯泡这项新产品，他创造了电力产业。从这个意义上讲，斯旺只是一个发明家，而爱迪生是一个创新者。

其次，创新是指以现有的知识和物质，在特定的环境中，改进或创造新的事物（包括但不限于各种方法、元素、路径、环境等），并能获得一定有益效果的行为。不要把创新

---

① 不确定性被认为是通过创建新的生产性资源组合来获取利润的关键，因为利润来自创业者对别人无法察觉的机会的感知，然后对这些机会加以投资利用。参见：麦格拉思，麦克米兰．创业思维：在不确定时代持续创造机会的战略．北京：机械工业出版社，2021：前言．

② 弗兰克·奈特（Frank Knight，1921）把创业者定义为对不确定性的管理者。他指出，由于不确定性的存在，创业者面对的主要问题或工作是决定做什么以及如何去做，从而在不确定的情况下利用资源，并努力实现回报取得成功。受此启发，贺尊把创业定义为在"VUCA"环境中，敢为人先，追求"UPIM"的过程。

窄化为技术创新。由于常识性问题，大家一提起创新就非常自然地加上“科技”二字，无意之中窄化了创新的内涵，实际上创新还包括社会创新、管理创新、制度创新等。这些科技含量很低甚至零科技的创新，不但机会更多，而且效益更大。创新作为创业的本质和灵魂，并不是单纯地鼓励创业者进行高科技创业，创业者可以选择的创业类型有很多种，既有复制型创业、模仿型创业，也有安定型创业和冒险型创业。

最后，综合、重组、融合、模仿也是创新。不要把创新与模仿应用对立起来。很多人将综合、重组、融合、模仿与侵犯别人的知识产权、剽窃别人的既有成果相联系，这实际上是种误解。学者莱维特（Levitt）早在 1966 年就提出了“创新型模仿”的概念，在市场上模仿是一个比创新更为广泛的现象，而且大多数创新并不包括突破性的发明，模仿不仅是重要的学习机制，也是重要的创新机制。例如，腾讯的核心产品 QQ 就是这种模仿创新的典型案例。马化腾从不讳言 QQ 当初是作为 ICQ 的一个模仿者出现在用户面前的，但 QQ 的成功绝不是因为模仿。QQ 最初虽然是一个仿制品，但是像离线消息、QQ 群、魔法表情、移动 QQ、炫铃等都是腾讯的创新。正是有了创新的产品才有了 QQ 庞大的用户群，这成为撬动整个腾讯体系的支点。这些创新是 QQ 能够最终超越 ICQ 的关键所在。

总的看来，好的创新不一定是原创的；创新成果与费用的投入不一定成正比，没有充裕的资金也可以实现创新[①]；创新是不同利益相关者之间互动的结果。创新被采纳通常要满足以下五个条件[②]：

（1）优势性：在形式、内容、模式、技术、质量上比其他组织或者先前的产品更好、更有价值。

（2）兼容性：能够与潜在用户的价值观、经验和需求相匹配。

（3）简易性：这种创新不复杂且简单易行。

（4）试用性：用户通过试用能够体验到这种创新。

（5）感知性：创新成果很容易被用户感知到。

二、创业的特点

★路标 创业具有六个方面的特点。

创业是勇于承担风险的创业者通过捕捉商业机会，投入已有的技能知识，配置相关资源，为消费者提供新的产品和服务，并为个人和社会创造价值和财富的过程。创业具有以下特点[③]：

1. 商机导向

创业最显著的特点是创业者发现了有价值的商机。也就是说，创业活动实质上就是识别商机、挖掘和利用商机、实现商机价值的过程。

2. 资源整合

创业不是引无源之水，栽无本之木。为实施创业，创业者必须获得各种资源。资源是

---

① 贺尊，贺嘉贝．创业管理学．北京：高等教育出版社，2020：7-8.

② 瑞德，萨阿斯瓦斯，德鲁，等．卓有成效的创业：原书第 2 版．北京：机械工业出版社，2020：24.

③ 张玉利．创业管理．北京：机械工业出版社，2008：7.

“任何有助于创业者实现目标的东西……包括由企业控制的所有资产、能力、组织流程、企业属性、信息、知识等，帮助企业构想并实施能提高其效率和有效性的战略”①。

实际上，实施创业过程需要的资源可能是无穷尽的，但必要的资源及其整合则取决于具体情况。每一个人创业，都必然有其可依赖的各种有形资源和无形资源。拓展资源的能力是一个创业者开展创业活动的必备素质。对创业者而言，资源包括资金、知识、精力、热情、动力、员工、朋友和家人帮助等。智力、想象力及知识、领导才能、沟通能力、人脉资源及社会资本，都是帮助其成功创业的重要资源。但是“资源本身是有一定局限性的，只有通过管理者卓有成效的工作，才能将这些资源转化为成果”②。只有合理地管理这些资源，才能成功整合企业运行中的人、财、物和数据等要素，为创业活动奠定基础。

3. 价值创造

创业活动的价值在于推动经济社会发展，满足人们日益增长的物质生活和精神生活的需要。只有突出价值创造的创业活动，才能获得可持续成长的利润源泉。

4. 超前行动

“机不可失，时不再来”的创业商机特征，决定了创业活动必须抢抓机遇、跨越发展、超前行动。因为商机之窗的开启时间是有限的，创业者一旦有了创业想法，就要在比较短的时间里快速反应，付诸实践，在创业途中边摸索、边改进，实现创业成功的“弯道超越”。

5. 创新变革

创业的本质是创新，其核心在于超越既有资源约束捕捉到商机。创业意味着变革，意味着探寻商机和承担失败的风险，意味着创造顾客需求和改变人们的生活方式。创业者不寻求变革，不改变思维模式，就难以识别创业机会，也就无法做到创新。对创业者及其创建的企业而言，创新创业的过程永远是“创造性破坏”（creative destruction）的变革过程。创业精神乃创新之母。

6. 顾客导向

创业者要瞄准目标市场，须先识别消费者群体，根据顾客需求提供新的产品，创业才有可能成功。这是因为“企业机构的成果，是通过顾客产生的，企业付出的成本和努力，必须通过顾客购买其产品或服务，才能转变为收入和利润”③。

因此，创业活动的特点，可以归纳为七个方面的创造性活动：企业的创造，财富的创造，创新的创造，变革的创造，雇佣的创造，价值的创造，增长的创造。富有创新精神的创业者将创造性、自主性、风险性、收益性完美地展现在商机的捕捉、实现与价值创造的活动中。

三、创业的要素

★路标 人、物、环境和组织构成了创业的要素。

创建一个新企业所需具备的条件，就是创业的必备要素。管理学认为，企业可以看做

① 尼尔森，克莱弗，埃瓦尔德，等．创业的悖论：原书第2版．北京：机械工业出版社，2021：145.

② 德鲁克．卓有成效的管理者．北京：机械工业出版社，2009：1.

③ 同②10.

一个由人的体系、物的体系、环境体系和组织体系构建起来的协作机构，因此，人、物、环境和组织是创业活动中不可或缺的要素。

虽然人们对有的人选择自主创业做雇主，而有的人却选择就业做雇员，很难有一致的解释，但对诸多创业者获得创业要素以及利用要素之间的相互作用创建各具特色的新企业，却取得了一致的认识。下面讨论取得创业成功涉及的四个重要因素。[①]

（一）人的要素

人是创业活动中最活跃的因素。创业离不开人，离开人，一切创业活动将会停止。与人相关的要素包括：

1. 创业者

在管理大师彼得·德鲁克看来，创业者是那些能寻找变化，并积极反应，把变化当作机会充分利用起来的人。创业既可以由个人来承担，也可以由一个团队来执行。团队是由具有不同经验背景、知识和技能的个体组成，有着共同的使命，相互协同工作以实现共同目标的正式群体。人的行为动机是由需求引起的。创业对创业者来说，是一种行为方式的选择。研究发现，具有某些个人特征是做创业者的前提条件。创业者的外向、勤奋、讨人喜欢、能接受新思想以及敏感的特征，加上其创新能力是创业成功的第一要素。根据创业者所面临的机会和挑战，可以将创业者划分为七类群体：（1）新手创业者：没有任何创业经验的人。（2）惯性创业者：有过创业经验的人。（3）连续创业者：不断创立和出售组织的人。（4）组合创业者：同时拥有多个组织的人。（5）混合创业者：既是自主创业者又是雇员。（6）新生创业者：正在考虑成立新组织的人，可以是新手、惯性、连续或组合创业者。（7）内创业者：在现有组织中从事创业活动的人。[②]

2. 企业内部的员工关系

除了创业者个人及创业管理团队外，创业过程中人的因素还包括企业内部的员工关系。新创企业要想在激烈的市场竞争中获得主动，就必须将员工关系建设作为一项重要任务来抓。谁能留住那些能给企业带来丰厚利润的关键员工，并赢得他们长久的信任和忠诚，谁就能获得满意的客户投资回报，进而获得持续发展的竞争优势。而员工对企业的信任和忠诚，主要由他们在企业提供绩效承诺和激励的过程中获得的价值及由此体验到的满意程度决定。员工满意度越高，就越容易为企业创造利润。关注员工关系不仅意味着要重视员工关系管理，还要重视员工之间的差异性，即要为员工提供个性化关系管理。[③]

3. 企业外部的公共关系

创业过程中人的因素还包括企业外部的公共关系。企业不是一个“井底之蛙”，而是一个面向全社会开放的大系统。不仅要处理好员工关系，还要处理好与股东、消费者、商业合作伙伴、政府职能部门之间的关系。树立一个良好的公共关系形象，有利于新创企业的健康成长、和谐发展。

（二）物的要素

获取资源的能力决定了创业者能创什么样的业。物的要素也是创业过程中不可或缺的

① 张涛. 创业教育. 北京：机械工业出版社，2007：9.

② 尼尔森，克莱弗，埃瓦尔德，等. 创业的悖论：原书第 2 版. 北京：机械工业出版社，2021：37.

③ 朱瑜. 企业员工关系管理. 广州：广东经济出版社，2005：30－31.

条件。例如创建一个生产型的企业首先需要原材料、设备机器、厂房以及运输工具等物质资源，然后才能生产出满足市场需要的产品。创业过程中对物的需求的满足主要源自对资金、技术、原材料及产品、生产手段等的获取。

1. 资金

要想创业，除了具备创业家的素质和选择合适的技术项目，还需要具有一定的资金，否则只是空谈。从创业的角度看，创业资本是创业的关键元素。一家咨询公司总结了近千家创业企业失败的原因，其中创业资金的匮乏是最重要的原因。这恰好印证了“钱不是万能的，但创业没有钱是万万不能的”。创业所需要的技术（专利）、生产设备、原材料、雇员的工资等都需要大量资金，以维持创业活动的正常进行。

2. 技术

技术是指一个企业将劳动力、资本、原材料、信息和数据转变为具有更高价值的产品和服务的过程。所有企业都有技术。技术这一概念超出了它原先在工程和制造业中的含义，包括一系列市场营销、投资和管理过程。① 创业者拥有独特的满足市场需求的技术是创业成功的另一关键因素。很多创业者凭着一项技术而创造出一番伟业。适合的技术犹如竖起的一道屏障，能够为你在立足之前阻挡竞争者与你争抢市场，从而大大提高你创业成功的概率。

3. 原材料及产品

对生产型企业而言，原材料及产品是创业活动得以进行的必备条件。即使创办一家服务型企业，也需要依托有形或无形的产品作载体，来完成投入与产出的价值创造过程。

4. 生产手段

生产手段是投入与产出之间的一个“转换器”。对企业而言，生产手段既可以是设备、工艺以及相关技术人员，也可以是一种独特的商业模式。

（三）环境要素

环境的变化决定了创业者可以做什么以及不可以做什么。创业环境要素会影响人们对创业机会的识别和对创业成功可能性的判断，从而影响创业决策。良好的创业环境，有利于人们最大限度地发挥创业精神。创业中的挑战就是要从环境中获得资源，并且与已有的其他资源“嫁接”，建立起一个高效配置资源的成功组织。环境施加的威胁和压力，是竞争市场环境中与生俱来的制约因素。这些环境制约因素主要是“PESTE”，即政治环境（political environment）、经济环境（economic environment）、社会环境（social environment）、技术环境（technological environment）以及生态环境（ecological environment）。环境始终处于动态变化之中，具有不确定性，充满复杂性和风险性，创业者必须时刻关注外部情况和演进趋势，以便对组织和战略进行调整，从而取得创业的最终胜利。

（四）组织要素

组织要素是创业协作体系的核心。管理大师彼得·德鲁克认为：“组织是能使个人才干得以增值的一种工具。”② 也就是说，只有企业这一组织形式，才能为个人和社会创造出更多更好的新价值。人作为最活跃的生产力要素，必须借助企业的组织形式，才能在创业

---

① 克里斯滕森．创新者的窘境．南京：江苏人民出版社，2001：7.

② 德鲁克．卓有成效的管理者．北京：机械工业出版社，2009：9.

活动中发挥以下作用：

1. 决策

决策是创业活动的重要职能。它既包括对创业目的的规定，也包括对实现手段的决策。新创企业的成长与发展很大程度上取决于组织决策的正确性和准确性。

2. 创建组织

创业通常由一个团队来进行，因此，需要对团队进行组织和管理，通过分工与协作，有条不紊地完成创业中的各项活动。组织过程涉及人员、资源、战略、竞争、技术等要素的协调，被视为实现机会并将其推向市场的一种工具，即通过创建新企业来实现机会组织①。

3. 激励员工

创业需要最大限度地调动每个员工的积极性，因此激励员工为企业的目标而奋斗是创业活动的重要内容。人心齐，泰山移。增强创业管理团队的凝聚力，是新创企业提高人力资源管理效能的一项不可忽视的重要工作。

4. 领导

领导是关键。创业者在创建新企业的过程中，要扮演多个不同的角色，承担不同的职能，领导的职能无疑是最重要的。群龙无首的企业注定不能成功，创业者作为领导的作用在创业活动中没有任何因素可以替代。具有高超的领导才能是创业者创业成功的必备条件。

当然，也可以从不同的视角对创业所需的要素条件进行归纳总结。例如，蒂蒙斯提出了一个创业过程模型，如图 2－1 所示，他认为，成功的创业活动必须在机会、资源与团队三者之间寻求最适当的配置，并且要随着企业发展而保持动态的平衡。②

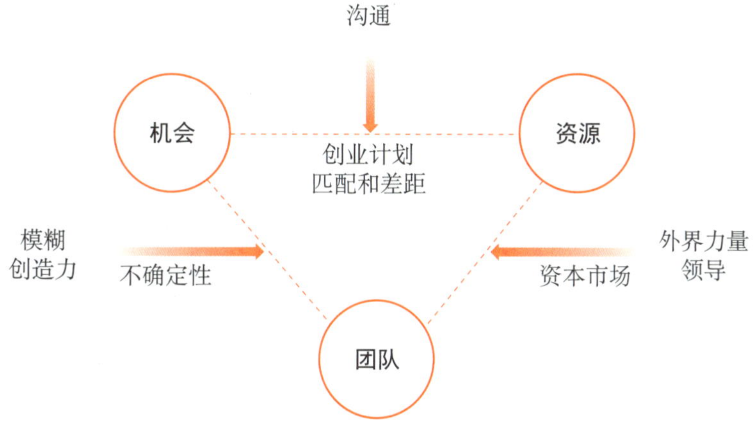

图 2－1 蒂蒙斯的创业过程模型

首先，商业机会是创业过程的核心驱动力，创始人或创业团队是创业过程的主导者，资源是创业成功的必要保证。创业过程始于创业机会，而不是钱、战略、网络、团队或创业计划。创业计划在团队、机会和资源三者之间发挥桥梁作用。开始创业时，商业机会比

① 机会组织（opportunity organising）是指创建一些有意义的组织结构来支持机会的实现。例如收集资源、协调活动并让其他人参与进来，以便获得想要的产出。参见：尼尔森，克莱弗，埃瓦尔德，等．创业的悖论：原书第 2 版．北京：机械工业出版社，2021：29，94.

② 蒂蒙斯模型创业要素主要是什么．https：//www.taodocs.com/p－464728591.html.

资金、团队的才干和能力及合适的资源更重要。在创业过程中，资源与商业机会间经历着一个“适应—差距—适应”的动态过程。

其次，创业过程是商业机会、团队和资源三个要素匹配和平衡的结果。处于模型底部的创始人或创业团队要善于配置和平衡，借此推进创业过程，核心过程是：对商机的理性分析和把握，对风险的认识和规避，对资源的合理利用和配置，对创业团队适应性的分析和认识。

最后，创业过程是一个连续不断地寻求平衡的行为组合。在三个要素中绝对的平衡是不存在的，企业要保持发展，必须追求一种动态的平衡，要有居安思危的意识，时刻思量企业的可持续发展问题。创始人或创业团队在模糊和不确定的动态创业环境中，既要具有创造性地捕捉商机、整合资源的能力，又要有构建战略、解决问题的能力。

总之，创业过程由机会启动，在取得必要的资源和组建创业团队之后，创业计划方能顺利推行。图2-2阐明了创建新企业所需要的基本要素，对我们理解创业要素很有帮助。

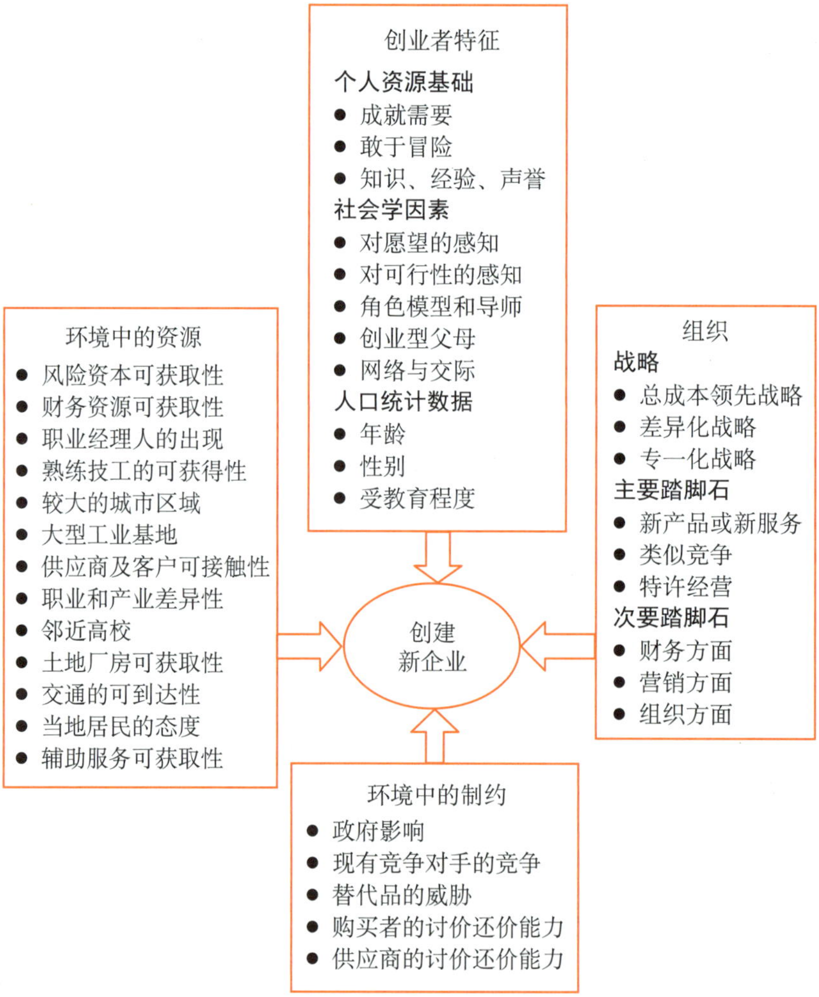

图2-2 创建新企业的基本要素

资料来源：多林格．创业学：战略与资源：第3版．北京：中国人民大学出版社，2006：18.

小贴士

新时代呼唤企业家精神

党的二十大报告指出："完善中国特色现代企业制度，弘扬企业家精神，加快建设世界一流企业。"企业家是新时代发展创新型经济、建设创新型国家和世界科技强国的重要力量。国务院总理李强在十四届全国人大一次会议闭幕后出席记者会，在回答民营经济发展问题时指出，时代呼唤广大民营企业家谱写新的创业史，希望民营企业家大力弘扬优秀企业家精神，坚定信心再出发。当年江浙等地发展个体私营经济、发展乡镇企业时创造了"四千"精神：走遍千山万水、说尽千言万语、想尽千方百计、吃尽千辛万苦。虽然现在创业的模式、形态发生了很大的变化，但是当时那样一种筚路蓝缕、披荆斩棘的创业精神，是永远需要的。

对企业家精神的探讨，最早由经济学家坎蒂隆在《商业性质概论》中提出：企业家是面对不确定的市场和承担经营风险的人。这与美国学者奈特在《风险、不确定性和利润》中提出的"企业家就是那些在极不确定的环境下，作出决策并必须自己承担全部后果的人"的概念类似。之后，奥地利学派经济学家柯兹纳在《竞争与企业家精神》中指出，企业家是具有一般人所不具有的、能够敏锐地发现市场获利机会并具有洞察力的人。英国经济学家阿尔弗雷德·马歇尔也认为，企业家是以自己的创新力、洞察力和统帅力，发现和消除市场的不平衡性，给生产过程提出方向，使生产要素组织化的人。这些学者对企业家精神的定义均围绕企业家在应对不确定、不平衡时的冒险精神。而在美国经济学家约瑟夫·熊彼特看来，企业家是不断在经济结构内部进行"革命突变"，对旧的生产方式进行"毁灭性创新"，实现经济要素创新组合的人。总体而言，上述学者对企业家精神定义的核心特征，正是李强总理提到的应对不确定和创新。企业家不是在给定条件下去做决策，而是发现还没有被发现的条件，创造本不存在的东西。比如，卡尔·本茨在只有马车的时代，突破思维去造汽车，约翰·威尔金森在只有木船的时代去造铁船。

企业家作为一种稀缺资源，是决定企业发展的关键少数，而企业家精神是这种稀缺资源中一种重要的无形生产要素，是企业核心竞争力的唯一真实来源。爱国情怀、勇于创新、诚信守法、社会责任和国际视野，既是企业家应有的品质素养和根本遵循，也是新时代企业家精神的集中体现。

企业营销无国界，但企业家心中要有祖国。优秀企业家须对国家、民族怀有崇高使命感和强烈责任感，把企业发展同国家繁荣、民族兴盛、人民幸福紧密结合在一起，主动为国担当、为国分忧，正所谓"利于国者爱之，害于国者恶之"。爱国情怀是近代以来我国优秀企业家的光荣传统。从清末民初的张謇，到抗战时期的卢作孚、陈嘉庚，再到新中国成立后的荣毅仁、王光英等，都是爱国企业家的典范。

创新是引领发展的第一动力。企业家的创新活动是推动企业创新发展的关键。经济的活力和经济增长都来自创新，创新和承担创新过程中的风险，是企业家精神的核心内容。改革开放以来，我国经济发展取得举世瞩目的成就，同广大企业家大力弘扬创新精神是分不开的。创新就要敢于承担风险。敢为天下先是迎接风险挑战、实现高质量发展特别需要弘扬的品质。

“诚者，天之道也；思诚者，人之道也。”人无信不立，企业和企业家更是如此。社会主义市场经济是信用经济、法治经济。企业家要同方方面面打交道，调动人、财、物等各种资源，没有诚信寸步难行。法治意识、契约精神、守约观念是现代经济活动的重要意识规范，也是信用经济、法治经济的重要要求。企业家要做诚信守法的表率，带动全社会道德素质和文明程度的提升。

企业既有经济责任、法律责任，也有社会责任、道德责任。社会是企业家施展才华的舞台。只有真诚回报社会、切实履行社会责任的企业家，才能真正得到社会认可，才是符合时代要求的企业家。

弘扬企业家精神，还应拓展国际视野。“涉浅水者见鱼虾，涉深水者见蛟龙。”有多大的视野，就有多大的胸怀。改革开放以来，我国企业家在国际市场上锻炼成长，利用国际国内两个市场、两种资源的能力不断提升。过去10年，我国企业“走出去”的步伐明显加快，更广更深地参与国际市场开拓，产生出越来越多的世界级企业。企业家要立足中国，放眼世界，提高把握国际市场动向和需求特点的能力，提高把握国际规则的能力，提高开拓国际市场的能力，提高防范国际市场风险的能力，带动企业在更高水平的对外开放中实现更好的发展，促进国内国际双循环。

总的来说，企业家精神实质上是一个追求机会、创造价值和谋求增长的创新活动的反映，是一种情怀、一种境界、一种超越，是一种不甘平庸、不甘屈从、不甘得过且过的血性和品节。企业家精神表明了企业家这个特殊群体所具有的共同特征，是他们所具有的独特的个人素质、价值取向以及思维模式的抽象表达。企业家精神不仅仅存在于新创企业中。只要创新活动仍然活跃，一些成熟的组织依然具备企业家精神。企业家精神类似一种能够持续创新成长的生命力，一般可区分为个体的企业家精神和组织的企业家精神。个体的企业家精神，指的是在个人愿景的引导下，以个人力量从事创新活动，进而创造一个新企业。组织的企业家精神，是指在已有组织内部，以群体力量追求共同愿景，组织创新活动，进而创造组织的新面貌。可见，企业家精神是独立生存的自信心和不断创新的进取心的统一，表现为对生存环境的主动适应、对文化与生活的综合思考和对奋斗目标的执着追求。①

企业家精神所关注的是“是否创造新的价值”，而不在于是否设立新企业，因此创业管理的关键在于创业过程能否“将新事物带入现存的市场活动中”，包括新产品或服务、新的管理制度、新的流程等。企业家精神是创业者不被当前有限的资源约束而捕捉和利用机会，敢于承担必须承担的风险，为创造某种新的价值，努力发挥创造力、实现创新的一种“敢为人先”的心理驱动程序。企业家精神不仅可以推动科技创新、开发新产品、创造新服务、开拓新市场，而且还是新企业形成、发展和成长的原动力。

大力弘扬企业家精神，在全面推进中国式现代化建设的伟大征程中实现高质量发展，是时代的呼唤，是创新的需要。拥有企业家精神的企业家，不仅是资本的拥有者、资源的配置者、财富的创造者、责任的担当者，还是创新发展的探索者、组织者、引领者，他们勇于推动生产组织创新、技术创新、市场创新，重视技术研发和人力资本投入，有效调动员工创造力，努力把企业打造成强大的创新主体，为社会积累财富、创造就业岗位、促进经济发

① 梅强．创业基础．北京：清华大学出版社，2012：8.

展、增强综合国力作出重要贡献。企业家精神一方面体现为一种以创新为基础的做事与思考方式，另一方面体现为一种发掘机会、整合资源创建新企业，进而创造市场新价值的行为过程。

资料来源：刘国华：弘扬企业家精神，让企业家敢说话，敢做事．(2023-03-23). https：//www.yicai.com/news/101710178.html；柴俊勇：二十大报告再次强调“弘扬企业家精神”，有何深意?.(2022-12-11). https：//export.shobserver.com/baijiahao/html/560052.html.

第2节 创业的过程

随着时间的推移，创业活动将经历四个紧密联系的不同阶段。具体来说，创业过程包括以下四个阶段：一是理解创业的思考阶段；二是准备创业的推理阶段；三是实施创业的行动阶段；四是管理创业的持续发展阶段。图2－3模拟了创业的过程。这一过程是本书内容的指导性框架。

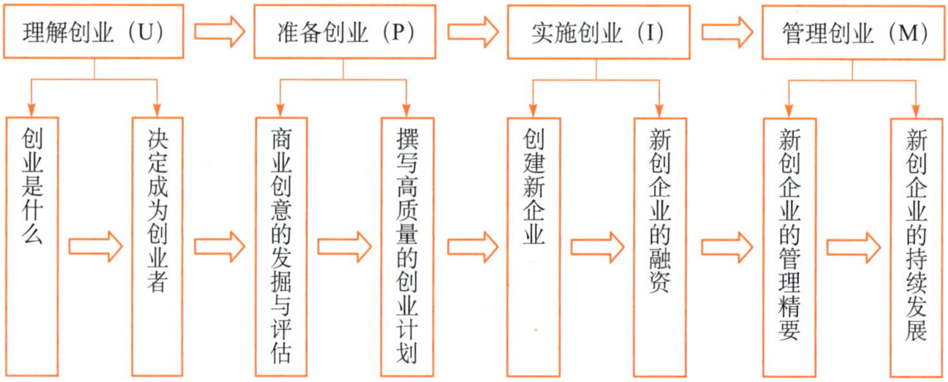

图2－3　创业过程的基本模型

一、理解创业阶段

★路标　与其羡慕做雇佣型的就业者，不如做创业型的自我雇佣者。

在理解“创业是什么”的时候，应认识到创业活动首先取决于个人是否决定成为创业者。不少人是因为看到了创业机会，受潜在收益的诱惑，激发了创业动机，进而成为一名创业者或创业团队中的一员。当然，有时候一个触发事件也会促使个人成为创业者。例如，某人突然下岗失去了工作，从而走上自我创业之路；或者某人得到一笔钱，平生第一次有资本去创办自己的企业；或者生活方式变化触发创业生涯，如一位身为母亲的女性一直等到最小的孩子上学后才决定创建自己的企业。

本书的第2章主要阐述创业的属性、特点、要素、过程和类型，第3章主要阐述创业动机与创业决策、成功创业者的特征以及创业者所必备的创业素质能力。

理解创业的这一过程称为“知识改变命运，创业改变人生”的思考阶段，得到的励志启示是：与其羡慕做雇佣型的就业者，不如做创业型的自我雇佣者。

二、准备创业阶段

★路标　创意得来终觉浅，捕获商机要评估。

许多新创企业没有安全度过42个月的创业初期就夭折了，不是因为创业者[①]不够努

① 如果新创企业安全度过42个月，创业者就可以被定义为“创业家”；如果8年之后企业还能存在，创业者可以被定义为“企业家”。参见：威克姆．战略创业学：理论、案例与中国实践：第4版．大连：东北财经大学出版社，2014：5.

力，而是没有准确识别创业机会。识别创业机会是创业过程的核心。开发成功的商业创意，包括商业创意的发掘、初筛、可行性分析以及商业模式的开发。

本书的第 4 章阐述了创业者如何发掘、塑造、初筛商业创意，以及如何进一步围绕产品可行性、产业/目标市场可行性、组织可行性和财务可行性四个方面进行更为详尽的评估分析，同时探讨了商业模式。第 5 章讲述如何撰写高质量的创业计划。创业计划是帮助创业者筹资和吸引商业伙伴的有效工具。制订创业计划也是明确新创企业的发展蓝图、战略、资源和人员要求的最好方式之一。

准备创业的这一过程称为"临渊羡鱼不如退而结网"的推理阶段，收获的创业感悟是：创意得来终觉浅，捕获商机要评估。

三、实施创业阶段

★路标 众里寻他千百度，蓦然回首，那人却在灯火阑珊处。

将创业计划变为现实的第一步是创建一个新企业。采取的行动包括选定拟建企业的法律组织形式。一旦选择"有限责任公司"作为新创企业的法律组织形式，接着就是要按照我国公司法以及公司章程的有关规定，选聘董事会成员并成立董事会、成立顾问委员会等，组建企业的最初管理团队。公司执照办理、税务登记、银行开户等事务性工作完成后，新创企业就可以开始运营了。此时，以一个合法的企业法人组织身份去开展创业融资活动，更容易、更可信、更可行。

本书的第 6 章阐述了创业者如何给新创企业选择适宜的法律组织形式、如何保护企业的知识产权以及创建新企业的主要流程及实务。第 7 章讲述了新创企业如何进行创业融资、如何通过创业投资开展权益融资，以及融资流程及技巧。

实施创业的这一过程称为"心动不如行动，但要知道如何行动"的行动阶段，得到的创业感悟是：众里寻他千百度，蓦然回首，那人却在灯火阑珊处。

四、管理创业阶段

★路标 创业犹如针挑土，败业犹如浪淘沙，管理细节决定创业的成败。

激烈的竞争环境要求对新成立的企业倍加呵护以促进其健康成长，确保它们持续发展。这是创业过程的终极目标。

本书的第 8 章专注于初创期企业管理中面临的特有问题，主要讲述了人力资源、市场营销、财务安全等管理方面的技术诀窍。第 9 章考察了新创企业持续发展的战略规划问题，主要讲述新创企业成长的生命周期、养生之道，以及新创企业健康成长的发展规划。

管理创业的这一过程称为"路漫漫其修远兮，吾将上下而求索"的持续发展阶段，得到的创业感悟是：创业犹如针挑土，败业犹如浪淘沙，管理细节决定创业的成败。

第3节 创业的类型

任何人都可以创业，那么选择怎样的创业形式？开展什么样的创业活动？这些问题是立志成为创业者的人必须弄清楚的问题。一般而言，创业类型的选择与创业动机、创业者风险承受能力密切相关，而创业活动涉及各行各业，创业者的创业动机又千差万别，因而创业活动的类型也呈现出多样化的趋势。为了更好地了解创业活动的过程，不妨沿着“谁在创业—在哪里创业—创业绩效如何”的路径，来考察不同类型的创业。

一、基于创业动机的分类

★路标 根据创业动机的不同，创业可划分为生存型创业和机会型创业。

《全球创业观察报告》依据创业者的创业动机提出了生存型创业与机会型创业的分类方法。

生存型创业（necessity-push entrepreneurship）是指创业者由于缺乏其他更好的生存渠道或就业机会而进行的以支持自身或家庭日常生活为目的的创业活动。改革开放初期的创业者以及下岗职工的创业行为多属于这种类型。

机会型创业（opportunity-pull entrepreneurship）是指创业者为了追求新的更好的市场机会而从事的创业活动。比尔·盖茨就是一个典型的机会型创业者。他舍弃在哈佛大学的学业毅然决定创业，是因为他在商业实践中发现了软件产业存在巨大的商机。当然，把握好创业的机会窗口（window of opportunity）也非常重要。1998—1999年互联网创业的机会窗口被打开，这个时期诞生了新浪、搜狐、腾讯、阿里巴巴、京东等企业。

无论是生存型创业还是机会型创业，都不是创业者的主观选择结果，而是由创业者面临的环境和能力决定的。相对于生存型创业，机会型创业能带来更多的就业、更好的创新、更新的市场和更大的成长潜力。《全球创业观察报告（2014）》显示，“80后”是中国青年创业者的主体，创业活动最为活跃。相对于“80后”，有31.1%的“90后”被访者认为在未来三年内有创业意愿，且不惧失败。这两个群体的创业都以机会型创业为主，分别达到66.5%和68.9%；学历是高中和大学的创业者占机会型创业者的比重为70%以上。① 这种分类告诉我们，要更好地发挥创业的经济与社会效应，不仅需要有意识和有计划地改善创业环境，还要进一步通过高校创新创业教育来提升大学生的创新创业能力，鼓励创业活动，改变创业活动结构，力争使我国创业活动实现“以机会型创业为主、生存型创业为辅”的发展模式。

小贴士

给电动车车座“补窟窿”

有一位37岁，被称为“龙华哥”的创业者，他原来开工厂，因为生意失败，工厂关

① 全球创业观察报告（2014）.（2015-01-31）. http://www.cye.com.cn/chuangyezixun/chuangyexinwen/201501312272030.htm.

了，欠下 200 万元债务。偶然有一天，他发现，深圳的街头和地铁口到处都停着电动车，许多电动车的车座上都有破洞。深圳是一个多雨的亚热带城市，下雨之后，有洞的车座坐上去会把裤子浸湿，给骑车的人带来很多尴尬与麻烦。于是，他想到了一个对别人有用处的活儿——把这些电动车车座的破洞补上。他带着一些皮革贴，满大街去找电动车，补好破洞之后，再贴上一张收款二维码，上面写着："车座给您补好了，扫码支付，金额您随意。"等他忙完一天回家，打开手机，发现真的不断有人付款，有 3 元、5 元、8 元、20 元不等，还有人留言感谢。第 1 天修补了 31 个车座，收到了 184 元钱。要知道，他补车座用的皮革贴每一张的成本在 1 角左右，所以贴 100 张出去，才 10 元钱的成本。这个事儿可行！

第二天，龙华哥收款 562 元，刨去皮革贴的成本 30 元，地铁日票 25 元，挣了大概有 500 元。一个新的生计就这么被找到了。这个故事给我们的启示是：数字化技术带来了新的创业机会。

二、基于创业主体的分类

★路标 根据创业主体的不同，创业可划分为个体创业与公司创业。

根据创业主体的不同，创业可划分为个体创业与公司创业。个体创业主要指不依附于某一特定组织而开展的创业活动。公司创业主要指已有组织发起的组织创新活动，这些创业活动是由在组织中工作的个体或团队推动的。

例如，乐泰公司的伤口闭合胶水可以追溯到 1970 年，生产这种胶水的想法最初来自消费者对胶水的负面看法。虽然胶水被认为是一种很好的快速凝固胶，但在使用过程中它会造成皮肤黏合在一起，这引起消费者的不满。这一负面看法引起了乐泰公司的关注，乐泰公司产生了利用这种特性研发一种伤口闭合胶水，代替手术中缝线的想法。伤口缝线在医疗领域已经使用了 2 000 多年。然而，由于乐泰公司在医疗产品方面没有经验，也没有这个市场的相关知识，最终该项目失败了。但到了 1988 年，布拉德福德大学的艾伦·罗伯茨教授与乐泰公司展开了合作，一种可以消毒和黏合皮肤的新产品被成功研发出来。艾伦·罗伯茨教授和他的医疗团队对于该研发成果非常满意，2002 年新产品获得美国食品药品监督管理局（FDA）批准。[①]

从创业本质看，个体创业与公司创业有许多共同点，但是创业主体由于在资源禀赋、组织形态和战略目标等方面不同，所以在创业的风险承担、成果收获、创业环境、创业成长等方面存在较大的差异。两者的主要差异如表 2－2 所示。

表 2－2　个体创业与公司创业的比较

个体创业	公司创业
• 创业者承担风险	• 公司承担风险，风险与个体无关
• 创业者拥有全部或大部分权益且回报无限	• 创业者或许拥有公司较少权益且回报有限

① 希斯里奇，卡尼．公司内部创业．北京：中国人民大学出版社，2018：5.

续表

个体创业	公司创业
• 创业者较难承担较高的试错性成本	• 公司可以承担更高的试错性成本
• 受外部环境波动影响较大	• 受外部环境波动影响较小
• 创业者有相对独立性	• 公司内创业者更多受团队牵制
• 决策灵活快速	• 公司内部规则、程序和官僚体系阻碍决策调整
• 在创业主意方面可沟通的人少	• 在创业主意方面可沟通的人多
• 初创期存在有限的规模经济和范围经济	• 公司能很快实现规模经济和范围经济
• 严重的资源局限和约束	• 资源容易获得

资料来源：张玉利．创业管理．北京：机械工业出版社，2008：15.

小贴士

人工智能助推创新创业

彼得·德鲁克曾说：信息革命真正的革命性影响才刚刚开始被触及……它的爆发性出现彻底地改变了经济、市场和行业的结构。可见，互联网作为一种工具、渠道、形态，或技术，反映出有别于过去的一个完全不同的世界。

现在，我们又往前进了一步，从以互联网为主导的信息时代跨入了以人工智能（artificial intelligence，AI）为主导的数智时代。人工智能作为引领新一轮科技革命和产业变革的重要驱动力，正在深刻改变着人们的生产、生活、学习方式，为我们提供了更大规模、更深层次、更广范围的创新创业舞台。

2017年，谷歌人工智能程序Alpha Go在围棋人机大战中战胜职业棋手柯洁，人工智能瞬间成为全社会关注的焦点。2018年，人工智能发展驶入快车道，并不断渗透到医疗、交通、金融、农业、工业等各个领域，成为全球经济发展的强劲引擎。随着芯片、存储器、光纤、移动通信、超级计算机和大数据等底层技术的不断突破，人工智能技术的应用版图正在不断扩大。

在数字经济时代，大数据和人工智能相互促进、共同发展，发挥着越来越重要的作用。大数据提供了丰富的信息资源，而人工智能则通过高级算法和模型，从大数据中挖掘出有价值的信息和知识，为决策和预测提供支持。例如，萨里格雇用50名工程师，从亚马逊上抓取销售数据进行分析。他发现，在亚马逊上搜索“牙齿增白”会出来7 000个产品，这些产品的年销售收入加在一起约为1.6亿美元；同样，搜索“木炭牙齿增白”找到的产品的年销售收入大约是2 200万美元。然而，当搜索“牙齿美白笔”时，出来的产品每年只有1 000万美元的销售额，但与几个月前相比，这个数据呈现出明显的上升趋势。这说明，大数据传递出消费者“想买牙齿美白笔”的信号。销售数据和评论数据中蕴藏着消费者的需求、痛点、偏好和习惯，它们就像石油一样等待着创业者来开采，是提高生产率的“新能源”。

石油是化石燃料时代的重要能源，数据是数字时代的新能源。数字经济时代的数据作为像石油一样的生产要素，驱动着经济的持续发展和创新。数字化就是挖掘数字石油的过程，即从物理世界中开采出数据，粗炼为信息，精炼为知识，聚合为智慧，最终提高生产率。

有一位创业者问某饭店老板："为什么你们现在赚得比以前多呢?"老板一听来了兴致，对这位创业者说："外卖平台确实厉害。比如，它给我们推荐附近最受欢迎的 20 个菜品，我就集中精力做好这 20 个菜品，果然外卖销量提升了 40%。因为只做外卖，没有堂食，省了房租。网上订单量比较固定，我可以按量准备材料，因此损耗少了，又节约了成本。"外卖平台在海量的"购买数据"和"评价数据"里提炼出了"20 个最受欢迎的菜品"信息，饭店老板只要做好这 20 个菜品，就不愁没有订单。通过数字赋能，饭店老板既降低了成本，又提高了销量。

只有创新才能把握时代、引领时代。人工智能在助推创新创业方面扮演着十分重要的角色，为创业者提供了许多机会。人工智能技术可以用于优化和创新业务流程、提高生产效率、改善客户服务等。通过对大量数据进行分析，创业者可以更加准确地把握市场和用户需求，做出科学决策；通过对历史销售数据、用户行为数据等进行分析，创业者可以预测未来市场的需求和趋势，准确把握市场机会并制定出更加有效的市场策略。

人工智能还可以优化和改进产品，进一步提高产品质量和优化用户体验，并制定出更加精准的营销策略，增强产品核心竞争力。此外，通过对企业内部运营数据、外部行业数据等进行分析，人工智能可以识别出企业面临的潜在风险和威胁，并及时采取措施进行防范和管理，保障企业的稳健发展。

马斯克曾对外宣布：保险将成为特斯拉的主要产品之一，并且其业务价值将占到整车业务价值的 30%～40%。特斯拉将探索里程保险（usage based insurance）① 等创新产品，为消费者提供更加规范和丰富的车险保障服务。整车厂通过预装的 OBD 车载智能终端，可以从使用者每天的驾驶行为里提取出大量的行车"数据"，然后粗炼出有价值的"信息"，比如猛踩刹车的次数，和前车是否始终保持安全距离等。然后，再精炼出谁的行车习惯好的"知识"。最后，用人工智能的"智慧"自动做出降低保费的决策。可能有一天会出现这样的场景，保险公司给你打电话说："根据您过去一年的驾驶数据，您的保费将得到大幅度的降低！"

人工智能凭借其强大的计算能力和学习算法，成为推动创新创业的重要工具。人工智能可以通过对用户数据的分析和挖掘，充分了解用户的兴趣、偏好和行为习惯，从而制定出更加精准的营销策略、研发出个性化的产品和服务。通过平台化的商业模式，人工智能可以打造开放、共享、共赢的商业生态圈。如一些人工智能平台可以为企业提供智能客服、智能营销、智能管理等解决方案，吸引更多的企业加入平台，形成强大的生态圈效应。此外，人工智能还可以通过智能化的产品和服务，提高用户价值。如智能家居技术可以为用户提供更加智能化、便捷化的家居生活服务；智能驾驶技术可以提高驾驶的安全性和舒适性。这些智能化产品和服务可以满足用户的需求、优化用户体验，为企业创造新的商业价值，并且这些新兴领域为创业者提供了更加广阔的空间。

---

① 基于车主驾驶行为以及使用车辆相关数据的可量化的保险。通过 OBD 车载智能终端实时监控里程、油耗等车辆数据，结合车主"急刹车、急加速、急转弯"次数、违章次数等驾驶行为数据，通过大数据技术处理，评估车主驾车行为的风险等级。通过风险等级为每位车主提供定制化的保单。保费是对车主实际行驶里程、驾驶时间、行驶地点、具体驾驶行为等指标的综合考量。

2022年OpenAI发布了人工智能语言模型ChatGPT，这是一款能够与人类进行自然、流畅、有趣的对话的智能助理，它可以根据用户的输入和上下文，生成合适的回复，甚至可以创造出图像、声音和代码等多媒体内容。这标志着人类已经进入了新的人工智能时代，一个由智能交互、智能创造和智能赋能为特征的时代。科大讯飞的“星火”、网易的“伏羲”、百度的“文心一言”等大语言模型，将人工智能造福生活体现得淋漓尽致。人工智能语言模型不仅能够帮助我们学习知识、修改文章、生成方案，更能为购物者提供个性化推荐、预测天气、帮程序员写代码。人工智能语言模型不限于简单的知识整合归纳输出，而是针对多样的需求和变数回应准确的理解和有价值的判断。这是一次技术的飞跃，也代表着人工智能的蓬勃发展。

近年来，我国加快完善人工智能的政策布局。2017年发布的《新一代人工智能发展规划的通知》（国发〔2017〕35号）明确指出：到2030年人工智能理论、技术与应用总体达到世界领先水平，成为世界主要人工智能创新中心。《关于加快场景创新以人工智能高水平应用促进经济高质量发展的指导意见》（国科发规〔2022〕199号），以及《科技部关于支持建设新一代人工智能示范应用场景的通知》（国科发规〔2022〕228号）等多项政策相继发布，为人工智能高质量发展提供了强有力的支持。

我国人工智能算力规模位居全球第二，已建成280余万个5G基站与2 500多个数字化车间和智能工厂，人工智能核心产业规模达到5 000亿元，创新成果不断涌现。多模态感知融合、优化决策等人工智能技术在智能制造、智慧农业、智能码头等实体经济领域加速进入实用化阶段。未来，新一代人工智能需要依托大场景、多对象的数据平台，充分发挥强赋能效果的“头雁效应”。

人工智能助推创新创业，为广大创业者提供了更多的机会和工具，帮助他们在竞争激烈的市场中脱颖而出。人工智能时代最大的风险不是人工智能本身，而是忽视对人工智能价值的深度挖掘。我们应合理使用人工智能技术，使其与创新创业形成良性循环，使人工智能真正成为中国经济高质量发展的利器。

资料来源：新华网．新华视点1当前中国人工智能发展新观察．（2023-09-13）．http：//www.xinhuanet.com/tech/2023-09/13/c_1129860987.htm；新华社．我国人工智能蓬勃发展 核心产业规模达5 000亿元．（2023-07-07）．https：//article.xuexi.cn/articles/index.html?art_id=10829884871409878447&item_id=10829884871409878447&study_style_id=feeds_default&t=1689793543026&showmenu=false&ref_read_id=2df12278-4f40-4c3d-8330-14c1c963c90e_1702209291575&pid=&ptype=-1&source=share&share_to=wx_single.

三、基于创业绩效的分类

★路标　从创业绩效视角，创业可划分为复制型创业、模仿型创业、安定型创业、冒险型创业四种。

依据创业者的创业绩效对创业进行分类，是一种常见的分类形式，这种分类方法有助于创业者关注创业活动绩效，提升创业活动质量，有助于创业活动取得成功。在这方面，克里斯琴（Christian，2000）的分类更具代表性。[①]

① 斯卡泊莱，齐曼拉．小企业的有效管理：创业实务：第7版．北京：清华大学出版社，2006：353.

克里斯琴依照创业对市场和个人的影响程度，把创业分为以下四种类型：

1. 复制型创业

复制原有公司的经营模式，创新的成分很低。例如，某人原本在一家美容院担任美容师，后来离职，创立了一家与原美容院类似的新美容院。新创企业中属于复制型创业的比率虽然很高，但由于这种类型创业的创新贡献太低，缺乏创业精神的内涵，因此不是创业管理研究的主要对象。这种类型的创业基本上只能称为“开办新公司”，因此，很少会成为创业管理课程中学习的对象。

2. 模仿型创业

模仿型创业虽然很少给顾客带来新创造的价值，创新的成分也很低，但对创业者自身命运的改变还是较大的。它与复制型创业的不同之处在于，创业过程对于创业者而言具有很大的冒险成分。例如某大学教师辞掉工作，开了一家 24 小时不打烊的咖啡书吧。这种形式的创业具有较高的不确定性，学习过程长，犯错机会多，试错成本也较高。这类创业者如果具有企业家的基本特质，经过系统的创业管理培训，一旦把握市场时机，其成功的概率将大大提高。

3. 安定型创业

安定型创业虽然为市场创造了新的价值，但对创业者而言，本身并没有太大的改变，做的也是比较熟悉的工作。这种创业类型强调的是创业精神的实现，也就是创新的活动，而不是新组织的创造，企业内部创业即属于这一类型。例如组织内的研发小组在开发完成一项新产品后，继续在该企业部门开发另一项新产品。这种创业形式强调的是个人创业精神的最大限度实现，而不是对原有组织结构进行设计和调整。

4. 冒险型创业

冒险型创业除了对创业者本身带来极大改变，个人前途的不确定性也很高。新创企业的产品创新活动也将面临很高的失败风险。冒险型创业是一种难度很高的创业类型，有较高的失败率，但成功所得的报酬也很惊人。这种类型的创业，如果想要获得成功，必须在创业者能力、创业时机、创业精神发挥、商业模式设计、创业过程管理等各方面都有很好的配合。

本章小结

- 创业是不拘泥于当前资源条件的限制，寻找机会，将不同的资源要素加以组合以利用和开发机会并创造价值的过程。
- 创新是寻找新的、更好的方式以达成有价值的目标。成功的创新在形式、内容、模式、技术、质量上比其他组织或者先前的产品更好更有价值。
- 创业活动普遍存在于各种组织和个人的经营活动中，与创新活动相比，创业更加强调顾客导向，强调创造价值和财富。
- 创业作为人们发现机会创造财富的经济活动，具有商机导向、资源整合、价值创造、超前行动、创新变革、顾客导向等特点。
- 创业活动离不开人、物、组织和环境等要素的有机结合。成功的创业活动必须在机会、团队与资源三者之间寻求最适当的配置，并且要随着企业发展而保持动态的平衡。

● 创业活动的本质就是识别商机、开发和利用商机、实现商机价值的过程。

● 创业过程是机会、团队和资源三个要素匹配和平衡的结果。

● 创业活动分为理解创业、准备创业、实施创业、管理创业四个阶段。

● 基于创业动机可以将创业分为生存型创业和机会型创业；基于创业主体可以将创业分为个体创业和公司创业；基于创业绩效可以将创业分为复制型创业、模仿型创业、安定型创业、冒险型创业。

思考题

1. 为什么要研究和学习创业？
2. 实施创业活动的要素有哪些？
3. 创业过程包括哪些阶段？
4. 生存型创业与机会型创业的主要差别是什么？
5. 个体创业与公司创业的主要差别是什么？
6. 如何理解创新与创业之间的关系？
7. 人工智能时代创业的机会有哪些？

阅读材料

腾讯："互联网+"行动的探索者

2018 年 12 月 18 日，庆祝改革开放 40 周年大会在北京召开，会上表彰了 100 名改革先锋人物，其中马化腾被授予"'互联网 +'行动的探索者"称号。他创立并带领腾讯从一个仅有 5 人的小企业成长为全世界最具影响力的互联网公司之一。腾讯倡导"互联网 +"概念，通过微信、QQ 等互联网应用，从民生政务、生活消费、生产服务、生命健康、生态环保等方面，推动数字化转型升级，在实体经济和数字经济、传统行业和科技创新融合发展等方面发挥了重要作用。

马化腾大学毕业后在润讯公司申请了软件工程师的职位。20 世纪 90 年代，润讯公司是在中国寻呼市场名列前茅的公司，拥有几百名软件工程师。在大多数工程师看来，开发出更高深的软件或许可以证明自己的智力，但马化腾认为写软件并不是自娱自乐的事情，必须让更多人应用才有价值。几年后，他与同做网络寻呼工作的张志东再次相遇，二人碰撞出的火花成就了今天的腾讯。

1998 年，马化腾看到了基于 Windows 系统的 ICQ 的演示，这激发了他的灵感，他开始思考是否可以在中国推出一种类似 ICQ 的集寻呼、聊天、电子邮件于一身的软件，于是和几个朋友一起创立了腾讯公司，最终形成 QQ 这款"国民软件"。当时，很多人通过 QQ 认识了互联网。经过 3 个月的开发，OICQ 系统面市，但是服务器托管问题一直无法解决。他曾经考虑以 60 万元将 OICQ 出售，后来发现做互联网并不应纯粹掘金，于是放弃了出售的念头。

由于 OICQ 令大多数用户和投资商爱不释手，不久腾讯公司便获得来自美国 IDG 和中国香港盈科数码的 220 万美元创业投资，此后更名为 QQ。马化腾等人意识到：不断优化的商业模式和持久的经营理念，可以使公司走得更长远。

2001 年，国内新浪、搜狐、网易等网络公司已经做成规模，通过上市获得了新的资本支持，并且这些网站通过推出收费业务加快盈利。可是，腾讯公司并不具备扩充资本和推行收费业务的条件，因为它毕竟只是一家小公司，缺乏现成的收费渠道。当时 QQ 的注册用户已经达到 2 亿，但公司出现了资金紧张问题，市场一时盛传 QQ 将收费或者停止服务。

中国移动推出的“移动梦网”改变了腾讯公司的生存状态。腾讯公司通过与运营商“二八分账”的协议实现业务增长（运营商 20%，腾讯 80%），于是，移动 QQ 正式诞生。2002 年，移动 QQ 占到腾讯公司整体业务收入的 70%，接着公司又推出了非常 QQ 男女、彩铃、图片等多种信息内容服务形式，用户反应很好。与此同时，腾讯公司完善公司治理结构，并不断优化商业模式，曾六次修改创业计划，从而使腾讯公司获得了更多资本的支持。

2004 年 6 月，腾讯公司在中国香港上市，再次获得了稳定的资本支持。下一步就是继续以较低的成本开展新业务，并且在新业务和功能方面通过即时通信增加客户黏性，而不是分散精力，这是腾讯和其他国外通信工具竞争的筹码。对腾讯公司而言，3 亿注册用户是其发展业务的基础，不仅可以发展电子商务，还可以在客户端推出 C2C 等多种功能，不断满足网民更多的需求。

2010 年以后，随着智能手机普及，腾讯又开发出另一个移动互联网的入口——微信。

2013 年起，马化腾开始积极倡导“互联网＋”概念。他于 2015 年提交了《关于以“互联网＋”为驱动，推进我国经济社会创新发展的建议》的议案。同年，“互联网＋”行动计划被列入政府工作报告。

现在，人们已经很难想象没有互联网的生活。在广东，“粤省事”微信小程序为当地居民提供了社保、生育、公积金、出入境、驾驶证、完税证明等 460 多项服务。

互联网还让原本分散的资源汇聚成新的力量。从 2007 年腾讯公益平台上线至今，腾讯公益平台上已超 2 亿人次的网民筹集了超过 46 亿元善款。

2018 年，腾讯迎来 20 岁生日。20 年间，包括腾讯在内的中国互联网企业，推动中国在数字领域从“潮流追随者”转变为全球的“趋势引领者”。截至 2018 年，中国的数字经济规模占 GDP 的比重已经超过三成，为 10 多亿用户提供社交、通信、教育学习等综合互联网服务。

腾讯做到今天这样的规模，已远远超出其创始人马化腾的预期。马化腾说：“回想腾讯 20 年的发展，我觉得我们非常幸运。腾讯根植于广东深圳这片改革开放的热土，是改革开放的见证者、参与者和受益者。”

如今，大家已经习惯了以微信支付为代表的移动支付所带来的便捷，出门坐公交、乘地铁、吃饭购物等都可以扫码支付，办理个人证件、看病就医等公共服务也可以通过微信小程序来预约。

面对下一个 20 年，马化腾已经有了新的探索方向。他说，“互联网＋”正在进入“下半场”，流量红利进入尾声，爆炸性的用户增长放缓，市场机会正在向产业互联网转移。腾讯将利用云计算、支付、人工智能、网络安全等基础设施，赋能产业合作伙伴，搭建新一代智能产业生态，通过把消费者和产业连接起来的方式，创造新的价值。

资料来源：徐明天．春天的故事：深圳创业史 1979－2009（下）．北京：中信出版社，2009：128－130；马化腾：“互联网＋”行动的探索者．（2018－12－24）．https：//baijiahao.baidu.com/s?id=1620718013841176697&wfr=spider&for=pc.

【思考】

1．马化腾的创业活动有哪些特点？

2．马化腾的创业行为属于哪种类型？

3．你喜欢哪种或哪些类型的创业形式，为什么？

第3章

决定成为创业者

所谓创业者就是这样的人，他愿意并且有能力将一个新想法或新发明变成成功的创新，同时创造出新的产品和商业模式，引领着整个行业动态和经济的长期发展。

——约瑟夫·熊彼特（Joseph Schumpete）

》问题导入

1. 为什么要创业？
2. 创业成功的人有何特质？
3. 成为创业者要做哪些准备？

第 1 节 创业者的动机

“我的生命是一本不忍卒读的书，命运把我装订得极为拙劣”“我不能忍受在乡下坐井观天的枯燥日子……我要看看大世界”。[①] 范雨素的话一时间火爆了朋友圈。人们从创业者范雨素的身上看到了自己的过去、自己的现在、自己的内心。当你有了创业念头的时候，不妨仔细想想，自己为什么要创业？你需要静下心来认真思考自己的创业动机。只有明白了自己创业的动机，才会树立信心、坚定信念、克服创业途中的困难，进而取得创业成功。本章从众多的影响因素中筛选出社会、心理、经济等三个关键因素，对创业者的动机进行分析。

一、催化创业活动的社会因素

★路标 不利境况、榜样力量、非凡经历和情境感知，是催化创业者行为的社会因素。

每一个创业者都有其特殊的背景和经历。社会因素的分析视角试图从创业者所处的社会环境中揭示驱动创业者行为的原因。图 3 - 1 提供了一个社会学分析框架，描述了动力因素与情境因素的协同作用对创业者作出创业决定的影响。研究发现，根据催化创业者作出创业决定的因素进行分类，主要有以下四种创业活动[②]：

（1）不利境况触发的创业活动。

（2）榜样力量点燃的创业活动。

（3）非凡经历激发的创业活动。

（4）情境感知催化的创业活动。

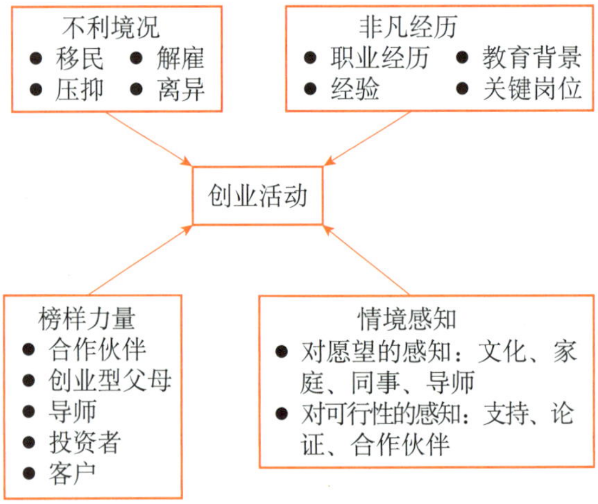

图 3 - 1 创业决定因素

资料来源：多林格．创业学：战略与资源：第 3 版．北京：中国人民大学出版社，2006：42.

---

① 范雨素：我的生命是一本不忍卒读的书．（2017 - 04 - 27）．http：//www. xinhuanet. com//politics/2017 - 04/27/c _ 129576766. htm.

② 多林格．创业学：战略与资源：第 3 版．北京：中国人民大学出版社，2006：41 - 45.

（一）不利境况触发的创业活动

不利境况是指个人或者个人组成的群体处在社会的边缘。这些个人或者群体被认为“不适合”主流社会的生活，但他们对自我实现很敏感，既然没有人可以依靠，干脆就不靠任何人，因而选择自主创业，这成了他们摆脱孤独感、寻找心灵平衡的重要途径。当他们置身于移民、解雇、压抑、离异等不利境况时，往往选择创业作为自己的生活方式。

迪基·克拉克（Dickie Clark）提出的“社会边缘状态”（social marginality）解释了这种创业动机。社会边缘状态是指当个体的属性——身体特征、智力特征、社会行为方式及其在所处的社会环境中承担的角色发生冲突时，个体就处于社会边缘状态。[①] 处于社会边缘状态的人获得的现实利益较少，其创业的机会成本相对而言也比较低，因而催化了他们的自主创业行为。例如，改革开放之初的“下海”创业者，大多是难以找到工作的回乡知识青年、城市失业人员、升迁无望的公务员或碰到职业“天花板”的大公司高管人员，以及在激烈的市场竞争中难以找到适当位置的退伍军人等。这些处于社会边缘状态的人，在现实中没有占据“有利地形”，没有太大的现实利益纠结，因此他们创业的机会成本较低，顾虑也少，通过创业既可以获得较多收益，又能获得新的发展平台，还能找到一种掌控命运、实现自我价值的成就感。就这类创业者而言，他们普遍抱有一种掷硬币的心态——“正面我赢，反面我也输得不多”，毅然作出投身创业的决策。

（二）榜样力量点燃的创业活动

榜样的力量是无穷的。想成为一名创业者，其动机可能与“获得成就感和个人发展”密切相关。积极正面的引导可以促进某些人的创业行为，这种效应通常称为“创业的拉力效应”。这些积极正面的引导可能来自合作伙伴、导师、创业型父母等。合作伙伴通过共享经验、提供工作上的帮助或者分担风险等方式，使个人受到鼓舞而欣然创业。导师也可以给创业者介绍社会和经济关系网络中对创业有益的社会资本和资源。父母的职业与子女的创业现象之间也存在相关性。据调查，25%～34%的创业者的父母（特别是父亲）本身就是很成功的创业者，拥有家族的小企业，父母的言传身教常常感染着创业者本人。另外，那些给创业者提供初期融资的投资者使创业者坚定了“投资回报很大”的必胜信念，对创业活动的实施起到了关键的推动作用。当然，创业的拉动效应还可以扩展到潜在的客户或恋人，他们的激励都有可能是“催化剂”，使创业者的创业激情得以释放。

（三）非凡经历激发的创业活动

为创业者提供积极动力的另一种情境范畴是“创业的推力效应”，积极的推力因素包括职业经历或教育背景等。职业经历可以提供创业机遇，教育背景可以给予个人合适的知识和技能。

什么样的职业经历有助于一个人成为创业者呢？一般而言，你越接近某种资源，就越易于依靠某种资源适配自己的需求。也就是说，一些人之所以比其他人更能识别出商机，是因为他们具有获取某类信息资源的独特渠道，以及具备落地见效的能力。

有两种类型的创业者容易踏上成功的创业之路：

---

① 创业选择之经济学分析．百度文库．

一种是依赖行业路径的创业者，即他们在特定的行业里学到了该行业内的所有可以学到的东西，为创业奠定了坚实基础。这类创业者在自己先前工作的行业内，拥有“近水楼台先得月”的资源优势，学到了在这一特定行业内可以学到的技术，凭借其技术悟性，很容易捕捉到行业变化发展的趋势，从而创建一家新企业填补行业的市场空白。例如，在某一技术领域工作的人，往往较容易发现市场的缝隙和顾客未满足的需求，开发出的新产品、新市场、新技术一旦不被雇主看好，就可能会离开原企业去创办一家属于自己的新企业。在沿海的玻璃厂、鞋厂、热水瓶厂以及一些电子元件厂工作的“新型产业工人”，由于长时间从事一个技术工种，对这种技术已经很精通了，他们回乡创业大多还是在原先行业里创办自己的新厂。

另一种是依赖岗位路径的创业者，即那些在关键性的经济管理岗位上工作过的人。他们可能是律师、会计师、教师、管理者、银行家或商业经纪人、技术经理人①等。他们凭借自身的资源优势和交易知识技巧，很容易捕捉到别人难以发现的机会。当机会窗口打开时，他们不愁创业资金和业务技能，只需组建一个有效的创业管理团队，就能成功实现创业。例如，王树彤女士曾是清华大学软件开发和研究中心的教师。1993年，偶然的一次机会，她从报纸上看到微软公司的招聘广告，虽然那时还未真正了解微软公司到底是什么，但她去应聘了，后来任微软公司市场服务部经理和事业发展部经理，成为微软最年轻的中国区高管；1999年，她加入思科公司，任市场营销部经理；2000年，她出任卓越网CEO，她领导的卓越网成为中国最大的网上音像店；2004年，她创办了属于自己的电子商务网站——敦煌网。实践证明，王树彤从微软公司到思科公司，再到参与创办卓越网的这段职业经历非常宝贵，极大地塑造了她构思、创建并将新创企业发展成获得巨大成功的企业的能力。研究发现，新建企业创意的来源中，“原工作经验”占45%，“个人兴趣或爱好”占16%，“偶然发现”占11%，“朋友或亲戚”占5%，“家族企业”和“文化程度”各占6%，“建议”占7%，“其他”占4%。②

由此可见，不论是依赖行业路径还是依赖岗位路径的创业者，通常依附其专业化知识来创建新企业。这些专业化知识可以是新产品、新工艺、新方法、新服务、新市场、新资源、新的商业模式。当这些“核心技术”所创造出的利基市场不被先前企业负责人重视，创业者就会凭借其职业经历所形成的资源路径实施其创业计划。所以，不同寻常的职业阅历，可以诱发不同的创业路径依赖，创业者对这一路径的强烈依赖，将激发他们满怀信心去创建属于自己的新企业。

研究表明，90%及以上的创始人开创的公司都与他们曾工作过的公司具有相同的市场、技术、行业。另一些研究发现，企业创始人通常拥有8～10年的相关经历，受过良好的教育。这些成功的创业者在产品、市场方面和相关交叉领域一般都有丰富的经验。研究还表明，大多数成功的创业者是在他们三十几岁的时候创立公司。③ 因此从这个角度讲，大学毕业生采取“先就业后创业”的策略，可以提高创业的成功率。如果仅凭一时热情休

① 根据《中华人民共和国职业分类大典》（2022版）的定义，技术经理人是在科技成果转移、转化和产业化过程中，从事成果挖掘、培育、孵化、熟化、评价、推广、交易并提供金融、法律、知识产权等相关服务的专业人员。技术经理人是科技成果转移转化服务体系的中坚力量和关键核心。

② 朗格内克，穆尔，佩蒂．小企业管理：创业之门：第12版．北京：人民邮电出版社，2006：121.

③ 蒂蒙斯，斯皮内利．创业学：第6版．北京：人民邮电出版社，2005：39.

学创业，极有可能在创业路上摔跤。我常被问及创业教学效果如何，我的回答是："有的人听了我的创业学课程，原本想创业的，现在反而不敢创业了，更愿意去做一个踏实的就业者或岗位创业者。原本不打算创业的，现在却跃跃欲试。"何也？这是因为当今社会已迈入了人工智能的时代，大学生尤其是刚进入大学校门的学生，他们的知识储备和社会经验有限，光靠勇气和激情贸然创业不仅会耽误学业，甚至会一败涂地。比尔・盖茨、马克・扎克伯格等人休学创业取得成功只是个案，没有广泛代表性，其创业路径不能复制。先积累知识、经验和人脉资源，然后在适当时机再去创业，不啻为上策。优秀的创始者应该是"兼具理性和感性的人——他们拥有狂热而坚定的信念，同时愿意听取理性的现实"①。当然，创业不言失败。做错了比什么都不做要好得多，错比空好。② 例如，爱迪生在发明电灯之前做了无数实验，有人问他为什么遭遇这么多次失败。爱迪生回答："我一次都没有失败，因为我刚刚发现了一万种行不通的方法。"③ 爱迪生之所以说"我一次都没有失败"，是因为他把每一次实验都看作整个实践过程中的一部分。要知道：成功来自正确的判断，正确的判断来自经验，经验却来自错误的判断。一个人在创业路上经历的失败，不失为人生的财富。

（四）情境感知催化的创业活动

一旦个人的创业激情被释放出来，对愿望的感知和对可行性的感知将有助于决定创业者能否去创建一个新企业。

首先是对愿望的感知。创立一个新企业必须要有创业意愿。影响愿望感知的因素可能来自个人的修养、家庭、同辈、同事或导师。其次是对可行性的感知。如果欲将创业过程继续下去，它必须被视为可行，仅仅准备充分和有愿望还远远不够，潜在创业者需要来自情感、财力和物质等方面的支持以及导师与合作伙伴的帮助。这些情境感知因素的催化作用将使创业者不再畏惧失败，不再感到势单力薄，有助于激发创业者的创业激情。

二、促成创业活动的心理动机

★路标 对成就的需求、对独立的追求、对生活质量的改善，均促进了创业活动。

动机就是激励人们去行动，以达到一定目的的内在原因，是推动人们行动的内驱力。每一个创业者都有其特殊的需求、追求和愿望。心理学的研究方法可以对创业者的创业动机以及影响创业行为决策的心理因素进行解释。

只有金钱的刺激才能激发创业者的创业冲动吗？一项对英国 800 家盈利小企业的调查研究结果表明④：

---

① 爱迪思．企业生命周期．北京：中国人民大学出版社，2017：35.

② 创业者不回避不确定性，相反，还会想方设法对其加以利用，知道机会稍纵即逝，行动缓慢比判断错误所付出的代价更昂贵。因此我们应先去寻找"大致正确"的解决方案，而不是追求一个"完美无瑕"的答案。因为人们解决问题的能力受到有限理性和有限时间的约束，所以，我们不能期望以最优方式解决所有问题，因为找到最优方式往往需要我们耗费更多的时间和资源。在"干中学""学中干"的过程中，创业者不仅可以抓住现有创业机会，有时候还会发现新的创业机会。

③ 怀斯，菲尔德．创业机会：认清那些关乎创业成败的核心要素．北京：机械工业出版社，2018：28.

④ 创业成功学．百度文库．

（1）98%的人把“个人成就感”列为第一重要推动力，其中70%的人认为“个人成就感”是非常重要的因素。

（2）88%的人把“按自己的方式做事”、87%的人将“做长远规划的自由”列为重要或非常重要的因素。

（3）仅有15%的人认为“给子女留下产业”是非常重要的。

如图3-2所示，收入虽然是至关紧要的刺激物，但在创业者心目中并非最重要。马斯洛（Maslow）的需求层次理论告诉我们：“一旦金钱需求基本得到满足，获得额外金钱的重要性与其他因素相比就会下降。”① 很显然，金钱是创业者唯一的刺激物的观点，是肤浅的、幼稚的。

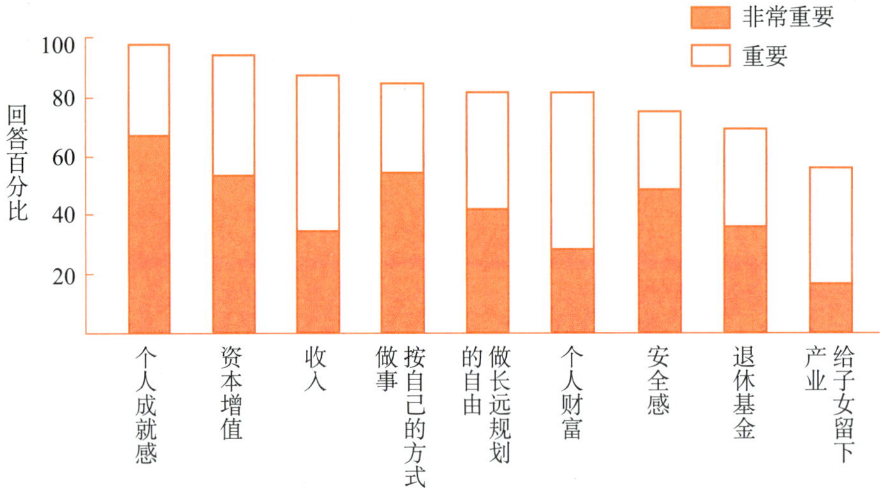

图3-2 小企业创业动力排序

就创业动机而言，伊查克·爱迪思（Ichak Adizes）认为：“要是创业者创办企业就是为了追求投资回报，那就如同母亲想要生个当医生的女儿才要孩子一样。”母亲并不想孩子一事无成，创业者也不想破产。但投资回报率（ROI）只是一个限制条件，而不是决定因素。尽管没有投资回报最终会让企业破产，但投资回报并不能催生一个企业。那些一门心思钻在钱眼里或只想着投资回报率的创业者很可能大失所望，可能在企业产生盈利之前就已经退出角逐了。创业的主张要变成可操作的内容，在这一过程中，难免失误，也就是说很可能要赔钱。那些只顾追求金钱的人常会觉得备受打击，而那些一心为了满足市场需求的创业者却会不断探索，直到最终找到满足市场需求的正确答案。② 爱迪思的这一观念告诉我们：成功创办一家企业，不仅需要有好的主意、市场和资金，还需要有那种夜不成寐的“产品斗士”——全神贯注、全力以赴，勇于为新创企业承担责任与义务的创业者。

驱使创业的激励因素多种多样，创业的主要动机也因人而异。驱使创业的动力还随着性别和国家的不同而有所差异。罗伯特·希斯瑞克（Robert D. Hisrich）、迈克尔·彼得斯

① 格哈特，瑞纳什. 薪酬管理：理论、证据与战略意义. 上海：上海财经大学出版社，2005：54.

② 爱迪思. 企业生命周期. 北京：中国社会科学出版社，1997：21-22.

(Michael P. Peters) 认为，男性创业者一般把金钱的激励作用放在第二位[①]，而女性创业者依次把成就感、工作满意度、抓住个人发展的机遇以及金钱收益作为创业决策的依据。

具体而言，创业活动根据创业者的创业动机进行分类主要有以下三种。

(一) 成就需求激发的创业活动

很多创业者下海创业，既不是生活所迫，也不是职业所迫，而是为了实现自我价值，获得成就认可。美国心理学家戴维·麦克莱兰 (David C. McClelland) 认为，人类动机是特定环境下特殊需求的觉醒，是"一个反复出现的目标状态，这个目标状态用来衡量产生需要的驱动力，从而直接导致个人行为的选择"。他认为，具有强烈的成就需求的人渴望将事情做得更为完美，提高工作效率，获得更大的成功，他们追求的是在争取成功的过程中克服困难、解决难题、努力奋斗的乐趣，以及成功之后的个人成就感。

有强烈成就需求的人经常通过评价自己来衡量自己取得了多少进步。他们树立目标，努力去接受切合实际的挑战（也就是说目标虽然富有挑战性，但符合实际）；崇尚个人活动；喜欢能够清楚看到成绩的工作（如销售职位或小公司的所有人/经理）。因此，成就需求高的人成为创业者的可能性较大。[②] 以此推断，一个社会如果普遍拥有高水平的成就需求，这个社会将会涌现出更多有活力的创业者，这些创业者将促进经济社会发展。可见，创业者是成就需求和经济发展的一个中间变量。麦克莱兰通过实验得出结论：成就需求得分较高的创业者，在解决问题、确立目标和通过个人的能力达到这些目标时，敢于承担责任，有冒险的倾向，喜欢具有中等风险的决策，对决策结果感兴趣。事实上，"无论出于何种个人动机——追逐金钱、权力还是猎奇，或是追求名誉、希望博得他人的认同——成功的企业家都会试图去创造价值，做出贡献"[③]。因此，有强烈成就需求的人，往往受到希望做得更好和渴望更卓越的潜意识驱动，他们成为创业者的可能性较大。

(二) 追求独立激发的创业活动

创业是一个"痛并快乐着"的过程，其好处在于可以获得独立，不受别人控制，可以按照自己喜欢的方式，去做自己喜欢做的事，去做自己能够做的事，去实现自己的人生理想和抱负。创业者中"33%是受到独立性需求驱动的"[④]，如果没有这种意念，就不可能会独自去承受创业中的各种挫折和辛酸。大多数创业者在创业之前，要么觉得原先所从事的工作难以施展自己的才华，要么就是觉得那项工作并不是自己内心深处所喜爱的。在这种情况下，他们就不甘满足于为别人打工，强烈的独立意识驱使他们去做属于自己的事，并

---

① 对于"你最看重工作的哪个方面"这一问题的回答，有谁会如此愚蠢以至于（公开地）把金钱看得比热心的同事或富有挑战性的任务还要重要呢？研究发现，工资水平和福利在大学生就业协议中最常提及的属性（共10项）中分别居于第二位和第三位，而工作地点则居于首位。研究还表明，"金钱对人们的重要程度远高于他们愿意承认的程度"。参见米尔科维奇，纽曼．薪酬管理：第9版．北京：中国人民大学出版社，2008：176.

② 麦克莱兰的研究还向人们展示了个人动机模式的重要性：每个人都不同程度地拥有这些动机，但相对占统治地位的动机各不相同。正是这种个人动机模式的强度影响人们的工作绩效和成功。例如，高成就需求、低归属需求和中等权力需求是全世界成功企业家的特征；高权力需求、中等或低归属需求、中等成就需求和高活动控制是有效的领导者、中等企业总裁的特征；中等成就需求、中等归属需求和中等权力需求是有效辅助者和综合者的特征。参见沃纳．管理思想全书．北京：人民邮电出版社，2009.

③ 德鲁克．创新与企业家精神．北京：机械工业出版社，2009：31.

④ 曾照英，王重鸣．关于我国创业者创业动机的调查分析．科技管理研究，2009（9）.

喜欢自己做老板。正是这些向往独立自由、渴望振奋和激励的创业者，创建出数以万计的有前途的新企业，成为经济发展的“发动机”、技术创新的“孵化器”和社会就业的“增容器”。

（三）改善生活激发的创业活动

我们不能否认金钱因素在激发创业者的创业冲动方面所起的作用。“金钱是至关紧要的刺激物，这是因为作为交换媒介，它是最具实用性的……任何其他刺激物或激励手段在实用价值方面，都无法与金钱相提并论。”① 由于原先在企业所获得的薪水难以维持家庭生活开支，更别说提高家庭生活的质量了，创业者经过再三权衡后认为：改变命运，改变现状，让自己的专业技能得以尽情发挥，并获得最大的经济回报。大多数出身贫寒、收入微薄的创业者，其最初的创业原因就是要改变自己的生活境地，改善经济状况。

总之，金钱并不是创业者的全部，一个有理想、有抱负的人，以自己的智慧、想象力及知识开创新事业，促使社会进步与美好，换来的报酬未必一定是金钱。它更可能是生命的充实，内心的满足，以及被社会认可所带来的成就感和满足感。

三、推进创业活动的经济决策

★路标 创业者的创业决策取决于创业的预期收益与成本的比较。

我们不能否认经济因素在激发创业者创业冲动方面所发挥的作用。理智的创业者其创业行为大多源于内在的理性预期，他们通常会权衡创业的预期收益与成本，然后决定创业或就业。可见，大多数创业者作为理性经济人，他们的创业行为是理性使然。

（一）创业者的预期收益②

预期收益是创业者决定创业的主要动因。创业者的预期收益是指创业者投入一定资源后的实际产出减去创业过程中发生的会计成本后的剩余部分。理性的创业者在做出创业决策之前，都会尽力搜寻相关信息，并进行合理的市场分析和预测，在追求预期收益最大化的同时，力求规避创业风险。尽管这种预期是主观的，但它仍是创业者进行创业抉择的基础。预期收益与创业者选择的项目和进入的行业相关，与所掌控的资源相关。不同的项目和行业、不同的资源带给创业者的预期收益是不同的。同时，其他创业者的示范效应也影响创业者的预期收益。其他创业者的成功概率、财富状况，客观上也会左右创业者的预期收益。

创业改变命运，创业改变现状，创业能够让创业者的知识、技能得以尽情发挥，并获得相应的经济回报。选择自主创业的创业者，至少可以获得精神层面、心理层面和物质层面的预期收益。

1. 精神层面的预期收益

个人价值的实现。创业者利用机会整合资源，为社会提供产品或服务，不断积累个人财富，满足个人的成就需要。自主创业给予个人的是一种做老板和领导者的工作，而不是

① 格哈特，瑞纳什．薪酬管理：理论、证据与战略意义．上海：上海财经大学出版社，2005：47.

② 马克思、恩格斯说：“‘思想’一旦离开‘利益’，就一定会使自己出丑。”同理，创业一旦离开收益，就一定会使企业沦落到过早夭折的地步。参见：马克思，恩格斯．马克思恩格斯文集：第1卷．北京：人民出版社，2009：286.

做雇员和追随者的工作。很多创业者“下海”经商，既不是生活所迫，也不是职业所迫，而是为了追求自我价值的实现。

获得令人羡慕的社会地位。从某种程度上说，所有的人都有追求社会地位的需求。成功的创业者可以获得社会肯定，获得一定的社会地位，可以获得其他人无法得到的荣誉和自豪感。

2. 心理层面的预期收益

可以尽情开创属于自己的事业。自主创业的好处还在于可以获得自由与独立，按照自己喜欢的方式实现自己的人生理想和抱负。搜狐公司董事局主席兼首席执行官张朝阳曾说：“重视自我，自我内心的感受重于一切，这是我创业的根本原因。……当看到互联网的发展机遇时，我感觉我应该创业了。”

不用担心中年失业。当人们有了自己的企业，工作就有了保障，可以获得其他就业方式所欠缺的工作安全感（指能够确保持续获得就业机会及收入），想工作多久就工作多久，不会被强制退休，只要身体许可，可以像中国娱乐业大亨、慈善家邵逸夫那样一直工作到 104 岁。

3. 物质层面的预期收益

创业可以改善家庭及个人的经济状况，这也是创业者创业的理由。打工者的工资上涨幅度总是有限的，想提升自己的生活质量往往较困难，要想砸开这一“金钱枷锁”，最好的方法就是创业。自主创业可以调控自己的收入，获得赚更多钱的机会。如果企业成长又快又好，创业者的收入将会远远超过打工者的收入。所以，获得物质层面的预期收益是创业者作出创业决策的又一动因。

（二）创业者的创业成本

成本是人们从事某一经济活动的总费用，一般包括会计成本、机会成本。创业者决定创业一般要选择一个市场潜力大的好项目，并且围绕这个项目投入一定的人力资本、设备、厂房等，这些构成了创业者创业的会计成本；放弃原有的职业和收入，或舍弃从事其他固定职业可能获得的收入，这些构成了创业者创业的机会成本。

创业成本是实施创业活动的壁垒。创业成本高，创业的障碍就大。一般而言，创业的会计成本反映的是创业项目需要的投资及运行费用，而机会成本则是创业者现有收益与未来收益的博弈。具体讲，创业者的创业成本主要表现为以下三方面：

（1）潜在的投资风险。自主创业的首要风险来自投资风险。创业者为了开办企业而投入大量资金，若成功，投资就能得到回报；若失败，投资就会“覆水难收”，不仅损失了自己多年的积蓄，还要偿还贷款。

（2）收益的不确定性。自己创办企业的另一个成本是面临收益的不确定性。不像工薪阶层有固定收入，自主创业者的利润随时间波动较大，即使处于正常运营阶段的企业仍然如此。有时即使获得收入，但数量太少也不足以满足个人和家庭的需要，在创办初始的 6～12 个月内，情况尤其如此。

（3）超负荷的时间成本和心理成本。在最初的几年里，创业者可能每周远不止工作 40 小时，有可能每天工作 14 小时以上，甚至没有节假日。创业者很难调控自己的工作与休息时间，几乎所有时间都要花在供应商、零售商和消费者的身上。

创业者还面临诸多创业压力。例如，只准成功不能失败的压力、独立决策的压力、长时间工作的压力、家庭亲情的压力、一定时期内得不偿失的压力、非程序性事务的压力、来自企业内部利益斗争的压力。这些压力迫使创业者必须花费大量的时间和精力来应对企业日常事务。因此，经营一个又新又小的企业是非常艰辛的，需要投入许多时间成本和心理成本。创业者还面临着社会创业体系缺陷所引致的社会成本。例如市场信息不充分导致企业交易成本上升，资源市场缺陷导致获取资源的成本增大，政府对创业的激励不足、社会缺失创业文化、缺少一套有效的社会保障体系等，这些有形和无形成本的叠加，使新创企业很难掌控其创业成本，从而严重制约了创业者将创业计划付诸实施的行动。由此可见，只有降低创业者的创业成本，才有助于促进创业者的创业行为。

（三）创业者的理性决策

成本收益分析是创业者进行创业决策的重要工具。创业的可能性与预期收益相关，用公式可表示为：

$$\rho=f(I-C)$$

式中，ρ 是指创业者选择自主创业的可能性；I 表示创业者创办企业可能获得的收入；C 表示创业者的创业成本，包括从事现在的工作获得的工资报酬、项目投资所需资本、时间成本、心理成本以及制度歧视引致的成本等。

因此，个人创业的可能性与 I 和 C 之间的差额存在相关性。

（1）当 $I>C$ 时，创业者选择项目实施创业的可能性较大；

（2）当 $I<C$ 时，创业者放弃项目选择就业的可能性较大；

（3）当 $I=C$ 时，创业者观望的心态会加重。

可见，创业动机在很大程度上取决于创业者预期收益的最大化与创业成本的最小化。总体来说，当收益和自由独立程度所占比重大于需要的工作量和企业承担的风险时，人们就会选择创业这条路。因此，有创业意愿的人必须客观评估自己的创业能力、科学评价创业环境和创业机会，通过市场调查获得准确数据，权衡创业的成本与收益，全面分析创业计划的可行性、合理性和科学性，方可实施创业活动。

第 2 节 创业者的特征

是否有一些个性特征能够帮助我们预测出谁将成为创业者？谁将成为成功的创业者？创业学的研究为我们有效识别成功的创业者提供了依据。本节将从心理学、社会学的视角，来分析成功创业者的基本特征。

一、创业者的六大特质

★路标 责任承诺和决心、领导力、机遇导向、容忍风险和不确定性、忍受失败、追求成功是创业者的六大特质。

创业不仅需要新奇的创意，还需要有一个与众不同的创业者。由于创业有广义和狭义之分，所以创业者也有广义和狭义之别。广义的创业者是指在不同领域和行业内创造性地工作并取得业绩的人。因此，广义的创业者不仅可能是企业家，还可能是工程师、医生、教师、公务员、环卫工人以及在非营利组织工作的人员。① 狭义的创业者被定义为组织、管理一个生意或企业并承担其风险的人。一是指企业家，即在现有企业中负责经营和决策的领导人；二是指创始人，通常理解为即将创办新企业或者刚刚创办新企业的领导人。创业者认为自己的创业行为可以创造出有价值的新事物，不仅能满足社会需要，自己还会获得相应的回报，同时也愿意承担可能存在的风险。正是由于创业者对商机的适时捕捉、对成就的需要以及敢于冒风险的个性，他们能够成功创建企业。那些有理想、有胆识，不通过传统的就业渠道谋取职业发展的大学生创业者，利用自己的智慧、想象力及知识，以自筹资金、技术入股、寻求合作等方式主动参与社会竞争，创立新的企业，为自己开辟一条择业新路，成为为自己、为社会创造就业机会的人。

哈佛大学拉克教授曾说，创业对大多数人而言是一件极具诱惑的事情，同时也是一件极具挑战的事。不是人人都能创业成功，创业也并非想象中那么困难。但任何一个梦想成功的人，倘若知道创业需要策划、技术及有创意的观念，那么他已离成功不远了。创业者并不等于企业家，因为多数创业者不能具备企业家必备的所有个人品格。正如路德维希·冯·米塞斯所言："成功的创业者与其他人相比最大的区别是，创业者不会受限于过去和现在，而是在对未来判断的基础上追求自己的事业。创业者对历史和现实的看法和其他人没有差异，但是他对未来的预测与大多数人都不同。"② 成功的创业者大多具有提前看到未来的能力，未来不仅是他们要去的地方，也是他们要去创造的地方。创业者就是那些能识别困难和机会之间的细微差异，并能让两者为己所用的人。③

美国百森商学院的杰弗里·蒂蒙斯教授从可取并可学到的态度和行为中归纳出成功创业者的六大特质。

① 卢福财．创业通论．北京：高等教育出版社，2007：13.

② 史密斯，奇霍姆．创业金融：原书第 2 版．北京：机械工业出版社，2011：2.

③ 怀斯，菲尔德．创业机会：认清那些关乎创业成败的核心要素．北京：机械工业出版社，2018：30.

（1）责任承诺和决心。责任承诺和决心有助于创业者成功。只有坚定必胜的信念，才能战胜别人认为不可逾越的困难，最终取得创业成功。

（2）领导力。成功创业者是富有耐心的领导者，能够勾勒出组织愿景，根据长远目标进行管理。他们无须行使正式权力，既能协调好企业内部员工的利益，又能处理好与顾客、供应商、债权人、合伙人等利益相关者的关系，共同分享财富和成功。

（3）机遇导向。关注企业发展的成功创业者，往往看重的是机遇而不是公司的资源、结构或战略。他们把机遇作为支点，通过对机遇的把握来规划企业的发展方向。在寻求机遇时目标明确，设定高而且可企及的目标，从而集中精力瞄准机遇，并知道何时应该把握机会、何时应该拒绝机会，其目标导向还帮助他们分清轻重缓急以及评价他们的表现。成功创业者通常是细心和善于分析的人，他们认真计划将要做什么，然后按计划行事。

（4）容忍风险和不确定性。经济活动的本质在于以现有的资源实现对未来的期望，这就意味着风险和不确定性。对刚刚起步的创业者来说，挫折和意外是不可避免的。成功的创业者不是赌徒，不是“专注于风险”，而是“专注于机遇”。他们“将资源从生产力和产出较低的领域转移到生产力和产出较高的领域，必然面临着失败的风险。但是，即使他们只获得勉强的成功，其回报也足以抵消在这一过程中可能遇到的风险”①。事实上，当创业机遇已经存在的时候，再没有比放弃创业行动更有风险的事情了。

（5）忍受失败。创业者懂得从失败中吸取教训。俗话说，成功的背后包含着许多失败。要成为成功的创业者注定要经历许多挫折和失败，输不起的人往往就是赢不了的人。②“错比空好。”只为错过的遗憾，不为做过的后悔。害怕失败的人常常会失去在挫折和失望中获得试错性学习的机会。

（6）追求成功。成功的创业者更多的是准备和期望而不是碰运气。创业者属于自我驱动型的高成就需求者，他们有一股强大的欲望去竞争，不断超越自己设定的目标，去追求有挑战性的目标。他们倾向于承担适中的风险，善于研究各种变化的环境趋势，认真盘算成功的概率，然后才采取行动。因此，在别人看来是高风险的投资决策，在他们眼里往往只有中低风险。

二、创业者的五大天赋

★路标 身心素质好、创造力强、才智过人、有远见、有高尚的价值观是创业者的五大天赋。

杰弗里·蒂蒙斯教授还从其他人向往但不一定学得到的态度和行为中，归纳出成功创业者的五大天赋。

（1）身心素质好。企业家面临特殊的工作压力和极高的工作要求，这使得他们的精力、身体和心理健康变得十分重要。许多创业者通过各种方式来调节他们的精力，如精心

① 德鲁克．创新与企业家精神．北京：机械工业出版社，2009：25.

② 失败只是意味着开始，并不意味着结束，用不着害怕失败，要想成功，你必须经历失败。没有失败，就没有学习和进步。事实上，科学方法的本质就是经过缜密思考然后从失败中获取宝贵经验。科学本身不科学，我们所做的工作就是让科学变成科学的科学，也就是通过科学实验来证伪。慢慢地，一些假设被证明是错误的，另一些则保留下来，如此循环下去，我们就会越来越接近真理，真理逐渐积累起来，就会形成服务于人类的技术。

安排饮食、定期锻炼和适当休息放松。

（2）创造力强。创造力并非与生俱来。“创造力是通过构建事物之间新的联系，来丰富我们解决问题的渠道，并帮助我们更好地提升解决问题的能力；创造力的发挥可以帮助我们从不同的视角思考各种解决问题的可能，这不仅对个体的创新行为具有重要意义，同时也将为群体、组织和社会创造价值。”① 如创业团队所迸发出来的创造力，往往转换为市场上独具特色的产品。

（3）才智过人。大多数成功的创业者都具有较强的记忆力、逻辑思维能力、研究能力、解决问题的能力等。他们的才智表现在他们独具的商业嗅觉、企业家的直觉和创业警觉上。

（4）有远见。远见是一种天生的领导素质，它富有超凡的魅力，大胆而激励人心。成功的创业者就是通过这种远见能力，来激励员工为其设定的目标团结奋斗。

（5）有高尚的价值观。创业者的价值观受其生活环境和背景影响。这些价值观常常会融入新企业的文化建设中，进而形成企业的使命和形象。

总之，创业是创业者特有的个性特征或行为表现使然。美国学者约翰·考（John J. Kao）对创业者的特征作了如下归纳：

（1）全心投入、有决心、有毅力。

（2）追求成功和发展。

（3）以机遇和目标为导向。

（4）积极主动并富有责任感。

（5）解决问题时坚持不懈。

（6）现实主义，有幽默感。

（7）寻求并利用反馈意见。

（8）内在控制。

（9）能承担预计到的风险。

（10）真诚，值得信任。

霍纳迪（Hornady，1982）通过研究各种文献资料，列出了创业者的42个特征，如表3-1所示。

表3-1 创业者具有的特征

1. 自信	8. 有成就的需要	15. 智慧
2. 决心、毅力	9. 多才多艺	16. 目标明确
3. 精力充沛，勤奋	10. 创造力	17. 勇于迎接挑战
4. 足智多谋	11. 影响力	18. 独立
5. 能承担预计到的风险	12. 善于与人相处	19. 乐于接受批评和建议
6. 有魄力和领导能力	13. 积极主动	20. 争分夺秒，效率高
7. 乐观	14. 灵活	21. 决策果断

① 贝赞特，蒂德．创新与创业管理：原书第2版．北京：机械工业出版社，2013：95.

续表

22. 有责任心	29. 友善的个性	36. 懂得享受
23. 有远见	30. 自我主义	37. 追求功效
24. 准确	31. 勇气	38. 奉献
25. 合作精神	32. 想象力	39. 信任员工
26. 以利润为导向	33. 洞察力	40. 敏感
27. 能从失败中吸取教训	34. 能忍受不确定性问题	41. 诚实守信
28. 权力感	35. 争强好胜	42. 成熟，心态平稳

资料来源：库拉特科，霍杰茨．创业学：理论、流程与实践：第6版．北京：清华大学出版社，2006：103.

由此可见，创业者的特征是其个人特有的心理品质和特质组成的集合。创业者作为主导劳动方式的领导者，是具有使命感、荣誉感、责任感的人，是具有思考、推理和行动力的人，是能使他人追随并在追随的过程中创造价值、传递价值和获取价值的人，是具有完全权利能力和行为判断能力的人。通过对成功创业者特征的梳理，你可以对照这些成功创业者的共有特征，来判断自己是否也可以成为一名成功的创业者；了解成功创业者怎么想、怎么做、怎么实现预期目标的过程，可以使你在自己的目标基础上有选择地模仿他们的行动、态度、习惯和战略，少走弯路。

本章末的练习中提供了100个题目用于测试“创业智商”（entrepreneurial quotient）。有创业意愿的人，可以测试自己的个性特征，并比较自己与那些成功创业者到底有多大差距，做到知己知彼，努力学习如何成为一名成功的创业者。

小贴士

关于创业者的神话与现实

神话1　创业者无法塑造，是天生的

现实：即使创业者天生就具备了特定的才智、创造力和充沛的精力，这些品质本身也只不过是未被塑形的泥巴和未经涂抹的画布。创业者是通过多年积累相关的技术、技能、经历和人际关系网络后才被塑造成功的，这当中包含着许多自我发展历程。创业者具有至少10年或10年以上的商业经验，才能识别出各种商业行为，并获得创造性的预见能力和捕捉商机的能力。

神话2　任何人都能创建企业

现实：创业者若能识别出思路与商机间的区别，而且思路足够大气，他们创办企业成功的概率就比较大。即使运气在成功中很重要，充分的准备仍是必要条件。创办企业还只是最简单的一部分，更困难的是要生存下来，持久经营，并把企业发展成最终可以让创办者喜获丰收的企业。在10～20家企业中大约只有1家能够存活5年或5年以上，最后可以给创始人带来资本回报。

神话3　创业者是赌徒

现实：成功的创业者会精确计算自己的预期风险，小心翼翼。在有选择的情况下，他们通过让别人一起分担风险、规避风险或最小化风险，来提高成功的概率。他们常常把风险分割成可接受、可消化的小块；那时，他们才肯付出时间和资源，看哪部分的风险－收益划得来。他们不会故意承担更多的风险，不会承担不必要的风险，当风险不可避免时，也不会退缩。

神话 4　创业者喜欢单枪匹马

现实：想要完全拥有整个公司的所有权和控制权，只会限制企业的成长。单个创业者通常只能维持企业生存。想单枪匹马地发展一家高潜力的企业是极其困难的。高潜力的创业者会组建起自己的团队，自己的组织，然后是自己的公司。所以，与其抢一块大一点的蛋糕，不如大家协力把蛋糕做大。

神话 5　创业者是他们自己的老板，他们完全独立

现实：创业者并非完全独立，想怎样就怎样，他们也需要为很多利益相关者服务，其中包括合伙人、投资者、客户、供应商、债权人、雇员、家庭以及其他社会和社区义务的相关方。但是，创业者可以自由选择是否、何时以及做些什么以对他们作出响应。而且，要单枪匹马地获得超过 100 万～200 万美元的销售额是极其困难的，可以说，几乎是不可能的。

神话 6　创业者比大公司里的经理工作时间更长，工作更努力

现实：没有证据证明所有创业者都比公司里与他们地位相当的人工作得更多。有一些可能是工作得多一些，而有些则不是。事实上，一些有效授权的创业者，他们工作得更少。

神话 7　创业者承受更多的压力，付出更大代价

现实：做一个创业者是有压力的、辛苦的。但是没有证据证明创业者比其他无数高要求的专业职位承受更大的压力，而且创业者对他们的工作往往非常满意。他们有很高的成就感，更健康，而且不太容易像为别人工作的人那样轻易退休。

神话 8　创立一家企业并失败了，你就再也无法翻身

现实：有才能、有经验的创业者追逐的是有吸引力的商机，而且能够吸引到使企业顺利运作的合适人才、必要资金及其他资源，所以他们创建的往往是成功的企业。而且，即使企业失败了，也不能说创业者也失败了。失败常常是创业者提炼学习经验和职业悟性的过程。

神话 9　钱是创立企业最重要的要素

现实：如果有了其他的资源和才能，钱自然随之而来；但是如果创业者有了足够的钱，成功却不一定会随之而来。钱是新企业成功因素中最不重要的一项。钱对于创业者而言就像是颜料和画笔对于画家那样，它是没有生命的工具，只有被适当的手掌握，才能创造奇迹。

神话 10　创业者必须年轻并且精力充沛

现实：这些特征虽然会对成功有帮助，但年龄绝不是障碍。创立高潜力企业的创业者其平均年龄是 35 岁左右，60 多岁才开始创办企业的创业者也为数甚多。关键是要掌握相关的技术、经验和人脉资源，它们非常有助于识别和捕捉商机。

神话 11　金钱回报是创业者唯一的驱动力

现实：追求高潜力企业的创业者更多是被创建企业、实现长期的资本收益驱动，而不是追求高额薪水、奖金这样立即可以获得的报酬。个人的成就感、对自己命运的把握、实现他们的期望和梦想也是强有力的动机。金钱只是保持成就的工具和方式，其本身并不是最终归宿。

神话12　创业者追求权力，喜欢控制别人

现实：成功创业者的驱动力量来自对责任、成就和结果的追求，而不是为了权力本身。他们沉醉于获得成就感和超越竞争对手的快感中，而不是为了满足主宰和控制他人的个人权力欲。由于他们的成就，他们可能变得有权力、有影响力，但这些只是创业过程的副产品，而不是隐藏于其后的驱动力。

神话13　创业者若有能力的话，只需1～2年，就会成功

现实：创业投资家有一句古老的格言：柠檬只要两年半就成熟了，但珍珠需要7～8年才能孕育成功。几乎没有一家新企业可以在少于3～4年的时间里在市场中站稳脚跟。

神话14　任何一个有好思路的创业者都能获得创业投资

现实：在创业者具有好思路的情况下，100个寻求创业资本资助的企业中只有1～3个最终获得投资。

神话15　创业者若拥有足够的启动资金，就一定不会失败

现实：事实恰恰相反。如果企业创立初期资金过于充分，常常会造就安乐感和类似被宠坏的孩子的症状。随之而来的缺乏约束和冲动的花费通常导致严重的问题和失败。

神话16　创业者是孤独的，他们无法与其他人一起工作

现实：最成功的创业者通常是组建优秀团队的领导，他们与同事、顾问、投资者、重要顾客、关键供应商等保持有效的工作关系。

神话17　除非你有很高的智商，否则你永远不可能成为成功的创业者

现实：创业者的智商是一个特定的组合，是由创造力、动机、正直、领导才能、团队建立、分析能力、处理模糊性与不确定性及消极因素的能力组合而成的复合体。

资料来源：蒂蒙斯，斯皮内利．创业学：第6版．北京：人民邮电出版社，2005：39－40.

三、创业者的非创业特质

★路标　过强的控制欲望、过强的敏感反应、过高的成就需要以及过度乐观的心态，是创业者的非创业特质。

虽然前面讨论了创业者创业特质中积极的一面，但事实上创业者的创业特质中还存在消极的一面，即非创业特质。也就是说，一些有助于创业者成功的性格特征也可能走向另一个极端。了解创业者的非创业特质可能会引发的消极作用也很重要。因为它不仅会给新创企业带来麻烦，还可能成为置企业于死地的因素。下面详细分析对创业活动可能造成伤害的四种性格特征。①

1. 过强的控制欲望

创业者通常有较强的欲望控制他们的企业和命运。这种内在的控制欲，会逐渐发展为力求控制一切。过度的自主和控制欲，会导致他们只愿在一切都按他们的意愿安排好了的环境里工作。这就会对创业团队的合作精神产生严重阻碍，因为创业者会把来自其他人的

① 库拉特科，霍杰茨．创业学：理论、流程与实践：第6版．北京：清华大学出版社，2006：114.

外部控制，看做一种征服的威胁，或是对自己意愿的侵犯。可见，成功创业所需要的内部控制，也有消极的作用。

2. 过强的敏感反应

创业者不停审视周边环境，常常会对竞争者、客户以及政府监督者保持高度的警觉性和不信任感。他们希望先知先觉，抢在别人还没有意识到的时候就先下手为强。这种敏感的多疑心态，常导致他们把精力集中在细枝末节上，从而失去对现实的适当把握，最终偏离理性和逻辑，做出错误决策。所以，有必要提醒创业者在大是大非问题上“勿犯精确的错误，只求大致的正确”。

3. 过高的成就需要

创业者的自我主义与对成功的追求是分不开的。尽管许多创业者认为他们奋斗在成败的边缘上，但对成功强烈的渴望，激励着他们无所畏惧、勇往直前。他们渴望被尊重，害怕被轻视，一旦成功，就欣喜若狂。这可能为失败埋下了伏笔。如有些创业者为了炫耀成功，会修建豪华办公楼，购买高级轿车，出入五星级酒店。他们的个人欲望一旦膨胀过头，就会导致企业的破产。如果没有意识到这一点，对成功的追求就可能会产生“物极必反”的效应。

4. 过度乐观的心态

保持乐观（甚至在经济萧条的时候）是决定创业者成功的关键因素。创业者如果保持较高的热情就能从内心变得乐观，这种乐观会使其他人即便在艰难时期也信任他们。然而，一旦乐观走向极端，就会引致企业陷入幻想之中。创业者全然不顾市场趋势、事实和财务利润表状况，抱着“面包会有的”的心态，这无疑是一种自我欺骗。这种盲目乐观主义会产生错误知觉，使创业者高估自己成功的概率，也会令企业丧失把握现实世界的能力。①

杰弗里·蒂蒙斯教授从另一角度总结了创业者的八种非创业特质。②

（1）不会受伤害。有些创业者觉得没有什么灾难性的事会发生在他们头上。他们容易冒一些不必要、不明智的风险，这种思维方式显然会形成严重的隐患。

（2）表现欲强大。有些创业者总想证明他们比别人强，并能击败别人。为了证明这点，他们可能会冒极大的风险，也可能会为了给别人留下深刻印象而置身险境。

（3）反对权力。有些创业者反对外部权力干预他们的行动。他们常抱着“别跟我说该干什么，没有人可以对我说该干什么”的态度。

（4）冲动。有些创业者在面临决策的时候，觉得不管怎样他们必须做些什么，并且迅速去做。他们没有考虑他们的行动有何意义，在行动之前也没有思考其他可选方案。

（5）外部控制。有些创业者相信外部控制，他们根本无法控制将要发生的事，即使在可以有所作为的情况下也是如此。如果事情进展顺利，他们会归功于运气好，反之，自认倒霉。

（6）完美主义者。过分追求完美是创业者的大忌。要想达到完美须付出相当大的机会成本，这势必导致商机之窗会被另一个决策更迅速、行动更敏捷的竞争者关闭，或者由于

① 盲目乐观主义会让人产生错误知觉。乐观主义者相信他们有能力获得成功。这并不是指他们相信自己的每一份事业都能成功，只是说他们会低估失败的可能性。研究表明，在新创业者中普遍存在这种倾向。当创立自己的企业时，只有5%的人会低估新公司的发展前景，而超过50%的人会做出过高的预估。这种误判司空见惯。

② 夏清华．创业管理．武汉：武汉大学出版社，2007：122.

技术进步，商机消失。比方说，不要浪费时间去编制一份完美无缺的创业计划，因为它本身就有可能是错误的。不管分析和规划多么精彩纷呈、令人赞叹，它在实践中总会出错，实现销售的时间会超过预期，研发带来的最终产品与最初设想大相径庭。

（7）过度自信。有些创业者常常不知道自己不知道什么，认为凡是自己不知道的别人也一定不知道，对自身能力的评价远远超过客观事实所支持的水平。过分自信的创业者常会犯个人归因错误，即如果事情进展顺利，他们会认为自己聪明且有能力，但出现问题，他们则会认为是因为别人不够聪明或能力不足。

（8）绝对独立。对创业者来说绝对独立是大忌。有些创业者抱着万事不求人的心态，拒绝外援，这样的创业者通常很难成大器。

总之，这些非创业特质，既不代表所有的创业者都会有这些问题，也不说明每一种性格特征都会有破坏性的一面。然而，所有创业者都必须意识到非创业特质的负面性是存在的，防范性格特征中的某一缺陷，对企业的健康成长将有益无害。

小贴士

成功创业者的“10D”

梦想（dream）	创业者对自己及企业的未来有一个梦想，并有能力实现这个梦想。
果断（decisiveness）	他们从不拖拉，迅速做出决策、行事果断是他们成功的关键。
实干（doers）	一旦决定进行某个行动，他们会尽快付诸实践。
决心（determination）	他们全身心地投入新创企业运作，即使遇到难以逾越的障碍，也从不放弃。
专注（dedication）	他们将自己的一切都奉献给新创企业，有时甚至以牺牲朋友关系和家庭关系为代价。在努力使新创企业的业务走上正轨时，他们往往不知疲劳地通宵达旦工作，一周7天、一天工作12个小时是很平常的事。
热爱（devotion）	创业者热爱他们所做的事情。正是热爱之情促使他们能在最困难的时候挺过来，也正是因为他们对所经营的产品的热爱使得销售活动极其有效。
细节（details）	因小失大，细节决定成败，这句话对新创及成长企业再合适不过了。创业者必须总揽所有关键细节。
命运（destiny）	他们敢于控制自己的命运，而不是依靠雇主。
金钱（dollar）	赚钱不是创业者辛劳的主要驱动因素，金钱只是他们成功的衡量工具。他们如果创业成功了，必将得到回报。
分享（distribute）	创业者愿意与决定企业成败的关键员工分享企业的所有权。

资料来源：选自百森商学院创业研究中心主任威廉姆·D. 拜格列夫和百森商学院的亚瑟·M. 布兰克、创业中心副教授安德鲁·查克冉科斯领导的由教授、咨询师和创业家组成的全明星团队撰写的 *The Portable MBA in Entrepreneurship*（Third Edition）一书。

第 3 节 创业者的素质

创业是由实践、感受、思考、组织、观察、交流、学习等特别的行为过程构成的，而创业者的素质却是个人的知识、技能、品质、行为和动力。创业素质作为“任何人都不可或缺的一种关键竞争力，它可以帮助青年人在从事任何事业时都具有创意和信心”。创业素质是每个人所拥有的最宝贵的财富，它将伴随你终生，帮助你实现自己的职业与个人志向。创业素质是一种人生之道，它将帮助你发现机遇、解决问题、面对挑战并实现理想。创业素质是用企业家精神去感受生活，用企业家的思维方式、感知方式、沟通方式、组织方式、学习方式和行事方式去观察大千世界。培养“具有创业素质的人”，是指使创业者具备一系列个人技能、品质、行为和动力，且能在任何情况下（工作或休闲等时间）加以应用。其中特别重要的是拥有凭直觉作出决策的能力、因势利导的能力、交际能力、主动性和机遇识别的能力、创造性地解决问题的能力、战略性思维、自信心等。① 因此，对创业者来说，通过后天学习，努力将信息转化为知识—知识转化为智慧—智慧转化为成功智能②，来培养和塑造自身的创业素质，显得十分重要和迫切。

一、创业者必备的知识

★路标 合法开业知识、市场营销知识、货物知识、金融与财务知识、服务行业知识、经济法规常识，是创业者必备的知识。

为什么一些人能识别出其他人不能识别的机会？一些针对创业管理的研究发现，创业者及其创业管理团队的知识结构、创业目标和价值观对创业成功具有关键作用。创业者个人的知识和先前丰富多彩的工作和生活经验，会引导创业者形成一个“知识走廊”（knowledge corridor），使得个人拥有独特的信息储备，能够识别和发现其他人不易识别的创新性的机会，而且创业者在组织中的经验类型还影响着新企业创建的新颖程度。也就是说，当创业者拥有较少的某个组织领域的核心经验，而拥有较多的组织边缘领域的经验和其他产业领域的经验时，更有可能成为一个创新型的创业者。尤其是创业者质疑或挑战现有产业里的主导商业模式的合理性和有效性时，更有可能从事创新型的创业活动。

然而，对一名创业者来讲，不论准备投身何种创业项目，提前储备一些商业知识与经营之道是必要的，而且还须具有很强的针对性。例如，谷歌、微软、摩托罗拉、百事、诺基亚、软银、Adobe、SanDisk、联合利华、万事达卡、标准普尔等企业 CEO 级

① 上海市教育委员会．大学生创业素质通论．北京：高等教育出版社，2010：3.

② 成功智能是指创业者需要用创造智能（形成解决问题的新方法和新创意的能力）来产生新想法，需要用实践智能（解决日常问题的能力）找到实施这些想法的途径，需要用分析智能（批判性思维能力）来评价这些想法，然后决定新的想法是否值得去做。成功的创业者往往具备高水平的成功智能，即实践、分析和创造智能的有机融合。创业者有时被人批评为“梦想家”——想得太多而脱离现实的人。事实上，情况并非如此，他们通常都是实践智能很高的人，具有解决日常生活中各种问题的能力。实践智能绝不是固定不变的，它可以培养。提高实践智能最好的办法，就是不要接受按思维定式想出的问题解决方案。这样才能使实践智能得到提高，进而提高识别机会的能力。参见：巴隆，谢恩．创业管理：基于过程的观点．北京：机械工业出版社，2005：50－57.

别的高管大都拥有MBA学历。[①] 对拟涉足的创业领域，创业者不仅要精通专业知识，还要对这个产业的市场发展趋势及经营模式了如指掌。否则，创业者在创业过程中就会因知识结构偏颇或欠缺而交纳昂贵的学费（决策失误）。因此，创业者必须掌握以下创业知识。

（一）合法开业知识

掌握合法开业知识有助于合法经营，避免无意识的违法违规行为发生。创建新企业的必备知识将在第6章中重点介绍。合法开业的知识主要包括以下内容：

（1）有关合伙企业、有限公司的法律法规。

（2）怎样申请开业登记。

（3）哪些行业须办理有关的前置许可手续。

（4）哪些行业要进行环境影响评估。

（二）市场营销知识

营销不是企业唯一的成功因素，却是企业成功不可或缺的关键因素。在激烈的市场竞争中，新创企业尤其需要重视市场营销管理工作。市场如战场，谁能把营销工作做得好，谁就能赢得市场的主动权，获得新产品或新服务所带来的利润。因此，创业者应熟悉以下市场营销知识：

（1）市场预测与市场调查知识。

（2）消费者心理学知识。

（3）产品定价和营销策略。

（4）商品物流及仓储知识。

（5）销售渠道的拓展知识。

（6）商务礼仪与社交技巧。

（三）货物知识

若创业者拟经销或生产某一产品，就需要对这一产品的属性进行了解。这些内容包括：

（1）产品的批发及零售知识。

（2）产品种类、质量和有关计量知识。

（3）产品装卸、运输知识。

（4）产品保管储存知识。

（5）真假产品鉴定、识别知识。

（6）对有关危险品的管理知识。

（四）金融与财务知识

经济学家马寅初曾讲过这么一个故事。有个赶考的书生到旅店投宿，拿出十两银子，挑了该旅店标价十两银子的最好房间，店主立刻用它到隔壁的米店付了欠单，米店老板转身去屠夫处还了肉钱，屠夫马上去付清了赊欠的饲料款，饲料商赶紧到旅店还了房钱。就

---

① 从中兴到华为，中国人管理的致命缺点在哪里？.（2017-09-30）. http://www.sohu.com/a/195910972_667223.

这样，十两银子又到了店主的手里。这时书生来找店主说房间不合适，要回银子就走了。店主一文钱也没赚到，大家却把债务都还清了，所以，钱的流通越快越好。在这个故事中，货币发挥了价值尺度（标价十两银子的最好房间）、支付手段（到米店付了欠单）和流通手段（支付十两银子的房钱）的职能。

你若想成为成功的创业者，掌握一些常用的金融与财务知识是非常必要的。这些金融与财务方面的知识主要包括：

（1）货币金融学知识。

（2）信用及贷款知识。

（3）资金核算及记账知识。

（4）证券、信托及创业投资知识。

（5）财务管理基本知识。

（五）服务行业知识

若创业者拟进入服务行业开展创业活动，需要对该服务行业的属性进行了解。这些内容包括：

（1）服务行业管理的法律法规。

（2）各专业服务行业的行业规则、业务知识。

（六）经济法规常识

依法经营是企业和谐、稳定、发展的踏脚石，是企业长寿的“护身符”。例如，根据《中华人民共和国产品质量法》第四十九条的规定，生产、销售不符合保障人体健康和人身、财产安全的国家标准、行业标准的产品的，责令停止生产、销售，没收违法生产、销售的产品，并处违法生产、销售产品（包括已售出和未售出的产品）货值金额等值以上三倍以下的罚款；有违法所得的，并处没收违法所得；情节严重的，吊销营业执照；构成犯罪的，依法追究刑事责任。创业者必须重点熟悉以下经济法规知识：

（1）《中华人民共和国公司法》。

（2）《中华人民共和国民法典》。

（3）《中华人民共和国劳动合同法》。

（4）《中华人民共和国反不正当竞争法》。

（5）《中华人民共和国消费者权益保护法》。

（6）《中华人民共和国产品质量法》。

（7）《中华人民共和国企业所得税法》。

（8）《中华人民共和国商标法》。

（9）涉及创业行业的其他专门法规及条例。

当然，创业者可能并不需要全部掌握这些知识，但有针对性地学习是很必要的。现在获取创业知识的途径很多，如专门的创业培训与指导、创业讲座等，都可以让创业者获得自己想要的知识。另外，学习对创业者来说是一门永远不能丢掉的功课，在创业路上，不仅要读“有字的书”，更要读“无字的书”——从他人的创业经验和遇到的各种问题中习得知识，为己所用，为管理创新企业所用。

二、创业者必备的能力

★路标　创业者应具备决策管理、计划管理、制度管理、信息管理、授权管理、财务管理、项目管理、沟通管理、商务谈判、危机管理、培训员工等方面的能力。

成功地创建和管理一个小企业，仅仅知晓一些商业知识和法律知识，是远远不够的。一个人识别商机的能力如同创造力一样，在很大程度上依赖于他能储备多少知识信息。拥有的知识信息越多，就越有可能先于别人识别构成机会的联结点和模式。功不唐捐，无论什么时候，学习一切能够学到的知识信息，结果将是机会识别能力的提高。一般而言，创业者特别重要的创业能力包括：拥有凭直觉作出决策的能力（对社会经济发展趋势的分析判断能力），因势利导的能力，人际交往的能力，机遇识别与分析的能力，创造性地解决问题的能力，合法地综合利用各种资源的能力，管理财务的能力，团队合作沟通协调的能力，战略性思维的能力等。总之，创业者可以通过“学中做”“做中学”“思中行”“行中思”获得以下创业能力：

1. 决策管理能力

在激烈的市场竞争中，创业者果断作出决策的能力是必备的谋略与胆量。创业者作出决策时，要在一个目标与另一个目标之间有所取舍。“正确决策”[①] 是建立在对现实条件充分分析的基础上，选择一种风险较小、较为满意的目标方案的决策，是现实性与先进性结合的明智之举。

2. 计划管理能力

当人们要满足某种期望时，往往不计算将要付出的成本，凭感觉，有了大方案却没有小计划，干到哪里算哪里，因而付出了较大的成本使收益受损。管理者做出决策时，一定要先计划、后实施，因为世界在变，环境在变，人们的观念也在变，只有科学地运用计划管理，企业才能长远持续发展。

3. 制度管理能力

创业者作为企业的最高管理者，必须树立“制度大于总经理”的文化理念，不断强化用制度管理企业的能力，带头遵守企业各项规章制度，建设好企业的制度文化。企业制度是控制企业交易成本的重要工具，有效率的制度是企业发展的关键。企业制度不能简单地理解为上班不迟到、不早退、穿工作服、戴防护帽，而是要求企业的每一个员工都必须遵守企业制度的运行轨迹，做到每个生产环节的“接口”合理化、科学化、简捷化。只有这样才能有效地降低企业的交易成本，从而使企业获得茁壮成长所需的持续利润。

4. 信息管理能力

信息管理是企业管理活动的一项重要内容，信息只有及时准确地送到需要者的手中才能发挥作用，企业的管理系统越庞大，结构就越复杂，对信息的渴求就越强烈。任何一个组织要形成统一的意志、统一的步调，各要素之间必须能够准确快速地相互传递信息。管

---

① 某记者问一位商界成功人士：“先生，您成功的秘诀是什么？”该成功人士回答：“四个字。”问：“是哪四个字呢？”答：“正确决策。”问：“那您是如何做出正确决策的？”答：“两个字。”问：“是哪两个字呢？”答：“经验。”问：“那您是如何获得经验的？”答：“四个字。”问：“是哪四个字呢？”答：“错误决策。”参见：瑞德，萨阿斯瓦斯，德鲁，等．卓有成效的创业：原书第2版．北京：机械工业出版社，2020：61.

理者要实现对企业的有效控制和管理，必须依靠组织内外的各种信息。信息，如同人才、原料和能源一样，是企业生存发展的重要资源，是企业管理活动赖以展开的前提，一切管理活动都离不开信息，一切有效的管理都离不开信息的管理。

信息素养作为创业者的一种特殊能力，包含人文、技术、经济、法律等诸多因素，和许多学科有着紧密的联系。信息素养是一种了解、搜集、评估和利用信息的知识结构，通过熟练的信息技术、完善的调查方法以及鉴别和推理来体现。信息素养要求我们拥有在变化的环境趋势中对信息进行加工处理并快速行动的能力。我们至少需要做到：（1）养成更高效的收集和整理信息的习惯；（2）训练更科学的信息搜索技能；（3）善于留意和处理例外甚至是非主流的信息；（4）构建联系和关联的思维能力。一个人拥有这些习惯和技能，将更容易把握被别人忽视了的创新机会。

5. 授权管理能力

在竞争日趋激烈的今天，创业者如果事必躬亲、对一切都抓住不放，就会使企业裹足不前，使自己陷于企业繁杂琐碎的事务之中，因此，企业从学步期步入青春期后，创业者要学会有效授权。有效授权首先要建立对团队成员的尊重和信任。如果对成员不尊重，不相信他们有能力做出正确的决策，则不可能建立授权系统。对管理者而言，授权可以让他们腾出较多时间做策略性的思考；对于员工而言，授权可以让他们学习新的技巧，让主管及员工都有机会提高能力，在事业生涯中更上一层楼；对于企业而言，有效授权可以提高企业整体的效能，带领团队奔向企业的目标。

6. 财务管理能力

初创期的企业通常会遇到如下两类问题：一是需要多少资金投入，以及形成多大的产量和销量，才可以使企业盈利；二是对资金的需求额，如自己出多少资金，再借入多少资金，能够使企业的经济价值最大化。解决这两个问题，要求企业管理者具备财务管理的能力，在风险可控情况下实现企业利润最大化和成本最小化的目标。同时企业管理者还应能通过阅读和分析财务报表，发现企业管理运作方面的潜在隐患或明显缺陷，及时采取相应措施和决策，有效防范企业的财务危机。

7. 项目管理能力

项目管理能力是指运用专门的知识、技能、工具和方法，使用限定的资源在限定的时间内，使管理的项目能够实现或超过预期需求和期望的一种能力。项目管理是对一些与成功地达成一系列目标相关的活动的整体监测和管控，包括各种计划、组织、领导、控制等方面的进展。项目管理可帮助企业处理需要跨领域解决的复杂问题，并实现更高的运营效率。因项目盲目上马导致企业资金周转的困难，进而使经营运作陷入困境甚至破产的案例，数不胜数。因此，创业者须具备一定的项目管理能力。

8. 沟通管理能力

著名组织管理学家切斯特·巴纳德（Chester I. Barnard）认为："沟通是把一个组织中的成员联系在一起以实现共同目标的手段。"没有沟通，就没有管理，没有管理，就没有企业的成功。沟通是管理工作的灵魂，是提高工作效率，实现共同目标，满足各种需要的重要工具。管理工作中70%的错误是不善于沟通造成的。成功的企业管理人员通常会将90%以上的工作时间用于促进部属之间的良性沟通，通过清晰的指导与决策节省时间与精力，减少重复劳动，提高工作效率。美国通用电气公司就是靠着感情沟通式的管理，以惊人的速度发展起来的，这种沟通式管理给人以深刻的启迪。

企业良好的沟通有助于企业员工感受到企业对自己的尊重和信任，因而产生极大的责任感、认同感和归属感；有助于减少冲突，化解矛盾、澄清误会、消除疑虑，增强团队的凝聚力。企业良好的沟通管理，不仅可以使管理层的工作更加轻松，使普通员工大幅度提高工作绩效，同时还可以增强企业的凝聚力和竞争力。可见，高效沟通能力是一个人、一个团队、一个企业健康快速发展的推进剂。恰如我国古代著名军事家孙武所言：上下同欲，士可为之死，为之生。只有沟通，才能创造和谐的境界，从而赢得人心，释放出一股股冲天的创业激情，支撑起企业大厦。

9. 商务谈判能力

对创业者来说，谈判几乎是一种生活方式，贯穿创业活动的始终。创业者的商务谈判能力不仅适用于企业之间的谈判，同时也适用于企业与利益相关者之间的谈判。在买卖谈判中，双方谈判能力的强弱差异决定了谈判结果的差别，创业者谈判所获得的效益，往往是企业纯利润的重要来源。可见，提高商务谈判能力是企业赢得利润空间的重要举措。研究显示，使对方心情愉悦往往是一种有效的谈判策略（如热情款待或边喝咖啡边谈）。当然，有时候谈判中的“获胜”代价极高：若一方设法得到大部分利益（可能是因为以强势来讨价还价），对方被迫接受，就会埋下祸根。输的一方认为自己没有得到公平对待，可能会公开地或隐蔽地寻找各种方法来“平衡”这件事情。因此，谈判中采用整合性协议和双赢方法比试图击败对方的协议更加可取。①

10. 危机管理能力

危机管理是为了应对突发的危机事件，抗拒突发的灾难，尽量使损害降至最低点而事先建立的防范、处理体系和对应的措施。对企业而言，为了应对与社会大众或顾客有密切关系且后果严重的重大事故，在企业内预先建立防范和处理这些重大事故的体系和措施，其目的在于消除或减少危机所带来的威胁和损失。企业在面对危机时采取的不同态度和方法，对塑造企业形象将产生“差之毫厘，谬以千里”的效果。在企业生产经营中发生某个小意外或者事故的消息，一旦上了网络就会迅速扩散到全国甚至更大的范围，产生不良后果。所以，创业者的危机管理能力对企业安身立命至关紧要。

危机并不等同于企业失败，危机之中往往孕育着转机。危机管理是一门艺术，是企业发展战略中的一项长期规划。企业在不断谋求技术、市场、管理和组织制度等一系列创新的同时，应将危机管理创新放到重要的位置。一个企业在危机管理上的成败能够显示出它的整体素质和综合实力。成功的企业不仅能够妥善处理危机，而且能够化危机为商机。

11. 培训员工能力

在企业里，员工70%的能力源于上司在工作中的辅导或教练，另外30%可能源自企业的培训教育。这意味着，创业者如果不懂得如何去教练、培养、辅导下属，就意味着下属很可能不具备那70%的工作能力。事实上，很多创业者都曾感到下属能力不够，不敢把工作交给他们。而这恰恰是企业管理者没有当好教练的缘故。对于现代的管理者来讲，培

① 巴隆，谢恩．创业管理：基于过程的观点．北京：机械工业出版社，2005：283.

养下属的教练能力，是一个很重要的能力。

总之，好的事物的出现是有条件的。不论是创业者还是就业者，成功不仅需要具备以上诸多能力，还需具备天时、地利、人和的外在条件。创业者只要树立必胜的信心，自觉地提升自己的综合素质能力，就一定会取得创业的成功。

小贴士

创业是培养创业思维还是设计思维？

设计思维是设计师思考和行动的方式，是启动和发展创业过程的独特创意方法。越来越多的人认为，它或多或少与各个学科、政府机构、私营企业、创业者，以及其他从事复杂问题解决和创新工作的人有关。然而，要理解什么是设计思维，你必须首先将“设计”视为一个概念。例如，设计可以是造型工艺设计、工业设计、战略设计、产品设计、沟通设计、交互设计、工程设计、平面设计、服务设计、时尚设计、图标设计等。设计可以是受到时间和空间限制的某个活动、某个完整的过程、某个专业或行业的名称，也可以是一种输出。从传统意义上说，设计的目的是让产品更加美观、实用和智能，但如今设计的功能要多得多。人们要区分“设计品”和“进行设计”，“设计品”即设计出来的一把椅子、一个酒瓶等；“进行设计”则是你作为一名设计师思考和解决问题的过程，这个过程就引出了“设计思维”的概念。设计思维被定义为“一门科学，它利用设计师的鉴赏力和方法，将人们的需求与技术上的可行的、可实施的商业策略匹配，从而转化为客户价值和市场机会”。

我们可以将设计思维视为一种组织资源。这是因为将业务仅仅建立在利用或探索逻辑的基础上是危险的。

利用是指公司通过开发、完善和管理现有的知识和想法来寻求利润最大化的过程，它的关键要素是重新定义、效率、选择、执行和实施。

探索是指公司专注于寻找新的创意和知识，创造新的业务，它的关键要素是实验、游戏、灵活性、发现、冒险和创新。

单靠探索往往会使公司变得脆弱和不稳定，可能很难使公司巩固并获得资源来投资新的探索性活动，“那些只通过利用来创造价值的企业，过不了多久就会走向尽头。因为它不能永远利用同样的知识”。企业往往会陷入这两种逻辑中的一种，这就是问题的根源所在。

虽然解决各种类型的问题需要不同程度的探索和利用，但普遍的共识是，解决某个问题通常需要两者的结合。设计思维为企业如何同时运用这两种逻辑提供了一种思路，从而在“利用”与“探索”之间建立更好的平衡。

新的创业机会产生于利用与探索、发现与创造以及过去、现在与未来之间频繁的、创造性的互动中。创业过程是一个不断再设计的过程。这个过程的关键焦点是同理心，即设计要以人为本，要理解你正在为之设计的那些人，能够设身处地为他们着想，从他们的角度而不是你自己的角度来满足用户和利益相关者的需求，甚至包括他们可能无法立刻意识到的需求。毋庸置疑，用户需求在创业设计思维过程中发挥着重要作用。具有设计思维的人能够很快进入用户的“现实世界”中，去观察、理解、倾听并与他们共创，创业者、用户和其他利益相关者之间的密切互动可以确保新产品、服务和创意的意义。对创业者而言，用户不是细分市场，而是一个拥有闲暇时间、有情感、有价值观、有信仰的人，而这些因素都嵌在创业设计思维中，“以人为本”的设计思维意味着创业者要专注于创造人类价值。

例如，欧美老龄化严重，且很多老人是独居。中国香港的几位大学生发现了这个商机，决定研发一款陪伴机器人。产品面世后，卖不动。调研后才发现，在欧美文化中，陪伴可以由人、动物提供，但不能由机器提供。因为陪伴是生命的功能，而机器再先进也只能是工具。如果不在欧美卖，换个市场行不行？但他们已经没机会重新试错——钱已经用完，团队也散了。再如某创业团队发现欧美市场注重环保理念且休闲文化盛行，于是开发了一款6马力的新能源船用发动机，然后去欧洲参展。围上来的客户问，你们技术这么好，有没有1马力的产品？原来，欧洲人喜欢泛舟湖上，更多是看看书、听听音乐或钓鱼，根本不需要这么大的动力。技术创业普遍拥有不低的技术门槛，但拥有技术、懂得技术的创业者，往往容易沉浸于技术，更在乎如何让产品技术发挥到极致，而不去思考如何满足社会生活与生产中的实际需求，以及这个需求有多大市场。这一现象称为“设计思维的缺失”。

创业者应该重视并学会：如何去发现需求，确定需求，再根据需求设计出产品。

资料来源：尼尔森，克莱弗，埃瓦尔德，等．创业的悖论：原书第2版．北京：机械工业出版社，2021：198－222. 有改动。

三、创业者的素质培养

★路标 创业者应自觉地培养自己的心理素质、身体素质、知识素质和能力素质。

创业者是创业企业的核心，是创业成功的关键。创业者是引领企业在市场中乘风破浪的“有能之将”。创业者优秀的综合素质，犹如航行中的指南针，能够给企业带来向心力和凝聚力，从而使企业到达胜利的彼岸。因此，要成为创业者，要获得创业成功，创业者必须自觉地培养自己的创业素质。具体来讲，应努力塑造自己的心理素质、身体素质、知识素质和能力素质。

1. 心理素质

心理素质是指创业者的心理条件，包括自我意识、性格、气质、情感等心理构成要素，主要体现在人的独立性、坚韧性、克制性、适应性、合作性等方面，它反映了创业者的意志和情感。创业之路充满艰险与曲折，要随时面对变幻莫测的激烈竞争以及问题和矛盾，这需要创业者具有非常强的心理调适能力，能够持续保持一种积极、沉稳的心态，即有良好的创业心理素质。创业的成功在很大程度上取决于创业者的心理素质。创业之路不会一帆风顺，如果创业者不具备良好的心理素质、坚忍的意志，一遇挫折就垂头丧气、一蹶不振，在创业路上就走不远。正如宋代苏轼所言：“古之成大事者，不唯有超世之才，亦必有坚韧不拔之志。”只有具备处变不惊的良好心理素质和愈挫愈强的顽强意志，才能在创业路上不畏艰险、自强不息、竞争进取、顽强拼搏，才能从小到大、从无到有，闯出属于自己的一番事业，取得创业的最后胜利。

2. 身体素质

身体素质较高是指身体健康、体力充沛、精力旺盛、思维敏捷等。身体素质是创业者成功的“本钱”。新创企业的经营活动常常面临诸多酸辣苦涩之事，创业者工作繁忙、工作时间长、压力大，倘若身体素质不高，心有余而力不足，难以承受创业重任，势必会导致企业因创业者的健康出问题而中途“夭折”。因此，创业者良好的身体素质是创业成功的根本保障。创业者要学会工作、学会休息，牢记身体健康也是企业的生产力。

3. 知识素质

创业者的知识素质对创业起着举足轻重的作用。创业者要进行创造性思维，要作出正确决策，必须掌握广博的知识，具有一专多能的知识结构。具体来说，创业者应该具有多方面的知识，做到用足、用活政策，依法行事，用法律维护自己的合法权益；了解经营管理的知识和方法，提高管理水平；掌握与本行业和本企业相关的科学技术知识，依靠科技进步增强竞争能力；具备管理学、经济学方面的知识，如财务会计、市场营销、国际贸易、国际金融等。毫无疑问，创业者的知识素质是创业成功的基石，不断地提升知识素质是创业者的制胜法宝。

4. 能力素质

成功的创业者至少应具备：提出创意并作出评价的能力；视问题为机遇的能力；知人善任的能力；向所有相关人员学习的能力；寻求解决问题的能力；人际交往的能力；始终从利益相关者特别是从顾客的角度出发，看待自身和企业的能力。当然，这并不是说创业者必须完全具备这些能力素质后才可以去创业，而是强调创业者本人要有不断提高自身素质的自觉性和实际行动。提高能力素质的途径：一靠学习；二靠恒心。要想成为一个成功的创业者，就要做一个终身学习者。

总之，进入 21 世纪，不论是创业者还是就业者，都应具备个人基本生活与职业技能、个人基本素养、核心竞争力和核心能力。如图 3－3 所示，在“人人都是创业者”的背景下，

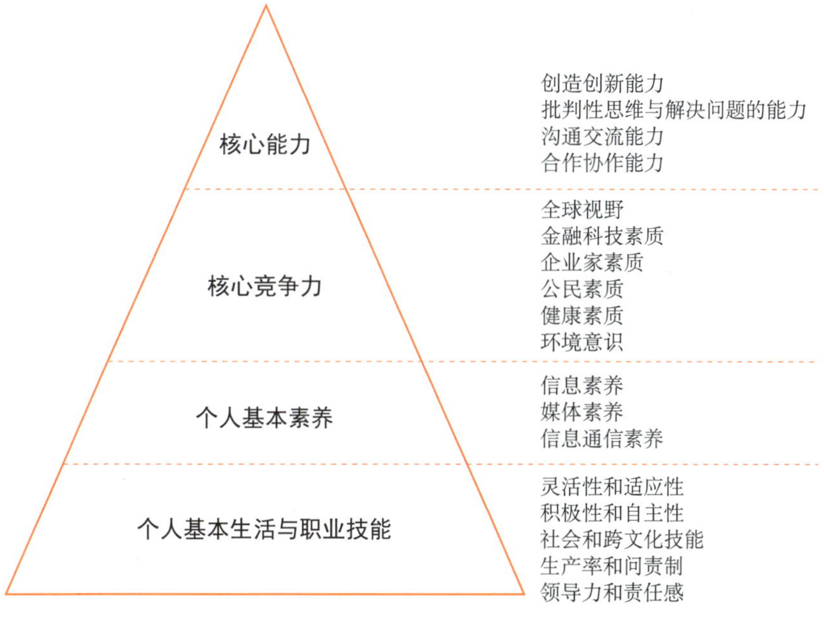

图 3－3　人才培养的要素

人才培养的要素主要包括：在个人基本生活与职业技能方面应具有灵活性和适应性、积极性和自主性、社会和跨文化技能、生产率和问责制、领导力和责任感；在个人基本素养方面应具备信息素养、媒体素养和信息通信素养等；在核心竞争力方面应具备全球视野、金融科技素质、企业家素质、公民素质、健康素质、环境意识等；在核心能力方面应具备创造创新能力、批判性思维与解决问题的能力、沟通交流能力、合作协作能力等。

本章小结

● 不利境况、榜样力量、非凡经历和情境感知是推动创业者做出创业决定的重要因素。

● 驱使创业的激励因素多种多样，创业的主要动机也因人而异。驱使创业的动力还随着性别和国家的不同而有所差异。

● 创业者的创业心理动机主要表现为成就需求、追求独立、改善生活三个方面。

● 创业决策在很大程度上取决于创业者预期收益的最大化与成本的最小化。当创业预期收益大于创业成本时，创业者就会抓住机遇决定去创业；当创业预期收益小于创业成本时，创业者就会谨慎地选择就业。

● 创业者的预期收益主要包括精神、心理和物质三个层面的收益。

● 创业者的创业成本主要来自潜在的投资风险、收益的不确定性以及超负荷的时间成本和心理成本三个方面。

● 创业不仅需要新奇的创意，还需要有一个与众不同的创业者。责任承诺和决心、领导力、机遇导向、容忍风险和不确定性、忍受失败、追求成功是创业者的六大特质。

● 身心素质好、创造力强、才智过人、有远见、有高尚的价值观是创业者的五大天赋。

● 创业者是主导劳动方式的领导者，是具有使命感、荣誉感、责任能力的人，是具有思考、推理、判断能力的人，是能使其他人追随并在追随的过程中创造利益的人，是具有完全权利能力和行为能力的人。

● 过强的控制欲望、过强的敏感反应、过高的成就需要和过度乐观的心态，是创业者的非创业特质。

● 创业者必备合法开业、市场营销、货物、金融与财务、服务行业、经济法规常识等方面的创业知识。

● 创业者应具备决策管理、计划管理、制度管理、信息管理、授权管理、财务管理、项目管理、沟通管理、商务谈判、危机管理、培训员工等多种创业能力。

● 要想成为成功的创业者，就应自觉地提高自身的心理素质、身体素质、知识素质和能力素质。

● 创业者和就业者都应具备个人基本生活与职业技能、个人基本素养、核心竞争力和核心能力。

思考题

1. 创业者的创业动机是什么？
2. 创业者的预期收益有哪些？

3. 创业成本有哪些?
4. 成功的创业者有何特点?
5. 在创业过程中,创业者与雇员分别扮演什么角色?
6. 怎样理解创业者的非创业特质?
7. 创业者需掌握的创业知识有哪些?
8. 创业者必备的创业能力有哪些?
9. 创业者素质的内涵是什么?
10. 你如何理解“要想成为一个成功的创业者,就要做一个终身学习者”这句话?
11. 结合章后练习分析自己的个性,看看自己是否适合成为一个创业者。
12. 假如你是一个创业者,你认为自己的性格优势是什么?劣势又是什么?

阅读材料

创业者纲领

企业家自己也相信,创业思想在很大程度上对成功是很有帮助的。当我们提出一个开放式问题,问一些企业家,他们认为目前及今后 5 年经营企业最关键的概念、技能和诀窍是什么,他们的回答很有启发性。多数人提到了思考和行动中的创业思维,而非特殊的技巧或组织概念。我们把他们的回答集中在一起,称之为创业者纲领。

- 做正能量的事情——给自己带来乐趣。
- 找出正确行事的方法并加以实施。
- 说“行”,而不是“不行”或“可能行”。
- 不墨守成规——韧性和创造力是获胜根基。
- 如果你相信你能行,任何事都有可能做成。
- 如果你不知道这件事不能做,那么你就要继续做下去。
- 认为杯子是“半满的”转变为认为杯子是“半空的”,其中孕育着重大的创新机遇。
- 不满意事情的现状——寻找改进的方法。
- 以不同方式做事。
- 不要冒不必要的险——但如果有适合你的机会,要有计划地冒险。
- 企业失败是成功企业家学习的过程——但要把学费压低。
- 乞求谅解比开始就要求批准更简单。
- 执着于商机和结果——而不是金钱。
- 金钱是在合适的时间、合适的商机下,向合适的人提供的工具和计分卡。
- 赚钱比花钱更有趣。
- 为你的成就感到自豪——自豪感是会传染的。
- 努力把握对成功起关键作用的细节——细节决定成败。
- 正直和诚信等同于可长期使用的燃料和黏合剂。
- 把蛋糕做大——不要把时间浪费在分割小块蛋糕上。
- 为长远目标竞争——快速致富的可能性很小。
- 只有登得最高才会看清局面的变化。

● 成功就是得到你想要的东西；快乐就是想要你得到的东西。

● 回报所有利益相关者——股东、企业员工、债权人、供应商、零售商、消费者、竞争者、中央政府、地方政府、社会活动团体、媒体等。

资料来源：蒂蒙斯，斯皮内利．创业学：第6版．北京：人民邮电出版社，2005：169－170.

练习

测测你的创业智商

（一）测试说明

创业智商是一种自我学习的工具。本书依据美国鲍尔州立大学商学院教授库拉特科和佛罗里达州国际大学教授霍杰茨有关创业智商的测试题，结合中国实际情况作了调整改进。它不是一种考试，而是用来将准备成为一名创业者的个人特征与那些成功创业者所具备的创业素质作比较，使你可以学习如何成为一名创业者。

（二）测试要求

尽自己所能回答每个问题，没有时间限制。每个问题都会给出正确答案，以便进一步激发你的兴趣。

（三）测试题目

1. 你还是孩子时，有过做小生意（或贩菜或卖鱼或摆地摊）的经历吗？（是/否）
2. 你的家庭拥有一家企业吗？（是/否）
3. 你的亲戚中有没有做生意的？（是/否）
4. 你在有机会与老板经常接触的小公司里工作过吗？（是/否）
5. 你的年龄是在16～44岁之间吗？（是/否）
6. 你在一家能经常接触到高级管理层的大公司里工作过吗？（是/否）
7. 你换过工作吗？（是/否）
8. 你具备组织、计划、预算、人事、市场营销、广告、管理或评价方面的经验吗？（是/否）
9. 如果你已婚，你的丈夫或妻子支持你在创建一家企业时承担个人的和财务上的风险吗？（是/否）
10. 你拥有一些励志成功的书籍吗？（是/否）
11. 在工作中你受到同事的尊敬吗？在生活其他方面你受到你的朋友的尊敬吗？（是/否）
12. 你具有好奇心、创造力、创新性和进取心吗？（是/否）
13. 你喜欢解决问题吗？（是/否）
14. 你愿意成为自己的老板吗？（是/否）
15. 你喜欢让事情发生吗？（是/否）
16. 你愿意承担个人的和财务的风险吗？（是/否）
17. 你是家中的第一个孩子吗？（是/否）
18. 你是男性还是女性？（男/女）
19. 你是已婚还是单身？（已婚/单身）
20. 你认为你的精神是自由和独立的吗？（是/否）

21. 你对成就的需求是不是很高？（是/否）
22. 你和父亲保持了很好的关系吗？（是/否）
23. 中小企业服务领域涉及民生的方方面面，其创造的最终产品与服务的价值占全国的 58%，并且提供了 75%以上的城镇人口就业机会。（对/错）
24. 你被拒绝过吗？（是/否）
25. 你喜欢经常走来走去吗？（是/否）
26. 创业者是优秀的管理者。（对/错）
27. 成为一名成功的创业者是需要很多好运气的。（对/错）
28. 成功的创业者经常听取咨询专家以外的专家的意见。（对/错）
29. 你相信你能把握自己的命运吗？（是/否）
30. 你不断地为自己设立目标，并以结果为导向吗？（是/否）
31. 你曾经被迫离婚，或是经历过丈夫/妻子，或父母去世的痛苦吗？（是/否）
32. 你有过你计划创业领域的具体经验吗？（是/否）
33. 个人储蓄是创业启动资金的最重要来源。（对/错）
34. 你具有管理才能吗？（是/否）
35. 你愿意在薪酬不变的情况下工作更长的时间吗？（是/否）
36. 你有大学文凭或是受过职业学校或技术学校的专业培训吗？（是/否）
37. 你知道如何为创建企业筹集资金吗？（是/否）
38. 你喜欢与人交往吗？（是/否）
39. 你能果断做出决策吗？（是/否）
40. 你有很充沛的精力吗？（是/否）
41. 你的朋友和熟人对你给予了很大的信任吗？（是/否）
42. 当你做了决定后会付诸实践吗？（是/否）
43. 你相信凭自己的能力能达到目标吗？（是/否）
44. 你愿意改掉你的坏习惯吗？（是/否）
45. 你具有很高的道德标准吗？（是/否）
46. 你有一个好的创意或产品，并知道如何获得这种创意或产品吗？（是/否）
47. 你知道如何开发自己的潜能吗？（是/否）
48. 你会全身心地投入自己的创业活动吗？（是/否）
49. 你知道如何制订一份面向投资者的创业计划吗？（是/否）
50. 你能鼓舞和激励别人吗？（是/否）
51. 你知道如何运用广播、电视、网络、电子邮件来做广告吗？（是/否）
52. 你知道什么是市场营销的“4P”吗？（是/否）
53. 你熟悉 OPM 规则吗？（是/否）
54. 你知道如何拓展自己的才能吗？（是/否）
55. 你知道 20/80 法则是如何影响成功的吗？（是/否）
56. 你评价过自己的个性特征吗？（是/否）
57. 你评估过自己的净财富吗？（是/否）
58. 你知道通常成功的 12 条规则吗？（是/否）

59. 你研究过自己的职业潜能吗？（是/否）
60. 你相信自学的作用和成功之处吗？（是/否）
61. 99%的时间里你都是快乐地醒来吗？（是/否）
62. 你每天都花一些时间来思考、学习、计划或休息放松？（是/否）
63. 你认为自己是雄心勃勃的吗？（是/否）
64. 你喜欢权力、控制力和权威吗？（是/否）
65. 你愿意今天就辞去工作并尽快开始创业吗？（是/否）
66. 你知道如何确定收支平衡点吗？（是/否）
67. 你知道什么驱动顾客行为和购买行为吗？（是/否）
68. 大学生创业者协会组织以及创业网站等帮助学生学习如何创业。（对/错）
69. 你知道在哪里能获得特许经营的信息吗？（是/否）
70. 你知道如何收购一家企业吗？（是/否）
71. 你愿意沿袭一种已证明是成功的模式（即使与你的实际情况有差别）吗？（是/否）
72. 中国中小企业协会是中国最大的小企业组织。（对/错）
73. 你接受失败而不承认被打败吗？（是/否）
74. 你知道如何预测现金流吗？（是/否）
75. 你知道如何阅读一份资产负债表和利润表吗？（是/否）
76. 你熟悉现代企业制度和税收政策吗？（是/否）
77. 你熟悉有关员工招聘和聘用的法规吗？（是/否）
78. 你知道或愿意去学如何销售吗？（是/否）
79. 你认为自己热情、富有想象力、顽强吗？（是/否）
80. 你既愿意参与企业中盈利的业务，也愿意参与没有利润的亏损业务吗？（是/否）
81. 你知道如何保护你的创意不被盗用吗？（是/否）
82. 你有银行存款账户吗？（是/否）
83. 你懂得交易规则吗？（是/否）
84. 你熟悉有关投资的法律法规吗？（是/否）
85. 你了解中国职业名称大全吗？（是/否）
86. 你知道如何为自己的产品争取优惠政策吗？（是/否）
87. 你对自己现在的工作或学习感到不满吗？（是/否）
88. 你浏览过中国女企业家协会网站吗？（是/否）
89. 一般而言，合伙经营要比独资经营更赚钱。（对/错）
90. 你知道哪里能获得某一产业的营业和经营比率吗？（是/否）
91. 你知道个人独资企业、合伙企业和有限责任公司之间的区别吗？（是/否）
92. 你知道怎样找到有关创业精神的成人培训活动吗？（是/否）
93. 你知道鼓励大学生自主创业的一些政策措施吗？（是/否）
94. 你了解全国各地中小企业扶持政策的内容吗？（是/否）
95. 你了解目前以创业促进就业的活动吗？（是/否）
96. 你熟悉企业控制系统，如统计、档案保存、财务分析、记账、利润中心、收集、

预测吗？(是/否)

97. 你知道与银行家、会计师和律师打交道的技巧吗？(是/否)

98. 大多数小企业在创业初期的 3 年内的失败率大约为 80%。(对/错)

99. 我国 90%以上的企业都是小规模的，个体经营户已达 3 800 多万户。(对/错)

100. 大学毕业生自主创业人数在逐年增多吗？(是/否)

(四) 正确答案

1. 是	2. 是	3. 是	4. 是	5. 是	6. 是	7. 是	8. 是
9. 是	10. 是	11. 是	12. 是	13. 是	14. 是	15. 是	16. 是
17. 是	18. 都对	19. 都对	20. 是	21. 是	22. 是	23. 对	24. 是
25. 是	26. 错	27. 对	28. 对	29. 是	30. 是	31. 是	32. 是
33. 对	34. 是	35. 是	36. 是	37. 是	38. 是	39. 是	40. 是
41. 是	42. 是	43. 是	44. 是	45. 是	46. 是	47. 是	48. 是
49. 是	50. 是	51. 是	52. 是	53. 是	54. 是	55. 是	56. 是
57. 是	58. 是	59. 是	60. 是	61. 是	62. 是	63. 是	64. 是
65. 是	66. 是	67. 是	68. 对	69. 是	70. 是	71. 是	72. 对
73. 是	74. 是	75. 是	76. 是	77. 是	78. 是	79. 是	80. 是
81. 是	82. 是	83. 是	84. 是	85. 是	86. 是	87. 是	88. 是
89. 对	90. 是	91. 是	92. 是	93. 是	94. 是	95. 是	96. 是
97. 是	98. 对	99. 对	100. 是				

(五) 测试结果解析

1. 若你答对的个数介于 85～100，表明你适合成为一名创业者。因为成功的创业者在所有这些方面的得分都高于其他人。他们能够处理不确定性、精力充沛、相信自己、能很好地和灵活地对逆境做出反应、对理想充满热情、善于同他人相处、具有较强适应性，并且愿意承担合理风险。如果你正在阅读本书，那一定符合这个条件，否则就不会上这门课的！

2. 若你答对的个数介于 70～84，表明你具有潜力，但需要学习创业的基本要领。

3. 若你答对的个数介于 55～69，表明你暂时还比较落后，但你还是能够通过学习成为创业者。

4. 若你答对的个数介于 40～54，表明你似乎对创业不感兴趣，但这也并不意味着你就不能去创业。

5. 若你答对的个数介于 25～39，表明你还有机会，通过学习创业知识，可以努力做一名创业者。

6. 若你答对的个数介于 0～24，表明你可能需要重新考虑，或许创业者并不是你真正喜欢的角色。

UPIM

▲

02

第 2 篇

准备创业（P）

临渊羡鱼不如退而结网。

第4章

商业创意的发掘与评估

创业就是把注意力集中在识别和挖掘先前未被开发的机遇的过程中。

——理查德·多尔夫（Richard C. Dorf），托马斯·拜尔斯（Thomas H. Byers）

》问题导入

1. 如何发掘商业创意？
2. 什么是创业机会？
3. 创业机会来自哪里？

第1节 商业创意的发掘

创意并不都是创业的机会，但绝妙的创意往往是成功创业的起点。创业者要做的第一步是为新的业务设想一个创意，然后对其进行可行性评估，最后将创意付诸实践。创意的来源多种多样，互联网的产生拓展了发现创意的空间，让寻找创意变得更加快捷，也能方便地查询到某个创意是否已经被他人“捷足先登”。当然，创业者可以从变化的环境趋势、需要解决的问题以及市场遗留的缝隙中发掘出新颖独特的创业商机。

一、商业创意的发掘路径

★路标 发掘商业创意的路径有：捕捉变化的环境趋势、瞄准尚未解决的问题、填补市场缝隙。

有了一个好的商业创意就可以创业了吗？并非如此。好的商业创意只不过是创业者手中的工具，从商业创意转变为创业商机的过程往往充满着不确定性和风险。创业者必须有目的地寻找创业商机的来源，这样才可能成功实现创业的“惊险一跳”。好的商业创意往往需要从变化的环境趋势、尚未解决的问题以及市场遗留的缝隙中去发掘。

（一）捕捉变化的环境趋势

变化是机会的重要来源。人们很容易发现变化的结果，却很难在变化过程中有“春江水暖鸭先知”的警觉，难以发现乃至预判变化。

万物在变，唯有变化不变。变化在，则问题在，问题在，则机会在，每一个问题都是一个机会。“由变化所引发的问题或机会将产生一个解决方案，而该方案将导致更多的变化，从而使我们面临新的现实，以及一系列新的问题或机会。”[①]“变化（changes）为新颖且与众不同的事物的产生提供了机会。”[②] 变化是创新的基础，是商机的重要来源，没有变化，就没有创业机会，创业者只有从环境变化里才能挖掘到创业机会。政治、经济、社会、技术等环境因素的变化，产生了创造新事物的潜力，并且给新企业的诞生提供了机会。环境变化将带来产业结构的调整、消费结构的升级、思想观念的转变、政府政策的变化、居民收入水平的提高等等。瞬息万变的环境发展趋势，使各行各业机遇与威胁并存。实践证明，机遇不是等来的，是“抢”来的。一个人抓住了机遇，就会获得加快自身进步与发展的先机；错失了机遇，就会导致落后。那些能快速做出正确决策，并快速实施这些决策的人，往往是机遇的捕获者。因为他们认识到：机遇具有强烈的选择性，总是偏向有准备的一方；机遇具有高度的隐藏性，不会主动送上门，要靠创业者的知识、智慧、眼光和格局；机遇具有鲜明的辩证性，抓住了就是“机”，抓不住就是“危”。创业者只有发现机遇，抓住机遇，继而创造机遇，才能真正把握创业的“窗口期”，获得创业成功。

1. 政策导向的变化

政策导向的变化可以为创业者带来政策型创业机会。它能让创业者去做原本“不允许

---

① 爱迪思．企业生命周期．北京：中国人民大学出版社，2017：9-10.

② 德鲁克．创新与企业家精神．北京：机械工业出版社，2009：31.

做”的事情。最有可能诱发或直接形成创业机会的政府政策变化主要涉及三个层面：一是基本经济制度的变革，如经济体制变革；二是发展政策的变革，如产业发展、区域发展政策变革，其中更多地表现为宏观发展战略的调整；三是市场或产业规制政策的变革，如资本市场、产业技术、环境保护等方面的政策变革。

这些新政策的出台往往引发新的创业商机。如2006年我国出台了新的汽车产业政策，鼓励个人、集体和外资投资建设停车场。随着停车场日益增多，对停车场建设中的智能门禁系统、停车场系统、通道管理系统等的需求也随之增加，专门供应停车场所需的软硬件设备就成为一个重要商机。事实上，从政策中寻找商机并不仅仅表现在政策条文所规定的表面，随着社会分工的不断细化和专业化，政策变化所提供的商机甚至可以延伸到整个产业链中去。

有研究显示，某些类型的行业管制往往包含更高含金量的创业商机。第一，放松管制使人们更容易利用创意进入这些放松管制的行业，从而成为有价值的商机来源。第二，支持特定类型商业活动的规定可以降低创业者从事这些活动的“门槛费”（进入成本）。如允许民间资本进入教育领域的政策变化，就使中国各层次私立学校的数量增加。第三，政策规制的反作用力往往也是商机的重要来源。如2008年新《劳动合同法》实施后，一些用人单位开始逐渐对本科、硕士、博士三个层次的高校毕业生，分别签订1～2年、3～5年、5～8年的固定期限合同。显然，本科生的就业周期缩短，续签第二个固定期限合同的概率大大降低，因而迫使本科生提高学历，以期获得较长固定期限的劳动合同，由此引发考研人数的大增。这一政策的反作用力，带来了考研培训市场的火爆。

2. 经济力量的变化

分析经济的发展趋势，有助于辨识哪些是商业创意实施条件成熟的领域，哪些是暂时需要回避的领域。经济力量常常影响消费者的可支配收入水平；反过来，收入水平又影响消费者的购买动机。如收入水平较高的青年群体，大多有求新、求美的消费动机；收入水平偏低的中老年群体，大多有求廉、求便的消费动机。创业者要想从经济力量的变化趋势中捕捉商机，最重要的是要了解谁最有钱去消费，他们最愿意把钱花在什么地方。例如，随着人们收入的增多，私人轿车越来越多，由此催生了集汽车销售（sale）、零配件（sparepart）、售后服务（service）、信息反馈（survey）为一体的汽车4S店，带动了汽车修理、配件、清洁、装潢、陪驾等相关领域的发展。与此相反，随着经济不景气日益严重，出现了消费者减少食品开支、中小企业开工严重不足等不正常现象，这都会严重影响一国经济活力的恢复，导致社会总需求的减少。

分析宏观经济的发展趋势，有助于我们识别、筛选出哪些是创业实施条件成熟的领域，哪些是不宜涉足的高风险创业行业，如对于一些对市场消费群体定位不准的产品或服务领域，就应谨慎进入，以免创业时机不成熟而导致创业失败。

3. 社会的发展趋势

社会的发展趋势必然会影响人们的物质消费和精神文化生活，了解这一点有助于我们萌发商业创意，觉察创业商机。例如，快餐店之所以大量出现，不是人们喜欢快餐，而是快餐店帮助人们节省了大量的时间以应对繁忙的工作；校园里环保电瓶车逐渐多起来，不是因为学生喜欢坐在车上观光，而是因为其节约了学生徒步行走的时间成本；大多数青年人都有自己的QQ号或微信号，不仅仅因为他们可以在上面玩游戏或传邮件，还因为他们能够在网上“寻呼”朋友，相互交流，满足社交需求。

随着社会发展趋势的变化，个人的生活方式以及企业的生产与营销模式也发生了变化。因此许多情况下，产品不仅要体现它的使用价值，还要满足人们的多种需求。例如，电子商务的快速发展改变了很多人的生活消费方式，定制消费、网络消费正成为消费的增长点。随着人口老龄化的发展，健康养老产业日益受到青睐。随着“绿水青山就是金山银山”理念的贯彻，绿色创业意识日益提升。如氢燃料电池汽车的开发与推广就是构建绿色低碳产业体系、打造产业转型升级的新的创业增长点。随着5G网络（具有高带宽、低时延和大连接的特点）商业化步伐的加快，新的创意不断迸发，新的创业商机不断显现出来。

4. 技术的发展趋势

技术的发展趋势为我们创造和赢得了技术型创业机会。新的技术突破，特别是非连续性创新为创业者提供了创业的技术来源，这类技术来源最有可能触发创业商机。现阶段较为常见的技术性创业机会至少有五种：具有新功能的新技术的出现；新技术替代旧技术；竞争前技术的新突破；国家或区域之间技术势差引发的技术转移与扩散；新技术带来的新的问题。

毫无疑问，随着大众创业万众创新的深入开展，技术的发展趋势正改变着人们的工作和生活方式，并为创业提供了持续不断的机遇。“很多情况下，技术本身并不是识别商业机会的关键。”① 相反，只有认识到如何利用技术来满足人们日益增长的美好生活需要，才能捕捉到商机。例如，早期的iPod（苹果的便携式多功能数字多媒体播放器）以及后来的iPhone等产品都不是苹果公司的全新发明，而是一次又一次微创新的成果。iPod是苹果公司在老式MP3基础上进行微创新的结果，乔布斯创造性地为MP3提供了能装进1 000首歌的功能，让iPod用起来比其他MP3产品更舒适、音质更好。他的贡献并不在于发明创造了多少新技术，而在于能够通过对已有技术的巧妙融合改进，将用户体验做到极致。再如，在电子邮件广泛使用以前，人们大多通过信件、电报以及传真进行信息交流。在移动电话技术用于商业的时候，因其能够及时、便捷地满足人们的交往与信息获取需求，其市场占有量迅速增加。

小贴士

新技术催生的相关趋势与机会

生命科学：基因工程、基因组学、计量生物学	燃料电池：将氢或碳氢化合物燃料的化学能转化为电能
信息技术：互联网、无线设备、云计算	超导材料：减少输电环节中的能量耗损
食品储存：食品配送技术的改进	设计酶：一种能加速活细胞化学反应的蛋白质催化剂，应用于消费品和健康产品中
视频游戏：学习、娱乐	手机：交流和计算

① 巴林杰．创业计划：从创意到执行方案．北京：机械工业出版社，2009：26.

续表

语音识别：人机交互界面	软件安全：拦截垃圾邮件和网络钓鱼
安全设备和系统：身份识别、箱包检查、防护衣	机器人：大批量的小型机器人协作完成监控和安保任务
纳米技术：100 纳米甚至更微小的给药系统、生物传感器	新能源：太阳能电池、风力涡轮机

资料来源：拜尔斯，多尔夫，尼尔森．技术创业：从创意到企业：第 4 版．北京：北京大学出版社，2017：32.

随着移动互联网的迅猛发展，以消费为主线的互联网已经渗透至人们生活的各个领域，“互联网＋”消费的时代逐渐走向顶峰。“互联网＋”的本质是通过信息化技术，促进各领域各产业融合，提高产业自动化和经营水平，全面提高产业竞争力。它将重点促进以云计算、物联网、大数据为代表的新一代信息技术与现代制造业、生产性服务业等的融合创新，并为制造业转型升级赋能。目前，我国正在从“互联网＋”进入“智能＋”时代，可以预见，在不远的将来，互联网与人工智能技术有望全面渗透到各个产业价值链，对其生产、交易、融资、流通等环节进行改造升级，从而极大地提高资源配置效率，并对实体经济产生全方位、深层次、革命性的影响，“加”出经济发展的新动能（既来自新技术、新经济、新产业、新业态、新模式的成长，也来自传统动能的改造提升），从而促进国民经济更高质量、更有效率、更加公平、更可持续地发展。一言以蔽之，技术进步可以使人们去做以前想都不敢想的事情，或者更有效地去做以前只能用笨拙方法完成的事情。

小贴士

创新＝发明创造×商业化

一些重大发明找到了用途，而无数的发明根本找不到用途。如美国政府每年批准 70 000 件专利，只有少数专利能进入商业生产的阶段（通常只有 2% 的专利能够实现盈利）。此外，一些发明一开始就能达到发明的目的，后来又因为发现新用途而变得更有价值。瓦特发明的蒸汽机原本是为了从矿坑中抽水而设计的，后来却用于推动轧棉机，连火车与船都用上了。一旦发明了一件事物，发明家要做的事就是发掘新用途。只有在新发明“工作”了一段时间后，消费者才会觉得他们需要那个发明。还有一些新发明，在经过一段时间后发明的初衷被忘记了，因为消费者为它们找到了新的用途。事后才发现新用途的发明并不罕见，现代史上许多重大的技术突破都属这一类，例如飞机、汽车、内燃机、电灯泡，以及留声机和晶体管等。

留声机是个好例子。爱迪生是现代史上伟大的发明家，留声机是他最有创意的发明之一，1877 年爱迪生制作出第一台留声机。他发表了一篇文章，宣扬这个新发明的十大用途，例如记录将死之人的遗嘱，为盲人录下有声书，报时，教学童拼字。“复制音乐”在他的单子中并未占显著地位。几年后爱迪生还跟助理说，他的留声机并没有商业价值。又过了几年，爱迪生改变了主意，开始生产留声机用作办公室中的留言机并予以出售。其他有商业头脑的人想出点子，将爱迪生的留声机当作点唱机用，只要投币就可以播放流行音乐，爱迪生认为这对他的发明是种侮辱，因为办公室中的留言机才是比较“务正业”的机器。差不多 20 年后，爱迪生才认同留声机最主要的用途就是录放音乐。

机动车是另一个对我们而言影响较大的发明。不过，它不是被发明来满足任何需求的。1866年，德国人尼古拉斯·奥托建造了第一部内燃机，那时马匹作为人类陆上交通工具已有近6 000年的历史，蒸汽动力火车才出现几十年，其重要性逐渐增加。当时的马匹供应并没有什么危机，大众对铁路运输也没有什么不满。

奥托的内燃机动力不强，很笨重，高达7英尺，不像是能比得上马匹的样子。直到1885年，内燃机的设计才得到了改进，另一位德国发明家戈特弗里德·戴姆勒将其装在一辆自行车上，那是世界上第一辆摩托车，等到1896年他造出了第一辆卡车。

发明家找到一项新技术的用途后，下一步就是说服社会采用这项技术。例如，美国国会曾否决发展超音速客机的提案，不断有人抵制有效率的打字键盘，英国也曾长期抵制电灯照明。无数这样的新发明不是没人理睬，而是在被长期抵制之后才得到社会认可。

一般而言，至少有三个因素影响社会对新技术的接受程度。

第一个因素是与既有技术相比，新技术要能带来较多经济利益。轮子在现代工业社会中非常有用，但是在其他时代未必如此。很久以前在遥远的美洲大陆上，墨西哥土著发明了带轮轴和轮子的车子，却用来当玩具，而不是做运输工具。现代人也许会觉得难以置信，真相是那时的墨西哥土著没有用于拉车的牲畜。

第二个因素是社会价值与声望，这个因素足以凌驾于经济利益之上。今天有数百万人愿意花费两倍的价钱购买标有著名设计师名字的牛仔裤，而那些牛仔裤不见得比一般的牛仔裤更耐穿。

第三个因素是与既得利益的兼容程度。目前，英文打字键盘是QWERTY键盘（以上排左数前6个字母命名），读者可知道这种键盘是怎么设计出来的？这种键盘就是为了故意让人“使用不方便”而设计的。设计师在键盘中暗藏了许多玄机，强迫打字员将速度放慢，例如将最常用的字母键打散并集中在左边，使惯用右手的人必须以左手使用那些常用键。键盘上那些降低生产率的笨拙特征，是针对那时的打字机制造技术设计的，那时要是快速敲击相邻的键，那两个键就会粘在一起，回不了原位，下一次敲击时就打不出字了，也难怪打字机制造商必须设法使打字员放慢打字速度。后来打字机制造技术改进了，解决了快速打字时键与键会粘在一起的问题，不必再担心打字员打字快了，于是有人提议改良键盘字母的安排。1932年研究人员实验过一种以提升打字效率为着眼点的键盘设计，发现使用新键盘打字速度可以提高一倍，省下的精力达95%。但是那时QWERTY键盘在人类社会中已经有牢固的地位。熟练的打字员、教打字的人、打字机与计算机的销售员、制造商，成千上万人的既得利益数十年来一次又一次地封杀了高效率键盘的生路。

虽然QWERTY键盘的故事听来可能好笑，但许多类似的案例涉及的是更沉重的经济后果。以晶体管为例，晶体管是美国人发明的，也在美国拿到了专利，为什么美国的产业界没有好好利用这个发明，反而是日本生产的消费性晶体管产品独占了世界市场，甚至还影响到美日贸易平衡，造成美国的贸易赤字呢？因为日本索尼公司向美国的西方电气公司买下了晶体管产品的生产权，那时美国的消费性电子工厂仍在生产真空管产品，它们不想生产晶体管产品，免得自家产品彼此竞争。为什么英国城市直到20世纪20年代末还在使用煤气街灯，不肯改用电灯呢？因为政府已经在煤气街灯上做了大量投资，所以它设下了重重关卡牵制电力公司，让煤气公司维持竞争优势。

轮子、有设计师名字的牛仔裤、QWERTY 键盘，这些例子说明一个社会可能有多种理由而接受或排斥一个新事物。同一项发明在不同社会中也有不同的境遇。

在麻省理工学院艾德·罗伯茨教授看来，创新=发明创造×商业化。创新并非发明创造与商业化之和，而是两者之积。换言之，只有商业化而无发明创造，或者只有发明创造而无商业化，都不会出现创新。发明创造（如创意、技术或某种知识产权）当然重要，但创业者不必自行开发。那些成就创新型企业的发明创造大多数是别人的。如谷歌通过在其搜索引擎上发布基于文本的关键字广告服务（AdWords）而赚得盆满钵满。实际上这项技术是一家名为 Overture 的公司开发的，谷歌只不过成功地把这项技术商业化而已。这个案例表明，对于真正的创新而言，对发明创造进行商业化的能力是至关重要的。

资料来源：戴蒙德．枪炮、病菌与钢铁．北京：中信出版社，2022：244－253；奥莱特．自律型创业：24 步教你打造成功的初创企业．北京：机械工业出版社，2014：前言．有改动。

表 4－1 列出了国外一些从环境变化里发掘新的商机从而创建新企业的例子，这些环境变化给新企业的诞生提供了沃土。

表 4－1　利用变化的环境趋势而创建的企业

环境变化		产生的新商机	创建的企业
政治	环境保护总署和职业安全与健康管理局不断提高标准	咨询公司、监视法规遵守情况的软件、有助于确保法规遵守的产品	RMS 系统公司，普瑞玛科技有限公司，Compliance 咨询服务公司
经济	青年人拥有更多现金和可支配收入，对股票市场的兴趣增加	服装、CD、MP3、游戏机、笔记本电脑、网上经纪服务、股票调查服务、投资者杂志	GAP 公司，Banana Republic 公司，MTV 公司，世嘉公司，奔迈公司，TheStreet. com 网站，*Red Herring* 杂志
社会	对健康的兴趣增加	健身中心、室内锻炼器材、减肥中心、健康食品商店	Curves International 公司，健安喜营养中心（General Nutrition Center），全食超市（Whole Foods Market）
技术	互联网的发展	电子商务、改良的供应链管理、改良的信息通信	雅虎，亚马逊，美国在线

资料来源：巴林格，爱尔兰．创业管理：成功创建新企业．北京：机械工业出版社，2006：32－33.

总之，政治、经济、社会、技术等环境因素的变化，产生了创造新事物的潜力，并且给新企业的诞生提供了机会。虽然环境因素的变化对创业者决定创业方向起着指导作用，但是创业者仍需在更细节的地方探寻创业商机。保持对商业环境变化的创业警觉①（entrepreneurial alertness）和对这些变化的预测，对创业者来讲至关重要。创业者只有明确这些变化的环境趋势对创业项目造成的影响，才能真正把握机遇，获得创业成功。

---

① 创业警觉是指在不主动寻找的情况下，就能发现迄今为止被忽视的机会的能力。对创业机会的认识是一个主观的过程。在多数情况下，个人在特定领域的信息和经验将会导致人们对解决方案及应对挑战的新方法有更高水平的认识。参见：尼尔森，克莱弗，埃瓦尔德，等．创业的悖论：原书第 2 版．北京：机械工业出版社，2021：64－65.

小贴士

中国数字经济方兴未艾

数字经济是继农业经济、工业经济之后的主要经济形态，是以数据资源为关键要素，以现代信息网络为主要载体，以信息通信技术融合应用、全要素数字化转型为重要推动力，促进公平与效率更加统一的新经济形态。《“十四五”数字经济发展规划》提出，“以数据为关键要素，以数字技术与实体经济深度融合为主线，加强数字基础设施建设，完善数字经济治理体系，协同推进数字产业化和产业数字化，赋能传统产业转型升级，培育新产业新业态新模式，不断做强做优做大我国数字经济，为构建数字中国提供有力支撑。”

数字经济包括五大类产业：数字产品制造业、数字产品服务业、数字技术应用业、数字要素驱动业和数字化效率提升业。前四类为“数字产业化”部分，是为产业数字化提供数字技术、产品、服务、基础设施和解决方案，以及完全依赖于数字技术、数据要素的各类经济活动，这是数字经济的核心产业。第五类则为“产业数字化”部分，是指利用数据与数字技术对传统产业进行升级、转型和再造的过程。据北京大学课题组测算，2012—2018 年间，数字经济部门（信息与通信技术（ICT）制造以及密集使用 ICT 的制造业和服务业）对 GDP 增长的贡献达到了 74.4%。另据中国信息通信研究院 2021 年的数据测算，我国数字产业化规模为 8.35 万亿元，占 GDP 的比重为 7.3%。产业数字化规模达到 37.18 万亿元，占 GDP 的比重为 32.5%。

平台经济是数字经济的一种特殊形态，它依托于云、网、端等网络基础设施并利用人工智能、大数据分析、区块链等数字技术工具形成交易、传输内容、管理流程的新经济模式。常见的数字平台包括电子商务、网约车、文娱、社交媒体、搜索、数字金融等。在自 1994 年接入互联网之后的近 30 年间，我国涌现出数量巨大的互联网公司，其中一些已经成长为全国甚至全球的头部平台。根据美国调查公司（CB Insights）的统计，截至 2022 年 9 月底，全球总计有估值超过 10 亿美元的“独角兽”企业 1 199 家，其中美国企业占比为 54.1%，位居全球第一，中国企业占比为 14.4%，位居第二。

在过去的五六年间，中国前沿数字技术的创新能力突飞猛进。根据英国学者的统计，如果把美国、欧洲、日本和中国的专利放在一起，中国的区块链技术专利占比约 80%，计算机视觉技术专利占比 60%以上，自动驾驶技术专利占比约 40%，中国在这些领域的专利数都超过了美国。这是自第四次工业革命以来，中国第一次紧随数字技术进步的步伐，运用大数据、云计算、互联网、区块链和人工智能等新技术创新经济活动，这是一个历史性的进步。

中国数字经济发展能取得巨大的成就，贡献因素很多，最为重要的是“有为政府”与“有效市场”的结合，“有为政府”不仅改善营商环境、克服市场失灵，还适当超前地建设了大量的数字基础设施；“有效市场”则将大量的资源特别是资金配置到新兴的数字经济产业。一方面，数字经济是我国市场化改革最为耀眼的经济成就之一。几乎每一家头部企业，最初都是由一位或数位年轻人形成创业的想法，然后利用市场组织起规模庞大的技术、人才、资金，让新的数字经济产品或模式迅速落地并不断地迭代、改进。另一方面，数字经济发展也得益于我国相对发达的数字基础设施。无论是移动电信的覆盖面，还是互联网的普及率，中国都显著领先于绝大多数发展中国家，这得益于多年来政府在数字基础设施领域所做的“适度超前”的布局与投资。目前我国已建成全球规模最大、技术领先的网络基础设施。截至 2022 年 7 月，我国建成开通 196.8 万个 5G 基站，“5G+工业互联网”在建项目超过 1 800 个，覆盖钢铁、电力等 20 多个国民经济重点行业。

随着中国经济开启新时代新征程，数字经济发展也步入新的阶段，承担起助力高质量发展的使命。数字技术对经济运营机制的改变，可以用“三升三降”来概括，即扩大规模、提升效率、改善用户体验、降低成本、降低风险和减少直接接触。这些改变主要基于数字技术所具有的一些全新的经济特性，比如规模经济、范围经济、网络外部性、双边或多边市场等。规模经济意味着企业的规模越大，平均成本越低、经营效率越高，这可能是得益于数字技术的长尾效应，即在完成固定成本投入之后，进一步扩大经营规模的边际成本很低。范围经济是指同时生产多种产品的总成本低于分别生产各种产品的成本之和，这可能是数字经济领域跨界竞争现象十分普遍的主要原因。网络外部性是指一个网络的使用者越多，其人均的使用价值也就越高，网络本身的市场价值也就越大。双边市场是指相互提供网络收益的独立用户群体的经济网络，一组参与者加入平台的收益取决于加入该网络的另一组参与者的数量，这样，数字平台对一方的定价往往会考虑对另一方的外部影响。正是基于这些特性，许多数字平台都动辄拥有数亿用户，而且同时提供多种线上服务，甚至还对用户提供免费甚至有补贴的服务。

数字技术带来的经济改变是革命性的。数字经济发展速度之快、辐射范围之广、影响程度之深前所未有，成为重组全球要素资源、重塑全球经济结构、改变全球竞争格局的关键力量，也使生产方式、生活方式与社会治理方式发生了翻天覆地的改变，具体表现如下。一是提升了人民群众的生活质量。购物、点餐、约车、订酒店等日常生活所需要的服务，几乎全部可以在线上安排，既节省时间与开支，还能享受更为丰富的消费品类。二是提高了经济活动的普惠性。利用规模经济和长尾效应，数字经济服务已经覆盖超过 10 亿人和将近 1 亿个体经营者，同时还降低了创新创业的门槛，在活跃了经济微观细胞的同时，还创造了约 2 亿个灵活就业机会。三是加速创新并孵化了许多新的数字经济业态。几乎所有的数字经济企业都是创新型机构，它们依靠新技术孵化新的制造与服务业态。四是利用数字技术改造传统产业，达成提质增效的目的。产业数字化从聚焦个别经营环节到覆盖整个产业链生态系统，形成了越来越强的经济动能，如中国数字金融的创新既是扎根中国大地的金融革命，又是国际前沿的金融创新。不仅两家头部移动支付机构的活跃用户规模领先全球，在支付效率与安全方面表现出色，而且几家新型互联网银行利用数字平台快速、海量、低成本地获客并积累数字足迹，利用大数据与机器学习方法进行信用风险评估，服务了大量既无财务数据又缺乏抵押资产的“信用白户”，开创了“大科技信贷”的新模式，其数字金融服务已触达广阔的西部地区。

数字经济已经成为推动全球经济发展的新动力，各国纷纷出台战略规划，依托数字化技术实现新一轮产业变革，进而抢占全球价值链的制高点。中国也做出了重大战略部署，相继出台了多项数字科技发展引导政策，全面推进数字科技发展，加快建设数字经济、数字社会、数字政府，营造良好数字生态，建设数字中国，构筑国家竞争新优势。

资料来源：黄益平．数字经济的发展与治理．(2023-01-01). http://nsd.pku.edu.cn/syml/gd/527981.htm. 有改动。

（二）瞄准尚未解决的问题

在日常生活中，谁都会碰到或大或小让人烦恼的问题，有人埋怨几声就息事宁人，有人则从自身经历或朋友的困境中发现了商机。如何从尚未解决的问题中发现创业商机呢？营销大师菲利普·科特勒曾说：“去寻找问题。比如人们抱怨夜里很难入睡，家里那些乱糟糟的东西很难收拾，很难找到物美价廉的度假方式，很难追溯家族血统，很难除去花园里的杂草，等等。”[①] 的确如此，许多企业的创建者都是在生活中遇到了某个问题，然后在解决问题的过程中领悟到商机。如飞机的发明源于莱特兄弟“人类也能像鸟一样飞翔”的想法，“会飞的邮件”——电子邮件源于大卫·克罗克（David H. Crocker）的离奇想法。[②]

创业也是如此，发现问题，然后努力解决问题，商机就由此产生。例如，消毒奶瓶诞生的灵感来自马利特夫妇给孩子喂奶的经历。一天，马利特夫妇决定带孩子到公园游玩，可谁都没有想到给孩子带奶瓶。他们想从药店买一个奶瓶，但售货员建议必须对奶瓶进行消毒。无奈之下，他们只好买了一小袋即食奶，挤着喂孩子吃。制造消毒奶瓶的念头，由此在马利特的脑海中闪现。经过研发，一种可回收的消毒奶瓶终于面世。产品大受欢迎，年销售量超过400万个。旅行箱的发明者罗伯特·普拉斯（Robert Plath）曾是一名飞行员，经常携带行李飞来飞去。行李包移动不是太方便，他琢磨着如何寻找一个更舒适方便的方式来做此事。他利用相关工作经验和知识发明了一种带轱辘的旅行箱新产品，并开创了一个箱包生产的新行业。

以上例子都是围绕需要解决的问题来开发创意。“如果你想创建一家企业，那就去参加一个聚会去聆听。你将听到人们的抱怨。每一个抱怨都等于一种需求、一个问题、一种真空。满足它，解决它，填满它——这就是你的企业。”[③] 这是联邦快递公司（FedEx）创立者弗雷德·史密斯（Fred Smith）的一点建议。一个拥有好点子的简单方法便是“去思考自己喜欢什么、不喜欢什么、想要什么、不想要什么，以及自己关心什么等。事实上……世上并不存在“好”点子，只存在付诸实施的点子和没有付诸实施的点子。一个好点子可能被浪费，一个坏点子也可以被转换成商机”[④]。总之，精明的创业者总是对明显的、尚无解决方法的难题保持警觉，适时抓到问题症结，想出解决问题的创意妙方，并将之转化为创业行动。

如果你在解决某个问题时遇到困难，不妨想一想他人是如何解决类似问题的，然后看看别人的解决办法是否适合你的问题。例如，广州东利行公司与腾讯公司签署了为期7年的QQ形象标志有偿使用协议。该公司移植了迪士尼的创业思路和盈利模式，既然米老鼠、唐老鸭、白雪公主等卡通形象能成为迪士尼公司取之不尽的财源，那么以年轻人为主的QQ注册用户对时尚产品也会有极强的购买动机，开发QQ系列卡通时尚也应该是商机。于是，东利行公司提出“Q人类Q生活”的卡通时尚生活概念，开发了漫画、精品玩具、手表、服饰、包袋等10大类约1 000种企鹅标志的产品，并在全国各地成功开设了

---

① 巴林杰．创业计划：从创意到执行方案．北京：机械工业出版社，2009：27.

② 从朋友的困境中发现大商机．百度文库．

③ 库尔特．创业行动：第2版．北京：中国人民大学出版社，2004：143.

④ 瑞德，萨阿斯瓦斯，德鲁，等．卓有成效的创业：原书第2版．北京：机械工业出版社，2020：17.

100 多家连锁店。

中国有近 10 亿手机用户，其中有很大一部分人每天在刷微信、刷抖音、打游戏、看视频、看直播。所以，无论手机电池多么强劲，在多款程序的共同“摧残”下，基本坚持不了一天，这一尚未解决的难题使充电宝有了市场刚需。手机即将没电的痛，相信很多人深有体会，且手机的使用频率高，解决“刚需、痛点、高频”这三大关键问题恰好为共享充电宝的诞生提供了市场机会，数以万计的共享充电宝服务点遍布酒店、餐馆、商场、写字楼等场所。

表 4-2 列出了一些创业者针对需要解决的问题而创建的企业，有助于你从中获得创业的灵感。如果你有机会经常出国旅游或浏览国外资讯网站，不妨把国外的新鲜创意移植回来，这也是一个行之有效的创业模式。

表 4-2　针对需要解决的问题而创建的企业

创业者	年份	问题	解决方案	企业名称
罗布·格拉泽	1995	无法在互联网上播放音频和视频	开发 RealPlayer 软件	Real Networks 公司
杨致远 大卫·费罗	1994	没有办法寻找或组织喜欢的网站	创建网址导航以发现和收藏喜欢的网站	雅虎网站
斯科特·库克	1982	传统个人财务支付账单令人失望	开发针对家庭及个人的 Quicken 财务管理软件	财捷公司（Intuit）
弗雷德·史密斯	1973	他的公司（喷气机销售公司）不能及时得到交付的备用零件	创建新企业以帮助企业及时获得交付包裹，开展隔夜送达业务	联邦快递公司
理查德·科尔	1999	家用电脑出问题时无处求助	创建一个提供家用电脑上门服务的企业	Geeks On Call 公司

资料来源：巴林格，爱尔兰．创业管理：成功创建新企业．北京：机械工业出版社，2006：34-35.

（三）填补市场缝隙

很多创业者“见缝插针”，利用大企业在实现规模经济时留下的市场空白成功地创建了一些缝隙企业。一旦创业者从中找到了合适的市场空白点，就意味着将会出现一个创建一家能够持久盈利的企业的机会。如在大型商场周边聚集生长的时装精品店和特色专卖店，就是依靠填补市场缝隙——卖自己的特色产品而生存下来的。

市场变化引发的创业商机主要包括：市场中出现了凭借高科技手段才能满足的需求；市场中形成了新的消费需求；技术先进国家（或地区）产业转移带来的市场机会；发达国家（或地区）对落后地区的示范效应诱发的市场需求。敏感的创业者往往善于发现这些市场缝隙而捕捉到创业商机，要么通过重新设计产品或服务、重新差异化产品或服务、重新细分市场或者改变当前市场的边界，要么通过打造突破性能力，开发具有竞争优势的领域，从而获得全新的竞争优势。① 例如，北京中星微电子公司避开 CPU 和存储芯片等主流市场的激烈竞争，瞄准多媒体应用领域的市场空白，展开技术攻关，仅用一年多的时间就成功推出国内首个具备自主知识产权、百万门级超大规模数字多媒体芯片“星光一号”，

① 麦格拉思，麦克米兰．创业思维：在不确定时代持续创造机会的战略．北京：机械工业出版社，2021：5.

迅速占领了数码影像市场，在PC图像输入芯片领域占据了全球60%的市场份额，成为这一领域的市场领导者。

创业不是一时冲动的产物，而是塑造、识别、筛选、评估商机的过程。“创业者只有通过行动并与他人互动，才能弄清楚机会是否可以被组织、如何组织，以及这个机会是否合法。”[①] 创业者只有追求那些别人根本不曾察觉的商机，才能创建出那种服务社会并使社会进步的新企业或新组织。有创造力、领导力的创业者能够在别人还在“纸上谈兵”时就抓住商机。如果等到“商机之窗”接近关闭的时候才醒悟过来创业，留下的市场空间及利润将非常有限。要想创业成功，我们需要的是这样的创始人——“他们相信他们的产品或服务能满足真正的需求，并且有许多用户从他们所运营的项目中受益，用户感激他们所做的工作”。[②]

利用市场缝隙成功创建企业的故事不胜枚举。表4-3列举了一些创业者利用市场缝隙创建的企业，希望你能触类旁通从中获得创业的灵感。

表4-3　利用市场缝隙创建的企业

市场缝隙	产生的商机	创建的企业
没有女性健身中心	女性健身中心，训练课程与器械专为女性设计，满足女顾客的时间与预算要求	Curres公司，Contours Express公司，Lady of America公司
缺少儿童智力开发玩具	卖智力开发玩具的玩具店、直销组织（特百惠）和网店	Discovery Toy公司，Kazoo & Company公司
在大众美容、美发、美体产品店与高档店之间缺少提供中档成熟产品的商家	专卖新鲜、天然和有机美容、美发、美体产品的特色店	Aveda公司，Origins公司，Sephora公司
专营特体服装店	专卖特码服装、孕妇装、特高或特矮人服装	Casual Male公司，Ashley Stewart公司，Casual Plus公司，iGigi公司
提供又快又好的食品的快餐店	将快餐与休闲结合的休闲餐厅	Panera Bread公司，Chipotle公司，Cosi公司，Brueggers公司

资料来源：巴林杰．创业计划：从创意到执行方案．北京：机械工业出版社，2009：30-31.

总之，创业者要善于从变化中发现机遇，从问题中看到商机，从市场缝隙中挖掘潜力。“创新是企业家特有的工具。凭借创新，他们将变化看做开发另一个企业或另一项服务的机遇。”[③] 经济繁荣与社会发展正是创业者创新性思维转化为行动的结果，创业者是推动经济发展的主力军。一个优秀的创业企业家，既要在战略上保持定力，以不变应万变；又要在战术上严阵以待，以变应变、变中求进。在变化中发现并创造机会，必须顺应环境变化的发展趋势，解决社会尚未解决的问题，瞄准市场空白，努力满足消费者日益增长的美好生活需求。企业家不仅是资本的拥有者、资源的配置者、创新的组织者、财富的创造者、责任的担当者，还要为积累社会财富、创造就业岗位、促进经济社会发展、增强综合国力做贡献。

① 尼尔森，克莱弗，埃瓦尔德，等．创业的悖论：原书第2版．北京：机械工业出版社，2021：316.
② 爱迪思．企业生命周期．北京：中国人民大学出版社，2017：32.
③ 德鲁克．创新与企业家精神．北京：机械工业出版社，2009：16.

小贴士

创新的来源

1. 意外之事

（1）意外的成功。没有哪一个来源能比意外的成功提供更多成功创新的机遇了。但意外的成功几乎完全被忽视，管理人员往往主动将它拒之门外。

（2）意外的失败。失败与成功不同的是，人们无法拒绝它，而且几乎不可能不注意它，但它很少被视为机遇的征兆。经过精心设计、细心规划及小心执行后仍然失败，那么这种失败常常预示着根本的变化，以及随之而来的机遇。也许是产品或服务的设计或营销战略所依据的设想不再符合现实；也许是客户已经改变了他们的价值观和认知；也许是原本的同一市场或同一最终用途，现在分割成了两个或更多的市场，而且每一个市场所要求的东西都全然不同了。上述任何一种变化都是创新的机遇。

总之，意外的成功与失败，既包括发生在企业或某个行业内部的事情，也包括竞争对手的意外成功或失败的事情。

2. 内部存在不协调的事件

“不协调”（incongruity）指事物的状态与事物“应该”的状态之间，或者事物的状态与人们假想的状态之间的不一致、不合拍。不协调表明在产业、市场或程序内部存在一个“断层”，这种断层提供了创新的机遇。不协调表现为以下四种现状：

（1）不协调的经济现状。在一个需求稳定增长的产业里得不到正常利润，则说明经济现状之间存在不协调。

（2）现状与假设之间的不协调。处于某个产业或服务领域的人一旦对现状产生错误的看法，并由此做出错误的假设时，他们的努力将不会产生任何结果。于是，现状与行动之间就产生了不协调，只要有人能认识到这种不协调并加以利用，它就会提供成功的创新机遇。

（3）认知的与实际的顾客价值和期望之间的不协调。生产商和供应商几乎总是对顾客真正要购买的东西产生误解。没有一个顾客会认为，他所购买的价值就是生产商或供应商所提供的价值，他们期望的与所获得的价值往往事与愿违。只要听到诸如顾客“不理性”或“不愿为品质付出代价”的抱怨，就说明不协调的事情发生了，我们就有理由去寻找一个极为特定且成功概率相当高的创新机遇。

（4）程序的节奏或逻辑的内部发生不协调。知易行难，存在于某个程序内部的不协调往往是因为没有人将“产品或服务的目的是满足顾客的需求”的信念付诸实践，若将这种不协调当做创新的机遇加以利用，创新将会变得相当容易且十分有成效。

3. 程序中的“薄弱环节”

“需要是创新之母”，即将程序需要当做一个重要的创新机遇。程序的需要与其他创新来源不同，它并不始于环境内部或外部的某一件事，而是始于有待需要完成的某项工作。它使业已存在的程序更趋完善，替换薄弱的环节，同时，用新知识重新设计一个既有的旧程序。有时，它通过提供“欠缺的环节”（missing link）而使某个程序成为可能。不协调和人口统计资料也许是产生程序需求的最普通的来源。但还存在另一类更困难、风险更大，却常常是更重要的一个来源，即对程序中的“薄弱环节”进行“项目研究”（program research)，使之满足这种程序需要。

4. 产业和市场结构的变化

产业和市场结构的变化向产业外提供了显而易见且可预测的绝佳机遇。但产业内则往往将这些机遇视为威胁。因此，从事创新的业外人士能很快地成为一个重要产业或领域的主要分子，而且所冒的风险相对低。出现以下四个指标，就可以判断产业和市场结构即将发生变化：

（1）某项产业快速增长，其速度明显高于经济或人口的增长速度。

（2）当某项产业的产量迅速增长到过去的两倍时，它的认知方式和服务市场的方式就有可能不再合时宜了。

（3）一直被视为彼此独立的科技整合在一起。

（4）若某项产业的运营方式正在快速变化，则该产业在基本结构上的变化时机也已经成熟。

5. 人口统计数据的变化

人口统计数据的变化——通常被定义为人口数量、人口规模、年龄结构、人口组合、就业情况、受教育情况以及收入情况的变化。人口统计数据的变化之所以能成为企业家的有利机会，是因为它受到一般决策者（包括商人、公共服务机构人员或政府部门的政策制定者）的忽视。这些专家不愿意（或不能）接受的与其原有想法不一致的人口现状，恰恰给予企业家以创新的机会。

6. 认知、意义和情绪上的变化

从数学上说，"杯子是半满的"和"杯子是半空的"没有任何区别。但是这两句话的意义却完全不同，造成的结果也不一样，若认知从认为杯子是"半满的"转变为是"半空的"，则孕育着重大的创新机遇。决定杯子是"半满"还是"半空"的是人的心态而非事实。它可以被界定、被检验，更重要的是它可以被利用。

7. 新知识的整合

基于知识的创新是企业家精神中的"超级明星"，它既能变得家喻户晓，也能获得财富。当然，并不是所有基于知识的创新都是重要的，有些的确微不足道。知识并不一定就意味着科学和技术，基于知识的社会创新也同样能产生相同或更大的影响。在基本特征方面，基于知识的创新不同于所有其他创新：时间跨度长，风险大，具有不可预测性以及对企业家的挑战性。因此要想获得成功，基于知识的创新必须是"成熟的"，它必须具有可接受性。所有其他创新都是利用已经发生的变化，去满足一个业已存在的需求。而基于知识的创新本身就是引发改变，其目的是创造一种需求。

综上所述，意外之事、不协调的状况、程序的需要以及产业市场和结构的变化，都存在于一个企业、一个产业或一个市场体系的内部。它们也许是经济、社会、知识领域发生变化的征兆，但它们只出现在体系的内部。然而，人口统计数据的变化，认知、意义和情绪上的变化，新知识的整合，这三种来源都是外部的，它们是社会、哲学、政治和知识环境的变化所带来的创新机遇。

资料来源：德鲁克．创新与企业家精神．北京：机械工业出版社，2009：33－118.

二、商业创意的塑造方法

★路标 塑造商业创意的方法：网络调查法、头脑风暴法和焦点小组法。

创业毫无疑问需要创意。商业创意是发掘商业机会的开始，正如著名成功学大师拿破仑·希尔曾说的："一切成功，一切财富，始于意念。"一个好的创意意味着工作完成了一半。[①] 然而，创意火花时而显见，时而"犹抱琵琶半遮面"。有些人仅凭直觉或运气就能产生创意，有些人却要从商业创意的发掘路径中苦苦寻找创意。可见，事非经过不知难，成如容易却艰辛。

这里重点探讨三种塑造商业创意的方法：网络调查法、头脑风暴法和焦点小组法。

（一）网络调查法

网络调查法（network survey method）是探讨商业创意最便捷、最经济、最常用的方法。网络调查法通过互联网及其调查系统把传统的调查、分析方法在线化、智能化。正如网友所言：不怕找不到，就怕想不到。一般而言，要得到一个好创意，首先要对创意进行网络调查，即在百度或其他搜索引擎输入有关创意的关键词进行搜索，就能找到许多最热门的和最新的商业创意方面的信息。网络调查法可以使我们对创意有更深刻的了解，从而使大致的抽象创意得以完善，形成最佳创意。如通过网络调研，我们将"开一家新健身会所"这个大致创意完善为"开一家针对特定群体的最好的健身会所"。

（二）头脑风暴法

头脑风暴法（brain-storming method）是快速产生创意的常用方法，但相比网络调查法，实施的成本（时间、费用等）较高，而且要求参与者有较高的素质。一般而言，头脑风暴法是围绕一个特定议题，召开 6～12 人的小型会议，让参会者在自由愉快、畅所欲言的气氛中，各抒己见，交换想法或点子，以此激发参会者的创意及灵感，使各种设想在相互碰撞中激起脑海的创造性"风暴"。通常用活动挂图或黑板记录下所有创意，在头脑风暴会上产生的各种创意，还需放到会后进行过滤和分析。图 4－1 列出了头脑风暴法从明确阐述问题到会后评价的三个阶段。头脑风暴法适用于解决那些比较简单、严格确定的问题，比如研究产品名称、广告口号、销售方法、产品的多样化等。

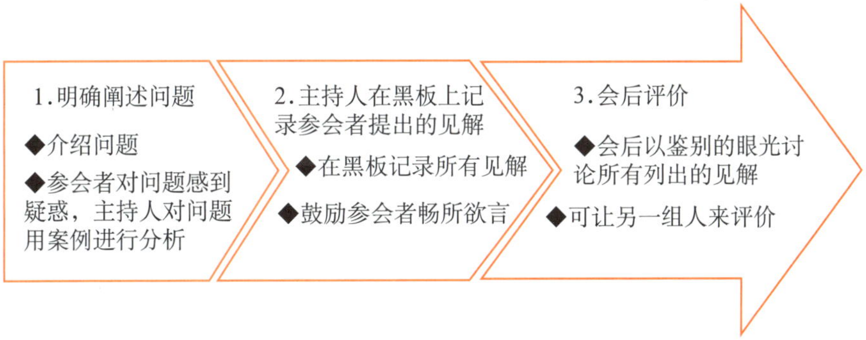

图 4－1 头脑风暴法的三个阶段

① 行动远远重于想法，只有把想法诉诸实践的人才是无价之宝。

要使头脑风暴法更加高效，除了鼓励参会者独立思考，积极诱导、利用和改善他人的设想外，还须遵守以下要点：

（1）自由畅谈。参会者不应该受任何条条框框限制，解放思想，让思维自由驰骋。从不同的角度、层次和方位大胆地展开想象，尽可能地标新立异、与众不同，提出独创的想法。有时，“最有效力的创意来自一开始看起来愚蠢的或不合逻辑的创意”①。

（2）延迟评判。对别人提出的任何想法实行“三不主义”，即不批判、不阻拦、不评论，一切评判都延迟到会后再进行。头脑风暴法就是要允许他人犯错，会议成效就是知道需要保留哪一个想法。

（3）追求数量。头脑风暴会议的目标是获得尽可能多的设想，产生的设想越多，其中包含的创造性设想就可能越多。

（三）焦点小组法

焦点小组法（focus group method）也称焦点小组访谈法，常用来帮助产生新的商业创意。焦点小组法是重要的可用性评价方法之一，它将一组人集合起来讨论某一特定问题，获得一些定性数据，从而了解用户对一个新的观点、产品、设备等的看法和态度，通过改进使之更符合用户的要求。②

焦点小组包括一个讨论主持者和一些参与者。焦点小组访谈的效果很大程度上依赖于主持人的指导和促进讨论的能力，一个训练有素的主持人能够使小组讨论集中于“焦点”和维持热烈的讨论气氛。焦点小组一般由熟悉议题（对研究主题有相关的经验或信息）的6～9人组成。他们坐在一起进行交流讨论，通过交互作用（一个参与者的评论可以引发另一个参与者有用的想法）使问题明朗化。焦点小组法作为头脑风暴法的后续，主要用于获取有关用户的客观信息，头脑风暴法注重创新思维，两者通常有重叠。

表4-4列出了焦点小组的五个实施要素。焦点小组法特别适合具有探索性目的的用户研究，在确定用户使用产品的习惯、使用模式、态度、确定用户语言、为新产品开发收集创意、为问卷调查等定量方法收集问题时，采取焦点小组法可收到较好成效。实施焦点小组法的关键动机在于弄清楚用户的真实需求和期望是什么，以及促进潜在客户购买产品的原因是什么。最后整理收集用户对产品的看法，除了获得产品的功能性信息，还可以了解产品是否带给用户愉悦感，通过归纳用户的观点、态度及偏好，可以丰富和完善商业创意的方案。

表4-4 焦点小组的五个实施要素

要素	内容
方法	6～9人参与群体讨论
何时使用	产品开发之前和产品开发早期
关键动机	弄清楚用户的真实需求和期望
关注焦点	弄清楚促进潜在客户购买产品的原因
收获	用户对产品的观点、态度、偏好等

① 库尔特．创业行动：第2版．北京：中国人民大学出版社，2004：106.

② 石庆馨，孙向红，张侃．可用性评价的焦点小组法．人类工效学，2005（3）.

第 2 节 商业创意的筛选

一个点子可以造就一个企业，好的商业创意有时的确有“四两拨千斤”的神奇作用。但成百上千的想法、难以计数的灵感就像沙子一样，创业者如何才能从中淘选出金子般的创业机会呢？

一、商业创意筛选的意义

★路标 筛选的意义在于识别和评估出有市场需求的机会，帮助创业者避免做无用功或少做无用功。

许多新创企业夭折的原因倒不是创业者没有尽职尽责，而是因为靠有缺陷（bug）的创意衍生的企业注定会夭折。“如果你的商业创意低劣，即使有了钱也不会有什么好结果。”[①] 创意失败往往是因为省掉了一项简单而老套的例行工作——筛选。就像侦探调查一样，要细致而警惕地寻找线索，认真推敲自己的想法，仔细检查各项证据，这样才能形成正确判断。也就是说，创造者必须依据严谨的逻辑分析，凭直觉行事是不够的。直觉通常代表“我希望它怎样”，而不是“我认知到什么”。但是分析本身需要对改变、对机会、对新的现状，进行测试、试验和评估。因而创业者要有这样的态度：“我所知的仍不足以进行分析，但我将会发掘足够的资料、信息，我会走出象牙塔，四处看看，问一些问题，并聆听他人的意见。”[②] 只有采取这样的调研方式，才能识别出最佳的商业创意。事实上，商业创意的发掘和评估是创业过程中至关重要的环节。

商业创意筛选的目的在于评估创意的优缺点，以帮助创业者快速决断某一创意的商机是否切实可行。快速筛选商业创意的原则主要包括：市场原则、效益原则、符合国家产业政策原则、充分利用当地资源优势原则、充分利用创业者自身优势原则。一般而言，一个创意如果经过了初筛评估，创业者认为其可行，并决定实施，还须进行更为严格的全面评估（见本章第 3 节），以明确是否有必要继续撰写创业计划。需要明白的是，筛选的意义在于“磨刀不误砍柴工”——识别和评估出有市场需求的机会。许多创业者没有进行足够的前期调查就投入资金因而导致失败，快速筛选能帮助他们避免一些易犯的错误，确保他们不会花太多的时间、金钱以及资源在根本不值得的事情上。创意只有经过了成本收益分析这一筛选机制的“过滤”，才能得出可行与不可行的判断。这种分析方法较简单，只需用实施该创意得到的收益减去实施该创意所需花费的成本即可。假设你想出了一个新产品的创意，你确定把新产品引入市场所需的总费用是 50 万元。这包括研发、生产、营销、广告、分销、员工工资等费用。根据潜在市场、竞争优势以及顾客基础，新产品在整个生

① 巴林格，爱尔兰．创业管理：成功创建新企业．北京：机械工业出版社，2006：61.

② 德鲁克．创新与企业家精神．北京：机械工业出版社，2009：推荐序．

命周期只能创造出45万元的毛收入。这样的话，不管你的创意有多奇特、多出色，都是不可行的。

在进行快速筛选时，我们应做好思维转换——不要仅把商业创意看做一个创意，而应该把它当作商业概念来看待。同时需要强调的是，在刚开始筛选时修改几次算不上什么浪费，要是事先没有考虑到创意的缺陷或陷阱，一旦创业计划已写到一半，或者都开始创业了，才发现创意不可行，那损失就更大了。由此可见，“创业者的风险就是你自己、你的团队和你创业设想中的每一个瑕疵，你必须首先对这些风险作一个合理的评估”①。

依据快速筛选商业创意的原则，创业者应结合自己掌握的信息资料，尽量在短时间内完成商业创意筛选。快速筛选不是“粗糙的筛选”，更不是毫无根据的胡乱猜测，要依据事实和有效信息进行分析，以筛选出具有较大商机的绝妙创意。一言以蔽之，大千世界并不缺乏联系，缺乏的是一双善于发现联系的眼睛和一个睿智理性的头脑。创意——包括新产品或新服务的创意，并不是无中生有，往往是人们依赖于个人拥有的“原材料”——独一无二的知识储备，与外界事物或突发事件发生“化学反应”，而创造出的新想法。

二、商业创意筛选的方法

★路标 商业创意主要围绕与产业、市场、创业团队以及融资等因素有关的指标来进行筛选。

绝妙的商业创意一旦筛选出来，还须与拟创建企业的其他资源要素进行匹配检测。在此，我们将从产业因素、市场因素、创业团队因素和融资因素四个方面展开商业创意的初次筛选工作。

（一）产业因素

评估新创企业所要进入的产业环境非常重要。图4－2中波特的五力模型描述了一些产业结构方面的主要因素。企业在产业发展环境中将会受到五个方面的威胁，分别为：新进入者的威胁、供应商讨价还价能力的威胁、产业竞争者的威胁、消费者讨价还价能力的威胁、替代品的威胁。（1）进入壁垒包括规模经济、经验与学习结果、产品差异、品牌认定、交易成本、分销渠道、行为壁垒等。（2）供应商的讨价还价能力，通过重要供应商的数目、竞争者或被供给资源的重要性来评估。（3）竞争对手的对抗能力，通过产业内的厂商数、产业增长率、额外容量进行评估。（4）消费者的讨价还价能力，通过重要消费者的数目和提供给消费者的产品或服务的重要性来评估。（5）替代品的可用性，通过近似替代品的可用性和替代品的性价比来评估。

图4－3说明了产业分析中如何运用五力模型。

企业的盈利能力不仅取决于自身的竞争力状况，还取决于整个产业的利润潜力。了解产业内企业的平均利润率，也可以帮助创业者判断是否选对了产业。由于创业者一旦进入

① 库拉特科，霍杰茨．创业学：理论、流程与实践：第6版．北京：清华大学出版社，2006：375.

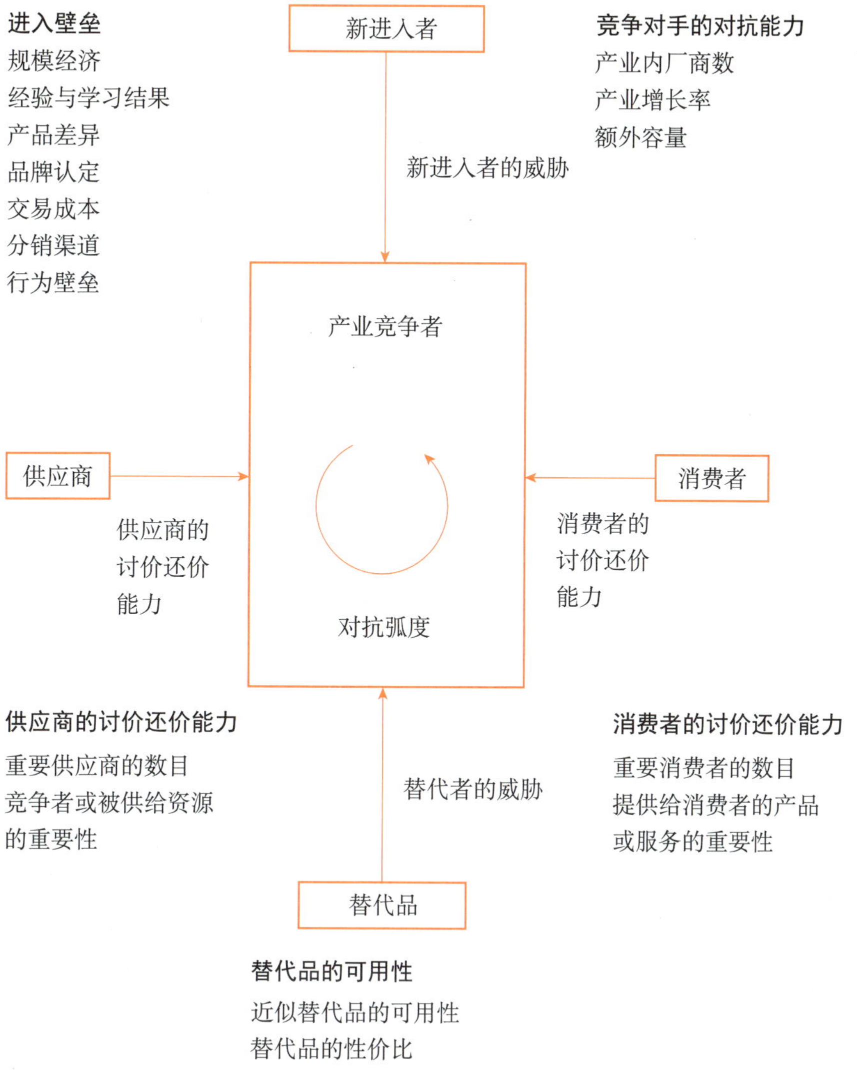

图 4－2　五力模型

资料来源：库拉特科，霍杰茨．创业学：理论、流程与实践：第 6 版．北京：清华大学出版社，2006：194.

一个低利润率的产业去创业，不仅会筋疲力尽，而且很难盈利，因此创业者挑选产业要考虑未来的成长性、未来可能持续达到的增长率。产业增长率很关键，如果你选对了项目（目标市场），前两年的增长幅度很可能是几倍甚至几十倍。年净利润从 3 万元增长到 50 万元，有可能在两年内实现，到了年净利润 300 多万元时，只要还有一点点增长空间，再过两年，就是上千万元的年净利润了。新创企业的产业利润率以及增长率的评价指标，常常反映了新创企业的盈利能力（参见本章第 3 节中盈利能力的评估）。

总而言之，评价一个产业是否具备高潜力，其筛选标准应满足以下条件：

（1）产业内几乎没有竞争者；

（2）产业生命周期处于导入期；

（3）产业增长率及利润率高；

新进入者

1. 进入壁垒有哪些？如何提高壁垒？哪些因素会削减壁垒？
2. 哪些企业是潜在的进入者？它们有哪些特性（规模、数量、发展阶段、客户基础等）？
3. 新进入者的竞争战略会是什么？新进入者和它们的战略将会如何改变产业？
4. 它们什么时候会进入市场？

供应商

1. 哪些企业是供应商，它们的规模和集中度如何？
2. 我们的产业（它们的买主）与它们的关系有多密切？我们购买的数量占其产量的百分比有多大？
3. 产业内更换供应商是否容易？
4. 它们的总产量中被我们行业购买的百分比是多少？它们的产量有多大？
5. 它们的产品对我们的产品质量有多重要？
6. 它们的产品或服务占我们成本的多少？
7. 对每个供应商而言前向一体化的威胁是什么？（相反，对于我们而言后向一体化的机会是什么？）
8. 它们的讨价还价能力和我们有什么关系？

产业竞争者

1. 哪些企业是主要的竞争者（今天）？它们有哪些主要的特征（规模、发展阶段、地理位置等）？
2. 它们在产业内的地位如何？
3. 它们各自的竞争优势是什么？（各自的转变成本和战略是什么？）
4. 它们如何竞争？使用什么战略？
5. 采取何种竞争形式：公开冲突、有礼貌的冒犯、机密、公开信号？
6. 如何获得产品差异性？
7. 产业内竞争如何？任何竞争者都企图重新分割市场吗？它们怎样做？

消费者

1. 哪些企业是该产业的消费者？它们的集中度如何？
2. 消费者在整个市场和不同的分割市场里的需求增长有多快？发现或创造新市场或新功能的潜力是什么？
3. 交易成本有多高？
4. 对于不同产业服务的分割，消费者对价格的敏感程度如何？
5. 采取后向一体化（消费者自己提供产品）的威胁有多大？
6. 消费者相关的讨价还价能力有多强？

替代品

1. 我们的产品有哪些替代品？
2. 替代品的影响有多大？（它们作为我们的产品的直接替代品有多大的灵活性？）
3. 它们渗透的速度有多快？
4. 产业内哪些企业会认为替代品是多样化的一种机会？

图4-3　五力模型在产业分析中的运用

资料来源：库拉特科，霍杰茨．创业学：理论、流程与实践：第6版．北京：清华大学出版社，2006：195.

（4）产品很重要且为刚性需求；

（5）初始投入少且风险较低。

可见，市场前景好的朝阳项目应市场需求旺盛且竞争者少，产品成长性好且净资产收益率高，启动资金少且风险低。

（二）市场因素

市场是企业的“衣食父母”，因而确定企业拟参与竞争的目标市场极为重要。目标市场是指一个产业中具有类似特征的、代表更狭窄消费者群体的地区市场或细分市场。大多数成功的创业型企业最初并不是在整个大市场开展业务，而是通过识别较大市场中新兴的或未被发现的利基市场，获得创业成功的。利基市场是指一种细分市场，即被大企业忽略、需求尚未得到满足、力量薄弱、有获利潜力的缝隙市场。早期创业者在资金、人才及技术等方面都处于较为劣势的情况下，找到自己的差异化竞争优势尤为关键。也就是说，为用户提供产品，要知晓企业的细分市场在哪、用户在哪、竞争优势在哪。

任何一家企业要想获得竞争优势，必须具有构筑进入壁垒的能力。进入壁垒（barriers to entry）① 是指企业进入某行业需要付出的成本，是决定企业进入行业的因素。形成壁垒的主要因素有：规模经济、必要资本量及沉没费用、产品差别、独特的分销渠道、知识产权（如专利权）保护以及政策法规管制等。壁垒和竞争优势的建立，首先可从团队人力资本优势、产品功能优势、核心技术优势、内容优势起步，其次逐步向资源优势、渠道优势、口碑及品牌优势、商务营运优势方面发展，最后实现用户数、关系网络及生态系统方面的优势。② 创业者如果没有能力把其他竞争者阻挡在市场大门之外，那么创建企业的愉悦很快就会消失。可见，对新创企业而言，不仅要有一个利基市场，还要有构筑进入壁垒的竞争能力。

评价新创企业所针对的消费者群体及其购买能力很重要。要想获知这些信息，可以在互联网上查询公布的不同地区的居民购买力以及市场消费潜力分析报告；也可以在国家统计局网站或其他统计网站上查询，以了解各地区居民消费价格指数波动情况。另外，还需重点考虑的是消费者认识和接受新产品的难易程度。由于新创企业一般无足够财力做产品广告宣传，要使消费者尽快接受新产品并非易事。除非企业特别擅长利用软广告，如利用博客、微信公众号、微店等宣传工具推广新产品，为新创企业开拓市场节约广告费。

另一个重要评价指标是目标市场的增长潜力。由于新创企业的目标市场通常是较大市场中的一小部分，因而很难从整个产业发展潜力中“窥见”其部分市场的增长潜力。因而评价的方法有：一是在专业网站查询；二是用百度、谷歌、雅虎或其他熟悉的搜索引擎来查找这方面的文章；三是查阅产业贸易期刊和相关产业的数据库。这些查询方法都有助于分析目标市场的增长潜力状况。实际上，有关市场特征及竞争者情况的可获得性数据，常常反过来与一个商机的真正潜力相联系。也就是说，如果市场数据很容易获得并显示出巨大的潜力，那么很多竞争者就会很快进入该市场，这恰恰表明该市场中的商机会随之减少。相反，如果可得性数据不完整，甚至模棱两可，反倒蕴藏着较大商机，说明此产业涉足者少，处于产业生命周期的萌芽阶段。

---

① 潜在的进入壁垒包括：市场规则、独家分销协议、无弹性的需求、掠夺性定价、沉没成本及转换成本。

② 知乎．创业时，我们在知乎聊什么？．北京：中信出版社，2014：78－79.

总而言之，评价一个市场是否具备高吸引力，其筛选标准应满足以下条件：

（1）目标市场易识别且增长潜力大；

（2）潜在竞争者进入市场的成本高；

（3）市场销售渠道多且购买力强。

可见，一个有吸引力的创业项目应目标市场清晰，进入壁垒高，市场消费需求大。

（三）创业团队因素

创业团队是事业成功的核心和保障，这一道理同样可以作为创建新企业的指南。评估创业团队的综合能力素质是为了确保创业能够成功。“当今的世界充斥着丰富的技术、大量的创业者和充裕的风险资本，而真正缺乏的是出色的团队。如何创建一个优秀的团队将会是你面临的最大挑战。”[①] 因而创业投资家有一种共识：有次优创意的最优团队一定会击败有最优创意的次优团队。[②] 创业者在组建创业团队时，不仅要考虑综合能力、先前经验等相关条件，还要考虑团队成员之间的志向、志趣与品德。试想，如果创业者事先没有本行业的专业知识，就必须额外花费很多时间和精力，去熟悉诸如产品价格、销售渠道、产业标准等相关知识。这种“临时抱佛脚”的做法很难防范创业途中不确定性成本的发生，无疑是创业的大忌。要想创业成功，离不开优秀的管理者、优秀的技术者、优秀的营销者。

在所有生产要素中，人是推动所有其他要素的关键，人是企业的最大资产。创业团队是否有凝聚力、是否齐心协力共谋企业的成长，是评价创业者（或团队）是否优秀的重要指标。团结就是力量，志同道合所创造的经济价值是：一方面能有效整合团队内的各种资源，另一方面可节省企业的管理成本。

评价创业者（或团队）是否有高潜力，应看其是否满足以下筛选条件：

（1）有拟建企业的先前经验及社会资本[③]；

（2）有拟建企业所在行业的技能与资源；

（3）有共商共建企业命运共同体的能力。

可见，优秀的创业者（或团队）应经验丰富，社会网络资源丰富，齐心协力，优势互补，企业目标与个人理想有机融合。

（四）融资因素

创业起步阶段的资金来源是决定成败的关键因素。因此好的创业者必须要有融资能力，即筹措资金的能力。评价创业者的融资能力，是为了确保商业创意能够顺利实施。

第一，评价新企业创建需要多少启动资金。一般而言，创办一家小企业平均投资约10万元。零售或服务企业的启动资金较容易准确预测，但对于技术型创业企业来说，其产品

---

① 蒂蒙斯，斯皮内利．创业学：第6版．北京：人民邮电出版社，2005：199.

② 怀斯，菲尔德．创业机会：认清那些关乎创业成败的核心要素．北京：机械工业出版社，2018：39.

③ 社会资本是指创业者通过个人关系和熟人所享有的手段和资源。社会网络中不同个体在态度、价值观、工作、经历、技能等方面各不相同，可以大大增加创业者发现、创造、评估、利用新机会的可能性。创业者通过人际关系这个媒介可以接触到其他参与者所特有的各种资源。社会网络对创业过程最大的好处是它们能够提供信息和建议，获取无形资本。参见：尼尔森，克莱弗，埃瓦尔德，等．创业的悖论：原书第2版．北京：机械工业出版社，2021：163-164.

研发费较难预测。最好的解决办法是咨询专业人士，查阅产业专门网站，利用前面提到的几种信息资源，查询有关专业文章等。

第二，评价新创企业有多少收益来源。初创期的企业能否成长，往往依赖于自身的“造血”机能，也就是说，新创企业要有几个重要的收益来源。有些新创企业的创业者担心太多的收益来源会导致“艺多不养家”——让企业失去重心。但对于刚刚起步的企业，多几个收益来源，不仅可以显示其融资能力强，还可以为新创企业提供“东方不亮西方亮”的备选融资渠道。同时，新创企业有三个以上的收益来源，有助于企业尽快收回投资成本。如物业管理公司就有多个收益来源，包括物业管理费、停车费、服务与维修收费、家政服务收费等，这类公司一般比其他公司回本快、见效快、风险低。

第三，评价同类企业的财务业绩也很重要。通过“窥斑见豹”来预测新创企业未来的销售与收益情况，可以提前看到新创企业未来发展的“影子”。时常进入同类企业的网站了解相关信息除了可掌握更多的信息外，还可以了解所进入产业的目标市场及消费群体状况。网络文章一般也会对被调查企业的销售和盈利情况做出评论。

第四，评价创业者利用个人储蓄或自筹资金进行新产品研发和初创费用融资的能力。创业者如果只有一个创意，其他一无所有，想融资是很困难的。一般投资者和贷款人在决定投资前，都要看首次购买者的反馈信息资料。创业者必须愿意为自己的项目投入足够的资金，以使创业投资者信服自己的诚意，这样才有可能获得融资。因此，新创企业在寻求外部融资之前的最好融资途径是创业者自己和亲朋好友的资本。

总的来看，评价新创企业是否具有较强的融资能力，应看新创企业是否满足以下筛选条件：

（1）初始投资少，一年可回本；

（2）拥有三个以上盈利渠道；

（3）同类企业财务业绩较好；

（4）初期“3F”[①] 融资能力较强。

可见，一个有吸引力的商业创意在融资方面应投资少，见效快，利润丰厚，融资便利。

综上所述，商业创意筛选的方法为我们提供了一些定性或定量的评价指标，使创业者可以对产业及市场问题、竞争优势问题、经济性与收获问题、创业团队问题做出判断，最后决定这些指标要素加起来是否构成一个有足够吸引力的商机。高潜力的商机表现为“恰当的人+恰当的时机+恰当的市场”的三维集合。正如杰弗里·蒂蒙斯所言：“商机具有吸引力强、持久、适时的特性，它根植于可以为客户或最终用户创造或增加价值的产品中。”[②] 也就是说，创业者实施创意时，商机之窗恰好开启。商机之窗是指市场存在的发展空间有一定的时间长度，使得创业者能够在这一时段中创建自己的企业，并获得相应的盈利与投资回报。创业者抓住该商机，一个新企业就创造出来了。

---

① 3F，指朋友（friend）、家人（family）和创业者自己（founders）。

② 蒂蒙斯，斯皮内利．创业学：第 6 版．北京：人民邮电出版社，2005：50.

小贴士

如何挣到更多的钱?

在创业学课堂上，教授做了一个小测试。他给了班上10个小组各5元，作为“创业启动金”。要求每个小组在两个小时之内，运用这5元赚到尽量多的钱，然后在周日晚上将各自的成果整理成文档发给他，并在周一早上用3分钟的视频在全班同学面前展示。每个小组的学生有四天时间去思考如何完成任务，当他们打开信封，就代表任务启动。

虽然教授的学生个个聪明，但对于没有创业经验的学生来说，这仍然是个挑战。为了完成这项任务，同学们需利用他们手中拥有的5元钱“资源”。如果是你，你会怎么完成这项挑战呢?

当教授在课堂上第一次向同学们提出这个问题的时候，学生们私下传来了这样的回答“拿这5元去赌一把!”“拿这5元去买彩票!”这样的答案无疑引来了全班同学的哄堂大笑。这样做并不是不可行的，但是他们必须承担极大的风险，也几乎是不可能获利的。

另外，几个比较普遍的答案是——先用初始资金5元去买材料，然后帮别人洗车或者卖果汁。这些点子确实不错，赚点小钱是没问题的。

不过有几个小组想到了打破常规的更佳方法，他们认真地对待这个挑战，创造性地完成了教授布置的“作业”。

他们是怎么做的呢?

挣到最多钱的小组几乎都没有用上教授给的启动基金。他们意识到：把眼光局限于这5元会减少很多的可能性。最宝贵的资源并不是这区区5元——基本上等于什么都没有，所以他们决定甩掉这“5元的枷锁”，考虑了各种白手起家的可能性。他们努力观察身边的人和事：还有哪些没有被满足的需求?通过观察发现尚未满足的需求、市场缝隙，并尝试去解决，前几名的小组在两个小时之内赚到了超过600元，5元的回报竟然达到了120倍！有的小组甚至无本起利，获得巨额回报！他们创造奇迹的方法是：

1. 出售餐馆座位的使用权

有一个小组发现了大学城里的一个常见问题——周六晚上某些热门的餐馆总是排很长的队伍。他们发现了一个商机，于是向餐馆提前预订了座位，然后在临近周六的时候将每个座位以最高20元的价格出售给那些不想等待的顾客。他们观察到了一些有趣的现象：

小组里的女生比起男生卖出了更多的座位，可能是女性更具有亲和力的原因。所以他们调整了方案，男生负责联系餐馆预订座位，女生负责去找客人出让这些座位的使用权。

他们还发现了当餐馆使用电子号码牌排队的时候，他们更容易卖出这家餐馆的座位，因为实物的交换让顾客花钱之后得到了有形的回报，让顾客感觉自己所花的钱很值。

2. 公益创业比商业创业更具魅力

另一小组则与校园旁边的菜鸟驿站联系，一方面帮快递公司上门取件，一方面帮无暇取件者把快递送到家，每单收取一元钱。事实证明：这个点子虽然很简单但也有可行性，同学们可以很方便地去校园周边的菜鸟驿站“揽活”，客户对他们所提供的服务表示了感谢。不过，在送了几单快递之后，这个小组调整了他们的赚钱方式，他们不再对送货服务收费，而是在送货之后向客户请求一些为乡村振兴支教的捐款（为去偏远山区支教的非营利组织进行宣传和募集资金)。就这样，收入一下子增加了!

这个团队与前面出售预订座位的团队，都是在实施的过程中观察客户的反馈，然后优化他们的方案，取得了收入的大幅提升。在他们看来，这是体现自身社会价值的有效途径。公益创业是将社会价值与经济价值创造性地融合，在保证组织不偏离公益性的同时，借助一些商业手段来实现公益组织的“造血”功能，让组织拥有更多资源和能力从事公益服务，也就是说“盈利是为了公益”。这种用商业方法解决社会问题的公益创业模式，或许比商业化的盈利模式更能实现社会价值与商业价值的最大化。

3. 稀缺资源应该配置给最需要的人或机构

有个小组认为他们最宝贵的资源既不是 5 元，也不是两个小时的赚钱时间，而是他们周一课堂上的三分钟展示。作为一所名校，不仅学生挤破了头想进，公司也挤破了头希望在里面招人。这个团队把课上的三分钟卖给了一个公司，让公司做招聘广告。很简单的做法，三分钟赚了 650 元。这个小组发现：他们手上最有价值的不是自己的时间，也不是面子，而是他们班上的同学——这些人才是各大机构最需要的。

4. 用逆向思维找到不寻常的解决方法

“当遇到问题时，先找出看起来最明显的解决方法，然后将它排除掉。然后再思考其他的解决方式。”想象你现在是个雄心勃勃的创业者，想开家餐馆，餐馆仅仅提供食物吗?逆向思维的人会这样想：这家餐馆不能提供食物，或者说，食物很一般。要开一个不以食物吸引人的餐厅!既然决定不用食物吸引“吃货”，那么要用什么吸引他们呢?你可以把重点放在营造与众不同的餐厅氛围上，比如：

你可以开一个主题餐厅，比如说开一家航空主题的餐厅(把餐厅打造成飞机的样子)。

你可以邀请一支很棒的乐队或舞蹈团来演出，应用差异化的竞争战略。

你可以把用餐环境布置成儿童乐园的样子，吸引亲子聚餐；也可以把用餐环境设置为“森林”“河谷”“花草”等不同景色模式。

排除了靠“食物”做文章的想法后，你就得转换思维，打破常规来找到别人看不见的解决方式，识别别人没有意识到的资源，并创造性地让资源价值最大化。做任何事情的时候，你都可以尝试不同的解决办法——先排除那个显而易见的，以此为前提去思考：如果你现在的工作方案不给力了，你还有什么办法?如果你的老板辞退你，你还有什么谋生之道?如果热门旅游景点都未开放，你还能去哪儿玩?……

跳出思维的盒子，你会发现，世界外面其实没有盒子。

创业让世界更美好!创业让生活更精彩!

第 3 节 商业创意的评估

精心评估商业创意很重要吗？答案是：很重要！正如彼得 · 德鲁克所言："做得好的都是经过评估的事。"[1] 在此，本节将集中讨论商业创意的评估问题。

创业者通常不难产生新创意，但并非所有的创意都是机会，评估是区分创意与机会的关键。机会评估就是要评估这个创意在多大程度上代表了一个有吸引力的机会。[2] 创业者需要从市场角度看其试图追求的创意是否创造了价值，从而确定该创意是否是一个真实的、强有力的和可行的选择。[3]评估是针对初步筛选出来的创意进行更加全面深入的分析，以选择最佳商业创意。商业创意评估的目的是确定创意到底有多少"含金量"，值不值得进行更为详细的市场调查。评估工作位于初步筛选创意的可行性阶段之后、撰写创业计划之前（见图 4－4）。当一个商业创意被认为不可行时，它就应当被舍弃或重新酝酿。如果商业创意需要重新构思，即使是原有创意基础上的微调，新的商业创意仍需进行同等规格的评估。

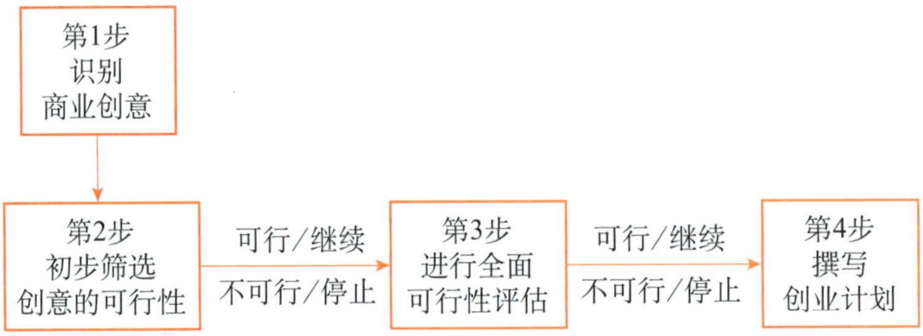

图 4－4　创业计划过程

资料来源：巴林杰．创业计划：从创意到执行方案．北京：机械工业出版社，2009：46.

一个完整的创业计划过程如图 4－4 所示，包括：识别商业创意；初步筛选创意的可行性；进行全面可行性评估；撰写创业计划。全面可行性评估可以帮助创业者更加深入地了解市场，并将他们所掌握的知识和信息转化为系统性较强的创业计划。创业计划中最让人关注的部分是评估的结论，如果其分析中引用了产业专家和预期消费者的反馈意见，那么这样的创业计划最易获得投资者青睐。

楼房能盖多高取决于地基的稳固程度。这个道理同样适用于指导新企业的创建工作。评估自始至终都需要致力于收集有用的信息，以解决新企业筹建时需要大量知识和信息的问题。先期调查工作是最关键的步骤。事实上，评估是创业者评定初筛的商业创意是否能代表机会的过程，即通过访谈行业专家、调查预期消费者、研究产业趋势、考察融资渠道及方式等，对抽象的创意进行剖析。这些工作不仅可以确定创意的可行性价值，还有利于

① 库珀，罗伯逊．组织人员选聘心理．北京：清华大学出版社，2002：3.

② 机会被认为是能够为他人创造价值的创意。由发现或创造机会的创业者创建的一些有意义的支持机会出现的组织结构称为机会组织，创业者所领导的这个过程称为机会出现。

③ 尼尔森，克莱弗埃瓦尔德，等．创业的悖论：原书第 2 版．北京：机械工业出版社，2021：29，74.

在评估过程中改进、调整和完善创意。只有完成了这一先期工作，才能为新创企业开发产品找到根据，提供继续向前推进创业的坚实基础。正如玛丽·库尔特所言："除了有一个更好的捕鼠器这样的创意外，你还必须从商业环境中去了解它。你必须了解这个行业、市场、竞争，以及必要的技术。"① 商业创意的评估技术正是基于产品吸引力、市场前景力、财务盈利力、创业团队力四个方面展开的，以确保创业者的创意是有价值的，在经济上是可行的。

下面重点解析商业创意评估的技术内容。

一、产品吸引力

★路标 评估产品的合理性及需求度。

从诸多创业成功者的经历看，他们都喜欢制造顾客需要的产品或提供顾客急需的服务。创业者的第一要务——就是解决以何种产品、何种方式最快、最有效地满足客户的需求的问题，以吸引和留住客户。因此，新创企业的立足根基是创造优于他人的产品。产品评估是针对新创企业拟推出产品的总体吸引力进行评估。尽管企业创建时要考虑人、财、物等多种要素，但对绝大多数企业而言，成功的首要因素是企业能够提供有吸引力的优质产品。正如伊查克·爱迪思（Ichak Adizes，1989）所言："真正的企业家创办企业是因为存在尚未满足或者根本还没有体现出来的需求，他必定是以产品为导向而不是以市场为导向的。"② 例如，苹果公司的创立者乔布斯潜心思考消费者对手机的需求，研发出了 iPhone 手机，创造出消费者自己还没有发现的需求，从而缔造了苹果手机的商业传奇。

表 4-5 总结了开展全面细致的产品评估的好处。对创业者来说，产品评估是很值得做的一项工作。

表 4-5 开展产品评估的好处

好处	原因
1. 有利于第一时间确定合适的产品	由于对消费者作了调研，因此知道他们需要什么，也可以检测出产品的可用性及用户对质量的体验
2. 有利于首次购买者出现	参与评估的企业或个人往往成为首次购买者，这些早期消费者可为产品提供更多反馈意见
3. 有利于避免产品设计中的明显缺陷	通过对潜在消费者的了解，可以检测出产品的可用性及舒适性，往往很容易发现产品中的明显缺陷
4. 有利于时间和资本使用效率的提高	因为你已经拥有了能够满足消费者需求的好创意，所以你就不必花费时间或金钱去追求那些消费者不感兴趣的想法
5. 有利于发现附加产品价值	对某个产品的评估有利于发现和感知附加产品的价值

资料来源：巴林格，爱尔兰．创业管理：成功创建新企业．北京：机械工业出版社，2006：55.

究其本质，"新创企业是把理念变为产品的催化剂。顾客和产品互动时提供了反馈和数据，这些反馈既是定性的（比如喜欢什么，不喜欢什么），也是定量的（比如有多少人

① 库尔特．创业行动：第 2 版．北京：中国人民大学出版社，2004：116.

② 爱迪思．企业生命周期．北京：中国人民大学出版社，2017：22.

使用了该产品，并认为它是有用的）”[①]。对创业者来说，这些信息比金钱、激励或者登上媒体头条更有价值，因为它可以影响并重塑下一轮的想法或概念。

本章遵循“概念的开发→产品的测量→数据的认知”这一反馈循环，来评估拟生产产品的合理化程度和顾客需求问题。

（一）产品合理性评估

在现代经济中，几乎每件想象得到的产品都有可能被开发制造出来，甚至在网上就可能买到。“新创企业的目标在于弄明白到底要开发什么东西，它得是顾客想要的，还得是顾客愿意尽快付费购买的。”[②] 因而，“我们必须了解顾客真正需要的是什么，而不是他们自己说要什么，或者我们认为他们应该要什么”[③]。由此可见，创新产品开发的问题不在于这项产品能否开发出来，而是是否需要开发这个产品，围绕这一系列的产品和服务，我们能否建立一项可持续的商业模式。[④] 要回答这些问题，我们需要一种方法，来评估产品的合理性，并且获得“经证实的认知”。

确定新创企业拟提供的新产品是不是顾客真正想要的，是产品吸引力评估的第一步。通常用以下四个问题来判断产品是否具备基本的市场吸引力[⑤]：

（1）该产品有意义吗？

（2）该产品合理可取吗？

（3）该产品能让消费者感到兴奋吗？

（4）该产品的设计样式方便实用吗？有致命缺陷吗？

寻找这些问题的答案，通常需借助概念测试方法。概念测试是指向预期用户展示产品，以评估消费者的兴趣、意向和购买意愿。那么，如何描绘产品的“面貌”呢？可制作概念陈述书。概念陈述书要从以下六个方面来描述：

（1）产品的描述：详细说明产品的特点，并能提供一份草案或略图。

（2）预期目标市场：列明将要购买产品的潜在顾客群（企业或个人）。

（3）产品的好处：描述产品给消费者带来的好处，包括如何增加价值或解决问题的论述。

（4）产品竞争定位的描述：阐释如何进行产品的市场定位，如何面对竞争对手进行企业定位。

（5）产品营销模式的描述：明确产品的销售模式是直销、分销还是代销。

（6）创业团队简介：主要介绍创办者的管理经验。

概念陈述书写好后，发给5～10名对企业所涉足的产业较熟悉且愿意给出坦率意见的人士。概念陈述书还要附上一份空白表，请被调查者说出他们对产品最不满意的三个方面，提出三个改进意见，直言他们对产品可行性的判断，给出其他意见与建议。概念陈述书可以多找几组专家进行测试，以收集更多反馈意见，利于调整和完善产品的创意。

表4-6是一份虚构的教寿健身中心的概念陈述书。该中心的特色是针对中老年教师提供健身器材及训练、课程、中医推拿、针灸及心理咨询服务，同时还设有桥牌、围棋、

① 莱斯．精益创业：新创企业的成长思维．北京：中信出版社，2012：55.
② 同①7.
③ 同①23.
④ 同①36.
⑤ 巴林杰．创业计划：从创意到执行方案．北京：机械工业出版社，2009：48.

象棋、3D影院等娱乐室。概念陈述书的篇幅一般为一页纸，因而大多数概念陈述书看上去像产品说明书或广告宣传单，内容相对简短精练，以节约被调查者的阅读（时间）成本。

表4-6 教寿健身中心的概念陈述书

一、产品

教寿健身中心是一家为45岁及以上人群服务的健身中心。该中心特色之一是健身器材、课程和训练都专门针对客户设计；特色之二是提供中医推拿、针灸及心理咨询服务。

教寿健身中心将营造鼓励教师锻炼与保持健康的氛围。很多证据显示教师更喜欢和同类人一起锻炼。因此，可能存在尚未开发的教师健身市场。教寿健身中心是瞄准教师设计的一家健身中心。

二、目标市场

教寿健身中心位于光谷，该地区是全市45岁及以上知识分子居住人口增长最快的地区之一。会员设定为45岁及以上的教师群体。健身行业虽然发展较快，但我们相信现有健身俱乐部无法为教师提供合适的环境和课程。女子健身中心等企业的例子表明，专注于一类人群、以单一目标市场为对象的服务更切实可行，盈利增长潜力可能很大。

三、竞争定位

教寿健身中心将是唯一专为教师服务的健身中心，其设施的便利舒适度将不亚于其他主要竞争对手（包括国医馆、太极馆）。中心将专注于满足客户的特殊需求。

四、管理团队

教寿健身中心的创建者是欧阳小贝和伊莉莉。欧阳小贝曾成功开办过一家健身馆，该健身馆在3年内发展到20家连锁店，后来被一家大型连锁俱乐部收购。伊莉莉会计学专业毕业，有8年注册会计师工作经验。

（二）产品需求度评估

确定市场对该产品的需求程度，是产品吸引力评估的第二步。一个真正的需求创造者，是把所有的时间和精力都投入对“人”的了解上：找到顾客的“痛点”——讨厌什么；找到顾客的“甜点”——需要什么；找到顾客的“亮点”——引起或激发顾客情感波动的东西，符合顾客的体验。因此，只有捕捉到顾客的“痛点”“甜点”“亮点”，才能了解产品的潜在需求情况。这是因为，“真正的需求，潜藏在人性因素与其他一系列因素的相互关联之中”。这些因素包括金钱和情感成本、社会规范、基础设施、产品设计、沟通方式等，其相互作用方式很难预测，某些情况下可以为人所洞察，但又经常违背所谓的规律。因此，要认知理解需求，继而成为成功的需求创造者，就要把思维方式从直观层面的劝说人们购买商品、分析人们为什么购买（人与商品的关系），转向对人与人关系的深入理解。由此可见，真正优秀的产品，应该更加关注使用者的需求，尽力提供和解决使用者期望获得的价值以及亟须解决的问题，利润只是用户价值得以满足的副产品而已。

毫无疑问，要赋予新产品魔力。新产品为顾客创造价值越多，顾客的需求度就越大。购买意愿调查（buying intentions survey）是一种评估顾客对产品感兴趣与否的工具，由概念陈述书和调查表组成。调查表主要涉及营销方面的问题：

（1）你愿意购买这样的产品吗？（针对产品的功能需求问题进行调查，即了解顾客喜欢什么，讨厌什么，化解顾客生活中的烦恼，在顾客开口之前就为之提供超出预期的服务。）

（2）你愿意为该产品付多少钱？（针对产品的价格需求问题进行调查，即了解顾客对价格的敏感度、购买承受能力及情感成本等。）

（3）你希望在何时何地购买到该产品？（针对产品的外延需求问题进行调查，即了解顾客如何能做到便捷购买该产品，使产品与每个顾客之间建立最短的路径、最快的时间，从而消解顾客的惰性、多疑和冷漠，激发顾客的购买欲望。）

将调查表准备好后，与概念陈述书一起分发给15～30名潜在顾客（不包括先前已参加过概念陈述测试的人）。请每位被调查者阅读陈述书并完成调查表。一般认为，选择“一定会买”和“很有可能会买”的人，是对产品有需求的人群。说愿意购买的人不一定真的会购买，但仍然可推测他们对产品是感兴趣的（有吸引需求）。愿意付多少钱和在什么地方购买等问题，是针对价格需求和外延需求的调查，这些调查资讯有助于了解首次购买者的消费心理，为产品营销策略提供决策依据。

利用顾客反馈的意见，就相当于用市场需求来检验创业者的工作。顾客购买意愿调查不同于以前的创业方法，“它不会产生花费两年时间和200万美元开发出完整方案，但最终却不为顾客所接受的情况”[①]。美国创业管理大师拉里·法雷尔曾说：“没有什么管理理论可以取代创业家的老调：‘我的顾客，我的产品，我的自尊。’至少在创始阶段，他们必须亲自制造产品并销售给潜在顾客。在这两个过程中存在以下问题：产品的好坏，顾客认可与否。顾客认可与否决定创业家的命运，它可以把你送上荣耀的顶点，也可粉碎你的自尊。”[②] 完成概念测试和购买意愿调查工作后，如果新创企业的产品满足以下五个条件：完全是一个新创意；是现有市场中产品的升级版；比竞争对手便宜；有更好的销售渠道或售后服务保障；能够方便顾客即时就地消费或网购，就可以对产品的可取性和顾客需求度作出评估，并根据被调查者的反馈意见，进一步完善产品设计理念。

小贴士

需求层次理论与产品设计原则

马斯洛需求层次理论可以用来指导产品的设计，满足产品设计的功能性、安全性、易用性、普遍性、创新性原则。马斯洛需求层次理论如图所示。

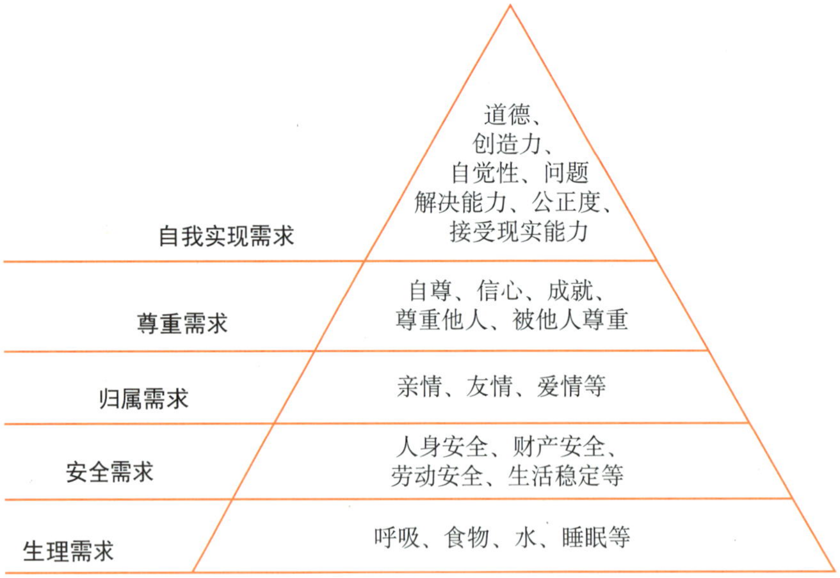

马斯洛需求层次理论

① 怀斯，菲尔德．创业机会：认清那些关乎创业成败的核心要素．北京：机械工业出版社，2018：31.

② 法雷尔．创业时代：唤醒个人、企业和国家的创业精神．北京：清华大学出版社，2006：43.

第一层是生理需求，第二层是安全需求，第三层是归属需求，第四层是尊重需求，第五层是自我实现需求。

第一层生理需求对照的是产品的功能性。如果产品没有基本功能，产品就没有了价值。例如，购物、外卖类平台的产生满足了人们衣食住行等需求。

第二层安全需求对应的是产品的安全和稳定。一旦产品有了基本功能，就可以进阶到下一层安全和稳定，产品设计必须能够提供稳定的工作特点，同时安全可靠。

第三层归属需求对应的是易用性。满足熟练度需求水平的设计能够让用户做到以前做不到的事情，从而实现他们的专业化和拓展自己的应用。社交类 APP 如微信、QQ 等的诞生满足了人们的社交需求。

第四层尊重需求对应的是普遍性的设计。新产品要尊重每一位使用者，包括弱势群体，普遍性的设计就是最大限度给予用户尊重，让他们获得公平使用产品的权利，灵活且直观，容易上手，使用户不用花费大量的培训和学习的时间。

第五层自我实现需求对应的是产品的创新性，也是最难实现的一层。满足创新性需求的产品，可以让用户和产品自由沟通，用户也可以探索生产一些新的有价值的产品。

产品设计的最大意义就是通过了解和研究客户的需求，考虑产品的功能性、安全性、易用性、普遍性和创新性等因素，设计出满足客户需求、使其乐意购买的产品。一个产品能够满足某一层次的需求就已经是成功的产品了。当然，不是所有的产品都必须满足五个层次的需求。当市场中有一种普遍的需求不能满足，或者是某项产品不如人意，人人盼望改善，就会产生新的需求。一旦创业者觉察到这一需求，就会成功设计出优越的产品，取代不如人意的产品。要是新产品符合社会的价值观，与其他技术也能兼容，这个产品就会畅销起来。

二、市场前景力

★路标 市场前景力评估，需考虑产业吸引力、目标市场吸引力和产品入市时机。

随着经济全球化的深入，大多数企业面临的外部环境越来越复杂、难以控制。为了应对通常不明确也不完整的环境因素，增加企业对大环境的理解，成功的创业者大都致力于对外部环境的评估。毫无疑问，对业务运营所处产业环境和目标市场进行分析，是整个可行性评估中最重要的内容，它能够使一个创业团队能够更快地知晓其优势（strengths）、劣势（weaknesses）、机会（opportunities）和威胁（threats）。对市场发展前景进行评估，需要重点分析产业吸引力、目标市场吸引力和产品入市时机。

（一）产业吸引力的评估

决定企业盈利能力的首要和根本因素是产业的吸引力，因而评估新创企业拟进入产业的吸引力，是市场发展前景评估的第一步。不同的产业有不同的吸引力。一般而言，正在持续增长的产业更具有吸引力。对于新创企业而言，最有吸引力的产业是处于产品生命周期的导入期而非衰退期的产业，是细分市场而非集中度高的产业。通常情况下，集中度高的产业意味着进入该产业需要大量资本，或该产业已趋于成熟，存在兼并重组态势。而集中度低的产业往往处于产业导入期，进入成本相对较低。多数新企业都会选择集中度低的产业进入，也不排除个别企业通过技术创新手段降低产业门槛而进军集中度高的产业。

俗语说："大河有水小河满，大河无水小河干。""大河"好比产业环境，"小河"好比产业内的企业，评估产业发展环境也是不可忽视的重要环节。产业环境不仅影响产业的长期发展态势，还会影响产业内形成新目标市场的能力。因而创业者必须对政治、经济、社会、技术等多种环境变化因素全盘考虑。倘若变化的环境趋势给产业发展带来诸多有利条件，就说明拟进入的产业"前程似锦"。

表4-7列出了产业吸引力的十个评估指标，其中前五个指标我们之前大致作了介绍。这里增加的产业集中化程度、变化的环境趋势对产业发展的有利程度、产业内让消费者感兴趣的新产品数量、产业历史及长期发展前景五个指标，可以帮助创业者更加全面细致地评估拟进入产业的吸引力。由此可见，一个强吸引力的产业应满足以下条件：产业内几乎没有竞争者，产业集中化程度低；产业历史短，产业生命周期处于导入期；产业增长率和产业内企业平均净收益率较高；产业内让消费者感兴趣的新产品数量多，且对消费者而言都是必需品；变化的环境趋势对产业发展非常有利，长期发展前景好。

表4-7　产业吸引力的评估指标

评估指标	高潜力
1. 竞争者数量	零
2. 产业生命周期所处阶段	导入期
3. 产业增长率	高
4. 产业内产品对消费者的重要性	必需品
5. 产业内企业平均净收益率	高
6. 产业集中化程度	低
7. 变化的环境趋势对产业发展的有利程度	高
8. 产业内让消费者感兴趣的新产品数量	多
9. 产业历史	短
10. 长期发展前景	好

资料来源：巴林杰．创业计划：从创意到执行方案．北京：机械工业出版社，2009：61.

（二）目标市场吸引力的评估

评估目标市场吸引力是市场发展前景评估的第二步。毋庸置疑，发现机会的人往往是那些积极寻找它们的人。创业者不会"坐等机会掉到膝盖上"①，而是竭尽全力寻找别人忽视的利基市场。"提出一个绝妙的创意是不够的。你必须把它放对地方——正确的市场——以从中获取价值。"② 在初始阶段，新创企业并不具备在较大市场中拓展业务的实力，而是通过寻找新兴的或尚未发现的利基市场得以存活。因此，找准利基市场，对新创企业而言至关重要。因为创业成功的秘诀在于看大部分人在做什么，然后回避它，采取超常的举动——瞄准利基市场，获得超常利润。实施利基市场战略，有利于新创企业开辟一个产业，避免与主要竞争对手正面交锋；有利于新创企业集中精力应对一个利基市场，把某个特定市场做成功。例如，某药品营销公司专注于乙肝治疗药品的总代理，而不是与大

---

① 巴隆，谢恩．创业管理：基于过程的观点．北京：机械工业出版社，2005：53.

② 库尔特．创业行动：第2版．北京：中国人民大学出版社，2004：140.

型医药公司同台角逐临床常用药品的销售，从而避免陷入激烈的普药市场竞争，通过锁定乙肝治疗药品的利基市场获得了不菲的业绩。

对有吸引力的目标市场的要求是：这个市场的“含金量”必须足够支撑新创企业的成长，同时又要小到不让大企业“垂涎三尺”。也就是说，这个市场对新创企业而言是机遇，对大企业却是“鸡肋”。如今，大数据分析技术能帮助营销人员针对每一个消费者进行个性化营销，实现“单一客户市场细分”。创业者如果难以清晰识别拟进入的目标市场，就很难判断新创企业的市场发展前景如何。

表4－8列出了目标市场吸引力的八个评估指标。我们以乙肝治疗药品中的利基市场为例，解析这些评估指标的含义。例如，拉米夫定是上市较晚的一种抗乙肝病毒新药。首先，当时经营此药品的医药公司很少，而经营乙肝治疗药品的企业逐年增多，但都获得了不菲的利润。经营此类药品的方法是针对感染科和内科医生做推介，并结合学术会议及临床病例进行推广，这是一种低成本的游击营销战略。中国有8 000万以上的乙肝病毒携带者，他们对乙肝治疗新药具有极高的关注度和兴趣，同时对现有乙肝治疗药品市场中的中西药效果都不满意，因而拉米夫定的市场商机是巨大的。由于此药品的销售渠道是通过“医嘱”模式进行的，而大医药公司一般不擅长推广应用领域狭窄的专科用药，因而创业者只需获得拉米夫定产品的独家代理权，就可以构筑抵挡其他竞争者闯入的壁垒，牢固占领这一药品的利基市场，获得丰厚利润。

表4－8 目标市场吸引力的评估指标

评估指标	高潜力
1. 竞争者的数量	零
2. 企业增长率	高
3. 企业平均利润率	高
4. 产业内企业的盈利方法	切实可行
5. 潜在竞争者进入目标市场的成本	强
6. 消费者对当前目标市场提供产品的满意度	低
7. 利用低成本游击营销或口碑营销的能力	强
8. 目标市场的消费者对产品的兴趣度	高

资料来源：巴林杰．创业计划：从创意到执行方案．北京：机械工业出版社，2009：62.

从表4－8中不难发现，一个具有强吸引力的目标市场应满足以下条件：

（1）无竞争对手，企业增长率和企业平均利润率都较高；

（2）企业盈利方法切实可行，构筑进入壁垒的能力较强；

（3）新产品对消费者的吸引力明显强于现有市场的产品；

（4）新创企业利用低成本游击营销或口碑营销能力较强。

（三）产品入市时机的评估

机不可失，时不再来。机会永远只留给那些有准备的人。把握新产品入市的有利时机，不仅是创业成功的基础，而且是市场前景光明的重要保障。商机不是等来的，是“抢”来的，善于识别和把握时机，将产品与市场契合起来，发现对产品产生共鸣的一大群顾客是市场制胜之道。如果没有把握产品入市时机，即使你拥有世上最好的产品和最出色的精英团队，也无济于事。失败是必然的。因此，产品入市时机的评估应把握好以下两点。

第一，要确定新产品的商机窗口是否开启。一旦新产品的利基市场建立起来，商机窗口就打开了。随着市场不断成长，企业进入市场并设法建立有利可图的定位。一旦市场成熟，商机窗口就会关闭。创业者要做的重要判断，就是适时开启商机窗口，避免陷入市场沉默期（从产品第一次在市场上出现到获得商业成功的时间）。典型的例子是将圆珠笔和微波炉引入市场的过程。

最早的圆珠笔是由美国永锋铅笔公司等引入市场的。由于产品新颖，在最初一两年销售情况良好，但由于生产技术尚未过关，产品存在漏油、划纸等毛病，且售价过高，用户很快对这一新鲜产品失去了兴趣，圆珠笔的市场销售总额开始急速下滑，到1949年圆珠笔在市场上近乎绝迹。后来，模仿创新者对圆珠笔的性能和制造工艺不断改进，圆珠笔的价格不断下降，圆珠笔在8年以后又逐步成为畅销产品。

又如，微波炉的市场沉默期长达20年。它刚刚上市时，消费者对其功能、作用缺乏了解，对其微波辐射存在畏惧心理，害怕有损健康，也不知道如何利用微波炉制作美味可口的食品。为了教育和引导消费者，率先创新的企业Raytheon公司投入巨额的广告宣传资金。显然，这样的宣传费用投入，其受益者绝非率先创新企业自身，在相当程度上模仿跟进的企业也"捡了便宜"。

过早进入新产品市场，对企业未必有利。在特殊情况下，率先进入市场甚至会给企业带来灾难性的损失，因为任何一项新产品都要经过一个性能质量逐渐完善的过程，许多原料、工艺、设计方面的问题可能具有一定的隐蔽性，常常要在投放市场后，在用户使用过程中暴露出来，在企业与用户间不断的信息反馈中加以改进，率先创新企业必须为这一"探索—完善"过程中不可避免的失误埋单，而跟进者却因此少走许多弯路。①

第二，要准确把握拟进入产业的环境变化趋势，发挥产品的后发优势——最好的产品能击败最快的产品。由于消费者的消费心理、习惯和能力千差万别，消费者并非千篇一律地对率先创新的产品感兴趣。在许多情况下，相当一部分消费者往往会观望一段时间，等待市场上出现价格较低、性能完善、质量趋于稳定、设计相对定型的产品再决定购买。这部分消费群体的存在为模仿跟进者创造了良机。有时候，"第一名"只是向竞争对手展示了市场是存在陷阱的，而没有其他作为。除非既具有最好的创意，又具有抢占大份额市场或先发制人的"反克隆"手段，否则做第一名并不一定意味着最有竞争力。因为跟在别人后面第二个出手有两种占优策略可选。一是"看见别人怎么做，你就跟着怎么做"②，通过模仿创新使你的企业获得后发优势；二是再等一等，直到这个创新产品被证明成功或失败之后，再考虑跟进与否。利林和尤恩研究了产品进入市场的顺序、生命周期及成功率的关系，他们针对法国7个行业112种工业品创新情况的调查显示，第三家和第四家进入市场的产品生产企业其产品的成功率较第一名和第二名创新产品的成功率要高。③ 由此可见，

① 傅家骥．技术创新学．北京：清华大学出版社，1998：123-124.

② 迪克西特，奈尔伯夫．策略思维：商界、政界及日常生活中的策略竞争．北京：中国人民大学出版社，2002：10.

③ 同①126.

把握好入市时机，充分了解市场创新的有利环境，掌握产品进入市场的“火候”，可确保产品成功引入市场，获得创新利润。

表4－9列出了产品入市时机的五个评估指标。不难发现，产品进入市场的最佳时机应具备以下条件：

(1) 消费者跃跃欲试；

(2) 产品引发市场轰动；

(3) 市场刚性需求较大；

(4) 消费氛围业已形成；

(5) 潜在竞争者跟进少。

由此可见，只有具备了这些“市场东风”，新产品引入市场才能大获全胜。

表4－9 入市时机的评估指标

评估指标	高潜力
1. 消费者的欲购情结	极强
2. 市场轰动性	迅速、有冲力
3. 市场或当地对拟建企业的需求	高
4. 变化的环境趋势对目标市场发展有利的程度	高
5. 近期是否有大企业拟进入	无

资料来源：巴林杰．创业计划：从创意到执行方案．北京：机械工业出版社，2009：62.

综上所述，完成产业吸引力、目标市场吸引力和入市时机的评估工作后，就可以对市场发展前景做出“好”或“不好”的评估判断。

三、财务盈利力

★路标 评估新创企业的资本需求、同类企业盈利能力以及财务吸引力。

之所以要对企业的盈利能力进行评估，与人们都有风险最小化、利润最大化的偏好有关。企业盈利能力的评估基于如下前提，即过去的行为是对未来行为的最好预测。下面将从资本需求的估算、同类企业盈利能力的评估以及财务吸引力的评估三个方面进行新创企业的盈利能力评估。

(一) 资本需求的估算

凡事预则立，不预则废。不打无准备之仗的道理同样适合指导新企业的筹建工作。评估企业需要多少启动资金的工作是很重要的。启动资金包括固定资产投资（如厂房、设备等）和流动资金（如工资、差旅、原材料购买等费用开支）。虽然不需要很精确，但大致需要多少资本要相对接近，以利于创业者做到心中有数。创业者应根据新创企业的规模，即预测的销售量情况，估算出需要的启动资金。一般而言，大多数潜力较大的企业需要数目可观的启动资金，不要资金或者花很少资金就能启动创业项目的企业较少。那些服务领域的企业或现金销售（一手交钱，一手交货）企业所需资本量要少些，而高技术制造企业则需要较多的研发费用。

众所周知，资金是新创企业成长的重要“营养液”。如果估算有偏差，就会导致“婴儿期”的企业营养不良。因为不事先匡算资金需求量，等急需用钱时再去融资，“远水解不了近渴”，轻则使企业因资金不足而丧失盈利能力，重则使企业因现金流枯竭而“夭折”。在创业实践中，我们经常看到，有些创业者守着很有发展前景的项目，却苦于筹不到足够的启动资金，有些创业者抱着“萝卜吃一节拔一节”的想法，不去估算创业到底需要多少资金。显而易见，这类事情的发生说明靠绝妙的商业创意打造出的新创企业，有可能因为创业者的融资能力和财务会计知识不足半途而废。因此，把新创企业的评估创建准备工作做到前面，可以有效避免或减少这类事情的发生。当然，人非圣贤，孰能无过。创业过程中难免发生意外支出。因此，在预测启动资金需求时，最好留有余地。墨菲定律[①]在创业中同样适用。当然，在撰写创业计划时，我们还需要做更完整的融资计划（见第5章）。

（二）同类企业盈利能力的评估

通过间接评估同类企业的经营业绩，来推测新创企业可能获得的经营业绩，是盈利能力评估的重要内容。它是用同类企业的“业绩之镜”来预测新创企业未来的“经营面貌”。经验丰富的企业家都明白这样一个道理：还没有实施的好创意可能根本无法实施。评估同类企业盈利能力，就是通过了解同类企业的经营业绩，预测新创企业未来的经济命运。

互联网对于懂得如何使用它的人来说，是一个主要的信息来源。各种信息都可以通过互联网“一网打尽”。能认识到在企业决策中使用互联网查找信息的重要性的创业者将更容易成功。在经济全球化的背景下，有关顾客、存货、分配、技术和其他特定的企业职能的信息和情报，对于成功地参与竞争是至关重要的。

互联网搜索引擎经济、快捷，人们可以利用它查找需要的信息和资料。企业可以在网上找到同类产品的竞争对手。倘若你准备涉足健身产业，只需在百度等搜索引擎的搜索框里输入“健身产业销售额”或“健身产业利润率”等，就能查到很多有关的信息。总之，进行商业创意评估离不开案头调查和实地调查。案头调查是指调查各种文献档案中已收集的数据，一般包括产业调研报告、公司报表以及其他通过图书馆和网络调查收集来的相关数据。实地调查是指分析者亲自收集第一手数据，通常通过访谈产业专家获取有价值的商业信息情报。具体而言，查询同类企业的财务业绩资料时，有以下几种途径和方法可以使用。

（1）进入中国企业数据库网站，可以查询、检索几十万家企业的信息。

（2）进入中国中小企业局各省、市网站，可获知同类企业的相关信息。

（3）浏览中小企业研究机构的网站，也能收集到一些数据资料。

（4）通过行业管理协会或者已经离开竞争者公司的雇员可以获得一些重要信息资料。

（5）通过咨询公司、市场调研公司、制造商、供应商、分销商、关键客户以及任何买家，也可以获得重要信息。

（6）寻找与新创企业相类似的企业，在双方没有利益冲突的情形下，可直接访问这家企业的老板或管理者，询问其销售量和盈利情况。

---

① 墨菲定律是由20世纪中叶美国空军工程师爱德华·墨菲提出的，它包含四层意思：任何事都没有表面看起来那么简单；所有的事都会比你预计的时间长；会出错的事总会出错；如果你担心某种情况发生，那么它就更有可能发生。

（7）直接拜访竞争者，观察他们的表情反应，也可以窥知一些有用信息。[①]

（三）财务吸引力的评估

评估新创企业的财务吸引力是防范贸然创业无利而败的重要举措之一。基于估算或预测的定性分析，较好的财务吸引力应满足以下四个条件：

（1）市场销售额三年稳步增长，两年能盈余；

（2）企业客户回头率高，带来较可观的收入；

（3）较强的资金运筹能力，收入与支出能预估；

（4）创业投资退出的机会较少。

由此可见，这些财务指标与有“钱途”的商机是密切相关的。新创企业的利润率及增长率越高，其财务吸引力就越大。反之亦然。

四、创业团队力

★路标 评估创业团队的管理能力和资源整合能力。

创业团队通常由一群掌握某一领域专业知识、具备领导才能和管理能力的人组成。[②]在互联网、大数据、云计算、人工智能、区块链等知识技术密集、发展较为迅速的行业，创业团队常常能战胜那些单打独斗的创业者。好的商业创意往往需要好的创业团队去实施。因此，评估创业团队的综合能力有助于新创企业实现商机价值的最大化。许多投资者，特别是创业投资机构和天使投资人，在考虑是否投资新机会时，都非常重视对创业团队能力的评估。

评估创业团队力主要从其管理能力和资源整合能力两方面进行。

（一）管理能力的评估

对创业团队管理能力的评估有两方面：一是评价创业团队对商业创意所抱有的创业激情有多高；二是评价其对拟进入市场的熟悉程度。创业团队的创业激情在创业中扮演着非常重要且富有力量的角色。其动机、决心、热情、信念、乐观（源自清晰的头脑、真实的评估以及充分的准备）、勇气、自信、承诺、确定性、信念是让新创企业富有生气和动力的力量，也是让创业者在创业之旅中经历起伏后依然能坚持下来的力量。保持理性的激情很重要，这是因为让企业持续健康成长的动力，不是来自“制造”的激情或者那些演讲者鼓舞人心的话语，而是来自一步一步去执行意义明确并具有弹性空间的方案，以及随市场情况而调整的商业模式。创意本身根本不能实现什么。创意要得到实现，就要有使用实践力量的人。

尽管创业激情以及创业资本对创业成功有很大的助推作用，但也不能忽视创业团队对拟进入市场的先前知识。正如美国财捷公司的斯科特·库克（Scott Cook）所言：“资金的确不是最重要的。如果你有一个绝妙的商业创意并非常了解消费者，而且还知道自己在做

---

① 从心理学角度讲，没有赚到钱的人无所谓别人是否赚到钱，反倒是赚了钱的人害怕别人抢占市场使自己赚得少了。因此，通过访问竞争者，观察其肢体语言，也可以探测到一些有用的信息。

② 拜尔斯，多尔夫，尼尔森．技术创业：从创意到企业：第 4 版．北京：北京大学出版社，2017：199.

的东西优于市场上已经有的，这就是制胜的法宝。”①

与评价创业团队的管理能力相关的指标还有：创业经验，创业者的职业和社会网络深度，团队创新能力大小，团队现金流管理经验水平，创业团队受教育程度。大多数情况下，刚开始创业的企业在这些方面的指标不一定都非常好。创业团队是在企业创立初期由创建者、核心员工和顾问组成的管理或有助于管理新企业的群体。一个高绩效的创业团队应具有广泛的职业资源和社会网络，这是因为企业的经营活动是一个产、供、销、人、财、物相互协调的运筹管理系统。倘若新建企业的人脉资源不足，就会使创业之路变得更加艰难。而同事和朋友圈的网络资源及智力支持，不仅可以弥补创业团队在经验或知识上的不足，而且使企业的诸多事情变得容易起来。这就是中外管理学者都赞同“关系是生产力”的原因。许多新企业还会借助“外脑”寻求专业智库、行业资深专家、创业成功人士加盟创业团队。倘若在创业初期就能构建一支由创建者、核心员工、董事会、顾问委员会和创业导师组建的创业团队，将会大大提高创业团队能力评估的可信度。

当今社会，文凭实际上传递了一个人所学专业背景及基本生产率的信号。许多企业坚持要求一个未来的经理具有管理学硕士学位。理由如下：管理学硕士学习了经济学、金融和其他有用的科目；完成管理学硕士学业需要智力、纪律和勤奋，而拥有这些品质的人大都会有很高的生产率。毫无疑问，在创业团队中，如果既没有人了解拟进入产业的专用性知识，又没有人具备相关产业的实践经验，那么企业创建后的管理麻烦就会接踵而来。

表4-10列出了评估管理能力的七个指标。从中不难发现，一个高潜力的创业团队应具备以下条件：

（1）对商业创意情有独钟；

（2）丰富广博的专业经验；

（3）深厚的社会网络资源；

（4）持续不断的创新能力；

（5）MBA等专业知识背景。

表4-10 创业团队力的评估指标

评估指标	高潜力
1. 对商业创意的热情	高
2. 相关专业经验	丰富
3. 先期创业经验	丰富
4. 职业与社会网络的深度	深
5. 管理团队成员的创造力	强
6. 现金流管理方面的经验和知识	丰富
7. MBA等管理学学位	有

资料来源：巴林杰．创业计划：从创意到执行方案．北京：机械工业出版社，2009：63.

① 巴林格，爱尔兰．创业管理：成功创建新企业．北京：机械工业出版社，2006：60-61.

（二）资源整合能力的评估

多数创业者都是在资源禀赋贫乏的情况下，白手起家创造出属于自己的一片天地。正是由于创业者具有在极其有限资源的条件下开拓事业的能力，因此评估创业团队是否具有整合资源的能力，有助于创意的选择。如果新创企业难以获得创业过程中的关键性资源，那么继续实施商业创意就不切合实际。

创建新企业，需要获得的核心资源主要包括：

（1）办公场所。

（2）实验场地、生产场地或服务企业用地。

（3）委托生产商或外包服务提供商。

（4）与供应商的接触。

（5）与同类企业信息共享的机会。

（6）企业运转所需的关键设备及软件服务。

（7）关键管理人员。

（8）关键得力员工。

（9）关键技术或专利等知识产权得以保护。

（10）与大学等机构的产学研合作机会。

（11）与消费者的接触。

（12）当地政府的支持资助。

创业团队能否轻而易举地获得以上全部或部分资源，是对其资源整合能力的检验。之所以要评估创业团队的资源整合能力，很重要的原因是与“资源有限”① 这个现实有关。大多数创业者只有有限的资金、时间、人员或其他在追寻创业过程中所需要的资源。通过评估创业团队的这一能力，可以确保创业者在实施创意时能够充分利用好这些有限的资源。

在一些地方，创业者可以通过选择创业孵化园的途径来创建企业。创业孵化园作为一种支持小企业成长的设施，为小企业提供适当的创业场所，并根据租赁户需要的规模和性质提供财务、管理、技术和行政支持。新创企业若能进入创业孵化园，在很大程度上可以获得别人不易求得的各种资源，同时节省一大笔日常运营费用。毫无疑问，创业者倘若充分整合了交通、消费群体、社区环境、商业环境和政府环境等多方面的资源，就很容易为创意实现找到一个平台——创建一家新企业。例如，美国的硅谷、波士顿 128 号公路和英国剑桥地区，拥有世界闻名的高科技企业集群。这些企业彼此相邻，员工之间互动交流，有利于企业得到专业供应商、获取专业技术信息。研究发现，通过在地理位置上靠近类似企业集群，小型制造企业能比大企业获得更多好处和资源。从这个角度看，区域竞争优势

---

① 借用、乞讨和拾荒是最大限度地克服创业资源有限的好方法。从资源闲置的人那里借来资源是避免资源竞争的好方法。如果你有幸与那些有资源的人保持良好的关系，那么乞讨策略也可以奏效，他们可能愿意在互有善意的基础上借给你一些人员、一点生产能力、一些营销时间或提供编程帮助。拾荒是另一种省钱的方法，这意味着你可以去寻找和使用被其他业务部门扔掉或嫌弃的资源（如文件柜、书桌、打印机、计算机等）。正如一位善于厉行节约的创业者所言，花钱之前先尽量发挥想象力，能买旧的就不要买新的，能租到的就不要买，能借到的就不要租，能讨到的就不要借，能捡到的就不要讨。参见：麦格拉思，麦克米兰．创业思维：在不确定时代持续创造机会的战略．北京：机械工业出版社，2021：121－122.

的独特性和企业集群效应产生的“共享资源”，为新创企业充当“廉价搭便车者”（可以获得作为团体成员的利益，却又未承担实现这些利益所花费的相应份额的成本的组织或个体）提供了机会。因此，创业团队在为新创企业选址时，若考虑了这一“共享资源”，就增加了创业成功概率。俗话说：“大树底下好乘凉。”这一道理从表面上看是新创企业选址的技巧问题，实际上折射的是创业团队是否拥有整合资源的能力。对于从事高科技、信息服务咨询等产业的新创企业而言，选址以都市为宜，其次是工业园区或城乡接合部。因此，当创业团队具备了较强的管理能力和资源整合能力，新创企业组织的先天禀赋就充裕，发展道路就会更加平坦。

总之，通过评估商业创意的优缺点，创业者被迫明确评定其强项和弱项。现在，让我们放松一下。想想当你做一个重要的购物决定时，“你会研究每一个选择的特征，并评定其优缺点吗？你为什么这样做？因为在研究每一个选择的优缺点的过程中，你都得到了有助于你做出一个好决策的信息。当评估企业创意的优缺点时，你也获得和使用有助于你做出好决策的信息”①。商业创意的评估就是为了确保由创意孵化出的新创企业能够顺利成活、长大。尽管凭借本节介绍的评估指标无法给出商业创意可行性的最终结论，但它能使问题明朗化，能使你深入了解商业创意的含金量，使你做决策时不再纠结，不再优柔寡断！明白创业不是一时冲动的产物，只有经历“很多创意的筛选→少量商机的评估→一项业务”的遴选过程，才能进入创业计划的撰写环节。

① 库尔特．创业行动：第 2 版．北京：中国人民大学出版社，2004：115.

第 4 节 商业模式的开发

一、商业模式的定义

★路标 理解商业模式的定义，辨析商业模式可行性的原则

德鲁克曾说，当今企业之间的竞争不是产品和服务之间的竞争，而是商业模式之间的竞争。独特的商业模式不仅是一个企业立足生存、持续发展的关键，还是企业获得利润回报的基础。不可持续的商业模式，不仅无法帮助企业实现盈利，甚至会导致企业在亏损的路上越走越远。

商业模式即企业为了实现客户价值最大化，把能使企业运行的各种要素有机整合起来，形成一个完整的、高效率的、具有独特核心竞争力的运行系统，通过提供产品或服务，达成持续盈利目标的整体解决方案。① 商业模式就是以价值创造为核心，阐述企业如何创造价值、如何向客户传递价值，并最终获取价值的商业逻辑。②

客户价值最大化是指包括消费者、股东、合作伙伴、员工以及利益相关者在内的所有客户，用同样的成本可以获得更好的服务，或者获得同样的服务只需付出更低的成本。也就是说，创业不仅为企业主，也为所有的参与者和利益相关者创造、提高和实现价值，或使价值再生。客户价值最大化是企业制定公司战略的出发点，是企业一切经济活动的指南和动力源泉，其中：

(1)“整合”“高效率”“运行系统”是基础或先决条件；

(2)“核心竞争力”是手段；

(3)“客户价值最大化”是主观目的；

(4)“持续盈利”是客观结果。

一个成功的商业模式须满足：客户价值最大化、持续盈利、资源整合、创新、高效率组织管理和融资有效性六大原则。具体如下：

(1) 客户价值最大化原则。一个商业模式能否持续盈利，与能否使客户价值最大化是息息相关的。一个不能满足客户价值最大化原则的商业模式，即使盈利也是短暂的、偶然的，不具有持续性。反之，一个能使客户价值最大化的商业模式，即使暂时不盈利，但终究会盈利。所以，企业应该把对客户价值的实现再实现、满足再满足，当作其始终追求的主观目标。

(2) 持续盈利原则。企业能否持续盈利是我们判断商业模式是否成功的唯一外在标准。迈克尔·波特说：“没有不能赚钱的行业，只有赚不到钱的模式。”合法合规盈利、持续长久盈利，是商业模式设计的一个重要原则。

---

① 刘成，朱创业，王绍东．社区参与理论的古镇旅游商业模式设计：以广元市青溪古城为例．企业导报，2011 (3)：123-124.

② 奥斯特瓦德，皮尼厄．商业模式新生代．北京：机械工业出版社，2011：4.

（3）资源整合原则。资源整合就是将不同的资源要素加以组合，通过组织协调，把企业内部应该彼此相关却彼此分离的职能和企业外部的合作伙伴整合成一个高效率的运行系统，取得“1+1>2”的效果。创业在一定程度上就是要学会创造性地整合资源，不拘泥于当前资源条件的约束，是一种思考、推理和行动的方法。新创企业不可能拥有满足顾客需要的所有资源和能力，即使新创企业愿意另起炉灶自建各类资源，也会面临较大的成本壁垒和不确定性风险。因此，为了获得先发优势并最大限度地发掘商机，降低风险，几乎所有的新创企业都要与其他企业形成互惠互利的合作关系，遵循资源的使用权大于拥有权的原则，使其商业模式能够低成本运行。

（4）创新原则。创新就是通过新的、更好的方式实现有价值的目标——通过改变产品和服务（制度），为客户创造美好生活。许多创业者之所以失败，其原因就在于违反了创新的“纪律”。殊不知，创新就是要为客户创造出“新”的价值；把未满足的需求或潜在的需求，转化为机会并使客户满意。正如彼得·德鲁克所言：“企业的唯一目的就是创造客户。”不能真正为客户带来价值的创业活动，注定会失败。[①] 例如，在美国拉斯维加斯的一家酒店，当顾客结完账离开时，门童会顺手递给顾客两瓶冰冻的矿泉水。对于酒店来说，这两瓶水的成本实属九牛一毛，却能给用户带来极佳的体验感——从这家酒店开车到最近的机场大概需要40分钟，中间几乎没有加油站和休息区，这就意味着沿途无法取得补给。拉斯维加斯靠近沙漠，夏季经常出现35℃以上的高温，顾客在前往机场的过程中无疑需要补充水分，此时这两瓶水正好派上用场。酒店创新之处是在顾客结账之后送上这两瓶水，严格意义上说，这两瓶水属于酒店的馈赠。酒店从“送水”这个微创新入手，使客户感受到温馨、周到，从而吸引了大量的回头客。

（5）高效率组织管理原则。高效率是每个企业管理者都梦寐以求的境界，也是企业管理模式追求的最高目标。从现代管理学理论来看，一个企业要想高效率地运行，首先，要明确的是企业的愿景、使命和核心价值观，这是企业生存、成长的动力。其次，要有一套科学的、实用的管理系统来解决协同、计划、组织和约束等问题。最后，还要有科学的激励方案，解决的是如何让员工分享企业的成长果实的问题，也就是企业向心力的问题。只有把这三个主要问题解决好了，企业的管理才能实现高效率。

（6）融资有效性原则。我们知道，企业生存和发展都需要资金，企业快速成长也需要资金，资金已经成为所有企业发展中绕不开的障碍和很难突破的瓶颈。谁能解决资金问题，谁就赢得了企业发展的先机，也就掌握了市场的主动权。好的融资模式对企业商业模式的运行有着特殊的意义，对于中小企业来说更是如此。许多失败的企业就是没有建立有效的融资模式而夭折的。如巨人集团，仅仅因为近1 000万元的资金缺口而轰然倒下；曾经与国美不相上下的国通电器，则因为几百万元的资金缺口而销声匿迹。

我们可以通过回答以下四个方面的问题，来辨别商业模式的优劣。

（1）能否真正为客户创造价值和传递价值？

企业从根本上来说，是通过提供的产品或服务来满足客户的潜在需求，帮助客户解决重要问题。商业模式的本质，是帮助企业创造更多的价值，向客户传递更多的价值，并最

① 当今，我们倡导“创新、协调、绿色、开放、共享”的五大发展理念，把创新放在首位，作为引领发展的第一动力，坚持人民至上，深刻诠释创新要以人民为中心的价值理念，同理，创业就要以客户为中心。

终使企业获取更多的价值。如果无法为客户创造价值，无法向客户传递价值，这样的商业模式是无法让企业生存的。像腾讯、阿里巴巴、百度、谷歌、苹果、星巴克、亚马逊这样的企业，虽然它们提供的产品或服务完全不同，但其成功却有惊人的相似之处。这些企业并不局限于满足消费者的需求，而是致力于开发全新的市场空间，引领消费者潮流，它们是价值创造的革新者、传递者、受益者。

（2）是否具备可持续的业务流程？

为确保产品和服务的稳定提供，企业必须具备可持续的业务流程，无论是研发、生产、销售及其业务架构，还是人力资源、财务管理、战略制定及其组织架构，企业管理者必须具备系统性思维，夯实其中的关键业务，方能实现商业模式的预期效果。

（3）是否存在支持稳健经营的核心资源？

企业的稳健运营，依赖于人、财、物，需要人力、技术设备、资金的支持。即便无法在固定资产、人力资源、技术专利、原材料供应、金融资源等方面做好充分的准备，企业也必须有最重要的核心资源，才能确保商业模式良性运转，才能做好生意。

（4）能否构建有效的盈利模式？

商业模式是帮助企业寻求利润和创造价值的，因此必须构建包括收入来源和成本构成在内的商业体系和盈利模式。无论是品牌建设、规模经济，还是增加客户的支付意愿以及购买频次，都必须落脚在有效的盈利模式上。

这是辨别商业模式好坏的四把尺子，无法回应这四个问题的商业模式，注定是无法持续的；反过来，能够把这四把尺子协调好的商业模式，成功概率就会极高。

虽说有关商业模式的讨论很多，却没有一个严格的定义，人们对它的理解因视角而异。表 4 - 11 列出了一些学者对商业模式给出的有代表性的定义或解释。

表 4 - 11　商业模式的定义或解释

学者（时间）	定义或解释
Timmers（1998）	商业模式是产品、服务和信息流的一个体系架构，包括说明各种不同的参与者以及他们的角色、潜在利益和企业收入的来源。
Amit & Zott（2001）	商业模式描述了交易的内容、结构和规制，用以通过开发商业机会创造价值。
Magretta（2002）	商业模式是用以说明企业如何营运一组故事的概念，它必须回答管理者关心的一些基本问题：谁是顾客？顾客的价值何在？如何在这个领域中获得收入？如何以适合的成本为顾客提供价值？
Voelpel et al.（2004）	商业模式表现为一定业务领域中的顾客核心价值主张和价值网络配置，包括企业的战略能力和价值网络其他成员（战略联盟及合作者）的能力，以及对这些能力的领导和管理，以持续不断地改造自己来达到包括股东在内的各种利益相关者的多重目的。
Seddon & Lewis（2004）	商业模式是对一组活动在组织中的配置，这些组织通过企业内部和外部的活动在特定的产品-市场上创造价值。

资料来源：王迎军，韩炜．新创企业成长过程中商业模式的构建研究．科学学与科学技术管理，2011（9）.

总的来看，商业模式运行的逻辑表现为价值发现、价值匹配、价值获取三个方面，其中，价值发现是逻辑起点，价值匹配是逻辑中介，价值获取是逻辑终点。

价值发现是价值创造的来源，是对机会识别的延伸。通过商业创意的可行性分析，创业者所认定的创新性产品和技术，只是创业的手段，最终盈利与否取决于是否拥有顾客。创业者在对创新产品和技术识别的基础上，需进一步明确和细化顾客价值，确定价值主张，这是商业模式设计的关键环节。

价值匹配就是要明确合作伙伴，实现价值创造。也就是说，客户价值主张和企业价值主张，如果没有相应的资源（如客户关系、产品分销渠道）与企业拥有的核心资源、关键业务、重要伙伴作为支撑，是很难形成商业模式的，尤其难以得到持续盈利的结果。

价值获取就是制定竞争策略，整合资源，赋予资源一种新的能力，使它能够创造出更大的创新价值。这是价值创造的目标，是新企业能够生存下来并获得竞争优势的关键，也是商业模式有效运行的逻辑所在。

总之，一个好的商业模式应该回答四个最基本的问题：

（1）谁是企业的顾客？

（2）顾客看重什么？

（3）企业如何从这项业务中获取利润？

（4）企业为顾客提供产品的价值主张的经济逻辑是什么？[①]

如果把通过可行性分析所确定的创新产品或服务看做一种技术投入，那么商业模式是使其进行价值创造的“转换器”，把技术投入与社会产出连接起来。[②] 创新产品能否为顾客、重要伙伴、企业创造价值，取决于商业模式的选择，而不是取决于技术本身的内在特征。正如前时代华纳首席执行官迈克尔·邓恩所说：“在经营企业的过程当中，商业模式比技术更重要，因为前者是企业能够立足的先决条件。”一个成功的商业模式不一定是在技术上的突破，而是在某一个环节的改进或是对原有模式的重组、创新，甚至是对整个原有的经营规则的颠覆。商业模式的创新形式贯穿企业经营的整个过程，贯穿企业资源开发、研发、制造、营销和市场流通等各个环节。

一言以蔽之，在企业经营的每一个环节上的创新，都可能变成一种成功的商业模式。例如，携程现已发展成为中国最大的集宾馆预订、机票预订、度假产品预订、旅游信息查询及特约商户服务为一体的综合性旅行服务网络公司。但是，携程不是经销商，而是信息服务供给商，它所提供的信息中介服务，一方面使全国的旅行者能及时找到所需要的酒店，并获得价格较低的客房；另一方面又能使遍布全国各地的宾馆、酒店提高入住率，获得应有的消费者，携程由此获得了巨大的经济效益。携程未来的商业模式是提供旅游、机票和酒店的一站式服务，把获得代理费作为经济增长点。[③] 商业实践证明，那些愿意花时间和精力创新商业模式的企业，最终都得到了巨大的回报。相反，那些仅仅盯着利润的企业，其利润很快因市场竞争激烈而面临“枯竭”。

二、商业模式的构成

★路标 掌握商业模式画布九个模块的意义和重要性。

创业始于商业机会的识别。图4-5展示的精益创业画布，从产品与市场两个维度勾

① Peter F. Drucker. Managing for Results：Economic Tasks and Risk-Taking Decision. New York：Harper & Row Press，1964.

② 李家华．创业基础．北京：北京师范大学出版社，2013：89.

③ 客户价值是商业模式的灵魂．(2014-12-07). http：//www.doc88.com/p-9059472702337.html.

绘出新创企业发掘商业创意的九个步骤。

图4－5 精益创业画布

第一步，问题导向，把最需要解决的问题作为突破口。

第二步，瞄准目标市场的客户群体。

第三步，提供能够解决客户痛点、有“甜点”和“亮点”的产品，即产品要有独特卖点。

第四步，提供产品独特卖点（最重要的三个功能）的解决方案。

第五步，通过市场渠道能够找到目标客户。

第六步，基于收入分析，通过锁定市场目标客户，产生实际收入。

第七步，基于成本分析，通过产品的销售收入来判断是否盈利。

第八步，明晰制约企业产品发展的关键指标。

第九步，考虑产品入市后是否有构筑市场壁垒的能力。

通过以上九个步骤，要搞清楚：(1) 你的顾客是谁？(2) 你能为顾客做什么？(3) 顾客如何得到你的产品？(4) 你如何利用自己的产品赚钱？(5) 你如何设计和制作自己的产品？(6) 你如何确定自己产品的价格？(7) 你如何扩大业务，创建企业？(8) 你如何得到使顾客满意的解决方案？(9) 你为什么要提供此解决方案？[①] 弄清以上九个问题，创业者才能初步判断创业项目可行与否。精益创业画布不啻为一种快速发掘商业创意的

① 怀斯，菲尔德．创业机会：认清那些关乎创业成败的核心要素．北京：机械工业出版社，2018：32－33.

好工具。

商业模式画布是基于客户导向对商机展开更深入分析的工具，客户视角是整个商业模式设计过程的指导原则。商业模式不是定价模式，也不是简单的盈利模式，它至少要满足两个必要条件：必须是一个整体，有一定结构，而不仅仅有单一的组成要素；组成部分之间必须有内在联系，并把各组成部分有机地关联起来，使它们互相支持，共同作用，形成一个良性的循环。因此，商业模式是一种包含了一系列要素及其关系的概念性工具，用以阐明某个新创企业产生可持续性回报的商业逻辑。为了实现客户价值最大化，企业必须洞悉客户需求，遵循由外而内的原则，把客户需求作为决策起点，把外在的因素——客户和市场，与内在的因素——产品和企业的内生能力，进行有机整合，只有这样才能形成一个完整的、高效率的、具有独特核心竞争力的企业，从而通过提供产品或服务的价值主张，实现盈利目标。

商业模式画布作为一个分析框架，回答了以下四个问题：

（1）为谁提供产品或服务？——瞄准客户；

（2）提供何种价值主张的产品或服务？——有的放矢；

（3）有什么“key”（核心资源、关键业务和重要伙伴）来实现兜底保障？——具备基础条件；

（4）满足客户需求产生的收益与成本是多少？——分析成本与收入。

奥斯特瓦德和皮尼厄从客户细分、价值主张、分销渠道、客户关系、收入来源、核心资源、关键业务、重要伙伴、成本结构九个模块（要素），描述了商业模式画布各模块之间的逻辑关系，展示了一幅可视化的商业模式画布路线图[①]，如图4-6所示。

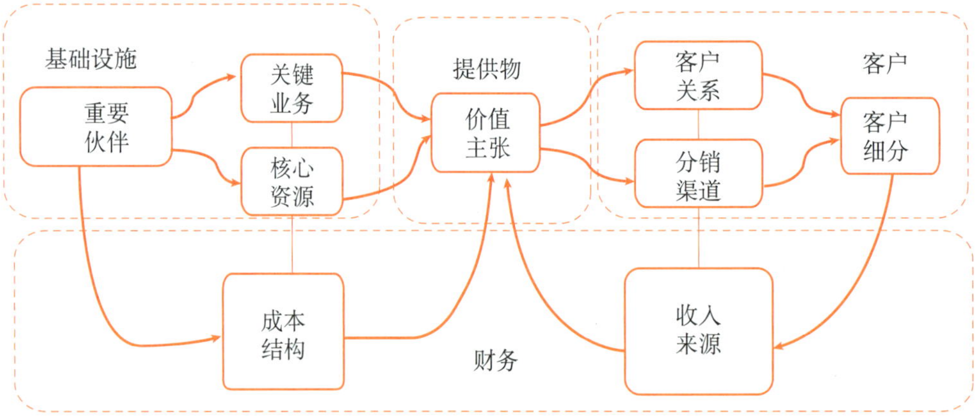

图4-6　商业模式画布路线图

我们不难发现，最外层的右边是客户关系、客户细分和分销渠道；第二层是价值主张，即提供的产品和服务；第三层的左边是核心资源、关键业务和重要伙伴。商业模式画布被许多人视为撰写创业计划的辅助工具。商业模式画布的重点放在如何盈利上，能帮助现有企业和创业者更好地理解是什么让他们的企业与众不同。“没有什么比围绕商业模式画布建立的业务更好了，因此对它的理解以及在现实中将正确的部分组合在一起

① 奥斯特瓦德，皮尼厄．商业模式新生代．北京：机械工业出版社，2011：6-7.

的能力，与产品本身或已设计的解决方案同样重要。不了解商业模式创新，就如同不投资于训练设施、教练和重要的赛事，而仅大量投资于体育人才的培养一样，具有巨大的风险。”①

我们现在具体讨论这九个模块所包含的详细内容。

（一）客户细分

客户细分是用来描述一个企业想要接触和服务的不同人群或组织，主要回答以下问题：谁将购买产品或服务，即把产品或服务卖给谁？谁才是最重要的客户？面对的是大众市场还是小众市场？客户群体是同质化的，还是多样化的？客户构成了一个商业模式的核心。没有（可获益的）客户，企业就无法长久存活。

客户细分群体存在不同的类型。例如，聚焦于大众市场的商业模式，其价值主张、分销渠道和客户关系全都集聚于一个大范围的客户群组，客户具有大致相同的需求和问题；以利基市场为目标的商业模式，迎合了特定的客户细分群体，其价值主张、分销渠道和客户关系都针对某利基市场的特定需求定制，这样的商业模式一般在供应商与采购商的关系中可以找到；以区隔化市场为目标的商业模式，其客户需求略有不同，细分群体之间的市场区隔有所不同，所提供的价值主张也略有不同；具有多元化客户的商业模式，其经营业务多样化，以完全不同的价值主张迎合完全不同需求的客户细分群体，服务于两个或更多的相互依存的多边平台式商业模式。

（二）价值主张

价值主张用来描绘为特定客户细分创造价值的系列产品或服务，需要关注的问题是：

（1）向客户传递什么样的价值？

（2）帮助客户解决哪些痛点、难点、焦点？

（3）满足哪些客户的刚性需求？

（4）正在为目标客户群体提供哪些系列的产品或服务？

价值主张通过满足特定细分群体的需求来创造价值。价值既可以是定量的，也可以是定性的。主要包括以下七个方面。

（1）新颖化：创造客户从未感受和体验过的新需求，使提供物更适用或更好用。

（2）定制化：满足个别客户或客户细分群体的特定需求。

（3）极致化：帮助客户把某些事情做好，使其满意。

（4）艺术化：产品因优异的创意设计更有用。

（5）快递化：把产品或服务提供给以前接触不到的客户。

（6）品牌化：客户可以通过使用和显示某一特定品牌而尊贵。

（7）价廉化：提高产品或服务的性价比，以更低的价格提供同质化的价值，以满足对价格敏感的客户细分群体的需求。

---

① 尼尔森，克莱弗，埃瓦尔德，等．创业的悖论：原书第2版．北京：机械工业出版社，2021：189.

（三）分销渠道

分销渠道是指企业如何沟通、接触其客户细分群体而传递其价值主张，主要回答以下问题：

（1）通过哪些渠道可以接触到细分的客户群体？如何交付产品和服务？

（2）以何种渠道与客户沟通并建立联系？哪些渠道最有效？

（3）如何向客户传递自身创造的价值？

企业可以选择通过自有渠道、合作伙伴渠道或两者兼有的渠道来接触客户。其中，自有渠道包括自建营销队伍和在线销售，合作伙伴渠道包括合作伙伴店铺和批发商。

（四）客户关系

客户关系用来描绘企业与特定客户细分群体建立的关系类型，主要回答以下问题：

（1）针对不同的客户建立了哪些不同类型的客户关系？

（2）如何提高客户对产品的忠诚度？

（3）是否承担得起维护客户关系的这些成本？如何把客户关系与商业模式的其余部分进行整合？

一般而言，可以将客户关系分为六种类型。（1）个人助理：基于人与人之间的互动，可以通过呼叫中心、电子邮件或其他销售方式等自助手段进行。（2）自助服务：为客户提供自助服务所需要的所有条件。（3）专用个人助理：为单一客户安排专门的客户代表，通常是向 VIP 客户提供服务。（4）自助化服务：整合了更加精细的自动化过程，可以识别不同客户及其特点，并提供与客户订单或交易相关的服务。（5）社区：利用用户社区与客户或潜在客户建立更深入的联系，如建立在线社区。（6）共同创作：与客户共同创造价值，鼓励客户参与到全新和创新产品的设计过程中。

（五）收入来源

收入来源用来描绘企业从每个客户群体中获取的现金收入（扣除成本后的利润所得），主要回答以下问题：

（1）什么样的产品或服务让我们的客户真正愿意买单？

（2）客户更愿意选择的支付方式是什么？

（3）每一种收入来源的贡献比例是多少？

一般而言，收入来源可分为七种类型。（1）资产销售：销售实体产品的所有权。（2）使用收费：对特定服务的收费所得。（3）订阅收费：销售重复使用的服务。（4）租赁收费：暂时排他性使用权的授权所得。（5）授权收费：知识产权的授权使用所得。（6）经纪收费：提供中介服务收取的佣金。（7）广告收费：提供广告宣传服务的收入。

（六）核心资源

核心资源是用来描绘使商业模式有效运作所必需的最重要因素，需要分析的是，我们需要哪些最重要的资源才能做好这个生意，主要解决以下问题：

（1）实现产品的价值主张，需要什么核心资源？

（2）建立产品的分销渠道，需要什么核心资源？

（3）维护特定的客户关系，需要什么核心资源？

（4）创造多元的收入来源，需要什么核心资源？

巧妇难为无米之炊。支持每个商业模式都需要核心资源，这些核心资源应包括：

（1）固定资产，包括生产设施、不动产、系统、销售网络和分销店。

（2）知识资产，包括品牌、专有知识、专利和版权、合作关系和客户数据库等。

（3）人力资源，包括具有专业知识的创业团队、顾问等。

（4）金融资产，包括金融资源或财务担保，如现金、信贷额度或股票期权。

（七）关键业务

关键业务是用来描绘为了确保企业商业模式切实可行，企业必须做的最重要的事情，主要回答以下问题：

（1）实现价值主张需要什么关键业务？是自产还是外包？

（2）建立分销渠道需要什么关键业务？是自营还是加盟？

（3）维护客户关系需要什么关键业务？满足个性化还是多样化需求？

（4）创造收入来源需要什么关键业务？采取什么样的供应链解决方案？

任何商业模式都需要多种关键业务活动来推动。正如关键资源一样，关键业务也是企业创造和提供价值主张、接触市场、维系客户关系并获得收入的基础。一般而言，企业的关键业务可以分为三种类型。（1）制造产品。这类业务活动是企业商业模式的核心，涉及生产一定数量或满足一定质量的产品，与设计、制造及发送产品有关。（2）问题解决。这类业务指的是为客户提供新的解决方案。（3）平台或网络。以平台为核心资源的商业模式，其关键业务都与平台或网络有关。网络服务、交易平台、软件甚至品牌都可看做平台。

（八）重要伙伴

重要伙伴是使企业商业模式有效运作所需要的供应商与合作伙伴，主要回答以下问题：

（1）企业应该与谁合作，才能够实现客户预期的价值？

（2）谁是企业的重要供应商？

（3）从重要伙伴处可以获取哪些核心资源？

（4）重要伙伴执行哪些关键业务？

重要伙伴关系日益成为许多商业模式的基石。许多企业通过创建联盟来优化其商业模式、降低风险或获取资源。一般而言，企业的重要伙伴关系可以分为四种类型：（1）与非竞争者之间的战略联盟关系。（2）与竞争者之间的战略合作关系。（3）为开发新业务而构建的合资关系。（4）为确保企业经营而与购买方、供应商建立的关系。

（九）成本结构

创造价值和提供价值、维系客户关系以及获取收入都会发生成本。成本结构用来描绘企业运营一个商业模式所引发的成本，需要关注的问题是：

（1）最重要的固有成本是什么？

（2）哪些关键业务和资源花费最多？

（3）能否实现规模经济或者范围经济？

企业一旦确定了关键的资源、业务和伙伴，其成本是可以估算出来的。一般而言，企业成本结构可以分为两种类型。（1）成本驱动：创造和维持最经济的成本结构，采用低价的价值主张、最大化自动化和采取外包。（2）价值驱动：专注于创造价值，采用增值型的价值主张和高度个性化服务，通常采用价值驱动型的商业模式。

我们将商业模式画布的九个模块进行排序，如图4-7所示，似乎向读者传递“客户细分第一，价值主张第二”的信息。其实，各模块的排列顺序实际上并不重要，画布意味着一个反复的过程，随着企业从每个采取的行动或开展的试验中获得新信息，画布会持续进行调整。我们过早地关注画布左侧的核心资源、关键业务、重要伙伴以及成本结构，会降低新创意的创新性。画布左右两侧就像人的左右脑，左侧的核心资源、关键业务与重要伙伴，以及下方的成本结构，这些模块必须遵从理性和效率来传递价值。而右侧的客户细分、客户关系、分销渠道以及下方的收入来源，则要依靠情感和创意来实现价值创造。创新、新颖、创造力和竞争优势通常在价值创造中得以实现。基于这一视角，创业者首先需要确定或创造价值，然后再开发传递价值的方法。如同一个人同时需要左脑的理性和右脑的感性，方能形成有趣新颖的想法。一个成功的商业模式，不仅依赖左侧的理性和效率，还要依赖右侧的情感和创意，方能持续不断地创造价值。

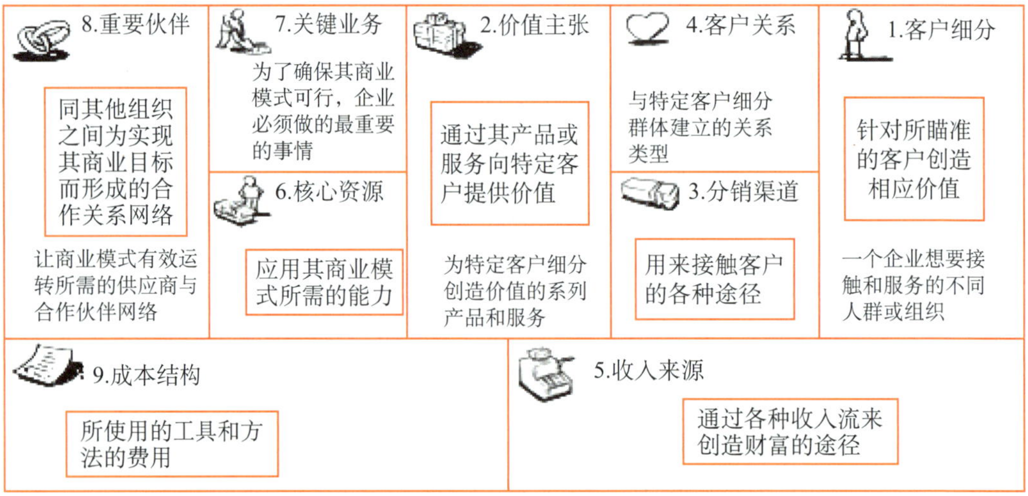

图4-7 奥斯特瓦德的商业模式画布

商业模式描述了企业为客户提供的价值以及企业的内部结构、基础设施（如核心资源、关键业务和重要伙伴）和关系资本等配置要素。在形成商业模式的过程中，创业者并非目标驱动的而是资源驱动的。“他们越有经验，就越能更好地运用现有的点滴想法来创造新的可能，包括新的战略、新的商业模式，对环境变化的快速反应、对看似不起眼的技术的新运用，以及创造出事先无人知晓是否存在的新市场。”① 如图4-8所示，将拼多多用商业模式画布进行解构，可看出拼多多在每一个环节上的创新成就了其商业模式的成功。

① 瑞德，萨阿斯瓦斯，德鲁，等．卓有成效的创业：原书第2版．北京：机械工业出版社，2020：75.

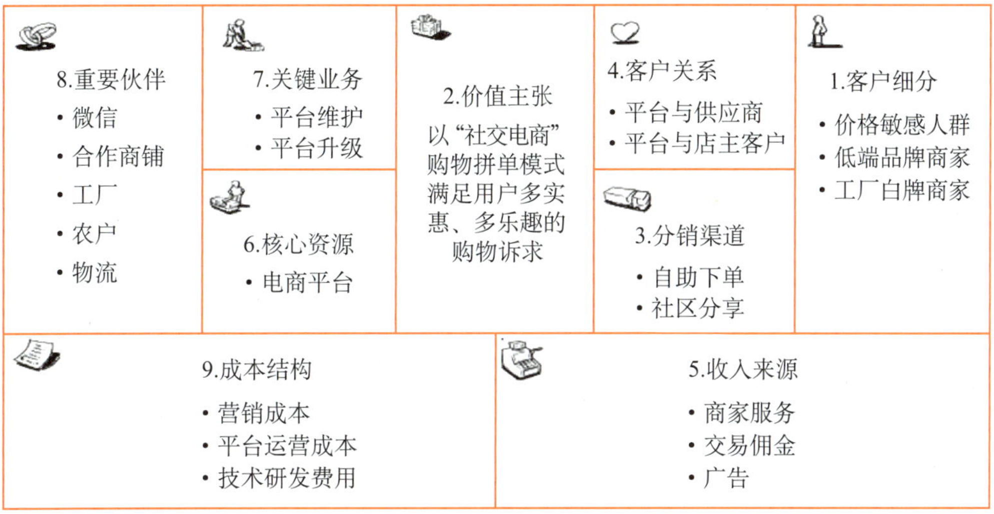

图 4-8 拼多多的商业模式画布解构图[①]

小贴士

摩托罗拉铱星计划为何失败

铱星计划是曾经让许多摩托罗拉人兴奋不已的计划。

对于摩托罗拉的工程师巴里·伯蒂格来说，铱星计划这一革命性的想法来自他妻子在加勒比海度假时的抱怨，她说无法用手机联系到她的客户。回到家以后，巴里和摩托罗拉卫星通信小组的另外两名工程师想到了铱星解决方案——通过 66 颗卫星组成的网络，为全世界任何地方的顾客提供移动通信服务。“只要拿着我们的手机，你可以在地球上任何地方打电话，人们也可以随时找到你。”

尽管铱星计划遭到巴里顶头上司的否决，但得到了摩托罗拉总裁罗伯特的青睐和支持。对罗伯特以及他的儿子克里斯来说，铱星计划是摩托罗拉技术高超的显示，具有巨大潜力，令人振奋，决不可放弃。这一项目是在 1991 年正式启动的。当时，摩托罗拉投资 4 亿美元建立了铱星公司。

1998 年 11 月 1 日，在进行了耗资 1.8 亿美元的广告宣传之后，铱星公司开始提供通信卫星电话服务。但不幸的是，大多数人的热情并没有持续太久。一方面，铱星手机的价格高达 3 000 美元，每分钟通话成本高达 7 美元；另一方面，顾客的大部分业务都是在室内进行的，但铱星手机只能在室外工作——有时会出现高管们探出窗外或小跑到街上打电话的滑稽场面。此外，通信卫星大都是在 22 000 英里的轨道上运行的地球同步卫星，依靠这一高度卫星的电话机很大，且伴有 1/4 秒的声音滞后，使得通话变得困难。手机的尺寸、重量和电池寿命也是问题所在——这款入门级手机有一块砖头大小，重量超过一磅。

最重要的是，拥有一部铱星手机并没有使那些在全球奔波的高管的通信工作变得更方便，他们依然需要携带多部手机，这使得之前所假设的一项主要好处化为乌有。在室内打电

① 胡保亮，闫帅．商业模式创新：数字经济时代持续竞争优势的源泉．北京：清华大学出版社，2021：57.

话依然需要普通手机，语音邮件和本地寻呼等服务也要依靠普通手机。再考虑到铱星手机的价格，人们往往只有在没有其他选择时才会使用它。简而言之，铱星手机的消极因素（昂贵、笨重、音质差且要在户外使用）比预期的要多，而积极因素则比预期的少，截止到1999年4月，摩托罗拉公司在该项目上花费50多亿美元，但仅成功签约了约1万名用户。

1999年6月，铱星公司解雇了15%的员工，甚至包括几位参与了公司营销战略规划的经理。8月，它的用户只增加到2万个，与贷款合同要求的5.2万个用户相去甚远。1999年8月13日，在拖欠了15亿美元贷款两天之后，铱星公司提出了破产保护申请。

铱星计划之所以失败，是因为其商业模式存在问题，系统风险大、成本过高、维护成本也高，整个卫星系统一年的维护费就有几亿美元之巨。

对产业利润的预测不准

铱星计划虽然发现了通信卫星产业链上存在问题，并针对通信卫星产业链的缺陷制订了铱星计划，但是没有充分分析潜在的竞争产业链——移动通信产业链，对移动通信发展潜力缺乏正确的判断，最终误入歧途。

对顾客需求的判断盲目乐观

虽然铱星计划来自顾客的抱怨，或者说顾客的需求，但是对于顾客的需求，必须进行客观的分析，不是所有的顾客需求都意味着商机。如果顾客需求的规模较小或者得不到顾客购买能力的支撑，这样的顾客需求是不值得开发的。

铱星手机相对于其他手机来说太大了，也太贵了，于是公司不得不在手机服务无法到达的领域谋求发展。由于有了这一限制，铱星手机把它的市场目标锁定在跨国商务人士身上，因为他们经常会去普通通信服务无法到达的偏远地区。虽然这一市场计划的制订是在手机兴起之前，但铱星手机未改变市场目标。

而事实上，铱星手机的市场目标——跨国商务人士的需求却日益被服务优越得多的手机满足。手机的发展大大削减了市场对铱星手机的需求。

技术限制和它的设计扼杀了它的前途

由于铱星手机的技术基于看得见的天线和轨道上的卫星，因此用户在车里、室内和市区等许多地方都无法使用电话，甚至在野外的用户还得把电话对准卫星方向来获取信号。正如一位高级商业顾问所说："你无法想象一个出差到曼谷的首席执行官走出大楼，走到街角，然后掏出一部3 000美元的手机来打电话。"就连摩托罗拉的前首席执行官乔治在一次采访中也承认："无法做到小型、无法在室内使用绝非我们的最初构想，无论是什么原因，这都大大损害了这一项目。"

此外，一些技术上的缺陷也无法弥补。铱星手机能够传输的数据量有限，而传输大量数据对于商务人士来说恰恰越来越重要。更令人头痛的是，在偏远地区必须找到一些特殊的太阳能设备才能给铱星手机的电池充电。这些限制让铱星手机在市场上的销售变得十分艰难。

商业实践表明，相对于高科技，商业模式更加重要。并非任何一个高超的技术都具有商业价值，高超的技术不是用来炫耀的，而是用来为顾客和企业创造价值的。

资料来源：摩托罗拉铱星的商业模式为何失败．豆丁网；麦格拉思，麦克米兰．创业思维：在不确定时代持续创造机会的战略．北京：机械工业出版社，2021：130－131.

三、商业模式的基本类型

★路标 商业模式常见的十大类型。

了解常见的商业模式有助于确定哪种模式更适合你的企业。你或许会选择融合多种元素的混合型模式。我们认为，了解不同行业的商业模式是个很好的做法。这种水平式创新往往能催生出富有创意的、高效的商业模式。

（一）预付款模式

预付款模式是指消费者首先对商家授信，在产品或服务使用之前预先支付费用，成功使用后再实际扣除的模式。例如，预先充值消费卡已成为当今休闲健身、娱乐、理发及美容保健、汽车清洗及保养、洗染、洗浴等行业的商业模式。这些企业采取一次性预收费用后分次向消费者提供服务的交易模式。对企业来说，预付款消费模式的重要内容是吸引消费者进行储值，因为只有客流源源不断，才能保证该模式发挥其回笼资金的功效，但是让顾客选择折扣优惠、买赠优惠和会员时效卡等预付款消费模式，很可能会降低企业实现重复收入的能力。

（二）订阅模式

订阅模式是指顾客每月或按约定的时间段支付固定费用。其商业的本质是产生大于生产和分销成本的年金收入，它帮助企业在不同的商业应用中开拓新的分销模式。从财务角度来看，相比其他公司在获得客户方面的低效率及不确定性，采取订阅模式的企业可以获得可预见的收入。从订阅者的角度来看，方便获取和可重复使用为其带来了便利，获得的效益超过了订阅成本，消费者就会购买。相反，如果边际效益降低，消费者就会取消订阅。这种模式可以为企业带来重复性收入，具体包括如下两种子模式：一是年费制或长期制。这种方式可以有效锁定客户，和一次性预付相比，它能很好地降低顾客支付的费用。我们所熟知的纸质刊物以及电子读物，就是采取向客户收取年费，然后每月发送信息资讯的模式。向客户预收费用，哪怕为其提供折扣价格，对初创企业来说也是很理想的选择，这种模式带来的好处是降低企业对资本的需求。二是月费制。这种方式可以给用户更高的灵活度，和年费制或长期制相比，企业也能收取更高的费用。例如，一家提供鲜花预订服务的公司可以在客户需要的任何时间每周提供鲜花递送服务。采用这种订阅模式，公司可以在客户原有的花束即将凋谢的时候将新的鲜花如期送达。而一家提供蔬菜递送服务的公司，则可以把蔬菜从当地的商户送到各个存放点（办公室、健身房、学校等），这样就解决了大多数蔬菜递送服务商遇到的“最后一公里”问题。总之，订阅模式省去了客户重复购物的环节，让他们把更多精力投入使用，但仅适合低造价、低物流成本、高体验价值、高消费频率的产品。

（三）诱钓模式

诱钓模式指的是通过廉价的、有吸引力的甚至是免费的初始产品或服务，来促进相关产品或服务未来的重复购买的营运模式。[①] 这种模式也称为“亏损特价品”模式。“亏损特价品”指的是最初补贴甚至亏本提供，目的是从客户的后续购买中获得利润的产品或服

① 奥斯特瓦德，皮尼厄．商业模式新生代．北京：机械工业出版社，2011：94－95.

务。这是一种企业和客户可以实现双赢的价值获取方式。对客户而言，好处是前期成本较低，后期成本视用量决定，而这一点是客户可以自行控制的因素。对企业而言，这种模式能有效降低获取新客户的成本，降低销售成本，增加从现有客户身上长期实现的收入。例如，移动通信运营商推出合约手机，即赔钱免费赠送一部手机然后按月收话费来弥补损失的诱钓模式。这种模式很流行，已应用在许多行业，包括喷墨式打印机行业，如惠普、爱普生和佳能等生产商就是以很低的价格销售打印机，通过墨盒的销售产生良好的利润。不过这种模式通常需要强大的品牌声誉来支撑，以初始产品和后续产品之间的强连接或“锁定”关系为特征。

（四）追加销售模式

这种模式的特征是以很低的利润销售核心产品，以极高的利润销售附加产品，常见于电子产品和汽车产品销售。以电子产品为例，相机的售价可能比生产成本高不了多少，这样做的目的是吸引顾客，但镜头等附加设备的利润很高，而且通常提供年数不等的延期保修服务，收费也非常高。再如汽车销售，车辆本身的利润不是很高，但附加的项目，如延期质保、配件、防锈服务等都是高利润产品，让卖方可以盈利。

（五）广告模式

广告是在免费产品或服务上应用非常广泛的收入来源。广告平台一边以免费的内容、产品或服务吸引用户，一边通过销售广告位来产生收入。例如，天猫和淘宝实际上是开商场、开集贸商场，自己不经营、不直接卖东西，实际上做的是“科技地产”，搭个台子而已。值得注意的是，很多初创企业如果仅依靠广告模式盈利可能很难实现发展。

（六）用户数据营销模式

和广告模式类似，这种方式首先通过免费产品吸引大量用户，然后向需要了解或接触这些用户的第三方出售数据，以此方式实现收入。例如，总部位于美国硅谷的领英公司，是全球最大的职业社交网站之一，其会员人数在世界范围内已超过3亿，该公司向招聘机构出售用户信息，以便对方接触各种类型的用户数据而获得不菲的收入。此外，数据公司也是这样，会向特定机构出售用户数据以供市场研究之用。这类公司为直复营销行业提供成千上万的客户数据列表。在北京、上海、广州、深圳等国内大中城市，这类公司发展迅速，成为数据营销领域的重要成员。

（七）交易收费模式

所谓交易收费模式，是指针对交易双方或单方收取一定的交易费用。例如，网络零售商通常会向成功推荐业务的一方支付佣金，同时也会为其他网站推荐业务从而收取佣金。例如，豆丁网通过提供教育内容网络交易平台和相关服务，针对交易双方或者仅针对卖方收取一定的交易费用，其交易的方式比较灵活，既可以是在线浏览，也可以提供下载服务，根据流量或者交易的价格抽取一定比例的费用。eBay每完成一次拍卖会向卖方收取一笔费用。这种模式与信用卡公司的做法相似，用户每刷卡交易一次就会有一定比例的费用支付给信用卡公司。如今网络游戏开始采取这种模式，即游戏中游戏时间和道具全部免费，厂商采取对用户之间交易收取费用的模式到达盈利目的。

有时候，改变付款方式也可以提高交易效率。例如，澳大利亚曾是一个流放地。英国把一些犯人送到澳大利亚去，这样做既解决了英国本土监狱人满为患的问题，又解决了澳大利亚劳动力不足的问题。于是，英国政府雇用私人船只运送犯人，并按照运载人数付费，多运多赚钱。结果政府发现这样做有很大的弊端，即犯人死亡率非常高，平均超过了10%，最严重的一艘船中犯人的死亡率达到了惊人的37%。政府官员绞尽脑汁想降低运输犯人过程中的死亡率，包括派官员上船监督、限制运载人数等等，却都实施不下去。最后，他们终于找到了一劳永逸的办法，就是将付款方式变换了一下：由依据上船人数付费改为依据下船人数付费。船东只有将“活着的人”送达澳大利亚，才能赚到运送费用。新的交易收费模式出台后，犯人死亡率立竿见影地降到了1%左右。后来船东为了提高犯人的生存率，还在船上配备了医生。

（八）用量模式

这种模式有些像电表计费，应用范围很广。例如，亚马逊是大数据和云计算的先行者，它推出的S3云服务早已成为云端存储的业界标准。通过易于使用的API，用户可以很方便地将各种数据对象放在云端，然后再像使用水电一般按用量付费。S3云服务根据用户所占用的存储空间、请求数和数据流量进行阶梯定价收费。这种模式的好处是，用户可以更好地控制成本，他们只需支付所用的宽带服务，不必为未使用的其他功能付费。

（九）流量模式

这是一种针对固定使用量推出的可预测的重复性收费模式，如果用户超出规定使用量，附加用量的收费远高于基本用量的收费。基本费率这一块，企业和用户都很清楚，因为用量是固定的，但附加用量这一块有很大的灵活度。随着数据流量呈现爆炸式增长，通话和短信开始减少，移动运营商的商业模式也在与时俱进，一方面向大多数手机用户赠送不限量的通话和短信服务，另一方面推出“流量5元可选包、10元可选包和20元可选包，自动享套餐外0.29元/M流量资费”等花钱买流量的收费模式，使企业实现了不菲的利润。

（十）特许经营模式

特许经营模式是指创业者将自己拥有的商标、商号、产品、专利和专有技术、经营模式等以特许经营合同的形式授予被特许者使用，被特许者按合同规定，在特许者统一的业务模式下从事经营活动，并向特许者支付相应费用的模式。如果创业者有可实施的好项目，但缺乏扩展业务的欲望以及所需的能力或资本，可以考虑采用特许经营模式，从连锁销售中分成，或是出售自己开发的项目和品牌，以换取启动资本，也可以向连锁店销售品牌产品，以获得收入。

以上所述的模式显然无法涵盖所有的商业模式，但是能帮助创业者构思与众不同的价值获取方式。你可以融合不同的模式，或是开创全新的商业模式。

小贴士

好的商业模式源自微创新

所有的商业模式都是试出来的，重点在于试错成本是不是在你能够接受的范围内。美国作家莱斯在《精益创业》中提到用最简单的方法创新，用成本最低的方法创新，这种观点与微创新如出一辙。对商业模式的探索，应该用比较简单的方式，先做一点小尝试，如果行不通就赶紧改，如果切实可行，便可逐渐加大筹码。

例如，世界上最早的复印机是美国施乐公司发明的，这一时期的复印机是典型的面向企业的产品，体型巨大，放在专门的房间由专人维护。后来，佳能公司缩小了复印机的体积，研发出世界上第一台台式复印机。和大型复印机相比，佳能公司的台式复印机有着无数的缺点，比如复印不清晰、浪费纸张等，但其做到了一点——将复印简单化，从面向企业转到面向普通用户，这就是微创新的价值所在。微创新往往很难让大公司察觉到威胁，这也给了佳能公司完善产品的机会，台式复印机开始一步步蚕食大型复印机的市场。现在，施乐公司的这种大型复印机在快速印刷中心比较常见，而小批量的复印已经成为台式复印机的专属舞台。

我们鼓励创新和探索，但罗马不是一天建成的。特别是对很多创业公司和产品经理来讲，他们怀揣巨大的理想，却不具备一夜之间颠覆世界的资源。所以，不妨从用户体验的角度出发，不断地去做微小的改进，可能在短时间内看不到明显效果，但通过点点滴滴的积累，最后就有可能改天换地。需要强调的是，微创新不是“山寨”也不是“抄袭”，实际上很多被认为极具创新力的产品，都是通过持续的微创新，才变成最终大家看到的样子。很多人习惯将“微创新”和“颠覆式创新”对立起来，认为微创新属于战术层面的“小打小闹”，颠覆式创新属于战略层面的“敲锣打鼓”。事实上，几乎所有的颠覆式创新都源自一次次的微创新，即都是从一个微乎其微的“点”入手。

微创新是一种方法论，是从用户需求出发、优化用户体验的一个思路，而不是闭门造车地研发某种跨时代的技术。这种技术如果找不到为用户创造价值的使用场景，其实是没有意义的。

众所周知，任何商业模式都源自用户需求。很多初创企业在创新时，往往拘泥于概念，纸上谈兵，却忘了创新的内在价值。创新应该是在以下基础上建立的。首先，它要足够有潜力，有利可图，能带来增值，能让人兴奋。这是指要发现用户的刚性需求，找到用户在使用产品过程中不方便、不舒服的地方，有针对性地作出改变，提升产品的价值。其次，创新要能改变固有的范式，比如改变用户习惯，将用户的体验变得更容易、更简单。

无论何种商业模式，它的起点一定来自用户的痛点，是一种未被发现或满足的需求。简单来说，任何商业模式都源自企业对用户需求和痛点的理解。一种商业模式在探索、成长的过程中，大多数时候是由用户引导着向前发展。如果你没有足够的用户基数，商业模式不可能成立。反之，一些巨头之所以会丢掉一些商业机会（严重的甚至丢掉基业），很大程度上是因为他们在经历了一些成功的商业模式之后，丢掉了对用户的好奇和理解，对新事物的判断不自觉地带上了模式的框子：有模式吗？能赚钱吗？能有多少营收？……一旦找不到答案，就会轻易放弃这个项目，最终与机会失之交臂。

有些创业者在构造商业模式的时候喜欢从行业高度来看。比如中国的教育产业未来有多大、中国医疗产业未来有多大、中国有多少用户……把商业计划书写得大而无当。这样的计划书，很难得到投资者的青睐。事实上，最好的做法是向投资方踏踏实实地交底：我发现市场上存在哪些问题，因此我做了什么样的产品，解决了什么问题。

理解商业模式，可以从产品模式、用户模式、推广模式和收入模式入手。简单说来，就是你研发了何种产品，这个产品能够给哪些用户创造哪些价值，如何让用户认识了解这个产品，以及该产品如何盈利。商业模式“四部曲”就像一座金字塔，你的底层基础打得越扎实，就越容易实现盈利。

因此，你要时刻问自己：企业是不是真的解决了用户的痛点？是不是真的让用户离不开？是不是真的把产品体验做得很好？是不是真的快速获得了很多用户？企业每往前走一步，拥有的资源和用户越多，看到的机会就越多。商业模式是不断试错、不断积累、不断调整出来的。一种商业模式即使成功了，也不是固定不变的，需要不断发展。做产品，很多时候不能用自己的感觉去揣测产品，也不能用自己的人生经历去体验产品。商业模式不是坐而论道得来的，也不是媒体高谈阔论讲出来的，而是在用户需求的引导下，创业者们不断地打磨、探索出来的。

资料来源：周鸿祎．所有的商业模式都是试出来的．(2019-10-17). http://www.ijiandao.com/2b/baijia/325245.html. 笔者有改动。

本章小结

● 商业创意的三大源泉是变化的环境趋势、尚未解决的问题和市场缝隙。

● 捕捉经济、社会、技术以及政策规制的环境变化趋势是商业创意发掘的重要路径。解决日常生活中遇到的某个问题或填补市场缝隙，都可以发掘商机。

● 塑造商业创意的三种方法包括网络调查法、头脑风暴法和焦点小组法。

● 网络调查法是探讨商业创意最便捷、最经济、最常用的方法。

● 头脑风暴法是识别商业创意的常用方法。头脑风暴法是围绕着一个特定议题，召集6～12人进行有组织的讨论会，以产生多种创意。

● 焦点小组是指与议题相关的6～9人集中在一起的小组。焦点小组法广泛运用于各个场合，也可以用来帮助产生新的商业创意。

● 商业创意的筛选是一种快速评估商业创意“含金量”的有效工具。对商业创意进行快速筛选后，还应进行更加全面深入的分析。

● 商业创意的评估，可以帮助创业者针对产品吸引力、市场前景力、财务盈利力、创业团队力等进行分析，以便作出商业创意的可行性判断。

● 机会评估是评估这个创意在多大程度上代表了一个有吸引力的机会的过程。

● 产品吸引力评估是针对拟生产产品的合理性和需求度进行评估。

● 市场前景力评估是针对产业吸引力、目标市场吸引力和产品入市时机进行评估。

● 财务盈利力评估是针对企业的资本需求、同类企业盈利能力、财务吸引力进行评估。

● 创业团队力评估是针对创业团队的管理能力和资源整合能力进行评估。

● 商业模式是集产品、服务和信息流于一体的一套架构体系，为实现客户价值最大化，把能使企业运行的内外各种要素整合起来，形成一个完整的、高效率的、具有独特核心竞争力的运行系统，并通过提供产品或服务，达成持续盈利目标的整体解决方案。

● 精益创业画布是发掘商业创意的辅助工具，商业模式画布是撰写创业计划的辅助工具。

● 商业模式画布的构成包括客户细分、价值主张、分销渠道、客户关系、收入来源、关键资源、关键业务、重要伙伴、成本结构九个模块。

● 商业模式常见的基本类型有十个。创业者可以结合不同的模式，也可以开创全新的商业模式。

思考题

1. 商业创意的三大来源是什么？
2. 如何从变化的环境趋势中捕捉商业创意？
3. 如何从尚未解决的问题中发掘商业创意？
4. 如何从市场缝隙中发现商业创意？
5. 塑造商业创意的方法有哪些？
6. 如何进行商业创意的初筛？
7. 评估产品吸引力的目的是什么？
8. 评估市场前景力的目的是什么？
9. 何为商机窗口？何为市场沉默期？
10. 如何把握新产品入市时机？
11. 评估财务盈利力的目的是什么？
12. 评估创业团队力的目的是什么？
13. 什么是利基市场？
14. 新创企业如何选址？
15. 如何利用互联网寻找类似企业信息？
16. 商业模式的定义是什么？
17. 商业模式画布的构成要素是什么？

阅读材料

机会是被发现的还是被创造的？

从创业机会研究文献来看，学者们就机会是被发现的还是被创造的争论逐渐达成共识，即有些机会“埋在土壤里，等待着警觉的个体去发掘。然而，其他机会则需要一些利益相关者，包括创业者，通过动态互动、偶然的设计和协商，采取有效的行动来‘创造’或培养它们”①。创业过程中可能既存在发现型机会，也伴随着创造型机会。从支付宝与余额宝的诞生过程，我们不难探知，发现型机会与创造型机会共同发挥关键作用，且伴随着两种类型创业机会之间的转化。

创办于1999年的阿里巴巴是世界上最成功的互联网企业之一。由最初的B2B电子商务业务发展到现在，阿里巴巴已不仅仅是一个电商平台，先后开辟了与之相关联的互联网金融、物流平台、网络媒体、云服务等一系列的互联网服务。其中，阿里巴巴的互联网金融业务——支付宝、余额宝的出现对中国整个金融行业具有深远的影响，并且余额宝还是典型的新兴行业制度下的创业案例，较好地诠释了创造型机会的产生过程。余额宝的产生

① 尼尔森，克莱弗，埃瓦尔德，等．创业的悖论：原书第2版．北京：机械工业出版社，2021：69.

源自支付宝的发展，在余额宝的基础上又产生了大量互联网金融相关业务，这一创业实践活动较好地验证了发现型机会与创造型机会的转化。

一、支付宝与余额宝的诞生

2003 年 5 月，淘宝网建立 B2C、C2C 服务平台，然而由于在这种交易模式下买卖双方并不是面对面沟通，商家与买家间缺乏信任基础，加上资金流与物流分离，使得交易存在先天不足，而且当时市场中缺乏相应的信任机制来保障交易的顺利进行。建立信任成为淘宝网必须做的事。

（一）支付宝的诞生

淘宝网初期的交易方式有两种：要么同城见面交易，要么远程汇款交易。多数情况是买卖双方之间从未谋面又相隔万里，相互间缺乏信任，迫切需要第三方担保交易解决这样的问题。市场中供给与需求的矛盾突出，阿里巴巴创始团队发现了这一市场机会。最初的想法是寻找国内的金融机构来做淘宝网的第三方担保交易，但由于当时单笔交易金额小，各金融机构觉得入不敷出，无利可图。最后，在市场需求的推动下，淘宝网决定自己利用该机会，于 2003 年 10 月推出了支付宝，作为第三方为淘宝网上的交易提供担保服务。

该机会来源于市场供给与需求的不均衡，而阿里巴巴基于自身的敏锐洞察力和警觉性发现了这一市场需求。对该机会的利用很好地降低了网上交易存在的风险，满足了多方利益相关者的需求。基于淘宝网这一信息平台，消费者与商家确定交易意向，消费者通过第三方支付平台，将资金暂时转入支付宝，由支付宝作为交易担保方，商家将商品通过物流企业寄送给消费者。消费者收到商品并确认无误后，支付宝将相应资金转到卖方支付宝账户，卖方可以通过支付宝与银行进行结算。

不难看出，支付宝满足了淘宝网交易双方、银行、物流企业等各自的需求。作为第三方支付平台，支付宝获得顾客和商家的极大认可，业务量开始急剧增长，并于 2004 年 12 月从淘宝网拆分，成立支付宝（中国）网络技术有限公司。支付宝的业务模式推动了银行等金融机构为其开通支付功能，且金融机构也获得大量淘宝网商家客户群体及交易结算收益。建设银行、农业银行、招商银行、浦发银行、民生银行等 100 余家国内外银行以及 VISA 和万事达等，先后与支付宝建立了合作关系。物流企业则获得更多的用户订单，特别是一些中小物流企业快速发展起来，形成了物流行业的“四通一达”（申通快递、圆通速递、中通速递、汇通快运、韵达快运）。这些新主体的不断加入进一步拓展了支付宝的业务。随后支付宝业务快速发展，2008 年推出支付宝手机支付服务以及水、电、煤气等公共事业缴费服务，当年用户量超过 1 亿。2009 年支付宝用户量超过 2 亿，2010 年用户量超过 3 亿。2008 年以后，作为互联网支付平台，支付宝相继与亚马逊、戴尔、日本软银、携程、春秋航空等合作，实现国内以及跨境支付。支付宝由此逐渐覆盖了购物、航旅票务、生活服务等众多领域，为各类商家提供支付服务。

从支付宝业务的快速发展来看，围绕开发支付宝业务这一商机以及潜在机会，新的参与主体包括大量的金融机构、商户、物流企业、其他电子商务平台发现相应的机会，也积极参与进来。这些新的各类主体的参与带来了大量资源和信息，进一步拓展了原有机会集。机会集的拓展可以体现为三个方面：

一是支付宝支付业务的拓展，从仅仅服务于淘宝网到其他电商平台、公共事业服务单位等竞相加入并利用该服务业务，潜在客户大增。

二是支付宝业务为买家和商家提供担保支付服务，让二者的交易变得便利，降低风险，吸引越来越多的买家和商家入驻电商平台。

三是配套支持服务的拓展，如银行等金融机构的互联网金融业务以及顺丰、圆通等物流服务业务需求的快速增长。

（二）余额宝的诞生

根据支付宝发布的信息，2012 年支付宝的用户数超过 8 亿，日交易额达到 60 亿元，占第三方支付 47%的份额。支付宝爆发式的增长一方面为其带来大量市场资源，客户与收益不断攀升，由此产生的沉淀资金越来越多，一时成为其幸福的“负担”。然而，另一方面，社会公众对巨额沉淀资金的管理及其收益的归属权产生怀疑。2010 年中国人民银行下发《非金融机构支付服务管理办法》，明确规定禁止支付机构以任何形式挪用客户备付金。根据惯例，几乎所有第三方支付机构搁置在银行的沉淀资金所产生的利息都属于机构本身，而不是客户。2013 年中国人民银行又下发《支付机构客户备付金存管办法》，规定需要第三方支付机构计提备付金利息的 10%作为风险备付金，对于剩下的 90%的利息收益并未予以明确规定。这更增加了客户的质疑。

支付宝迫切需要解决这一难题，因此与潜在合作者进行沟通，最终选择与天弘基金合作。天弘基金创建于 2004 年，在与支付宝正式合作时只是个小型的基金管理公司。由于其他潜在合作者与支付宝的想法未达成一致，特别是一些大型基金公司并不看好支付宝方面提出的想法，而天弘基金敏锐地察觉到可能存在的机会，快速地与支付宝沟通，共同探讨解决方案，最终达成一致意见，双方合作推出余额宝，将相应资金投资于货币基金这种低风险、收益稳定的产品。2013 年 6 月余额宝产品正式推出。

总的来看，前期支付宝、淘宝网及其众多的利益相关者不断开发支付宝服务，创建和拓展相应的机会集，带来了大量资源的集聚，特别是资金资源和市场资源的快速集聚，这为支付宝创造性地利用沉淀资金奠定了基础。加上前期与国有银行、股份制银行等的合作，支付宝对于金融行业有了足够的认识和了解。支付宝需要找到一个既能为客户创造收益、风险又低，还能控制备付金规模并减少监管机构的约束的解决方案。因此在实现这一目标的驱动下，支付宝开始寻找潜在合作者。这是一个创新程度极高的机会，由此吸引了全新的、差异化的天弘基金参与，产生了余额宝。

余额宝的产生是核心主体支付宝等进行创造性想象和实施的结果，是一个充满不确定性的建构过程，因为之前市场中并不存在相似的解决方案。余额宝是由支付宝与其服务的客户、基金公司及其他利益相关者通过互动共同创造的，属于典型的创造型机会。基于这一创业过程，不难发现“先有鸡后有蛋”，即先有支付宝，后有余额宝。

二、从余额宝业务中催生出增利宝和招财宝

余额宝本质上是一款理财产品，用户将资金从支付宝转入余额宝便意味着购买了天弘基金的“增利宝”货币基金，从而获得远高于活期存款利率的收益。支付宝通过余额宝这一业务，将零散的资金集中起来，极大地降低了购买货币基金理财产品的门槛，提高了便利性。因而余额宝推出后，在一个月内资金规模便突破百亿元，2014 年初突破 2 500 亿元。

从创造型机会开发过程来看，余额宝这一机会概念，源自支付宝为解决客户对于沉淀资金的诉求而向多家基金公司寻求合作。这一机会概念起先并未得到广大基金公司的认可，但当时处于弱势市场地位的天弘基金快速反应，基于互联网以及支付宝客户群体的特征提出了与支付宝合作推出货币基金的设想，得到了支付宝的支持（从后续广大支付宝客户的积极响应也能看到这一机会备受各利益相关主体认可）。此时，这一机会概念被客观化，余额宝业务被创造性地推出。随后，余额宝业务进入实质性的利用阶段，其通过创造性的方式将支付宝、使用支付宝的客户、基金公司以及银行等利益相关主体密切联系起来。天弘基金利用其资质推出“增利宝”货币基金业务并将其嵌入余额宝中；支付宝将不同类型的服务客户聚集在这一支付平台上并成为余额宝的销售渠道；支付宝服务的客户（包括各电商平台的买家及其他客户）提供大量的闲置资金，通过余额宝获取收益；银行对支付宝和余额宝的资金进行托管、结算，同时“增利宝”货币基金成为其重要的资金来源，弥补资金短缺。

在余额宝这一机会的开发过程中，天弘基金成为支付宝相关业务发展过程中的一个全新主体，该主体的加入极大地拓展了原有的机会集，主要体现为四个方面。一是支付宝与基金公司对接，可实现通过支付宝平台销售基金公司等机构的各类理财产品，拓展了理财产品的销售渠道，降低用户的理财门槛，从而吸引大量用户；二是拓展了支付宝和天弘基金等主体的业务服务范围；三是进一步拓展了配套服务，例如，广大支付宝客户将大量资金集聚到余额宝，由此衍生出降低被盗风险的互联网保险业务；四是余额宝引发银行业的变革，使得银行这一关键参与主体开始思考如何灵活利用社会公众的零散资金。

余额宝这一业务的开发，极大地拓展了机会集，并带来了新主体以及大量资源和信息的集聚。例如，在吸引客户方面，2016 年余额宝用户数突破 3 亿，截止到 2017 年 6 月余额宝的规模更是达到了 1.4 万亿元。余额宝的快速发展引发机会集拓展，从而对互联网金融行业产生深远影响，带来大量的发现型机会。

由于余额宝的客户规模和资金规模急剧扩大，为满足客户不同的理财需求，2014 年 4 月阿里巴巴在余额宝基础上推出了招财宝业务。其作为理财信息发布平台，银行、保险公司、基金公司等可以发布相应的理财产品，但相应产品必须由金融机构或大型担保机构提供本金和收益担保。支付宝及余额宝客户可以用相应的账户资金购买这一平台上的低风险、收益稳定的理财产品。

招财宝业务推出后，不断进行更新，满足了不同层次支付宝客户的理财需求。同时，支付宝于 2016 年 10 月向客户推出余额宝大额提现和转账服务收费业务，这些都是在余额宝基础上发现的新机会。

天弘基金通过与支付宝合作推出余额宝后业务量大增，并获得大量的基金管理费收入。在这种互联网基金销售模式受到广大客户认可后，天弘基金相继在支付宝平台推出更多不同收益与风险的理财业务，余额宝客户成为其潜在客户来源，极大地扩展了原有的业务范围和规模，奠定了其作为国内重要基金的基础。此后，各大银行和基金公司看到余额宝的巨大成功，便相继复制该机会，推出与余额宝类似的理财产品，包括百度百赚、京东小金库、薪金宝、如意宝、活期宝、苏宁零钱宝等。同时，较多客户将闲置的大额资金转入余额宝衍生出对账户安全的担忧，中国平安保险与支付宝合作，推出了账户安全险（如盗刷险），备受客户认可。随后，中国人寿、泰康人寿、太平洋保险等保险公司，相继加入并推出各种类型的互联网保险产品。

在分析多主体互动的机会开发过程时发现，这一过程产生的“信息/资源池”是创建机会集的基础，机会集的存在不断吸引新主体的加入并带来信息和资源，从而进一步拓展机会集。这也为各主体提供了更丰富的潜在机会，吸引各主体进一步开发新的发现型机会或创造型机会，即机会集与机会开发是互相促进的“双螺旋”结构关系。该结论为后续研究者探讨机会的演化过程、群体创业以及创业生态系统的形成机制等问题奠定了理论基础。

第一，有助于指导那些创业意愿强烈的（潜在）创业者，积极与其他主体进行沟通和交流，以开放的心态与利益相关主体围绕机会开发进行合作，或参与到其他主体的机会开发过程中。不同主体间的互动产生信息和资源的交流，有助于（潜在）创业者去思考和挖掘合适的创业机会，并提高创业的成功率。

第二，努力实现创造型机会开发是企业长远发展的重要基础。尽管多数企业起步于发现型机会，但较之于发现型机会，创造型机会的创新性和难以模仿性更高，更有利于企业构建竞争壁垒，形成独特的竞争优势。创业企业应当在发现型机会开发过程中逐渐积累自己的核心资源和知识体系，吸引多元化主体的积极参与，以在合适时机开发创造型机会，实现价值增值。

第三，有助于指导政府或大型企业等主体构建创业生态系统。创业生态系统是由众多不同功能的参与主体构成的充满活力和潜在机会的系统。多主体参与下的创业机会开发推动了信息和资源的集聚和互动，促进了机会集的形成。其中，机会集被认为是吸引不同类型主体参与的基础，政府机构以及大型企业等可通过完善的制度设计和开放的治理机制，在机会数量、机会多元化、机会创新性以及机会可行性等方面，促进高质量机会集的形成，以不断吸引多元化的主体参与开发创业机会，从而建立一个互惠互利的创业生态系统。

例如苹果公司开发的智能手机 iPhone 在全球市场大获成功，衍生出大量的发现型机会，形成了价值巨大的产业链条。而由发现型机会转化为创造型机会是个复杂的过程，目前只有少数像阿里巴巴这样极为成功的大型企业可以作为案例，实现由发现型机会到创造型机会转化，再由创造型机会到发现型机会转化的复杂过程。

在不同制度、市场和文化等环境背景下，创业机会的开发存在极大的差异性，参与主体也可能不尽相同。因此，未来创业者可以从区域环境的特征角度深入分析这种差异性。关于发现型机会转化为其他发现型机会、创造型机会转化为其他创造型机会等同类型的机会转化问题，都是值得进一步探索的问题。

资料来源：蔡莉，鲁喜凤，单标安，等．发现型机会和创造型机会能够相互转化吗?：基于多主体视角的研究．管理世界，2018（12）.

【思考】

1. 为什么说多种参与主体互动有利于机会集的拓展?
2. 机会集的形成如何促进两种类型创业机会的转化?

练习

筛选商机的“快餐”

你的一位朋友在大公司工作，他刚接到通知，被告知他的岗位三个月后将被裁撤。他厌烦了这副“金手铐”（做高级打工仔）的工作，想自己创业。他有几个创业想法，但都很模糊，拿不准到底哪一个创意的商业价值大。请帮你的朋友厘清创业思路——做一做快速筛选吧！

（一）市场和利润率相关问题

指标	较高潜力	较低潜力
需求/愿望/问题	已识别出	未被关注
客户	可接触到且客户愿意接受	接触不到/其他公司忠诚客户
用户的回报期	<1 年	>3 年
增加价值/创造价值	>40%	<20%
市场规模	5 000 万～1 亿元	<1 000 万元或>10 亿元
市场成长率	>20%	<20%
毛利率	>40%；能持续	<20%；难持续

☆总体潜力

A. 市场　　高________中等________低

B. 利润率　　高________中等________低

（二）竞争优势

指标	较高潜力	较低潜力
固定成本和变动成本	最低	最高
客户控制程度	较强	较弱
● 价格/成本		
● 供应/分销渠道		
竞争者进入壁垒	可构筑	难构筑
● 专用权优势	有防御性	无
● 交货周期优势	迟缓的竞争	无
服务链	强优势	弱优势
合约优势	排他	无
关系网络	能接触关键人物	有限

☆总体潜力

A. 成本　　高________中等________低

B. 渠道　　高________中等________低

C. 进入壁垒　　高________中等________低

D. 时机　　高________中等________低

（三）价值创造和实现问题

指标	较高潜力	较低潜力
税后利润	10%～15%或更多；持久	<15%；差
达到盈亏平衡所需时间	<2 年	>3 年
获得正现金流所需时间	<2 年	>3 年
投资回报率潜力	40%～70%	<20%；差
价值	高战略价值	低战略价值
资本要求	低或中等；找得到投资	高；难找到投资
退出机制	首次公开上市；收购	未定义；变现能力差的投资

☆总体价值创造潜力

A. 时机　　高________中等________低

B. 利润/自由现金流　　高________中等________低

C. 退出/清算　　高________中等________低

（四）总体潜力评估

指标	做	不做	如果……就做
1. 利润和市场			
2. 竞争优势			
3. 价值创造和实现			
4. 匹配度			
5. 风险回报平衡			
6. 市场时机			
7. 其他紧要问题：必须知道或可能造成失败的问题			
a.			
b.			
c.			
d.			
e.			

创建新企业必须做这项例行工作。建议你把这些练习的各个部分用于整理思路和数据，以形成一份完整的创业计划。对每个组成部分都要进行动态处理，开始时进行粗线条的评价，在重复过程中逐渐细化集中。

做完这些练习需要比较长的时间。这实际上是对你在创办新企业前对于应该如何去面对这个枯燥无味而劳心费神的工作过程的一次“预演”。在这个练习结束后你应该对创业商机的相对吸引力有个较清晰的概念。当然，这个概念可能包含极大的不确定性和风险。但完成这些练习能够帮助你了解这些不确定性和风险所带来的创业成本，还能帮助你找出减少创业成本的办法，若不能，你就必须另寻商机了。

资料来源：蒂蒙斯，斯皮内利．创业学：第 6 版．北京：人民邮电出版社，2005：81－82.

第5章

撰写高质量的创业计划

没有创业计划你就不能筹集到资金……就本身而言，一份创业计划就是一项艺术性的工作。它是表达企业和赋予企业人性化的证明。每个计划如同一片雪花，个个不同，而每个都是一件独立的艺术品，每个都是企业家个性的反映。就像不能复制别人浪漫的方式，你也需要寻求你的计划的与众不同之处。

——约瑟夫·曼库索（Joseph R. Mancuso）

》问题导入

1. 什么是创业计划？
2. 创业计划有何重要性？
3. 如何撰写高质量的创业计划？

第 1 节 创业计划的基本属性

尽管有些创业者并没有为他们创建的新企业撰写创业计划，尽管有些管理专家认为“创业计划从打印机输出的那一刻起就过时了”[①]，但是，对于面临资本束缚的创新型企业来讲，撰写创业计划不仅是必要的，而且是其获得创业资本和资源的重要工具。

一、创业计划的含义

★路标　创业计划是创业者成功创建新企业的“导航仪”，是新创企业的行动纲领和执行方案。

创业计划（business plan，BP），也称商业计划，是全方位描述与创建新企业有关的内外部环境条件和要素的书面文件，是成功创建新企业的“导航仪”。美国小企业管理局在其网站上将创业计划定义为：“能准确地定义你的业务、确定你的目标，可以说是你公司的简历。它的基本构成包括资产负债表、损益表和现金流量分析。它可以帮助你正确分配资源，处理不可预见的复杂情况，并做出正确的决策。”[②] 创业计划旨在阐明创建一家新企业的现状、预期需求及预计结果，内容涵盖新创企业的市场营销、生产与运营、产品研发、管理、财务、关键风险以及一个完成目标任务的时间表。所有这些方面的描述，将描绘出新创企业的清晰面貌——企业是什么，发展方向是什么，如何实现新创企业的预期目标。因此，创业计划不仅是创业者成功创建新企业的运营路线图，还是管理新创企业的“第一号”纲领性文件和执行方案。

正如之前在第 4 章中所强调的，一个完整的创业过程离不开创业计划的制订，创业计划是整个创业过程的灵魂。但是，只有通过了商业创意的可行性评估，绝妙的商业创意所蕴含的商机才能转化为系统性较强的创业计划。一份高质量的创业计划，首先，要有实际的目标（包括阶段性发展目标），有助于创业者利用这些目标持续、及时地评估企业的发展状况；其次，要有弹性，使创业者能够留有余地考虑潜在的障碍以制定战略预案；最后，应该是所有创业团队成员集思广益、齐心协力、分工合作的结晶。

总之，创业计划是创建新企业的重要工具。制订创业计划是明确新创企业的发展蓝图、战略、资源和人员要求的最好方式之一，可以有效地节约创业者的时间和金钱，降低创业失败的风险。

二、创业计划的重要性

★路标　创业者和投资者分别可以从创业计划中获得五个方面的好处。

众所周知，建筑高楼大厦要先设计工程图纸，然后才能施工。这一原则同样适用于创

① 蒂蒙斯，斯皮内利．创业学：第 6 版．北京：人民邮电出版社，2005：258.

② 尼尔森，克莱弗，埃瓦尔德，等．创业的悖论：原书第 2 版．北京：机械工业出版社，2021：184.

建新企业。正如美国俄亥俄大学创业研究中心的罗伯特 · F. 谢勒（Robert F. Chelle）所言：“商业计划必须受到重视。创业如同航行在大海之上，大海漫无边际、深不可测，所以必须认真调查，花费时间，制订合理的商业计划。”① 创业计划作为全方位描述与创建新企业有关的内外部环境条件和要素的书面文件，旨在阐述商机的意义、要求、风险和潜在收益，以及如何抓住这个商机。对创业者而言，资源就像画家的颜料和画笔，只有当他们有了创作灵感的时候，才会在画布上挥毫泼墨。创业者心目中的画布就是创业计划。单看画布本身是空而无物的，关键是要通过创业计划的描绘，看能否以及怎样将创业思路、创业团队和资源变成画家的作品——呈现出新企业的清晰面貌：企业是什么、发展方向是什么，以及新企业拟实现的预期目标。创业计划在创业过程中，无论是对内部的创业者还是对外部的投资者都很重要。

对创业者而言，撰写创业计划可获得的好处是②：

（1）制订一份正式的创业计划所需的时间、精力和市场调查研究，将迫使创业者审时度势，客观理性地评判新企业。

（2）创业计划所包含的产业分析、市场分析以及财务分析，将使创业者更加全面、更加清醒地检查企业预期成就与现实之间的差距。

（3）创业计划使目标得以量化，为创业者进行预测提供了可度量的标准。

（4）创业计划涉及企业的诸多方面，难免有不妥或遗漏之处，作为企业自我推销文件，在供外部读者评估审阅时，有机会得到他人的指导，使计划更加切实可行。

（5）一份高质量的创业计划，既是与外部第三方（如银行、投资者、客户或供应商）沟通的桥梁和媒介，也是与新员工沟通并对新创企业发展进行内部控制的工具。

对投资者而言，从创业计划中获得的好处是：

（1）创业计划为潜在的投资者传递有关市场潜力及获得市场份额的资讯。

（2）创业计划通过提供拟建企业经营业绩的综述，为投资者提供了一份简明清晰、涵盖整个企业发展和资产需求的资料。

（3）创业计划通过提供预期资金需求及使用情况，为投资者传递了企业偿债或提供权益回报的能力信号。

（4）创业计划通过预先考虑关键风险和决定性事件的预警方案，可以增强投资者信心。

（5）创业计划通过对创业团队及企业组织结构的描述，可以提高投资者对企业的信任度。

可见，创业计划的重要性是不言而喻的。创业者可以用它来证明他们有能力处理新创企业所面临的各种问题，并对企业加以管理。不同情境下的创业者对创业计划的撰写有不同的需求。如果创业者寻求的不是外部融资，那么只需准备一份以市场营销和财务报表为重点的短期创业计划，就可解决初创期企业管理易出现的“走到哪儿算哪儿”的问题。如果创业者正在为寻求启动资金或为寻求扩张资本而苦恼，那么创业计划就是一个极为重要的商业融资工具。诚如金融投资家所言：寻找资金没有窍门，唯有好的想法、好的技术、好的管理、好的市场，外加一份好的创业计划。可见，撰写一份高质量的创业计划是新创

① 卡普兰，沃伦．创业学：第 2 版．北京：中国人民大学出版社，2009：313.

② 库拉特科，霍杰茨．创业学：理论、流程与实践：第 6 版．北京：清华大学出版社，2006：272－273.

企业拥有良好融资能力、实现跨越式发展的重要条件之一。缺少创业计划，想从正规或非正规投资者那里筹集资金是极为困难的。一份高质量的创业计划不仅是创业融资的“敲门砖”和“通行证”，还是吸引潜在投资者、供应商、商业合作伙伴以及应聘者的“兴奋剂”。

计划对于任何工作都是必不可少的，计划是规划过程的内容输出。创业计划通常被视为一种规划。之所以撰写创业计划特别重要，是因为用嘴说出来的计划随风而散，用笔写出来的计划永不磨灭。“撰写创业计划书可以迫使创业者系统地思考新创企业的各个因素。”① 通道原则（corridor principle）认为，创业者一旦启动创业活动，就将沿着通道的路线开始整个旅程，而引导新创企业的这条通道将变得越发清晰。② 撰写创业计划是一项集辛苦、创造性和重复性为一体的工作。新的见识、新的灵感常会在写作过程中“灵光一现”（写作使人产生灵感），起初前景尚不明朗的商机可能会显示出较大的发展潜力；同时撰写创业计划还能够促使创业团队仔细考虑企业的各个方面，使最重要的目标和事项达成一致。一切美好的事物往往都是曲折地接近自己目标。可见，撰写创业计划有助于维护和增强创业者的创业动机，帮助创业团队厘清创业思路，明晰企业发展的蓝图、战略、资源以及人员匹配要求。

撰写创业计划之所以重要的另一原因是“写作使人精确”③。你以为想清楚了，并且准备写出来，写的时候，你才会知道还不够。因为没有任何别的方式比完完整整地把它写出来更能有效地检验你思想的逻辑性和一致性。创业作为一种思考、推理和行动的方法，要求创业者有完整缜密的实施方法和讲求高度平衡技巧的领导艺术。撰写创业计划将迫使你进行缜密思考，反复琢磨产品功能、权衡利弊。当你不断改善原来那个很棒的概念时，这个概念会不断成长，结果通常跟你起初想的不一样：因为你越深入细节，你会发现要学的东西就越多。当你把所有的细节和数据写下来的时候，自己就崩溃了——发觉创业活动与创业者的个人目标和期望并不一致。那么，此时做出放弃创办新企业的决定，应被看做一种成功。正如瑞士军事理论家菲米尼所说：“一次良好的撤退，应和一次伟大的胜利一样受到奖赏。”④ 创建新企业犹如作战，通往成功的道路有很多条，如果一条路暂时不通，创业者应立即回过头来，及时撤退、调整方向。通过另一条创业之路走向成功，又何尝不是一种胜利？因为通过思考、推理和不断地试验与学习，可以最低的成本和有效的方法验证产品是否符合客户的需求，以进一步确定是应该改弦易辙还是坚守不移。如果产品不符合市场需求，就可以“快速地失败、廉价地失败”，而不是“昂贵地失败”。“成功地执行一项无意义的计划是导致失败的致命原因。如果企业费尽心思开发出来的产品没人要，那么是否按时、按预算完成计划就无关紧要了。”⑤ 大多数成功的创业者，无论在创业初期还是在创业过程中，有时候不得不放弃最初认定的商机，转而根据外界的反馈和利益相关者的意见不断改变“企业方向”⑥。这就是人们常说的“有一种胜利叫撤退，有一种失败叫占领”的策略。总之，撰写创业计划的“真面目”（价值）不在其本身，而在形成完备计划的缜密思考过程中。

---

① 巴林杰．创业计划：从创意到执行方案．北京：机械工业出版社，2009：3.

② 同①14.

③ 布莱克韦尔．大学生创业计划书．北京：机械工业出版社，2009：3.

④ 刘锋．影响世界经济的45条铁律．北京：新华出版社，2008.

⑤ 莱斯．精益创业：新创企业的成长思维．北京：中信出版社，2012：导言．

⑥ 瑞德，萨阿斯瓦斯，德鲁，等．卓有成效的创业：原书第2版．北京：机械工业出版社，2020：25.

三、创业计划的服务对象

★路标 创业计划可以为新创企业员工以及投资者提供各自所关注的利益诉求。

一份激动人心的创业计划，好比“美丽的景色”，常常会激发两类阅读者的欣赏：一类是新创企业内部人员；一类是投资者及其他外部利益相关者。由于两类阅读者所处的地位不同，看问题的出发点不同，对创业计划内容的偏好就各有不同。因而阅读者眼中的创业计划会呈现出“横看成岭侧成峰，远近高低各不同”的景象（见表5-1）。上述两类阅读者作为创业计划的“欣赏者”，是创业计划的服务对象，他们最希望看到什么内容，创业计划就应该向他们呈现什么内容。

表5-1 创业计划的服务对象希望看到的信息

服务对象	希望看到的信息
创业团队	撰写创业计划的过程促使创业者和初始管理团队缜密思考企业各方面，就一些重要问题达成一致。
普通员工	愿意看到创业计划实现什么以及如何实现的清晰阐述，这些信息有助于员工使自己的行为与企业的发展目标和方向保持一致。
董事会成员	创业计划树起一个标杆，作为评价高管层业绩的尺子。
潜在投资者	对创业计划中提供的有关产品独特性、创业团队管理能力、利润规模以及如何快速成长和退身之路感兴趣。
潜在银行家	关心财务成果的可预见性和稳定性，对如何降低经营风险感兴趣，即何时需要贷款及怎样确保贷款安全以及在危机中的求生能力感兴趣。
潜在商业伙伴	有助于高质量的商业合作伙伴打消顾虑。
拟聘关键员工	关键岗位应聘者往往看重商机的吸引力、薪酬计划与企业前景。

资料来源：巴林格，爱尔兰．创业管理：成功创建新企业．北京：机械工业出版社，2006：200.

（一）服务于企业内部人员

编制一份阐明企业发展前景的创业计划，对企业内部人员来说十分重要。显然，不排除有人会认为编制创业计划是在浪费时间，因为计划没有变化快，一旦创业计划打印出来，就时过境迁了。不过，撰写创业计划的意义及价值却具有很强的正外部性。

首先，撰写创业计划能促使创业团队仔细考虑企业的方方面面，就一些最重要的目标和事项达成一致。试想，新创企业的管理者围坐在会议桌旁，绞尽脑汁地讨论创业计划的各部分内容，这不亚于又经历了一场头脑风暴的洗礼。

其次，简明清晰的创业计划，有助于企业统一员工思想，使员工齐心协力朝着企业的发展目标前进。对企业关键岗位的经理而言，创业计划能够引导他们发挥主观能动性，在分析企业各环节和未来战略目标的基础上，使所做之事与企业整体战略计划和方向保持步调一致，做到心中有数、主动适应。

可见，一份完备的创业计划是企业的管理层、股东和员工之间有效沟通的“协议书”，是新企业推进战略规划的无声“宣传员和战斗员”。

（二）服务于投资者及利益相关者

潜在的投资者、商业伙伴、供应商、服务商、前来应聘的关键员工、顾问及创业天使导师等外部利益相关者，是创业计划拟服务的第二类读者。创业计划要吸引人，必须切合实际，不能过分乐观。过分乐观的陈述或预测会降低它的可信度。同时，创业计划必须明确显示商业创意的可行性，与那些风险小的投资项目相比，商业创意能给潜在投资者带来高额投资回报。对前来应聘的关键员工来讲，通过阅读创业计划能够激发加盟的信心，相信凭此创意建立的新企业前景远大。

小贴士

创业计划是管理工具吗？

有人认为撰写创业计划的行为不是必要的，重要的是要有正确的思考过程。正是这个思考过程为组织建立目标以及实现这些目标提供了清晰的思路。也正是这个思考过程为企业提供了动力，而不是撰写的创业计划在起作用。如今，市场条件、技术可行性、监管以及与组织环境相关的许多其他因素变化如此之快，以至于创业计划从打印机输出的那一刻起就过时了。因此，不断地反思才是至关重要的。

还有一种反对撰写创业计划的论调在企业的初创期特别适用。因为准备利用机会的创业者往往缺乏时间和资源，对他们而言，关键是通过企业尽快抓住机会，从而启动现金流，即企业可以开始赚钱并支付员工工资。这个过程花费的时间越长，创业者承担的财务风险就越大，创业所需的资金也就越多。因此，创业者更加忙于企业的建立和全面运营，而不是坐在那里制订长期的战略计划。一家企业的创始人曾说："支持撰写创业计划的人，认为有一份好的创业计划永远不会是有害的。但实际上，书面的创业计划会有一些负面作用。创业计划的最大问题是花在它上面的时间，可能是100小时或更长时间，这就占据了数周的工作时间……最糟糕的不是花在写毫无价值的创业计划上的时间和精力，而是这些时间和精力本可以更明智地花在一些任务上。那些任务可以增加初创企业生存、增长的机会，以及从银行、投资者处获得融资的能力。"

因此，对于到底是撰写创业计划还是思考过程对完成创业过程起着决定性作用，仍存在着争议，这是一场双方都有合理论据的辩论。因为并非所有的创业者都撰写了创业计划。有学者在对500家公司的研究中发现，49%的公司在创业过程中撰写了创业计划。例如，制造行业的创业者更有可能制订创业计划，因为这些行业对撰写创业计划和规划过程的要求本身就比其他行业要高。我们可以设想，撰写创业计划的必要性和意义是根据实际创意的不确定性及其发生的情境而变化的。创建不确定性相对较低的非常简单和传统的小企业（如超市、手工艺品商店等），撰写创业计划可能有其必要性，而在极具创新性的商业创意方面，或许只有有限的意义和价值。

那些宣扬创业计划重要性的人通常是规划视角的支持者。他们认为组织过程可以被控制，并将创业计划视为重要的管理工具，以尽可能轻松地实施创业。相反，也有一些人对创业计划持怀疑态度，即认为它抑制了创造力。他们认为，通过创业计划的结构，创业者被迫进入一种特定的思维定式，而他们原本至关重要的创造力就会被削弱。

创业计划是管理工具还是抑制了创造力的工具，要由创业者在创业实践中去检验。

资料来源：尼尔森，克莱弗，埃瓦尔德，等．创业的悖论：原书第2版．北京：机械工业出版社，2021：184-188. 笔者有改动。

第 2 节 创业计划的框架结构

一份精心构思和前景良好的创业计划，能够极大地激发投资者的兴趣。正如创业管理专家约瑟夫·曼库索所言："没有创业计划你就不能筹集到资金……就本身而言，一份创业计划就是一项艺术性的工作。它是表达企业和赋予企业人性化的证明。每个计划如同一片雪花，个个不同，而每个都是一件独立的艺术品，每个都是企业家个性的反映。就像不能复制别人浪漫的方式，你也需要寻求你的计划的与众不同之处。"① 因此，撰写一份高质量的创业计划，是创业者对时间和金钱的最优投资。

一、创业计划的撰写指南

★路标 创业计划撰写的九个准则以及常见的五类缺陷及解决方法。

一份好的创业计划往往能够吸引潜在投资者的特别关注。如果计划不完善或漏洞百出，就好比发现饭里有只虫子，使人倒胃口。如果创业计划书语言流畅、充满激情和睿智，有严密的调查数据支撑，少见外行话，那么投资者和银行家等读者就很容易把这些优点与创业者本人的能力联系起来。因此，在将创业计划递交投资者或其他利益相关人员审阅前，要力求做到简明扼要、条理清晰、内容完整、文字通畅、表述精确，即遵循以下撰写准则②：

1. 简洁清晰

阅读创业计划的人往往惜时如金，他们可能会有意无意地通过你对自己企业的描述作判断。因此，一份好的实施概要能够让投资者了解新创企业的吸引力，能够使投资者了解企业的长期使命，以及人员、技术和市场的总体情况。通常情形下，阅读者快速浏览实施概要了解新创企业的概貌后，觉得计划很有说服力和吸引力，才会继续看下去。因此，撰写实施概要时应力求做到简明扼要、条理清晰。

2. 排版规范，装订美观

创业计划中的封面、目录、实施概要、附录、图表等部分是否合理编排、美观整洁，直接影响阅读者对创业计划的评价。也就是说，排版、装订和印刷不能粗糙，用订书钉装订的创业计划看上去显得有些业余，有不认真、不重视之嫌。因此，创业计划的排版要力求做到规范，装订要力求做到整齐美观。切记不能出现语法、印刷错误及错别字。

3. 捕捉读者的兴趣点

要想在五分钟内激发阅读者的兴趣，让投资者产生欲罢不能的感受，就要在扉页和实施概要上下功夫，把它们写好。

4. 让计划充满憧憬

创业者在撰写计划时要善于使用鼓舞人心的词汇，描述企业的发展趋势和前景，描绘

① 库拉特科，霍杰茨．创业学：理论、流程与实践：第 6 版．北京：清华大学出版社，2006：269.

② 同①275－277.

未来的打算，说明产品所蕴含的巨大潜力和即将带来的财富。

5. 目标必须切合实际

设定的目标既要符合外部利益相关者的现实要求，也要符合自身的动机。如果这些目标不切实际且未经充分考虑，就很难吸引投资者或贷款者。“当人们认为目标不切实际且无法实现时，就很难保持完成创业过程的动力。”① 好的创业计划以其客观性说服、打动读者，不仅要切合实际，还不能过分乐观。过分乐观的陈述或预测会降低它的可信度。例如，对于销售潜力、收入预测估算、增长潜力都不要夸大。最好的、最差的、最有可能的方案，都要在创业计划书中体现出来。实际上，创业投资家常使用“计划折扣系数”（projection discount factor），认为“成功的新创企业通常只能达到它们计划财务目标的大约50%”。

6. 突出关键风险因素

阐述新企业在运营过程中可能会遇到的关键风险因素，是创业计划中不可或缺的部分。这部分内容是投资者和银行家所关注的重点。识别并讨论新创企业中存在的风险，可以证明创业者作为一名准职业经理人的综合素养，可以增加投资者对创业者的信任度。主动指出并讨论风险，有助于向投资者表明，创业者已清楚地考虑过它们并且能够处理和控制好这类风险，因而使“风险的乌云”不再萦绕在投资者的脑海里。因此创业计划既要陈述创业者的危机管理能力，也要让投资者觉察到这些风险对创业团队来讲是可以驾驭和控制的。创业计划中若没有清晰陈述将来可能发生的问题，没有重视计划中可能的瑕疵，没有应急或变通计划，这样的创业计划一般很难被投资者和银行家青睐。

7. 发送优秀创业团队的信号

撰写创业计划的管理部分，一定要让投资者接收到创业团队具有较强管理能力和资源整合能力的信号，这些信号是他们最想知道的信息。创业投资家的行为准则是：“宁要一流的团队二流的想法，不要一流的想法二流的团队。”因此，创业者在组建创业团队时，要考虑团队成员的综合能力、经验、教育背景以及志向、志趣与品德等因素，以便撰写创业计划时能够使创业投资者或银行家接收到创业热情高、专业经验丰富、人脉资源广、创新能力强、专业知识优势互补的创业团队信号。

8. 准确描述目标市场

撰写目标市场时，应把目标市场的情况描述清楚，目标市场是企业利润的来源，这部分计划是营销、财务等计划能否表达清楚的关键。

9. 有的放矢地投送计划

应针对不同的阅读者调整创业计划的侧重面。实施概要计划一般为2～5页，涵盖大多数信息，主要用来引起投资者的兴趣和寻找战略合伙人；完整的创业计划一般为25～35页，主要吸引潜在投资者、战略合作伙伴和买方；企业运营计划一般长达40～100页，主要针对企业内部阅读者，是企业的经营蓝图，为管理者提供运营指导。

总的来讲，有经验的投资者、潜在的商业伙伴和关键职位应聘者，不是靠臆测或憧憬来做判断，而是用事实数据评价企业的前途。最吸引他们注意力的是可行性评估结论，以及对独特商业模式所产生竞争优势的描述。如果商业模式仅仅建立在预测未来前景的基础

① 尼尔森，克莱弗，埃瓦尔德，等．创业的悖论：原书第2版．北京：机械工业出版社，2021：189.

上，显然，这样的计划很难让他们心潮澎湃，心甘情愿进行投资或加盟。

小贴士中介绍了创业计划撰写中常见的五类缺陷及解决方法。这些诊断要点有助于提高创业计划的写作质量，为撰写出一份高质量的创业计划提供有益指南。

小贴士

创业计划撰写中常见的五类缺陷及解决方法

常见缺陷	表现征兆	解决方法
无实际发展目标	• 缺乏可达到的目标 • 缺乏时间表 • 缺乏优先权 • 缺乏具体行动步骤	• 建立在特殊时期完成特殊步骤的时间表
未预计到障碍	• 没有清醒识别将来的问题 • 没有重视计划中可能的瑕疵 • 没有应急或变通计划	• 列出可能遇到的障碍 • 变通计划，阐明越过障碍需要做哪些事情
无投入或贡献	• 对企业要办的事过分拖延，不严肃 • 没有投入个人资金的意愿 • 不及时聘任关键职位人员 • 从非主业或奇思异想中获利	• 快速行动 • 保证所有关键职位的人员任命 • 准备并愿意投入本钱
无先期商业经验	• 没有商业经营经验 • 没有专业领域经验 • 缺乏对拟进产业的了解 • 忽视企业描述	• 给出针对企业的个人经验和背景证明 • 积极寻找对企业有帮助的人才
无细分利基市场	• 不能证明此产品有市场需求 • 一厢情愿地推测消费者的购买能力	• 细分特定市场，阐述产品为何满足及怎样满足目标群体的期望需求

资料来源：库拉特科，霍杰茨．创业学：理论、流程与实践：第 6 版．北京：清华大学出版社，2006：270－271.

二、创业计划的撰写内容

★路标 撰写创业计划的写作提纲及技巧。

一份完备的创业计划通常包含十个部分。不同企业的创业计划形式和内容不尽相同，这取决于产业性质和创业者的偏好特征。一般而言，大多数的创业计划并不会包含表 5－2 中列出的所有内容，之所以给出一份完整的创业计划撰写提纲，是为了全面掌握创业计划的内容及格式。一份高质量的创业计划有助于创业者成功实施他的创业蓝图。

本部分将探究创业计划各部分的撰写“艺术”。本章末模拟了一份健身公司的创业计划，可作为创业者撰写创业计划的模仿蓝本。

表 5-2 完整的创业计划撰写提纲

封面和目录	关键提示
1. 实施概要	
A. 商机	尚未解决的问题或未满足的需求
B. 企业描述	企业如何解决这些问题或满足这些需求
C. 竞争优势	商业盈利模式描述
D. 目标市场和预测	
E. 创业团队	
F. 盈利性和收益潜力	
G. 企业需求描述	若计划面向潜在投资者，须阐明需要的资本量和使用方案
2. 企业描述	
A. 企业的一般描述	
B. 产业背景	企业简史或背景、使命和目标
C. 商业目标及潜力	商业模式描述；如何塑造持续竞争优势
D. 现状与需求	企业现状描述
3. 创业团队	
A. 组织	
B. 关键管理人员	经验、能力、专长
C. 管理层薪酬及股权	工资、工作协议
D. 其他投资者	
E. 董事会	董事数量、构成
F. 顾问及服务机构	律师事务所、会计师事务所、管理咨询机构
4. 产业分析	
A. 产业趋势及前景	
B. 产业结构	
C. 产业规模	
D. 市场参与者性质	
5. 市场分析	
A. 目标市场及客户	描述目标市场选择
B. 市场大小和趋势	
C. 竞争和竞争优势	竞争定位分析
D. 市场潜能预测	估计年销售量及市场份额
6. 营销计划	
A. 总体营销战略	
B. 定价战略	有利可图的定价原则
C. 销售战术	销售策略
D. 促销与广告	广告推广计划描述
E. 分销渠道	分销商描述

续表

封面和目录	关键提示
7. 生产和运营计划 A. 运营周期 B. 地理选址 C. 设施和改善 D. 战略和计划	
8. 财务计划 A. 资本需求量 B. 预编利润表 C. 预编资产负债表 D. 预计现金流分析 E. 盈亏平衡图 F. 成本控制 G. 重点突出部分	 未来 3～5 年的资金需求、来源及使用 介绍财务预测的过程
9. 关键风险 A. 管理风险 B. 营销风险 C. 经营风险 D. 财务风险 E. 知识产权侵害 F. 其他风险	
10. 附录 A. 支持性文件 B. 企业相关人员简历 C. 产品原型图片 D. 其他文件	

资料来源：巴林格，爱尔兰．创业管理：成功创建新企业．北京机械工业出版社，2006：203－205；蒂蒙斯，斯皮内利．创业学：第 6 版．北京：人民邮电出版社，2005：263.

（一）实施概要和企业描述

实施概要和企业描述是创业计划中最重要的两个部分。一份好的实施概要能够让投资者了解这个新创企业的吸引力所在，能够使投资者了解企业的长期使命以及人员、技术和市场的总体情况。若实施概要和企业描述不能激发阅读者的兴趣，阅读者就不会继续看下去。实施概要和企业描述好比一个人的脸，而封面、目录及企业名称好比眉毛、眼睛和鼻子，最先映入眼帘的是后者。因此，要认真“修饰”这些部位，以期有一个良好的印象及开端。

1. 封面

封面（cover page）应包括企业名称、地址及网址（如果有网站的话）、电子邮箱、电话号码、日期、创业者的联络方式。这些信息应集中置于封面的上半部分。若企业已有徽标或商标，应把它置于封面正中间。封面上最重要的一项是创业者的联络方式，11位数字的号码最好用连字符按“3－4－4”或“4－4－3”的形式将号码数字区分开来，以避免因拨错号码而失去联系到你的机会。

2. 目录

目录（table of contents）紧随封面，列出创业计划的主要章节、附录和对应页码，目的是便于读者查找计划中的相应内容。在递交创业计划之前，应反复核对目录页码是否与正文页码相吻合。因为增减内容会打乱原来的页码，如果你是用Word文档写作，请记住使用Word文档中“只更新页码”的功能。

3. 企业名称

企业名称是企业品牌战略不可分割的一部分。品牌是差异化竞争的武器之一。尽管挑选企业名称不是正式创业计划的一部分，却是一项很重要的工作。因为你一定不希望阅读者还没有看计划，就质疑企业的名称。请记住，给企业起名也大有学问（有关企业命名的注意事项将在第6章讲述），好的企业名称在营销中有事半功倍的奇效。

4. 实施概要

实施概要（executive summary）是整个创业计划的浓缩版本，也是整个创业计划的一个精要速写，主要是为了让阅读者（投资者、创业投资家、银行家）能在较短时间内评审计划并做出判断。通常情形下，阅读者快速浏览实施概要了解新创企业的概貌后，觉得计划很有说服力和吸引力，才会继续看下去。如果实施概要未能点燃投资者投资意向的火种，即产生“一见钟情”的效果，那么计划的其他部分就付之东流了。请记住：实施概要是创业计划的重要部分，值得你付出精力去认真“修饰”一番，尽量简明生动，不超过三个页面。让阅读计划的人对你的创业计划产生兴趣，是你“化缘”成功的唯一选择，当然也是你最希望获得的收益。

实施概要需有自己的立足点，要让读者确信新企业会成功。它不仅是简要介绍计划的其他部分，更重要的是要论述清楚谁将购买企业的产品，怎样使新企业显得更为独特，怎样规划企业将来的成长问题。

实施概要是整个创业计划的总括，一般在整个创业计划撰写完后再编写。

实施概要通常包含以下内容：

（1）商机。主要概述存在什么样的商机，为什么对此商机有兴趣以及计划开发此商机的相关战略。还要重点阐述主要观点或利益，简单描述关键事件、条件、竞争者的弱点、产业趋势及其他可以定义商机的证据和推断。

（2）企业描述。主要介绍企业的背景资料、企业历史、产品的一般描述、企业将努力实现的特殊任务和目标利润。同时，要将企业类型是什么、出售何种产品、成功的秘诀及发展潜力是什么、有何特别之处等问题陈述清楚。

（3）竞争优势。指明企业的创新产品所带来的竞争优势；供货周期的优势或市场入侵者会遇到的壁垒；竞争者的缺陷何在；产业发展的有关条件。

（4）目标市场和预测。解释产业市场、主要客户群体、产品定位以及接触目标群体的计划。主要包括市场结构、细分市场的大小和增长率、预测销售的数量和总额、预测的市场份额、客户付款周期以及定价策略（包括产品的性价比等因素）。

（5）创业团队。概述创业团队及每个成员的相关知识、经验、专长和技能，注明先前获得的经验、成绩。特别要说明先前创业者或团队成员曾经负责过的部门、项目或企业的规模。

（6）盈利能力和收益潜力。概述企业的毛利和经营利润、期望盈利率和盈利的持续时间；实现盈亏平衡点和正现金流产生的大致时间表；关键财务开支预测、预期投资回报等。

（7）企业需求描述。简要说明企业所需的债务融资额。

5. 企业描述

创业计划的主体部分是从企业描述开始的。企业描述（description of the venture）主要介绍企业历史、企业使命、宣传语、产品、现状、法律地位和所有权等内容。撰写计划时应注意两点：一是重点强调产品的所有特征以及这些特征将如何创造或增加价值；二是要有市场调查数据支持计划中的论断，这样的创业计划才有可信度。

（二）创业团队

如前所述，在评估创业团队管理能力时，投资者首先要了解创业团队的情况。如果创业团队不是一流的，哪怕有最绝妙的创意，大多数投资者也会选择放弃。这部分材料应包括描述创业团队必须具备的职能、关键管理人员及其主要职责、企业的组织结构、董事会、所有其他投资者的股权状况、专业顾问和服务机构等。

创业团队的书写计划通常包含以下内容：

（1）组织。列出企业关键管理职位人员（最好附上组织结构图）；说明现在和过去关键管理人员合作共事的情况，这样可以表明他们的技能是如何互补的，并因此形成一支高效的管理团队。

（2）关键管理人员。描述每个关键管理人员的职责及其职业生涯的精彩部分，包括从业或受雇经历、教育背景和主要成就等，特别是专门技术、技能和成就的记录，这些可以证明他们完成各自所分配任务的能力，描述他们在销售和盈利上的成就以及先前创业或管理方面的经验和成果。

（3）管理层薪酬及股权。说明要支付的薪酬、计划安排的股票所有权和管理团队每个关键成员股权投资的数额（如果有的话）。若有劳动协议，应放在附录中。

（4）其他投资者。描述企业里的其他投资者以及具有较多股份的其他投资者所占股份比例。

（5）董事会。描述董事会人数和构成情况，指出所有拟定董事会成员的背景及他们能为企业带来什么益处。

（6）顾问及服务机构。列出所选定的法律、会计、广告、咨询、银行顾问和创业天使导师的名字和所属公司，以及他们将如何帮助企业实现目标。

（三）产业分析

产业分析（industry analysis）应首先描述新创企业所涉及的产业发展趋势及前景，讨论产业结构、产业参与者的性质、关键比率和产业的关键成功因素，然后讨论试图进入产业的规模、增长速度并进行销售预测。产业分析之所以列在市场分析和营销计划之前，是因为只有明晰了企业所涉及的商业大环境，才能瞄准产业内的目标市场，以便制定有的放矢的竞争战略。

产业分析通常包含以下内容：

（1）产业趋势及前景。介绍新创企业所在产业的现状和发展前景，如产业的吸引力和增长潜力。

（2）产业结构。介绍新创企业所在产业的结构情况。

（3）产业规模。简要描述市场大小、成长趋势情况。

（4）市场参与者性质。简要介绍产业竞争者情况以及新产品、新进入者和离开者对企业产生正面和负面影响的环境趋势和因素。

（四）市场分析

市场分析是创业计划最难准备的部分，也是最重要的部分。因为创业计划的其他部分都要依赖该部分的信息而展开。通过市场调查研究而分析出来的销售预测量，将直接影响生产规模、营销计划、财务计划中的负债和权益资本量。这部分主要描述市场细分和目标市场选择、购买者行为分析、竞争者分析、年销售额和市场份额预测等内容。

市场分析通常包含以下内容：

（1）目标市场及客户。讨论产品瞄准的客户是谁或将是谁，目标市场将按哪些特征来选定；说明每个细分市场的主要购买者是谁，在哪里；指明客户是否容易接触到，客户是否愿意接受企业的产品，客户如何购买，购买决策的依据（如价格、质量、时机、培训、服务、人际关系或政治压力等）以及改变现行购买决策的原因；列出已获得的订单、合同或承诺，以及所有对产品感兴趣的潜在客户和不感兴趣的潜在客户，并说明原因。

（2）市场大小和趋势。针对细分市场，以数量、金额和潜在盈利率来说明3～5年内所提供产品的市场总规模和份额；提供3年内的潜在年增长率；讨论影响市场增长的主要因素（行业趋势、社会经济趋势、政府政策和人口迁移）。

（3）竞争和竞争优势。比较竞争者的优劣势，合理评价产品的替代品及其公司状况；根据市场份额、质量、价格、表现、交货、时机、服务、保修和其他有关特征与竞争品和替代品进行比较；基于客户的利益视角，比较竞争双方谁的产品增加或创造的价值最大；总结竞争者的优缺点，并判断和讨论竞争对手的市场份额、销售额、分销方式和生产能力、财务状况、资源、成本和盈利情况；指出谁是市场服务、质量、定价、成本的领导者，讨论最近几年有关公司进出市场的原因；根据对竞争者的了解，说明为何它们经不起竞争，为何你能够从中获得部分“市场蛋糕”，特别要说明通过诸如专利、垄断技术等优势取得的竞争能力。

（4）市场潜能预测。描述新产品在竞争状态下的销售情况；识别所有愿意做出或已经做出购买承诺的主要客户，并讨论在未来几年中哪些客户可能成为购买者；根据对新产品的市场优势、规模及发展趋势、客户群、竞争对手及产品销售的评价，得出在一定假设条件下未来三年每年要获得的市场份额、销售量和销售额；说明企业销售量的增长及其预计的市场份额与产业增长率、客户和竞争者的关系。

（五）营销计划

营销计划（marketing plan）主要描述新创企业将如何制定营销策略达到预期销售目

标。它通过总体营销策略、定价策略、销售过程和促销组合以及销售渠道等方面讨论营销计划的具体细节。撰写这一部分时应注意两点：一是营销计划要以顾客为导向；二是营销计划需说明要做什么、如何做、何时做以及由谁来出售产品。

营销计划通常包含以下内容：

（1）总体营销战略。描述新创企业的特定营销理念和战略，如强调产品的哪些特征（质量、价格、交货、保修或培训等）可增加销售量，某些创新或不同寻常的营销新概念会提高客户对产品的需求度；指出产品最初是否会被引入国际、全国和地区市场，并解释原因；如果有可能，最好说明今后的销售延伸计划；讨论产品的季节特性以及如何行动才不至于影响销售量。

（2）定价战略。讨论产品的价格，并把定价原则和主要竞争对手的定价策略作比较；讨论产品的成本和最终销售价格之间的毛利润，指出该利润是否足以弥补分销、保修、培训、设备折旧、价格竞争等支出的成本，并仍有利可图；描述所定的价格将如何使客户能够接受、在面临竞争时如何持续增加市场份额以及产生利润；讨论产品的定价原则，包括价格、市场份额和利润之间的关系，并说明与竞争品或替代品的价格差距。

（3）销售战术。说明出售产品将采用的方法（如建 DIY 销售队伍、网上购物或利用分销商、现存的销售组织），以及短期和长期的销售计划；讨论最终给予零售商、分销商、批发商和销售人员的利润以及有关销售折扣、独家代理权等销售政策，并把这些战术与竞争对手的销售策略作比较；说明拟用销售方法可实现的销售量；列出销售员每年的预期销售量以及可获得的佣金、奖励或薪酬，并把这些数字同行业平均数作比较；列出销售预算，包括所有的营销推广成本和服务成本。

（4）促销与广告。描述新创企业将使用何方法来使产品吸引准客户的注意力；说明拟采取的广告促销战略，列出一份促销与广告的日常开支预算表，并讨论这些成本如何产生。

（5）分销渠道。描述拟采用的分销方式和分销渠道，指出产品运输成本占销售价格的比例大小，如涉及国际销售，应注明将如何处理分销、运输、保险、信贷和托收等销售事宜。

（六）生产和运营计划

这部分主要介绍新创企业的日常生产与运营问题。生产和运营计划（production and operation plan）必须包括如下因素：企业选址、必需的设施设备、空间要求、劳动力可得性要求等。对制造型企业来说，要说明库存控制、采购、生产控制以及外包原则。对服务型企业而言，要说明接近客户的选址原则、日常开支最小化和富有竞争力的劳动生产率。

生产和运营计划通常包含以下内容：

（1）运营周期。说明企业基本营运循环的交付/延迟时间，解释如何处理季节性生产任务。

（2）地理选址。说明拟选址的计划，包括所做的选址分析；根据劳动力的可得性、客户或供应商的可接近性、运输的可到达性、公共设施的可利用性等方面来讨论选址的区位优势和劣势。

（3）设施和改善。说明新创企业如何获得生产所需设施设备，以及何时取得；讨论设施设备是租赁还是购买，并指出使用成本及时间，以及使用融资资金购买设施的计划；解释未来三年的设备需求以及扩充计划。

（4）战略和计划。描述生产过程以及部分零配件的外包决策；根据库存资金压力、可供劳动力技能、生产成本等因素拟定外包战略；讨论潜在的分包商和供应商情况；列出一份生产计划，包括可用原料、劳动力、零部件、日常开支情况；说明质量控制、生产控制、库存控制的方法。

（七）财务计划

制订财务计划（financial plan）的目的是显示企业的潜力并提供一份财务生存能力的时间表。它还可以作为一份依据财务基准进行财务管理的计划。首先，财务计划要对企业未来3～5年的资金需求及资金使用计划做出解释。这些信息被概括为资金来源与运用说明。财务计划包括预计的资产负债表、利润表和现金收支分析。财务计划需要花费较多的精力来制订，其中流动资金是企业的生命线，因此企业在初创期或成长期时，对流动资金需要有预先周详的计划和进行过程中的严格控制；利润表反映的是企业的盈利状况，它是企业在一段时间运作后的经营结果；资产负债表则反映在某一时刻的企业状况，投资者可以用资产负债表中的数据计算得到的比率指标来衡量企业的经营状况以及可能的投资回报率。

财务计划通常包含以下内容：

（1）资本需求量。未来3～5年的资金需求、来源及使用。

（2）预编利润表。用销售预测和随之产生的生产或营运成本来准备至少三年的预编利润表；充分讨论在准备预编利润表时做出的假设（如坏账和销售折扣的波动额度、销售支出或总成本、营销成本占销售成本的百分比），并形成文字记录。

（3）预编资产负债表。在第一年按每半年准备一次预编资产负债表，在营运最初三年，每年年末准备一次。

（4）预计现金流分析。预计营业第一年中每月的现金流和其后至少两年的每季现金流，详细说明预期现金流的进出金额和时间；预测必需的额外融资和时间，并指出营运资金需要的高峰期；指出如何通过股权融资或银行贷款等方式获得额外融资，以及获得的条件和偿还方法；讨论现金流对各种企业因素假设的敏感度。

（5）盈亏平衡图。计算盈亏平衡点，并准备一张图，显示出什么时候将达到盈亏平衡以及可能发生的盈亏平衡点的变化；讨论到达盈亏平衡的难易度，包括讨论和预计总销售量有关的盈亏销售量规模、毛利的规模和价格敏感度，以及万一企业没能达到预期销售量，如何降低盈亏平衡点。

（6）成本控制。描述如何获得成本报告信息，如何处理预算超支问题。

（7）重点突出部分。描述所需要的最大现金量以及如何获得，需要的债务融资额和股权融资额，债务归还的时间等。

（八）关键风险

这一部分阐述企业在运营过程中可能遇到的关键风险。如果潜在投资者发现创业计划中没有提到风险所致的负面因素，他们会对企业的可信度产生怀疑并因此危及企业的融资。多数投资者会先看创业团队部分，接下来就看关键风险部分。识别并讨论企业中存在的风险，可以证明你作为一名准职业经理人的综合素质，增加投资者对你的信任度。主动指出并讨论风险，有助于向投资者表明，你已经清楚地考虑过它们并且能够处理和控制好这类风险，因而使“风险的乌云”不再萦绕在投资者的脑海里。

识别并讨论的各种主要问题及风险主要表现为：在获得订单以前就用完了现金，竞争者引起潜在降价风险，各种潜在的产业不利趋势，设计或制造成本超出预算，未达到预期销售额，零部件或原料采购过程中遇到困难或订货周期长，超出预计的革新和开发成本，订单大量涌现后现金不足。应指出哪些问题及风险对企业最为重要，描述将风险控制至最低的举措计划。

（九）附录

附录（appendix）是对主体部分的补充。不宜放入创业计划正文的所有材料都应放在附录中，如创业团队成员简历、产品图片、具体财务数据和市场调查计划。

总之，完成一份高质量的创业计划通常需要花上几个星期的时间和大量精力。从构思、写作、修改、编辑到校对都需创业者认真对待，不能马虎；完成后，还应对创业计划的各个部分给予检查、评估，进一步完善创业计划，增加成功推介创业计划的胜算。

综观整个创业计划的撰写要诀，既有战略的思索，又有战术的组织；既有团队的建设，又有生产的安排；既有市场的开拓，又有资金的调度；既有产业发展趋势的把握，又有目标市场的划分。应该说，一份考虑详尽的创业计划是创业者心灵的呼唤，是创业者能力的显露，是创业者经营才干的“综合演练”。

第3节 创业计划的有效推介

创业计划一旦准备就绪，接下来的主要挑战就是将计划介绍给创业投资家或银行家。因此，创业者应精心准备演讲内容，满怀信心地向有兴趣的创业投资家或银行家推销其创业计划。

一、创业计划的演示技巧

★路标 用PPT演示创业计划的一些技巧。

对大多数创业者而言，寻找资金是一个艰苦的过程，在拼毅力和热情的同时，也需要讲究技巧。创业者向潜在的创业投资家或银行家口头介绍创业计划时，一般要准备好幻灯片（PPT），而且内容要以会议预定的陈述时间为限。除了掌握一般演讲的通用技巧和原则外，还应结合创业计划演讲的具体内容，把握制作PPT的一些技巧。具体而言，包括①：

（1）企业介绍：说明企业概况和目标市场。

（2）问题的描述：陈述尚未解决的问题和未满足的市场需求。

（3）解决方案：阐述产品和关键优势。

（4）商业模式和盈利能力：介绍企业即将进入的产业、目标市场以及直接和间接的竞争者，重点陈述企业如何在目标市场中与现有企业展开竞争，获得丰厚的利润。

（5）竞争情况和策略：同类产品的竞争和应对方法。

（6）技术和相关过程：产品解决方案所使用的技术及策略。

（7）营销与销售计划：如何分销和出售该产品。

（8）创业团队和经验：介绍每个创业团队成员的优势和先前经验。

（9）企业盈利前景：简要陈述财务问题，重点强调何时盈利，需要多少资金。

（10）企业现状和资金需求：介绍企业现有的投资情况以及所有权结构。

一般而言，一个成功的创业项目路演大多遵循10/20/30原则，即10张幻灯片、20分钟、30号字的文本。也就是说，面向投资者和合作者的展示，都应该在10张PPT的基础上展示20分钟，每页幻灯片至少用30号字体。这样会让听众保持兴趣，并让路演者集中介绍关键点。若PPT张数过多，想在20分钟内陈述完这些内容，势必产生“走马观花”的效果。显然，这样的推介会效果不是我们希望看到的结果。

二、推介会上的预期问题

★路标 认真对待创业投资家或银行家的提问，学会在批评中提高创业计划的写作质量。

无论是初次会面还是后续讨论，潜在的创业投资家或银行家都会向创业者提出很多“刁难性”问题。睿智的创业者会提前准备预期问题，以应对挑战性提问。例如，创业投

① 拜尔斯，多尔夫，尼尔森．技术创业：从创意到企业：第4版．北京：北京大学出版社，2017：341.

资家常常会提一连串的问题：你推出的产品跟别人的有什么不一样？新产品提供了什么样的功能？这个产品能给客户创造什么样的价值？谁会用你的产品？为什么要用你的产品？这些问题可能会使事先准备不充分的创业者措手不及，因此，为了避免推介会上的尴尬，创业者应高度重视和充分准备可能出现的苛刻问题，一方面要自己想，另一方面可以请外界的专业顾问和敢于讲真话的行家来模拟这种提问过程，从而使自己思得更全，想得更细，答得更好。

创业投资家或银行家常以挑剔的眼光审阅创业计划所涉及的内容。请记住，在批评中学会学习也是创业者的一种能力表现。提意见的人往往更有助于你完善创业计划，从而有利于你更好地改进新产品。有些时候，潜在的创业投资家或银行家会问许多边缘性问题，他们并不一定想从你的口中得到确切答案，而是试图评判你的反应能力。请记住：交往中的任何细节都会有意无意地被加入投资人的判断依据中。①

总之，创业者要有平和之心，不能泄气。要知道，并不只是第一次的成功才是成功，要把创业计划的评判演讲当作一次锻炼学习的好机会。

本章小结

- 创业计划是对新创企业计划达成的目标以及如何实现这些目标的书面描述。
- 创业计划要做到简明扼要、条理清晰、内容完整、文字通畅、表述精确，不仅可以对新创企业营运给予指导，还可以成为创业者筹集资本的工具。
- 对大多数新创企业而言，创业计划是企业应对内外阅读者的“两栖文件”。对企业内部而言，创业计划提供了战略实施的路线图或导航仪；对企业外部而言，它能向潜在投资者和其他利益相关者描述企业追寻的机会以及如何把握这个机会。
- 创业计划的撰写与计划本身同样重要。撰写创业计划的正外部性在于迫使创业团队冷静、系统、缜密地思考企业的各个方面，并在一些重要事项方面达成一致。
- 实施概要一般为 2～5 页，主要用来满足投资者的兴趣和寻找战略合伙人；完整的创业计划一般为 25～35 页，主要吸引潜在投资者、战略合作伙伴和买方；生产和运营计划一般长达 40～100 页，主要针对企业内部阅读者，是企业的经营蓝图。
- 实施概要是整个创业计划的浓缩版本，能够让阅读者了解这个新创企业的吸引力所在，能够使阅读者看到企业的长期使命以及人员、技术和市场的总体情况。
- 与投资者会面前，创业者一定要准备好幻灯片，内容要以会议预定的陈述时间为限。口头陈述必须涵盖的主题包括：企业介绍，问题的描述，解决方案，商业模式和盈利能力，竞争情况和策略，技术和相关过程，营销与销售计划，创业团队和经验，企业盈利前景，企业现状和资金需求。
- 创业项目路演大多遵循 10/20/30 原则。

思考题

1. 什么是创业计划？为何将创业计划视作管理工具？

① 知乎．创业时，我们在知乎聊什么？．北京：中信出版社，2014：145.

2. 撰写创业计划的两个主要原因是什么？
3. 谁会阅读创业计划，他们希望看到什么信息？
4. 一份完整的创业计划应该包括什么？
5. 什么是实施概要？为何说它是创业计划中最重要的部分？
6. 创业计划中的企业描述部分应该包括哪些内容？
7. 为什么创业团队部分是创业计划的关键？
8. 为什么产业分析在创业计划中的位置靠前？
9. 开展竞争者分析的目的何在？
10. 创业计划中市场分析部分与营销计划部分有何不同？
11. 为什么创业计划中包括生产和运营计划很重要？
12. 简要描述创业计划中三个预计财务报表。
13. 为什么在创业计划中要说明关键风险因素？
14. 为什么要精心准备创业计划的演示？

练习

创业计划撰写范例

本创业计划撰写范例是依照表 5－2 中所列的顺序撰写的。表 5－2 汲取了诸多专家在撰写创业计划方面的有益建议，可以让撰写创业计划这项艰巨的任务变得容易一些，给初撰者一个模仿的蓝本。

撰写创业计划不存在唯一的最好方法，只要你觉得适宜，并且与你的情况相符就可以。许多方法都可以用来准备和撰写创业计划，建议你从市场调研和市场分析开始。请记住，创业计划的撰写是认真的人所做的认真的事。虽然创业计划的一个重要职能是使投资者“被打动”，但你和你的团队也必须向别人同时向你们自己证实该商机确实值得追寻。收集信息、做出决策和制订创业计划是首要的事。

本创业计划撰写范例告诉创业者如何用投资者所能接受的格式来传递信息。创业计划撰写范例中列出的各项具体要素，让你知道创业计划中必须包含哪些内容，以及为什么要包含这些内容。有时候用表格的形式来展示数据更容易为阅读者节约时间成本。

请注意，本范例是一个虚构的创业计划，只是为初撰者提供一个参照的模板。

创 业 计 划

企业名称	武汉教寿健身有限公司
行业领域	休闲健身娱乐活动
创业者姓名	欧阳小贝
地　　址	武汉光谷街创业路特 1 号
电　　话	027-875×8888
传　　真	027-875×7777
电子邮箱	upim99@163.com
联 系 人	欧阳小贝
撰写日期	2023 年 8 月

保密承诺

本创业计划内容涉及商业秘密，仅对有投资意向的创业投资者公开。收到本创业计划后，承诺妥善保管本创业计划，未经创业者本人同意，不得向第三方公开本创业计划涉及的本公司的商业秘密。

目　　录

Ⅰ. 实施概要

＊拟建企业基本情况

<table>
<tr><td>企业名称</td><td colspan="6">武汉教寿健身有限公司</td></tr>
<tr><td>法定代表人</td><td colspan="2">欧阳小贝</td><td colspan="2">注册资本</td><td colspan="2">100 万元</td></tr>
<tr><td>项目总投资</td><td colspan="2">50 万元</td><td colspan="2">对外筹资</td><td colspan="2">50 万元</td></tr>
<tr><td>行业领域分类</td><td colspan="6">休闲健身娱乐活动（GB/T 4754-2002-R9230）</td></tr>
<tr><td>申请人出资</td><td colspan="2">50 万元</td><td colspan="2">申请人所占股份</td><td colspan="2">50%</td></tr>
<tr><td>寻找第几轮资金</td><td colspan="6">☑ 种子资本　□第一轮　□第二轮　□第三轮　□其他</td></tr>
<tr><td>企业主营业务</td><td colspan="6">健身器械、健身课程与活动、中医养生课程、按摩理疗</td></tr>
<tr><td>地址</td><td>武汉光谷街创业路特 1 号</td><td>邮编</td><td>430079</td><td>E-mail</td><td colspan="2">upim99@163. com</td></tr>
<tr><td>电话</td><td colspan="3">027-875×8888；1397××××168</td><td>传　真</td><td colspan="2">027-875×7777</td></tr>
<tr><td>简介</td><td colspan="6">自 2017 年以来，休闲健身服务产业发展迅猛，截至 2022 年，产业年产值达到 2 000 亿元。本产业增长很大程度上受经济发展趋势的驱动，随着收入增加，人们越来越注重个人健康。本产业缝隙之一是缺乏专为 45 岁以上教师提供服务的健身场所，他们与年轻人的健身需求类型不同。教寿健身馆将填补该市场缝隙——专为 45 岁以上教师提供健身服务。</td></tr>
<tr><td>企业描述</td><td colspan="6">教寿健身馆计划营业面积 1 000 平方米，选址于光谷街创业路特 1 号。该地段是开办健身会所的理想地点——该地区的高校教师人口比例及其收入水平高于全国平均水平。其特色是专门针对教师群体提供健身器械、课程、训练，开设中医养生课程、按摩理疗等专题讲座及保健业务。
满足人们对美好生活的追求是企业使命所在。健康、时尚、文化、品位、价值将成为新时代人们生活方式的新追求。创建教师健身馆面临独特的挑战，需对他们的生理与心理需求有高度的领悟能力。因此，本公司的经营方向是：（1）为会员营造舒适愉快的休闲环境；（2）提供高品质的课程与设施；（3）鼓励会员间交往，使健身馆成为他们生活的“第三空间”。</td></tr>
<tr><td>创业者团队</td><td colspan="6">武汉教寿健身有限公司现有 5 人管理团队，由欧阳小贝和伊莉莉领导。欧阳小贝曾在汉口成功创建过一家健身馆，并在 3 年内发展到 20 家连锁店，后该健身馆被一家国际健身俱乐部收购。欧阳小贝拥有 10 多年的健身行业管理经验，伊莉莉在一家健身馆做了 8 年会计工作。
武汉教寿健身有限公司现有 5 人董事会、3 人顾问委员会和 3 名创业天使导师。</td></tr>
<tr><td>产业分析</td><td colspan="6">武汉教寿健身有限公司将在休闲健身娱乐产业（R9230）内竞争。该产业年产值 2 000 亿元，处于成长期。成长驱动因素主要是教师们已深刻认识到强身健体的重要性。该产业最大的挑战是争夺消费者的闲暇时间。
该产业是竞争性产业，其平均利润率在 15%左右。成功关键因素包括：选址、合理的健身课程内容、有吸引力的会员制、一批有经验的敬业员工。</td></tr>
<tr><td>市场分析</td><td colspan="6">武汉教寿健身有限公司位于光谷街。市场分析表明该区域内约有 20 000 名 45 岁以上拥有副教授以上职称的教师，其中有 5 000 名现已是健身馆会员。公司预计连续 3 年平均每年将新增会员 2 000 个，按每人 1 000 元的盈利目标计算，可实现 600 万元收益。</td></tr>
</table>

1

营销计划	武汉教寿健身有限公司营销战略的总体目标是：让 45 岁以上的高知人士意识到健身的益处，并使他们认为“教寿健身”是他们开始或继续强身健体的首选地。 公司差异化竞争要点：唯一的目标市场是 45 岁以上的教师群体；强调健身馆的社交沙龙功能；公司高素质的专业工作人员将密切关注教师的新需求。 公司采取传统营销与草根营销方式相结合的促销措施，并已与英派斯健身俱乐部建立品牌合作关系。
营运计划	武汉教寿健身有限公司已租赁 1 000 平方米的场地，租期 10 年，已付定金，合同约定到租期截止时承租方有权买下该租赁场地。装修方案将按照目标客户群的喜好由专业人士设计，需装修费 10 万元。
融资计划	本创业计划包含整套的预计利润表、资产负债表和现金流量表。预计 2023 年（第一年）公司亏损经营，之后稳步盈利。预计 2023 年投资收益率为 15%，2024 年为 14.5%，2025 年为 13.5%。预计 2023 年净收益为 45 万元，2024 年为 55 万元。自创业初期起将保持正现金流量。
所需资金	公司需寻找 50 万元投资。

说明：其他需要说明的情况或数据可列于此处，可以与下文重复。本概要将作为实施概要由投资者浏览，一般制成活页，便于递交。

Ⅱ. 企业描述

一、简介

- 武汉教寿健身有限公司位于光谷街。公司将帮助更多教师养成运动习惯，传递健身文化，开拓健身行业。
- 公司创办者是欧阳小贝和伊莉莉。
- 公司地址为武汉光谷街创业路特 1 号；电话号码为 027-875×8888，电子邮箱为 upim99@163.com。

二、历史

2019 年秋，欧阳小贝在一次全民健身运动经验交流会上作讲演。演说后的互动时间里，一位大学教授问道：“为什么没有专为教师设计的健身馆呢?”这一提问改变了欧阳小贝的生活。2022 年 8 月，他完成了可行性分析，证明该创意可行。2023 年 1 月，他从彭祖井的“谁能更把寒泉浚，一饮须教寿八千”的诗句中得名“教寿”，创建武汉教寿健身有限公司。

三、使命

- 运动储蓄生命，健身焕发活力。

2

四、宣传语

- 帮更多教授养成运动习惯。
- 教寿健身，让你年轻十岁。

五、产品

本公司提供的产品类型是通过可行性分析得出的。为明确教师的兴趣与喜好，2022年7月公司专门对200名教师进行了概念陈述测试和随机问卷调查，拜访了10所大学工会的领导以及体育部负责人，召集了3次焦点小组访谈。根据调查结果，公司决定为会员提供以下“健身套餐”：

- 锻炼器械：专为教师选择的全套锻炼器械。
- 健身课程与活动：有氧训练、健美操、跆拳道、韵律搏击、瑜伽、形体练习等。
- 讲座与讨论会：开设营养、睡眠、大脑体操、避免腰部和颈部损伤等专题讲座与讨论会。
- 按摩与理疗：专业推拿技师、针灸师为教师提供按摩与理疗服务，缓解长期伏案工作所致的腰肌劳损、颈椎肥大、骨质增生等症状。
- 咖啡论语：为会员提供一个愉悦、舒适、温馨的聊天会客场所。教师们一般不太喜欢在私人空间会客及辅导学生写论文，咖啡论语场所正好满足这一需求。

六、现状

武汉教寿健身有限公司拟定于2023年8月8日“全民健身节”举行盛大的开业迎宾。

（1）已完成的事项：

- 可行性分析、市场发展前景调查、3次焦点小组访谈；
- 创业计划；
- 5人管理团队已组建；
- 董事会、顾问委员会、创业天使导师团已组建；
- 已签约租赁1 000平方米的场地，租期10年，待交租金；
- 创业团队成员已投资20万元；
- 省教育工会资助10万元，肯定了本公司对教师健康事业所作的贡献。

（2）待完成的事项：

- 获取更多的资金；
- 运营场地的装修；
- 健身器材招标、安排课程、选聘员工；
- 开业典礼的准备。

七、资金需求

- 50万元的投资。

3

Ⅲ. 创业团队

一、创业团队关键成员履历

姓名	欧阳小贝	岗位/隶属	公司创始人兼 CEO
出生年月	1980 年 9 月	专业/专长	运动医学
主要工作经历			
时间	单位	职务	业绩
2008—2011 年	康复疗养院	主任	住院率居全国同行业第一
2013—2014 年	国医健身馆	经理	门诊及营业额居全国 50 强
2015—2020 年	全民健身委	主任	全民健身活动成绩佳，获“五一劳动奖章”
教育背景			
时间	学校	专业	学历
1999—2004 年	医科大学	康复医学	本科
2005—2007 年	体育大学	运动医学	硕士
2018—2020 年	科技大学	工商管理	硕士

说明：其他关键成员也按此表格填写。

二、创业团队人事安排

姓名	岗位							
	行政领导	财务融资	运营推广	营销销售	人事招聘	会员管理	项目经理	信息系统
欧阳小贝	有人							
伊莉莉		有人						
明健生			有人					有人
高小宝							有人	
康恩贝				有人				
（空缺）					无人			
（空缺）						无人		

三、公司所有权与分配情况（请与财务计划部分结合起来完成）

姓名	岗位/隶属	基础分配	所有权比例（%）	投资（万元）
欧阳小贝	创始人和首席执行官		30	30
伊莉莉	创始人和首席财务官		20	20
明健生	首席运营官		15	15
高小宝	项目经理		15	15
康恩贝	营销		15	15
斯蒂芬	董事天使投资		5	5
合计			100	100

4

四、公司内外部支持情况

董事会成员			
姓名	年龄（岁）	专业	经历
欧阳小贝	43	运动医学	创始人兼首席执行官，健身运动的推动者。
伊莉莉	35	会计学	创始人兼首席财务官，注册会计师。
斯蒂芬	62	工商管理硕士（MBA）	退休企业家，已开办和出售了6家成功的公司。
高福特	50	法学硕士	律师专门向新企业和小企业提供法律咨询服务。
詹易天	60	医学博士	健身运动的倡导者，休闲与健康报刊专栏作者。
顾问委员会成员			
姓名	年龄（岁）	专业	经历
马蒂莲	38	运动医学	运动医学博士，对健身设备和课程提出医学咨询建议，可帮助本公司的教员为教师制订适宜且安全的健身计划。
章贵仁	65	体育保健	体育学院退休教授，有30年健身保健课程教学经验，对运动生理学、心理学均有研究。
陈二雷	50	中医学	擅长中医养生，近10年在老年健康领域工作。
其他外部支持机构			
机构名称		聘请者	经历
律师事务所		张京文	资深律师，有15年执业律师经验。
会计师事务所		王丹丽	注册会计师，有12年审计和商业会计工作经历。
管理咨询公司		徐鲁豫	哈佛MBA，职业经理人，有外企工作经历。

说明：若公司缺乏以上网络资源，还应如实陈述创业团队的优势与不足之处。

Ⅳ．产业分析

随着经济条件的改善和对健康认识程度的不断加深，人们对身体好、形体美的追求越来越强烈，纷纷参加各种形式的体育锻炼，推动了健身产业的迅猛发展，越来越多的人走进健身馆。

一、产业规模及增长率

	2018年	2019年	2020年	2021年	2022年
产业年产值（亿元）	1 361	1 457	1 559	1 668	1 784
产业内企业数量（个）	54 560	57 566	60 898	63 670	68 900
产业内就业人数（人）	502 345	514 564	534 523	547 862	580 674
产业产值增长率（%）	7	7	7	6.99	6.95
产业内企业增量（%）	3.66	5.51	5.79	4.55	8.21
产业内就业增量（%）	2.1	2.43	3.88	2.5	5.99

二、销售预测

随着人们健康意识、休闲意识的提高，未来10年健身产业将更具发展潜力。预计到2033年，整个产业产值将突破3 000亿元，增长速度超过7%。2023年，产值将突破1 900亿元，增长速度超过6.5%。

5

三、产业特征

1. 产业结构

该产业细分市场情况如下：英派斯健身、帕菲克健身、浩沙、中体倍力各占产业销售额的 20%，许多小型健身馆、舞蹈室、体育馆、溜冰场和类似场所的发展大大降低了产业集中度。高端市场的进入壁垒主要是房地产和设备设施的高额成本，因而高端市场不易进入；低端市场（小健身馆和舞蹈室）场地租用便捷、便宜，因而易进入。

2. 其他特征

● 高校教师亚健康群体数量不断增多。他们有稳定的收入和较为宽松自由的时间，该产业正不断增加对这一群体的特别关注。

● 竞争程度。该产业内的总体竞争十分激烈，武汉城区有规模不等的各种类型的健身俱乐部达 129 家。

● 成本和选址。高端的健身俱乐部选址在高档的写字楼以及豪华住宅区内，房屋租金高。低端市场中针对女性的健身场所一般在商业街租用场地。

● 竞争基础。高端市场主要依靠先进器材和多种类项目取胜，低端市场依靠服务、锁定服务对象及个性化健身项目取胜。

3. 参与者性质

● 产业中的企业情况。产业由各类不同的参与者组成。有规模较大、设施齐全的大型连锁健身馆，也有小型的舞蹈室、跆拳道馆、溜冰场等。

● 产业细分。按提供的产品划分，健身俱乐部占产业市场份额的 40%以上。

● 顾客群。月收入在 5 000 元以上、年龄在 45 岁以上的群体占 50%左右。

4. 健身平均花费

● 入会费 100 元，月消费在 100～150 元之间。

5. 公司成本分摊比例

● 工资 30%；

● 购买器材 20%；

● 折旧 15%；

● 租金 10%；

● 广告 10%；

● 空调设备 5%；

● 其他 10%。

6. 关键成功因素

● 选址和收入。选址在高收入的金领、白领社区较为重要。

● 健身套餐丰富。满足客户群多元化的需求，提供可自由选择的健身活动种类。

● 训练有素、热情周到的员工。服务技能和质量是差异化竞争的基础。

● 定位准确的目标市场。开展精准化“私人定制”项目，针对单一性别、单

6

一群体或某一年龄段提供健身课程，越来越受客户欢迎。

● 健身包月费用与每次费用。不同的健身俱乐部收费水平不一样，收费定位与竞争对手相近十分重要。

7. 产业趋势及前景

许多有利的环境发展趋势对休闲健身产业的增长速度和产业吸引力产生了积极的影响。

（1）产业发展有利趋势：

● 人们越来越意识到身体锻炼、体重控制、营养均衡的重要性，感悟到“生命在于运动”“健康是第一生产力”的真谛所在。

● 看病难、看病贵的压力，使人们更加注重防患于未然，更加注重预防与保健。

● 诸如高尔夫等健身活动消费昂贵，使人们选择与自己消费能力相当的健身活动。

（2）产业发展不利趋势：

● 生活节奏快，闲暇时间受限，很难抽身锻炼身体、光顾健身馆。

● 其他生活开支攀升，将会减少居民可支配收入。

（3）发展前景：

● 人口老龄化以及人们对“健康第一”的认知，会使该产业进一步发展。人们会花更多的金钱和时间去光顾这些健身场所。一些针对特定人群的健身俱乐部会获益更多。

Ⅴ. 市场分析

一、市场细分

从人口状况考虑，健身市场可划分为儿童市场、青少年市场和成年人市场，或者划分为高收入群、中等收入群、低收入群三个不同的目标市场，这种细分方法有助于健身俱乐部开发项目、设计规模等方面的定位。如果按消费者心理因素划分，健身市场可以分为健身型、健美型、瘦身型、时尚型、社交型、休闲型等功能性的市场，这种细分方法有助于健身俱乐部在产品、价格、服务等方面进行准确定位。若按消费者行为因素划分，健身市场可以分为提供技能型、塑造形体型、健康型、个性展示型；若按消费时段，可以划分为白天健身型、中午健身型、晚上健身型。这种细分方法有助于公司合理安排健身场地、时间、项目，使营销更加细致和准确。

基于以上市场细分法则，武汉教寿健身有限公司是一家专门瞄准高收入人群、集健身与休闲于一体的功能性健身馆，不断满足高知群体对健身、娱乐、休闲等方面的需求。

7

二、目标市场选择

武汉教寿健身有限公司所瞄准的目标市场是：健身俱乐部市场和 45 岁以上的有高级职称的大学教师群体（只有副教授以上的人才能获得会员资格）。做出这样的选择是基于以下一些原因。

（1）产业分析。根据《中国准体育人口的基本特征与发展研究》的调查：

● 文化程度越高的人群，参加体育活动的比例越大，这与其对体育锻炼的认识程度有关。

● 收入不同的群体中体育人口的比例存在显著的差异，即收入越高，参与程度越高。

● 体育人口和职业有很大的关系，科教文卫人员相对重视身体锻炼。

产业分析强有力地显示出高知群体越来越热衷健身，他们对生活有着较高的追求，有个性，注重生活品位和质量，需求呈现多样化，有足够的休闲时间和财力用于健身活动。

（2）高知群体喜欢扎堆锻炼。有证据显示，高知群体喜欢与自己的同伴一起锻炼，不太愿意去年轻人经常光顾的健身馆，与其他人混在一起锻炼。如有专门为他们开办的健身馆，他们会很高兴加入。

（3）现有的健身馆未能满足教师的需求。帕菲克、英派斯、浩沙、中体倍力等健身馆未能向教师提供最适宜他们的健身环境、活动项目和种类。而只有针对特定人群量体裁衣地设计他们所喜爱的健身环境、项目种类和设施，更好地服务这一目标市场群体，才是获取利润的重要源泉。

（4）与其他目标市场群体相比，教师群体应该是健身市场中的优质客户来源。

三、目标市场规模

公司选址在光谷街（地铁 2 号线运行区域），我们保守估计，此地区有 30 多所高校，根据各高校对外招生宣传的高级职称教师人数统计，该地区高级职称教师总计达 35 180 人。此外，该地区有 5 万多名非高校教师但有高级职称者，他们喜欢“与高尚人士为伍”，而教师一般也不会排斥他们（他们曾经是同学、师生或朋友关系）。按照大约 8.5％的人愿意加入健身馆估算，预计至少有 7 000 人将成为教寿健身馆的会员。

（1）初步匡算 2023 年目标市场的总规模（业务额）。公司主要有三种收入来源：

● 会员月费。按照市场均价，会员月费为 100 元；100 元/(月・人)×7 000 人×12 月＝8 400 000 元。

● 一次性入会费。每年大约有 30％的流动客户，新增会员 2 100 人，以每人 100 元入会费算，可增加 210 000 元收入。

● 额外收入。咖啡论语、推拿、艾灸以及泊车收费，不低于会员健身收费的 15％，即（840 万元＋21 万元）×15％＝129.15 万元。

● 教寿健身馆在光谷街的经营规模为 990.15 万元。

8

（2）预计未来三年目标市场的规模。按4%的增长率计算：

- 2023年，1 029.76万元。
- 2024年，1 070.95万元。
- 2025年，1 113.78万元。

四、购买者行为

影响消费者购买健身产品的决定因素主要有：

- 会员积极性。积极性是吸纳和维持新会员的关键因素。一项体育机构的研究显示，50%以上的人表示，一旦健身能激发他们的积极性，他们会加入健身馆。
- 收入水平。月收入5 000元以上的白领阶层最有可能成为健身馆的一员。光谷街有50%的人月收入5 000元以上，高于全国平均水平。
- 环境因素。大学教授更乐意在专为满足他们需求而设计的环境中进行健身运动。通过对100名大学教授的拦截访问，他们都愿意参加健身活动，更愿意在专为他们量身定制的健身馆锻炼。
- 项目和设施。专为教师设计的个人运动指导、低强度有氧训练、瑜伽、跆拳道、力量训练、动感单车、普拉提、中医养生讲坛、心理咨询以及女教师美容形体馆等项目，深受教师的喜爱。这些项目不仅可以有效纠正体形体态、放松身心、缓解压力，而且能提高睡眠质量、调节内分泌、延缓衰老。
- 训练场地。物以类聚，人以群分。相比其他健身场所，教师更愿意在“自己的地盘”上开展健身运动。
- 社交活动。咖啡论语为教师提供了日常交流的聚会场地，他们很希望有一个可以独立自由论道的空间。

五、竞争者分析

- 直接竞争对手。目前，在光谷街方圆10公里的范围内，主要有帕菲克、英派斯、浩沙、中体倍力等4家大型健身馆以及其他8家小健身馆。尚未有专门针对教师群体的健身馆。这一商机，对所有从事这一产业的人都充满了诱惑。一些健身房开始注意为教师提供特别的服务项目指导。本公司已经做好准备，通过提供针对教师的个性化服务，迅速建立教寿健身的品牌优势。
- 间接竞争者。主要包括出售家庭健身器材的公司以及保健食品公司。在体育学院周边已形成了专卖健身器材的企业群落。各保健食品及健身器材在大型超市、互联网上均有出售。因此，家用健身器材及保健品市场的增长对产业内的所有企业构成了威胁。
- 未来竞争者。随着健身产业的继续增长，未来几年相关企业会紧随其后，甚至会有一些国际品牌的健身连锁中心进入该地区。教寿健身有限公司希望在竞争者加入前，建立起强大的品牌优势，采取行之有效的激励机制，巩固老会员，吸引新会员，力争会员人数稳定在万人之上。

9

Ⅵ. 营销计划

健身馆只有了解消费者的不同需求，进行有针对性的定位营销，才能更好地发展下去。

一、总体营销策略

● 武汉教寿健身有限公司营销策略的总体目标是，让 45 岁以上的高知群体意识到健身带来的益处，并向他们宣传——教寿健身馆是其健身的最佳选择地。通过一系列的营销策略和口口相传，向教师展示本公司通过健身项目来有效提高会员生活质量的做法。

● 营销策略的制定基于这样一个理念：营销教寿，人人（公司的员工、董事、顾问委员会甚至会员）有责。每一个项目的开展、每一次活动的推广、每一件器材的添置、每一个会员的吸纳，都是为了完成公司的使命，使广大教师在健身中焕发活力创造更多的科研成果和文章。有理由相信教寿健身将成为教师科研工作的“加油站”——健身出成果，健身出文章。所以，我们为他们量身定制了这样一家健身馆。我们将通过营销策略和方法让目标群体感受到我们的真诚和付出。

● 团结一切可以团结的力量，努力实现预计的会员加盟人数目标。2025 年计划的会员数为 2 020 人。这既是激励工具，又是战斗号角。“人人努力，实现 2025 目标”，将在公司的各项制度中体现出来，也将作为员工激励计划的核心内容。

二、定位策略

● 武汉教寿健身有限公司的定位：好设施、好服务、好体验、好价格，为高级知识分子打造“四好彭祖园”。

● 差异化优势：目标市场内独一无二的专为教师开设的健身馆；高素质的员工能够满足教师的各种需求。

三、定价策略

● 参照竞争对手的价目和全国平均状况，制定了一份初始入会费、会员价以及 VIP 卡价目表。这个价目表在几次征求意见会上没有太多的反对意见。

项目	教寿	直接竞争对手	全国平均水平
初始入会费（元/人）	100	135	130
月会员价（元/人·次）	68	88	78
年会员费（元/人·次）	68	75	70
VIP 卡（元/人·50 次）	2 600	3 000	2 800

四、销售战术

教师的消费水平都较高，可以将教寿做成高端品牌，以优质的服务、优质的配套设施、优质的环境来吸引他们。推行年费制和会员制，以建立稳定的顾客源和

10

提供有针对性的服务，在吸收新会员的过程中实现盈利。在服务项目方面我们选择套餐制，可以由顾客选择适合自己的服务，选择不同的服务搭配，收取相应的费用。销售短期会籍（初始入会费）、吸引VIP客户来提高利润。具体销售战术如下：

（1）展示销售前景：现有会员的推荐；瞄准目标客户直邮；平面广告；公司网站登录下载。

（2）初次接触：员工前台推介；通过电子邮件向潜在客户展示公司的前景；网站视频或其他促销宣传资料。

（3）抓住销售机会：对潜在顾客提供实地参观服务，随时与潜在顾客保持电话联系。

（4）销售演示：邀请潜在顾客观看公司健身项目的视频短片；提供30分钟免费健身体验；发放印有广告的纪念品。

（5）解答顾客疑问：针对收费及设施等顾客最关心的问题提供咨询和小册子。

（6）完成销售：诚邀潜在顾客加入。

（7）回访及回馈：在30天内回访新会员，询问其感受；每年教师节提供免费健身服务一次，为每位会员提供生日免费服务；邮寄公司的健身资讯，不断传递公司服务与产品的信息；致谢会员的支持及改进建议。

五、促销活动

每年教师节及传统节假日在大学校园做推广宣传；与有关学术机构联合，尽可能吸引一些学术会议在公司的多功能学术报告厅召开；定期发放优惠券；开展会员活动，借此吸引新会员加入；平面广告和电视广告。具体营销预算如下：

营销项目	预算（元）
促销资料（小册子、宣传单）	10 000
电视广告	15 000
平面广告	8 000
视频短片	5 000
小礼品（印有服务项目的广告袋和纸杯）	8 000
其他赞助开支	8 000
合计	54 000

Ⅶ. 生产和运营计划

武汉教寿健身有限公司是目前唯一为教师创办的一个服务上乘、设施高档的健身馆。公司的运营模式和程序如下。

一、运营的基本方法

● 由于该健身馆是专门针对45岁以上的教师开办的，这要求公司保持对会

11

员年龄的关注和为顾客设计各种健身活动，还要对教师的需求保持极高的敏感性。公司发现年龄范围的上下界限通常只是象征性的，因此，公司的运营计划和程序必须充分预期到 45 岁以下的青年教师和 65 岁以上的老教师也会加入健身行列，成为公司的会员。

● 经营健身馆的最大挑战是促使人们加入健身馆并使健身成为他们的生活方式，因为人们总能找到许多不健身的理由。因此，健身馆的运营将力求做到：为会员提供高雅的环境；提供高质量的课程和设备；鼓励人们参加集体健身，并把教寿健身活动作为他们的核心生活要素之一；构建员工和会员的和谐关系。因此，运营的前后台服务工作很重要。

1. 后台运营事项

● 工作人员的甄选。精心挑选员工，将有工作经验和技能的人安置在各个关键岗位，做到专业、专心、专岗、专人为前来健身的教师及其朋友服务。

● 操作手册。已经准备好操作手册，说明健身馆的日常操作程序。

● 精心设计的健身课程表。健身课程和课程表是健身馆的支柱。所有课程都将安排专人讲授。

● 健身器械。采购的所有健身器械都将是最新的，还将培训专门的人员负责维护和保养这些器械。

● 双向激励机制的设计。鼓励工作人员记住健身班参与者的姓名，并设计一套系统使健身者知道他们缺课或一段时间不来有人想念他们。对顾客点名服务的工作人员给予奖励。对经常光顾的顾客给予一些特别的问候（主要是在生日、元旦、端午节、中秋节、教师节、国庆节等送小礼品和优惠券）。

● 员工培训。对所有员工进行岗前培训，让他们熟悉各种健身设施和课程。

● 危机管理计划。应急行动计划、政策、程序和规则已经制定并在操作手册中加以说明。所有员工都将按程序被培训，当发生危机事件时，不会出现反应慢或犹豫不决的现象。若有一个会员受伤或需要医疗照顾，所有员工都知道应该遵循的一些程序。

● 健身风险的知情权。当会员完成导向性训练后，将被要求签署一份声明，表示自己已清楚健身有可能引致的不确定风险，一旦发现，自愿承受风险，使运营过程中有可能发生的法律诉讼风险最小化。

2. 前台运营事项

● 会员参观体验。邀请潜在顾客对健身设施进行参观，并提供一周免费试用健身设施和试听健身课程的服务（通过这种措施，通常有 80%左右的潜在顾客会成为会员）。

● 导向性训练。个人决定加入健身馆后，将经历 30 分钟的导向性训练。

● 运营时间。健身馆将在周二至周日 6：30～21：30 开放，周一闭馆。

● 定性指导。工作人员将指导会员如何使用设备，并跟踪服务。

● 健身课程表。健身课程与课程表将在一天的不同时段提供。大多数课程时

12

间为45～60分钟。

● 专题讨论。结合健身课程，举行营养、睡眠、舞蹈、中医养生、药膳等专题研讨。

● 多功能厅租赁。多功能厅将由顾客租赁使用，主要用于举办各种学术机构的年会、会员的生日聚会，以招揽潜在顾客，长期的潜移默化服务必将使教寿健身馆成为教师生活的必需品。

● 教寿健身资讯。向会员定期提供公司的健身资讯。

二、运营选址

● 高端社区。武汉光谷街拥有30多所高校，并且人均收入高于全国平均水平。这两个特征对于支持一个专门为教师开办的健身馆非常重要。

● 交通便利。公司位于三环主干道旁，拥有300个泊车位。

● 人才丰富。光谷地区每年有10万大学毕业生，其中康复医学、运动医学、针灸、推拿、骨伤、护理、心理等专业的毕业生近3 000人，公司可获得较好的人力资源保障。

三、设备设施的规划

● 健身器材的采购。已同专业健身器材公司签订采购合同，大多数器械为量身定做，可以满足教师健身的特殊需求。

● 健身场地的功能设计。1 000平方米的健身场地将设计规划为以下功能区：

（1）五泳道健身游泳池；

（2）治疗游泳池；

（3）综合健身馆；

（4）多功能学术报告厅和电子图书室；

（5）三间健身课程教室；

（6）咖啡论语酒吧厅及顾客休息室；

（7）艾灸室；

（8）推拿按摩室；

（9）小型电影院；

（10）更衣室；

（11）工作人员办公室。

四、运营策略与计划

公司的企业战略和竞争优势依赖以下方面：按照特别适合教师的方式满足他们的需要；通过吸纳新会员和保留老会员实现年度会员目标。前面描述的运营策略有助于目标的实现。不断满足顾客的需求是工作的重心。

五、开发状况和任务

● 时间表。如果获得融资，公司将于2023年8月8日正式开业。

● 已完成的事项主要有：可行性分析、组建企业及管理团队、签署场地租赁协议、敲定装修及健身课程方案。

13

● 需要完成的重要事项：融资合同、资金到位后装修队进场装修、健身器材招标、安排课程、选聘员工、开业前的准备。

六、挑战与风险

挑战与风险主要来自健身设施的设计、维护和使用。主要包括：装修时间延误影响开业时间；健身器材的安装延误影响预定的开业日期；超出预算导致公司财务困难。

七、运营成本预算

● 预算开支情况如下：

预算项目	成本（万元）
场地装修	10
健身设备	10
办公家具	8
销售及营销用品	5
其他	1
合计	34

● 健身设备的获取途径：购买设施 4 万元，租赁 4 万元，厂商融资 2 万元。

Ⅷ. 财务计划[①]

一、今后三年的发展预测

二、融资需求

单位：万元

<table>
<tr><td>创业所需要的资金额</td><td colspan="2"></td><td>团队已经出资金额</td><td></td></tr>
<tr><td>资金需求时间</td><td colspan="4"></td></tr>
<tr><td>资金用途</td><td colspan="4"></td></tr>
<tr><td rowspan="4">融资方案</td><td>企业自筹</td><td colspan="3"></td></tr>
<tr><td>银行贷款</td><td colspan="3"></td></tr>
<tr><td>创业投资</td><td colspan="3"></td></tr>
<tr><td>其他来源</td><td colspan="3"></td></tr>
</table>

14

① 请读者试着完成这部分内容。

三、融资计划

（1）预计的创业投资金额。

（2）创业企业未来的筹资资本结构如何安排。

（3）获取创业投资的抵押、担保条件。

（4）投资收益和再投资的安排。

（5）创业投资者投资后双方股权的比例安排。

（6）投资资金的收支安排及财务报告编制。

（7）投资者介入公司经营管理的程度。

投资与收益预测					
	第一年	第二年	第三年	第四年	第五年
年收入					
销售成本					
运营成本					
净收入					
实际投资					
资本支出					
年终现金余额					

（8）简述本期创业投资的数额、退出策略、预计回报数额和时间表。

资本结构	
迄今为止有多少资金投入贵企业?	
您目前正在筹集多少资金?	
如筹集成功，企业可持续经营多久?	
下一轮投资打算筹集多少资金?	
企业可以向投资人提供的权益	□股权　□可转换债　□普通债权　□不确定

Ⅸ. 关键风险[①]

● 企业面临的风险及对策。

● 针对项目实施过程中可能遇到的风险，包括技术风险、市场风险、管理风险、财务风险及其他不可预见的安全风险，提出有效的风险控制和防范手段。

Ⅹ. 附　录

● 关于项目承担团队的主要负责人或公司总经理详细的个人简历及证明人。

● 关于公司产品的报道及行业权威机构对产品/技术的评估分析报告。

● 公司产品的样品、图片及说明；有关公司及产品的其他资料。

● 其他需提供的材料。

15

① 结合以上分析情况，请读者试着完成这一部分。

UPIM

03

第 3 篇

实施创业（I）

知者行之始，行者知之成。

第6章

创建新企业

没有任何一种法律组织形式，或是混合法律组织形式适用于所有的小企业。想要找到一个适合所有企业的法律组织形式，就如同为一个人挑选一套满足其所有需要的衣服一样困难。在选择法律组织形式时，我们应对涉及的当事人详加考虑——他们的好恶、性情，他们的短期及长期需要，以及他们所处的税收环境。实际上组织形式的选择很少完全由单一的因素决定。

——美国小企业管理局

不管你能做什么，或者梦想能做什么，开始行动吧。胆识将赋予你天赋、能力和神奇的力量。

——约翰·沃尔夫冈·冯·歌德（Johann Wolfgang von Goethe）

》问题导入

1. 为什么要注册一个新企业？
2. 创建新企业要考虑哪些问题？
3. 为什么创建企业需要靠法律“护航”？

第1节 新创企业的法律组织形式

如何为新创企业选择一个适宜的法律组织形式？这个问题常常使创业者感到困惑。“想要找到一个适合所有企业的法律组织形式，就如同为一个人挑选一套满足其所有需要的衣服一样困难。”[①] 因此，创业者应结合自己的偏好、中长期需求、税收环境，来权衡每种法律组织形式的利弊。如果创业者最初选择的组织形式不再适合企业的发展，也可以在企业经营过程中择时变更企业的法律组织形式，关键是创业者应仔细地思考当前与未来的需求以及相关成本。

凡事预则立，不预则废。要为你的企业选择一个适当的法律组织形式，当然要对有关新企业创建的法律实务及流程有充分的了解。

有远见的创业者常常是先确定最适合企业的法律结构，再决定如何组建新企业。个人独资企业、合伙企业和有限责任公司是企业的基本法律组织形式，每种形式都有自己的优点和缺点，因此不能说哪一种形式优于其他几种。新创企业的法律组织形式很少完全由单一的因素决定。

一、个人独资企业

★路标 个人独资企业的优点和缺点。

个人独资企业（sole proprietorship）是由一个人所有并由其经营管理的企业，是由一个自然人投资，财产为投资者个人所有，投资者以其个人财产对企业债务承担无限责任的经营实体。[②] 这就意味着投资者个人享有全部的收益权并承担企业的所有债务和其他义务。投资者负有无限责任（unlimited liability），即用企业资产和个人资产为企业的所有债务承担法律上的责任。假如企业不能偿付债务，投资者将不得不变卖其私家车、房产、收藏品，甚至一切可以偿还债权人债务的资产。

建立一家个人独资企业，投资者只需具备如下条件：是具备完全民事行为能力的自然人，并且不是法律、行政法规禁止从事营利性活动的人，有合法的企业名称，有投资者申报的出资，有固定的生产经营场所和必要的生产经营条件，有必要的从业人员。具备这些条件后，投资者就可到所在地工商行政管理登记机关申请登记，经核准，领取营业执照后，方可营业。

（一）个人独资企业的优点

（1）易于成立。与其他的法律组织形式相比，个人独资企业的成立手续较简单且费用更低。

（2）利润独享。所有者不必和别人分享企业利润。

---

① 库拉特科，霍杰茨．创业学：理论、流程与实践：第6版．北京：清华大学出版社，2006：385.

② 为了规范个人独资企业的行为，保护个人独资企业投资人和债权人的合法权益，《中华人民共和国个人独资企业法》于2000年1月1日起施行。

（3）个人决策。在企业运营中没有必须征询意见的共同所有者或合伙人。

（4）灵活性强。能够根据企业的需要当机立断，调整经营决策。

（5）只缴个人所得税。个人独资企业不具有法人资格，企业主以个人而非以企业作为纳税人，无须向社会透露企业的财务报表信息，只缴纳个人所得税。

（二）个人独资企业的缺点

（1）无限连带责任。企业主个人对企业所有债务负责。当投入企业的资产不足以抵偿债务时，企业主的个人财产也将被追索。

（2）缺乏连续性。所有者疾病或死亡，企业可能削弱或倒闭，企业生命期是有限的。

（3）发展资金难获得。个人独资企业的资本一般为个人积蓄、企业利润的再投资及民间借贷，较难筹集到大笔资金用于企业的扩张。

（4）管理能力有限。由于企业是“家长式”决策模式，仅凭一个人的知识、能力及专长，将限制企业的发展方向和空间。

由于以上原因，个人独资企业呈现出创建快、存活短、发展慢的态势。这一法律组织形式一旦沦为企业发展壮大的绊脚石，企业势必要转化为其他更有利的法律组织形式。

二、合伙企业

★路标 合伙企业的优点和缺点。

合伙企业（partnership）是两个或两个以上的个人，为了获益而作为共同的企业所有者而创立的企业。合伙企业是依照《中华人民共和国合伙企业法》设立的、由各合伙人订立书面合伙协议、共同出资、合伙经营、共享收益、共担风险，并对合伙企业债务承担无限连带责任的营利性组织。[①] 每位合伙人可以用货币、实物、知识产权、土地使用权或者其他财产权利出资，也可以用劳务出资。对出资的评估作价可以由合伙人协商确定，无须验资。合伙企业不是法人，它与个人独资企业一样要承担无限责任，由合伙人分别缴纳个人所得税。

按每个合伙人所负担的责任差别，合伙企业分为一般合伙（general partnership）和有限合伙（limited partnership）两种形式。一般合伙人每人均可代表企业，以企业的名义签订合同，每人都负有无限责任，即当企业的资产不足以抵债时，每个合伙人都有连带责任，要以自己的个人财产承担企业的债务。而有限合伙企业只有一个合伙人负有无限责任，其他人则负有限责任，但企业只能由负无限责任的合伙人经营，其他合伙人不得干预。有限合伙人类似于一般投资者，他们不参与企业经营，仅以自己投入的资本对企业的债务负责。

合伙协议是调整合伙关系、规范合伙人相互权利义务、处理合伙纠纷的基本法律依据，对全体合伙人具有约束力，是合伙企业存在和活动的法律基础。通常合伙协议书应当载明以下相关事项：

（1）合伙企业的名称和主要经营场所的地点；

① 修订后的《中华人民共和国合伙企业法》于 2007 年 6 月 1 日起施行。它进一步规范了合伙企业的行为，保护了合伙企业及其合伙人的合法权益。

（2）合伙的目的和合伙企业的经营范围；
（3）合伙人的姓名及其住所；
（4）合伙人的出资方式、数额和缴付出资的期限；
（5）利润分配和亏损分担方法；
（6）合伙企业事务的执行；
（7）入伙与退伙；
（8）争议解决办法；
（9）合伙企业的解散与清算；
（10）违约责任。

（一）合伙企业的优点

（1）成立容易。与成立有限公司相比，合伙企业的创建程序和费用都较少，但多于个人独资企业。

（2）报酬共享。合伙人直接分享利润，有助于激励每位合伙人尽心尽力地工作。

（3）易成长壮大。合伙企业把不同个人的资本、技术和才干集聚起来，形成比个人独资企业更强、更有创造力的经营实体。

（4）灵活性强。合伙企业能针对市场的需求变化，快速做出是否投资的决策。

（5）缴纳个人所得税。大部分合伙人都以个人作为纳税人，从而规避了以有限公司作为纳税人的高额税费。

（6）有限合伙人只承担有限责任。

（二）合伙企业的缺点

（1）至少有一个合伙人负无限连带责任。虽然部分合伙人只承担有限责任，但至少有一个主要合伙人（general partner）要承担无限责任。

（2）缺乏连续性。任何一个合伙人患病、死亡或撤资，合伙企业就有可能解体。但也有可能其他合伙人继续维持企业运转，或者再吸纳新的合伙人加盟，成立新的合伙企业。

（3）融资较困难。比个人独资企业筹资要容易些，通常合伙人的出资数额决定了合伙企业所能募集到的总资本。

（4）受制于某一合伙人的行为。一个主要合伙人的擅自决断可能会给企业带来灾难性的合同或债务，同时也连累其他合伙人。

三、有限责任公司

★路标 有限责任公司的优点和缺点。

有限责任公司[①]（limited liability company）由一个以上五十个以下的股东出资设立，公司是以其全部资产对债务承担责任的企业法人，股东以其认缴的出资额为限对公司承担责任。其注册资本为在公司登记机关登记的全体股东认缴的出资额，且出资额应由股东按

---

① 2023 年 12 月 29 日修订的《中华人民共和国公司法》进一步规范了公司的组织和行为，保护公司、股东、职工和债权人的合法权益，完善中国特色现代企业制度，弘扬企业家精神，维护社会经济秩序，促进社会主义市场经济的发展。

照公司章程的规定，自公司成立之日起五年内缴足。

（一）有限责任公司的优点

（1）有限责任。股东以出资额为限对公司债务承担有限责任，公司的债务责任与股东个人财产无关。

（2）股权转让。公司股东之间可以相互转让其全部或者部分股权，也可以转让给感兴趣的非股东买家。

（3）永续性强。公司能够永续经营，即使所有权转移仍能保持其法人地位，能够保持经营的连续性。

（4）融资较易。有限公司可以通过发行债券、股票，或以企业资产、股东个人担保来获得公司发展的短期借款。

（5）竞争力强。有限公司可充分整合大股东、职业经理人等各方面的资源优势，以提高企业的资产专用性（专长和技能），增强企业发展的内生能力。

（二）有限责任公司的缺点

（1）创建费用高。创建有限责任公司存在聘请员工、劳保福利等花费。

（2）双重税负。所得税要在公司利润和股东个人所得两个环节征收。也就是说，公司在经营活动中获得的净利润要缴纳企业所得税，股东分红所得还要缴纳个人所得税。

（3）监管成本高。企业经营权与所有权的分离，产生了经理人利用职权为自己和职工谋利而损害股东利益的风险。加强对经营者的监督和激励，势必会增加企业的委托代理成本。

（4）政府监管严。政府出台了诸多法律法规以规范企业经营行为。

以上简要地介绍了三种企业法律组织形式的优势和劣势。实际上，创业者对企业法律组织形式的选择，往往依赖于创业者想达到的目的以及这些形式的何种特点对创业者更适宜、更重要。表 6－1 从企业的设立条件、创办者与企业的权利、义务及责任等方面进行了比较，以便于创业者结合自身的创业条件和创业环境等情况，以及个人财产承担有限责任或者无限责任的考虑，选择最适合自己创业的企业法律组织形式，这是创建新企业时不可回避的重要事务。

表 6－1　企业法律组织形式的对比

特征	个人独资企业	合伙企业	有限责任公司
创建人数	1 个自然人	2 个或 2 个以上的个人	1 个以上 50 个以下的股东
创办者责任	无限责任	无限连带责任或有限责任	以认缴的出资额为限对公司承担有限责任
注册资本	有申报的出资	各合伙人实际缴付的出资	全体股东认缴的出资额
筹资	个人自行筹资	合伙人自行筹资	股东（发起人）自行筹资
出资	不限	合伙人认可的出资方式	货币以及实物、知识产权、土地使用权等可以用货币估价并可以依法转让的非货币财产作价出资
成立	成本低、易建立	成本低、易建立	成本高、组建复杂
经营期限	取决于企业主，随企业主死亡而自动解散	取决于合伙人的协议、一个或多个合伙人抽资、企业破产	可永续经营
决策	投资人	合伙人权利同等，可约定分工或委托第三人	董事会或执行董事

续表

特征	个人独资企业	合伙企业	有限责任公司
管理	投资人自行管理	每位普通合伙人都平等拥有直接管理权，合伙协议中另有约定的除外	股东选举董事，董事会负责制定政策和任命高管
纳税	个人所得税	个人所得税	企业所得税和股东红利所得税
企业财产	投资人所有	合伙人共有	法人独立的财产
企业责任	无限责任	无限连带责任	以全部资产为限的有限责任
盈亏分担	投资人	按约定，未约定则均分	按出资额比例分担
权益转让	利益可以转让，但丧失个人所有权	合伙企业利益可以转让，但接受者不能拥有合伙人相等的权利	股份可转让

资料来源：杨安，兰欣，刘玉．创业管理：成功创建新企业．北京：清华大学出版社，2009：185.

四、特许经营

★路标 特许经营的优点和缺点。

特许经营（franchise）是指特许经营权拥有者以合同约定的形式，允许被特许经营者有偿使用其名称、商标、专有技术、产品及运作管理经验等从事经营活动的商业经营模式。实质上，特许经营是一种分销体系。在这个体系中，加盟店（franchisee）支付加盟费和特许权使用费给连锁加盟总公司（franchisor），以获得使用特许人的店号、商标，销售它的产品，以及在许多情况下使用它所开发的系统和商业模式的权利。①

当你漫步在中国各大城市的商业街，不难发现，诸如联华超市、李宁体育用品店、瑞幸咖啡以及麦当劳、肯德基、星巴克等连锁企业，比比皆是。特许经营已成为一种普遍的经营形式，与不同业种业态相结合，基本覆盖了商务部《商业特许经营业种分类》所涉及的7大类50个细分业种，包括零售业、住宿业、餐饮业、居民服务业、教育培训业、中介服务业以及其他商业服务业等。据中国连锁经营协会调查统计，截止到2014年底，我国特许经营体系已超过5 000个，加盟店总数100万个以上，覆盖的行业业态超过70个，特许企业直接创造的就业岗位超过1 000万个。②

（一）特许经营的优点

特许经营与企业其他法律组织形式相比，有以下优点：

1. 人员培训

加盟商能够获得特许总公司在开业前提供的有关经营及销售等技术秘诀（know-how）的训练，开业后还会定期得到特许人经营管理顾问的帮助，从而节省时间、资金、心理等方面的成本。对于没有生意经验的创业者来说，可以减轻焦虑感，在较短时间里由门外汉变为内行。

---

① 巴隆，谢恩．创业管理：基于过程的观点．北京：机械工业出版社，2005.

② 智研咨询．2014—2019年中国特许经营市场深度评估及发展趋势研究报告．http：//www.chyxx.com/research/201401/226592.html.

2. 品牌声誉

新开业的加盟店承袭了连锁系统的品牌声誉，使潜在顾客可以信任此加盟店与总公司拥有同等品质的产品。相比之下，独立创办的企业不仅要花费数年时间在当地建立良好声誉，而且其声誉传播的市场半径很有限。

3. 管理援助

连锁加盟总公司统筹处理促销、进货、会计以及新产品研发，使加盟商能够聚精会神专心做好销售工作，可以比独立创办的企业节省一些管理费。

4. 低采购成本

连锁加盟总公司拥有强大的采购与分销能力，能够通过谈判取得所需商品的满意价格，然后将这些商品供应（分销）给加盟商，使其获得大批量采购中的部分返利，有助于加盟商维持较低采购成本，因而其低成本的竞争优势明显强于单个企业。

5. 资金帮助

连锁加盟总公司一般不借款给未来的加盟商，但经常间接地帮助它们与银行、投资者以及其他资金来源牵线搭桥，融通创业资金。

6. 商业模式

由于连锁加盟总公司的商业模式已经被早先开业的诸多分店丰富和完善，后进入的加盟商能够获得后发优势，只要掌握这些经营及销售的技术秘诀，成功的可能性就会增大。相比那些独立经营的小企业主，他们必须试错性地学会驾驭企业，不得不耗费大量的精力，挣扎在失败的边缘，慢慢使企业“缓过来”，使经营恢复正常。

（二）特许经营的缺点

凡事有其利，必有其弊。成为加盟商并非免费的午餐，建立这种商业关系也存在缺点。

1. 特许经营费

商业活动中，经常会发生“只有错买的，没有错卖的”情形。经营规模越大、经营越成功的特许者，其特许经营费也越高。而规模较小或还没有取得巨大成功的特许者则收费较低。然而，创业者在决定是否采用特许经营路线时应明确特许经营费的种类（初始费、持续费和不定期费用）、金额和支付方式，权衡特许费的机会成本。不要让特许经营的优点掩盖其费用巨大的事实。虽说特许经营费从几千元到几万元不等，但与特许经营有关的租赁场地费、店面装修费、开业原料、设备及产品费、融资利息、员工工资、保险费、营业执照费等成本却是巨大的。

2. 特许者的控制

特许者通常对营运施加标准化、专业化的严格控制，以使各特许经营商达到一定程度的统一，使加盟商的自主性、创新性和灵活性受到管制。如果加盟商不遵守特许者的规定，他们就会在合同到期时收回特许经营权，不再续签。

第2节 新创企业的知识产权保护

创业涉及的法律问题相当复杂，期望创业者都学法律专业或者有律师背景是不现实的。对创业者而言，最重要的是要认识到这些法律问题的重要性并力争避免代价高昂的失误。本节主要介绍新成立企业的知识产权（专利、商标、著作权、商业秘密）保护方面的法律事务。

一、知识产权保护的重要性

★路标　知识产权可以通过专利、商标、著作权、商业秘密等形式得到保护。

知识产权（intellectual property）是人类智力劳动的产物，是无形的但有市场价值的资产，通过专利、商标、著作权（版权）、商业秘密等形式可以获得保护。传统观念非常看重企业的房产、设备等有形资产，而现在知识产权却逐渐成为企业最具价值的无形资产。加强企业知识产权管理，发掘企业知识产权中蕴含的巨大商业价值，日益成为企业竞争中的制胜法宝。

然而，并非所有企业都重视知识产权的保护，清楚知识产权的价值。不然，就不会经常发生抢注商标、泄露商业秘密等事件。

创建新企业常犯的一个错误是：不能准确识别所有的知识产权，没有充分认识到知识产权的价值，没有将知识产权作为整体成功计划的一部分，没有采取法律手段保护知识产权。对创业者来说，可能难以确定哪些属于知识产权，哪些知识产权应该采取法律手段保护。实际上，保护知识产权的意识应该贯穿企业的一切经营活动。表6-2提供了企业各部门中需要保护的知识产权范畴。了解这些需加以保护的知识产权是每个创业者的责任。

表6-2　企业知识产权保护范畴

部门	典型的知识产权保护对象	常用保护方法
营销部门	名称、标语、标识、广告语、广告、手册、非正式出版物、未完成的广告拷贝、顾客名单、潜在顾客名单及类似信息	商标、版权和商业秘密
人事部门	招聘手册、员工手册、招聘人员和聘用候选人时使用的表格和清单、书面的培训材料和企业内部通讯录	版权和商业秘密
财务部门	各类描述企业财务绩效的合同、幻灯片，财务管理的书面材料，员工薪酬记录	版权和商业秘密
信息部门	网站设计、域名、公司特有的IT设备和软件手册、计算机源代码、电子邮件名单	版权、商业秘密和注册互联网域名
研发部门	新的及有用的发明和商业流程、现有发明和流程的改进、记录发明日期和不同项目进展计划的实验备忘录	专利和商业秘密

资料来源：巴林格，爱尔兰．创业管理：成功创建新企业．北京：机械工业出版社，2006：272-273.

确定企业某项无形资产是否需要纳入知识产权保护范畴，主要有两个原则：

一是企业应当确定这项无形资产是否与竞争优势直接相关。如果是创业核心技术或者服务方法，则属于重点保护内容。如果所开发的产品、商业模式或印刷品与企业的竞争优势没有直接关联，就无须进行知识产权保护。

二是判断某个项目是否具有商业价值。新企业经常犯的错误是发明了某种产品并花费大量金钱申请专利，却发现“竹篮打水一场空”——毫无市场价值。因此，在开发商业创意并采取法律保护手段之前，应首先进行商机的评估和市场调查研究。

二、知识产权保护的法律事务

★路标 企业知识产权保护涉及专利申请、商标注册、著作权保护和商业秘密保护等法律事务。

对新创企业来说，知识产权的重要性在于它能使企业获得收益或其他形式的竞争优势。本节将介绍知识产权的形式，并指导如何有效地开发和保护新创企业的知识产权。

（一）专利的法律事务

专利（patent）是受法律规范保护的发明创造。专利权是指就一项发明创造向国家审批机关提出专利申请，经依法审查合格后向专利申请人授予的在规定的时间内对该项发明创造享有的专有权。[①] 在我国，发明专利权的保护期限为20年，实用新型专利权和外观设计专利权的保护期限为10年。授予发明和实用新型专利权的产品，应具备新颖性、创造性和实用性三项条件。国家知识产权局是我国唯一有权接受专利申请的机关，对专利申请经过仔细审查、公示，经确认申请人的权属确实没有引起法律争议后，才授予在一定期限和中国领域范围内受法律保护的专利证书。[②]

1. 专利的申请与受理

申请专利应提交必要的书面申请文件，并按规定缴纳费用。申请发明或者实用新型专利时，应向专利局递交：请求书、说明书摘要、摘要附图、权利要求书、说明书、说明书附图和其他文件。申请外观设计专利时，应向专利局递交：请求书、图片或照片、简要说明。申请文件各部分的第一页必须使用国家知识产权局统一制定的表格。这些表格可以从国家知识产权局网站下载，或在所在地专利局受理大厅咨询处或代办处直接索取。依据专利法，发明专利申请的审批程序包括受理、初审、公布、实质审查以及授权五个阶段。实用新型或者外观设计专利申请在审批中不进行早期公布和实质审查，只有受理、初审和授权三个阶段。图6－1是发明、实用新型和外观设计专利的申请与审查流程图，是快速获取专利的指南。

2. 专利权的内容与法律保护

专利制度主要是为了解决发明创造的权利归属与发明创造的利用问题。专利法可以有

---

① 《中华人民共和国专利法》于1984年3月12日颁布，并先后于1992年9月4日、2000年8月25日和2008年12月27日修正。2001年6月15日国务院颁布《中华人民共和国专利法实施细则》，自2001年7月1日起施行，该细则于2002年12月28日和2010年1月9日两次修订。

② 参见中华人民共和国国家知识产权局网站（http：//www.cnipa.gov.cn）。

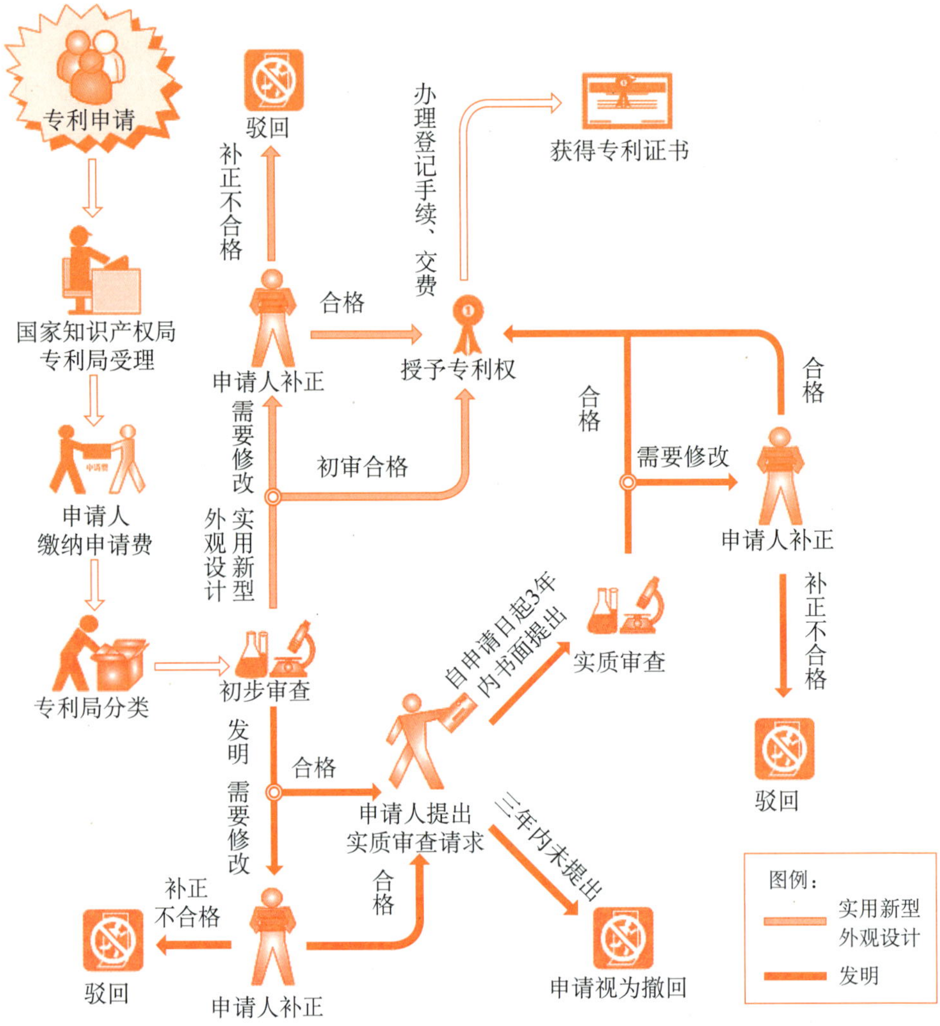

图 6-1　专利申请与审查流程图

资料来源：国家知识产权局网站。

效地保护专利拥有者的合法权益。专利权人享有独占制造、使用和销售专利产品或使用专利方法的权利。专利申请权、专利权可以出卖、赠与、抵押，也可以作价投资入股。任何自然人、法人及其他组织均不得未经许可、不支付报酬使用、制造、销售专利产品。专利权人有许可他人实施专利并收取专利使用费的权利，但必须订立书面实施许可合同。被许可人无权允许合同规定以外的任何单位或者个人实施专利。一旦发生未经专利权人许可实施其专利（以生产经营为目的制造、使用、销售、许诺销售、进口其专利产品或依照其专利方法直接获得的产品）的侵权行为，专利权人可以要求专利侵权人承担停止侵权、公开道歉、赔偿损失的法律责任。

对创业者而言，专利保护的对象包括生产过程、机器、产品、制造、配方、设计程序、对现有产品的改进等。创业者对其个人或企业的发明创造及时申请专利以求得法律保护，不仅可以有效地防范竞争者的模仿跟进，还可以要求专利侵权人赔偿因侵权而获得的利润及法律费用。

然而，凡事皆有利弊，创业者须权衡某项创新的商业价值与取得专利所花费的时间和金钱。因为通常只有约 2%的专利能够实现盈利。考虑到开发专利的成本及保护专利所花费的大量时间和资源，仅用专利来保护创新并不是最佳途径。多数专家建议，创新者可以采用许可的方式而不是自己将产品市场化。[①] 目前，我国无论是在电子信息、生物医药、新材料等高新技术领域，还是在信息咨询、创意设计、现代物流等新兴服务业，创业都十分活跃，65%的新增专利和 60%以上的新产品开发是由创业企业来完成的。

（二）商标的法律事务

商标（trademark）是一种法律用语，是指用于识别商品的来源或出处，以及使这些商品显著区别于其他商品的任何词语、名称、标志、图形或者其组合。所有的企业都希望被顾客过目不忘，纷纷采用别具一格的标识吸引消费者关注。当然，商标（品牌）也向顾客传递出商品的市场信息，即不同的商标表达出不同的商品质量和价格。或者说，同一品种、不同质量的商品，往往使用不同（等级）的商标。企业总是通过提高商标知名度和信誉度来扩大自己的市场影响力。可见，商标在促进生产经营、增强商品的竞争力方面发挥着十分重要的作用。经国家核准注册的商标为注册商标，受法律保护。注册商标可以使用注册标志“®”，商标注册人享有商标专用权。

1. 商标的主要市场功能

（1）显著性。商标既区别于叙述性、公知公用性质的标志，又区别于他人商品的标志，以便于消费者识别。

（2）独占性。注册商标所有人对其商标具有专用权、独占权，未经注册商标所有人许可，他人不得擅自使用。否则，即侵犯注册商标所有人的商标权，违反我国商标法律规定。

（3）价值性。商标代表了商标所有人提供的产品的质量信誉和企业声誉。商标注册人通过创意设计了让人第一眼就能对商品产生良好印象的商标，使商标在使用过程中产生了市场价值。含金量高的商标可以通过有偿转让获得不菲的市场评估价。商标还可以经商标所有权人同意，授权他人使用。

（4）载体性。现代企业的竞争已由商品的质量竞争逐渐转变为借助商标的载体功能参与市场竞争。商标越来越成为企业竞争力最重要的外在表现。研究表明，20%的强势品牌占有 80%的市场份额，20%的拥有驰名商标的企业为社会做出 80%的经济贡献。

2. 商标拟定的基本原则

企业要想获得一个潜在的知名商标，应遵循商标拟定的“三大原则”，即识别性、传播性和审美性。

（1）识别性。指商标最基本的功能，商标的特殊性质和作用决定了商标必须具备新颖独特的个性，做到易认、易读、易懂、易记、易写，不允许雷同混淆。

（2）传播性。指个性特色越鲜明，视觉表现感染力就越强，刺激的程度就越深。现代商标不仅要起到商品的区别标记作用，还要通过商标突出商品的特征，传播明确的信息，

---

① 库拉特科，霍杰茨．创业学：理论、流程与实践：第 6 版．北京：清华大学出版社，2006：412.

包括企业的经营理念、产品性能用途等。从这个意义上讲，企业商标犹如信号发射站一样，应使消费者一看到商标就能认出是自己所喜欢的企业产品及服务。

(3) 审美性。指商标作为一种视觉艺术，不仅要符合人们的审美情趣，还要能传递企业的核心价值观，具有简练、清晰的视觉冲击力和美感。人们往往在观看商标的审美过程中，把视觉所感受到的图形，与社会所公认的相对客观的标准进行评价、分析和比较，从而引起审美情趣的共鸣。

3. 获取注册商标的流程

注册商标的获取是商标使用人将其使用的商标依照法定的注册条件、程序，向国家知识产权局商标局（以下简称“商标局”）提出注册申请，经过审核批准，发给商标注册证，并予以公告，授予注册人以商标专用权的法律活动。[①]

创业者可以自己到相关机构办理商标注册事宜，也可以外包给经验丰富的商标代理机构代理申请商标注册的有关手续，这样可以节省时间与精力，但需额外支付千元左右的商标代理费。

一个商标从申请到核准注册，大约需 6 个月时间。注册商标的有效期限为自核准注册之日起 10 年，期满可以申请注册商标续展。图 6 - 2 是商标注册流程图示例，主要分六个步骤。

（1）注册准备。

1）商标选择与检索。根据商标拟定的基本原则，一旦选择了某个合适的商标，就可以进行商标检索以确定是否可以申请这一商标。商标检索遵循自愿查询原则，以减少商标注册的风险。

2）申请商标资料的准备。准备好营业执照复印件、商标注册申请书以及商标图样（5 平方厘米≤长×宽≤10 平方厘米）。

（2）申请注册。

1）企业、事业单位、社会团体、个体工商业者等商标注册申请人，按照自愿的原则，向商标局提出商标注册申请。

2）按商品与服务分类提出申请。申请商标注册时，应按商品与服务分类表的分类确定使用商标的商品类别。同一申请人在不同类别的商品上使用同一商标的，应当按商品分类在不同类别提出注册申请，这样可以避免商标权适用范围的不当扩大，也有利于审查人员的核准和商标专用权的保护。

3）商标申请日的确定。申请日的先后是确定商标权的法律依据。商标注册的申请日以商标局收到申请书的日期为准。我国商标注册实行申请在先原则，对同一天申请的，初步审定和公告的是使用在先的商标，对同日申报均未使用的进行协商，协商不成，由商标局裁定。

（3）商标审查。商标审查是商标局对商标注册申请是否合乎商标法的规定所进行的检

---

① 我国 1982 年 8 月 23 日颁布了《中华人民共和国商标法》，并于 1993 年、2001 年、2013 年和 2019 年四次修正完善，该法作为商标注册、使用、转让、保护和管理的最高法律规范，在加强商标管理、保护商标专用权、促进商品的生产者和经营者保证商品和服务的质量以及维护商标的信誉方面发挥着重大作用。详细内容可浏览中国商标网（https：//sbj. cnipa. gov. cn/sbj/index. html）。

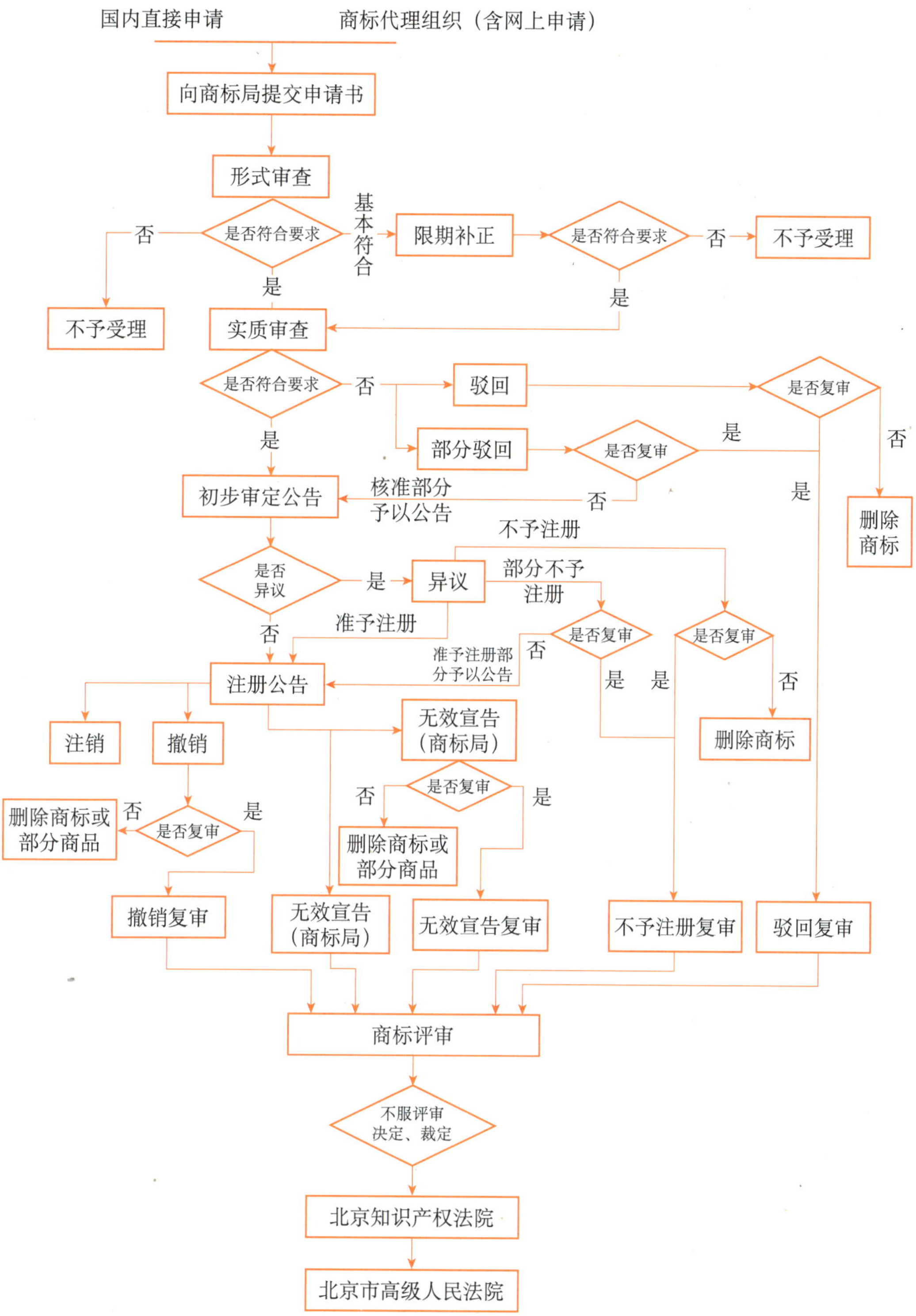

图 6-2　商标注册流程图示例

查、资料检索、分析对比、调查研究并决定给予初步审定或驳回申请等一系列活动。

（4）初审公告。商标的审定是指商标注册申请经审查后，对符合《中华人民共和国商标法》有关规定的，作出允许其注册的决定，并在商标公告中予以公告。初步审定的商标自刊登初步审定公告之日起3个月内没有人提出异议的，该商标予以注册，同时刊登注册公告。

（5）注册公告。商标注册是一种商标法律程序。由商标注册申请人提出申请，经商标局审查后予以初步审定公告，3个月内没有人提出异议或提出异议经裁定不成立的，该商标即注册生效，受法律保护，商标注册人享有该商标的专用权。

（6）领取电子商标注册证。自2022年1月1日起，公告注册及其他商标申请产生的商标注册证，以纸件形式提交商标申请的寄发《领取商标注册证通知书》，注册人按通知书指定网址和提取码，登录中国商标网获取电子商标注册证；以电子方式提交商标申请的登录商标网上服务系统获取电子商标注册证。电子商标注册证可自行查看和下载打印。

4. 商标权的内容与法律保护

商标注册申请经商标局核准后，商标申请人即成为商标权人，依法享有商标权人的各项权利和义务。商标权人对其注册商标享有独占使用权，任何人未经许可不得在同一种商品或类似商品上使用该注册商标或相近似的商标，否则构成对独占使用权的侵犯。商标权人既可通过合同方式有偿转让其注册商标获得收益，也可以继承、遗赠、赠与等方式无偿转让其注册商标。

商标作为企业的一种无形资产，具有较高的商业价值，这种价值体现在其独占性和所产生的经济利益上。保护和提高商标的市场价值，防范商标侵权行为，是企业发展之要务。凡违反商标法规定，假冒或仿冒他人注册商标，或者从事其他损害商标权人合法权益的行为，均属商标侵权行为。主要表现如下：

（1）未经注册商标所有人的许可，在同一种商品或者类似商品上使用与其注册商标相同或者近似的商标的；

（2）销售明知是假冒注册商标的商品的；

（3）伪造、擅自制造他人注册商标标识或者销售伪造、擅自制造的注册商标标识的；

（4）给他人的注册商标专用权造成其他损害的。

对侵犯注册商标专用权，尚未构成犯罪的，可根据情节处以非法经营额50%以下或者侵权所获利润五倍以下的罚款；对侵犯注册商标专用权的单位的直接责任人员，根据情节处以一万元以下的罚款；可以应被侵权人的请求责令侵权人停止侵害、消除影响、赔偿损失。侵犯注册商标专用权构成犯罪的，还应承担刑事责任。

新创企业可以为其产品设计一个（或多个）商标，并及时申请商标注册。注册商标的获取能够赢得许多市场优势，即提醒其他人你拥有此商标在国内的独占使用权，确定了你有无可争议的商标许可使用权和商标转让权，给予你对商标侵权的起诉权利，可以使你的损失得到赔偿。

（三）著作权的法律事务

著作权即版权（copyright），是指文学、艺术、科学领域内具有独创性并能以一定形式表现的智力成果。《中华人民共和国著作权法》保护的作品主要有九大类[①]：

---

① 我国于1990年9月7日通过了《中华人民共和国著作权法》，2001年、2010年和2020年进行了修正。详细内容可浏览国家版权局网站（http：//www.ncac.gov.cn）。

（1）文字作品；
（2）口述作品；
（3）音乐、戏剧、曲艺、舞蹈、杂技艺术作品；
（4）美术、建筑作品；
（5）摄影作品；
（6）视听作品；
（7）工程设计图、产品设计图、地图、示意图等图形作品和模型作品；
（8）计算机软件；
（9）符合作品特征的其他智力成果。

1. 作品受著作权法保护的条件

不是所有作品都能成为受著作权法保护的著作权客体。要成为著作权法保护的作品，不论是否公之于世，都须具备以下四个条件：

（1）独创性，即作品必须是创作人独立完成的智力创造成果。

（2）感知性，即被客观化了的能够反映人们思想和情感的智力成果。不论作品的内容如何，都必须以客观物质形式表达出来或固定下来，能被人直接或间接感知，如直接或通过仪器设备看到、听到、触到等。仅仅停留在头脑中的思想观念不享有著作权的保护。

（3）合法性，即作品内容不得违反宪法、法律法规和社会公共道德。

（4）复制性，即作者创作的作品能用印刷、复印、拓印、录音、录像、翻录、翻拍等方式制作为一份或多份的行为。作品只有被复制，才能被利用。如果概念、原则、过程、体系或发明不是有形的形式，则它们不会受到著作权法的保护。

2. 著作权的登记事项

我国著作权的产生实行的是自动产生原则。作品一旦完成，即获得著作权保护，无须履行登记手续，也无须向登记机关交存样本。但是，对著作权进行登记，仍然具有十分重要的意义。著作权登记，好比是给作品上了一个“法律户口”，可以在相当程度上避免或减少纠纷的发生。首先能够帮助著作权人确定和明确著作权的归属，避免今后因为著作权归属问题发生纠纷；其次，当著作权人被侵权需主张自己权利时，登记的事项可作为拥有权利的初步证明；最后，授权登记的内容可以作为拥有权利的证明，有利于版权交易。

3. 著作权登记流程①

（1）作品著作权登记流程。申请人办理作品著作权登记申请，既可去中国版权保护中心版权登记大厅办理，也可通过邮寄方式向中国版权保护中心著作权登记部提交登记申请材料办理。依照图 6－3 所示的作品著作权登记流程办理即可。

（2）软件著作权登记办理流程。依据《计算机软件著作权登记办法》的规定，申请人依照以下步骤办理即可。

1）办理流程。填写申请表→提交申请文件→登记机构受理申请→审查→取得登记证书。

2）填写申请表。在中心网站上，首先进行用户注册，然后登录，在线按要求填写申

① 详细内容可浏览中国版权保护中心网站（http：//www.ccopyright.com.cn）。

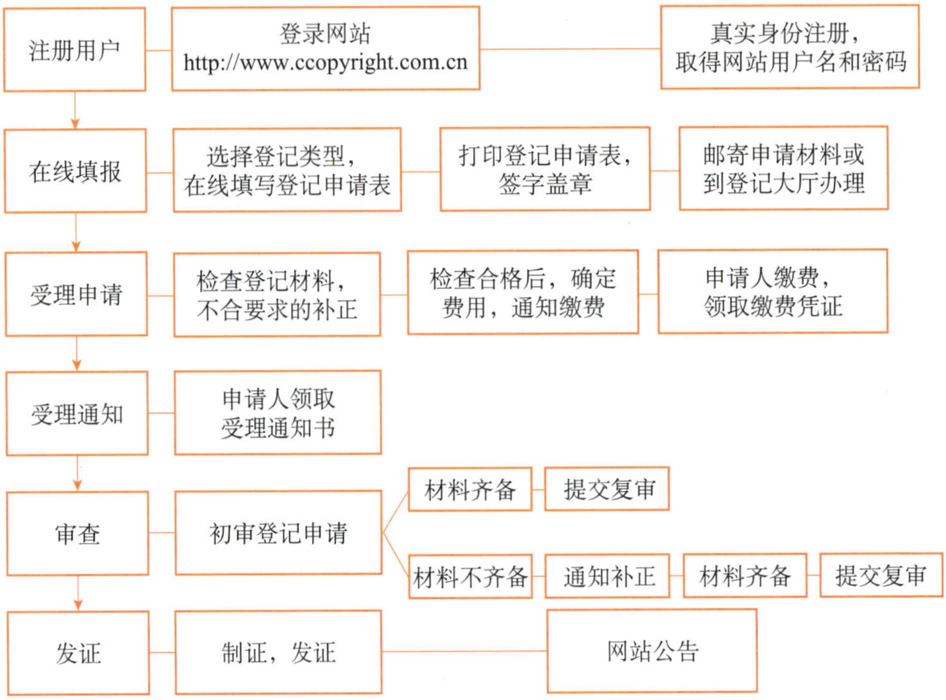

图 6-3　作品著作权登记流程

资料来源：中国版权保护中心。

请表后，确认、提交并在线打印。

3）提交申请文件。申请人或代理人按照要求提交纸质登记申请文件。

4）登记机构受理。申请材料符合受理要求的，予以受理；软件被查封、重复申请，或申请材料不齐全等的，不予受理；除不予受理情形外，申请材料存在问题的，应当在30日内按要求提交补正，逾期未补正的，视为撤回申请。

5）审查。经审查符合《计算机软件保护条例》和《计算机软件著作权登记办法》规定的，发给相应的登记证书，并予以公告。若出现表格内容填写不完整、不规范且未在指定期限内补正的，提交的鉴别材料不是《计算机软件保护条例》规定的软件程序和文档的，申请文件中出现的软件名称、权利人署名不一致且未提交证明文件的，申请登记的软件存在权属争议的，则不予登记并书面通知申请人。

6）取得登记证书。登记完成后，用户可登录中国版权保护中心官网查阅软件著作权登记公告。申请人或代理人可在中国版权保护中心官网用户中心下载软件版权登记电子证书。

4. 著作权的内容与法律保护

根据《中华人民共和国著作权法》第二十四条的规定：在下列情况下使用作品，可以不经著作权人许可，不向其支付报酬，但应当指明作者姓名或者名称、作品名称，并且不得影响该作品的正常使用，也不得不合理地损害著作权人的合法权益：

（1）为个人学习、研究或者欣赏，使用他人已经发表的作品；

（2）为介绍、评论某一作品或者说明某一问题，在作品中适当引用他人已经发表的作品；

（3）为报道新闻，在报纸、期刊、广播电台、电视台等媒体中不可避免地再现或者引用已经发表的作品；

（4）报纸、期刊、广播电台、电视台等媒体刊登或者播放其他报纸、期刊、广播电台、电视台等媒体已经发表的关于政治、经济、宗教问题的时事性文章，但著作权人声明不许刊登、播放的除外；

（5）报纸、期刊、广播电台、电视台等媒体刊登或者播放在公众集会上发表的讲话，但作者声明不许刊登、播放的除外；

（6）为学校课堂教学或者科学研究，翻译、改编、汇编、播放或者少量复制已经发表的作品，供教学或者科研人员使用，但不得出版发行；

（7）国家机关为执行公务在合理范围内使用已经发表的作品；

（8）图书馆、档案馆、纪念馆、博物馆、美术馆、文化馆等为陈列或者保存版本的需要，复制本馆收藏的作品；

（9）免费表演已经发表的作品，该表演未向公众收取费用，也未向表演者支付报酬，且不以营利为目的；

（10）对设置或者陈列在公共场所的艺术作品进行临摹、绘画、摄影、录像；

（11）将中国公民、法人或者非法人组织已经发表的以国家通用语言文字创作的作品翻译成少数民族语言文字作品在国内出版发行；

（12）以阅读障碍者能够感知的无障碍方式向其提供已经发表的作品。

（13）法律、行政法规规定的其他情形。

（四）商业秘密的法律事务

许多新创企业拥有对成功起关键作用的信息，但这些信息又不太适合使用专利、商标或版权保护。某些信息是商业机密，企业要想保持竞争优势就需要对此保密。例如，企业客户名单或许是花费了许多时间和精力所得，该名单有助于企业调整市场营销策略和针对过去的客户开展新业务。如果客户名单落到竞争者手中，其商业价值有可能丧失殆尽，将使创业者失去超过竞争对手的机会。可见，严守商业秘密是企业赢得竞争优势的利器。

1. 商业秘密的含义

商业秘密（trade secret）是不为公众所知悉、能够给信息所有者在市场中带来竞争优势的任何配方、式样、有形设计、创意、流程或其他信息。商业秘密主要包括企业生产与营销计划、财务预测、客户名单及联络方式、日销售报表、货源情报等经营信息，以及产品配方、工艺流程、技术诀窍、设计图纸等技术信息。商业秘密是新创企业知识产权保护的重要形式，关乎企业的竞争力，关乎企业的成长力[①]。

2. 商业秘密的纠纷

商业秘密的纠纷源于泄露商业秘密行为的发生。侵犯商业秘密行为是指以不正当手段

---

① 企业的成长力是指企业在动态环境下，以一定的资源为基础，持续获利并实现量的扩张及质的提高的能力和潜力。

获取、披露、使用他人商业秘密的行为。当员工跳槽加入新公司时，常常会引起商业秘密的纠纷，员工被控告带走了机密信息。如某公司的技术骨干被竞争对手高薪挖走，为新雇主开发了一个与该公司几乎相同的产品。该公司会认为这位离职的员工在原工作期间所研发的产品是公司商业秘密。这位员工的所为相当于窃取这个产品的技术信息，并用于新工作中。

商业秘密被窃取的公司可以向法院提起诉讼，发现窃取行为后要尽快采取法律行动。如果被告否认指控，需要举证所争议的信息是独立开发的（没有窃取行为发生），通过正常途径可获得（如得到了所有者的许可），或是公共知识（不适合商业秘密保护），或无意间获得的（通过商业会议的闲谈）。如果法院同意企业的申诉，认为其商业秘密被窃取，企业可以阻止过错方继续使用该商业秘密，并获得相应的经济赔偿。2008 年的江汉石油钻头股份有限公司诉天津立林钻头有限公司侵犯商业秘密纠纷案，就是一个很好的例证。①

3. 保护商业秘密的方法

决定是否构成商业秘密的关键因素是：商业秘密必须保密才能保持其价值。商业秘密的最大优点在于为创业者提供了一种不必向他人披露新产品背后的技术原理就可以保持竞争优势的方式。但商业秘密不能像专利一样给予发明者垄断的权利。创业者不能对某种物品申请专利时可以将其作为商业秘密。优秀的创业者须权衡商业秘密的优点和缺点以决定是否利用其来保护新产品。可口可乐公司的创始人选择商业秘密的形式保护其产品配方，而没有申请专利，实践证明此乃明智之举，大约 100 年前专利就已经到期了，但可口可乐的配方现在依然是一个秘密。

商业秘密是经营者知识和智慧的结晶，是企业无形资产的重要组成部分，因其较大的商业价值能够使企业赢得竞争优势。因而，商业秘密往往是竞争双方互相关注的焦点，也是经济间谍觊觎猎取的目标。随着市场经济的快速发展，企业有必要积极地保护自己的商业秘密。避免有意或无意地泄露商机（经济情报），是任何企业在商战中不可忽视的工作。总体而言，应采取强化意识、完善制度、法律援助的“三位一体”措施，构筑企业商业秘密的“防护墙”。

（1）强化商业秘密保护意识。提高企业全体员工的商业秘密保护意识，特别是因工作本身的需要与商业秘密接触的员工，如技术人员、网络管理人员以及文件管理人员，并对这类人员进行相关的培训，以强化其保密意识和保密责任。

（2）完善商业秘密保护制度。保护企业商业秘密要切实做到内防泄露、外防入侵。一是要完善劳动合同制度，在劳动合同中纳入保密条款。对特定职位可规定解密期或违约金，甚至竞业限制，对特定的岗位制定相应的保守商业秘密的岗位责任制度。二是要完善公司有关规章制度，即针对涵盖经营信息和技术信息的收集制作、存储更改、传递、许可使用等环节制定相应的保密制度。如可口可乐配方是商业秘密，在其公司中只有三位总裁

① 该案由江汉石油钻头股份有限公司（以下简称“江钻公司”）原高工幸某跳槽引起。幸某原系该公司核心技术人员，先后两次被委派到美国考察学习。20 世纪 90 年代，该公司以有偿转让方式从幸某在美国学习的公司引进牙轮钻头制造技术，并承诺不得向第三方泄密。2001 年，幸某跳槽到天津立林钻头有限公司（以下简称“立林公司”）任技术部长。2005 年 3 月，江钻公司发现立林公司也在使用牙轮钻头制造技术，即向警方报案。幸某随后被捕并被法院判决侵犯商业秘密罪成立，获刑 6 年并处罚金 5 万元。2008 年 6 月，江钻公司向法院起诉，要求判令立林公司赔偿。2009 年 10 月最终经湖北省高级人民法院调解，由立林公司向江钻公司补偿 1 700 万元。对该案例感兴趣的读者，可参阅：田力普．影响中国的 100 个知识产权案例．北京：知识产权出版社，2009.

知道真正配方，配方被保存在美国亚特兰大一家银行的保险箱中。

（3）商业秘密纠纷的法律援助。商业秘密侵权事件发生后，首先要判断该秘密是否属于商业秘密的范畴，是否符合法定的要件；其次要调查搜集证据，包括采取的保密措施，证明侵权行为成立的证据材料，以及侵权行为给公司带来的损害或侵权人获得的利润等方面的材料；再次要尽量消除因仲裁或诉讼而引发的信息披露可能带来的影响；最后，聘请精通劳动法与商业秘密的律师，以求得到专业的法律知识援助。

小贴士

缺乏法律知识时会发生什么

不懂法律不能成为借口。事先熟悉一些法律（如《民法典》《产品质量法》《劳动合同法》《安全生产法》等）是每个创业者的责任，尤其是涉及有关雇员生命安全和健康的法律规定，创业者必须时刻绷紧安全这根弦。违反这些法律，随后声称“我不了解”的创业者，不会获得法律的同情和免责考虑。当创业者忽视这些法律时，真正的危险就会出现。

一名和蔼的妇女同经营快餐店的创业者联系说，她请求得到一份工作，并且“只要能消磨她的时间，给多少工资都行”。这位创业者雇她清洗桌碗。三周不到，她请假去“照料家庭事务”。好心的创业者同意了，并告诉她，何时再来工作就打电话给他。她没有打电话，但她的律师打来电话，并通知这位创业者：她正起诉他要求得到 20 000 元，因为在店里工作引得她风湿病复发，现在病痛使她无法从事任何工作。这位创业者后来知道这名妇女在申请工作之前就已找好律师，但他不得不耗费数月时间和巨额法律费用，最终与她达成了庭外和解。

我们可以讲很多不懂法律而引致诉讼的案例，相信你已获知不懂法律所带来的危险性了。因此，明智的创业者要么自己熟悉这些法律，要么确保企业拥有具备这方面知识的人才（在财力允许下可聘请企业法律顾问），否则，发生任何意外的事件都等于用企业的未来做赌注。

第3节 创建新企业的主要流程

明确了企业基本法律组织形式的优缺点以及知识产权保护的有关法律事务后，接下来要做的是到市场监督管理机关办理创业登记注册手续，取得营业执照，刻制企业印章，到税务部门办理税务登记，到银行办理企业基本账户及一般账户，等等。本节主要介绍创建新企业的主要流程。

一、核准企业名称

★路标 企业名称构成要素以及企业名称申报。

俗话说："人靠衣装，佛靠金装。"创建一个新企业，其名称也需有好的设计，才能有利于新创企业树立良好的形象。

（一）企业名称构成要素

随着商业文化的不断发展，企业名称日益受到创业者的重视。因为名字一旦确定，谐俗雅趣便伴随而来，改换起来并非那么简单。企业名字起得好，本身就是一个"活广告"，会产生一种无形的认同感。因此，为新创企业取一个响当当的、好兆头的名字，可为企业品牌成长带来推动作用。

一般而言，企业名称是由"行政区划＋商号＋行业＋法律组织形式"依次构成的，应使用符合国家规范的汉字，不得使用汉语拼音字母、阿拉伯数字。如表6-3所示，"武汉树德信息技术有限公司"，"武汉"为行政区划，即确定在中国的哪个省、市、县创建一个新企业；"树德"为商号，主要解决创建的新企业区别于其他企业的标识问题；"信息技术"主要传递企业经济活动性质（从事什么行业或经营什么行当）的信息；"有限公司"为法律组织形式，主要传递企业投资人法律责任的信息。

表6-3 公司名称构成解析

武汉	树德	信息技术	有限公司
行政区划	商号	行业	法律组织形式

下面简要阐述企业名称的构成要素。

1. 行政区划

企业名称中的行政区划是指企业所在地的省（包括自治区、直辖市）或者市（包括州）或者县（包括市辖区）行政区划名称。也就是说，创业者一旦决定选择在某个城市创办一家企业，企业名称中的行政区划就确定了，即使将来想改，也只能以成立子公司的名义另择一个城市创办一家有独立法人资格的公司。

2. 商号

企业名称的区别主要体现在商号上。商号作为企业的标识，代表着企业产品的一种形象。睿智的创业者会给自己的企业起一个好名字，好名字不仅预示着企业的成长和发展有好兆头，而且可以直接注册为产品的商标，成为企业的无形资产。例如，雷军当时创办小米公司，是在北京五道口的一个逐鹿茶馆，其中有一个厅叫玄德厅，当时就商量取名字叫玄德，很中国化，后来有人说这不像互联网公司的取名方式，要再换一个名字。“红星照耀中国”，也很中国化，就叫红星吧，大家通过以后去工商局，结果红星是二锅头的名字，已经注册了。后来干脆叫小米，小米是中国人主要的食粮之一，人们都离不开，一提起来就觉得很有亲近感。所以，最后就取了名字叫小米。因此，给企业起名也蕴涵着较深的学问。俗话说：“千金易得，好名难求。”何为好名字？好名字要做到：新颖、典雅、含蓄、响亮。由于文字的发展也遵循着成本最小化的规律，给企业起名，切忌生僻古怪和谐音不雅，力求做到易认、易记、易写、易读、易懂。考虑到企业成立后的商标注册事宜，最好能够把企业的商号与商标整合到一起。

3. 行业

一般而言，创业者应根据自己的经营范围或经营方式确定企业名称中反映行业或经营特点的字词。创办者选定的字词应当具体反映企业生产、经营或服务的范围、方式或特点。依据 2020 年修订后的《企业名称登记管理规定》：“企业名称中的行业或者经营特点应当根据企业的主营业务和国民经济行业分类标准标明。国民经济行业分类标准中没有规定的，可以参照行业习惯或者专业文献等表述。”当然，给企业起名时，不得明示或者暗示公司有超越其经营范围的业务。

4. 法律组织形式

目前，我国企业使用的法律组织形式大体有两类：法人公司类和其他企业类。其中，法人公司类有有限责任公司和股份有限公司。创业者一般以“有限责任公司”作为新创企业的法律组织形式。个人独资企业或合伙企业一般以“厂”“店”“馆”“所”“社”“堂”等词冠名，以区分两类不同企业的法律组织形式。

（二）企业名称申报

明确了企业名称的构成要素后，创业者需按照《企业名称登记管理规定实施办法》自主申报企业名称。

（1）申请人可以通过所在省、自治区、直辖市人民政府市场监督管理部门建立的企业名称申报系统或者在企业登记机关服务窗口，提交有关信息和材料，包括全体投资人确认的企业名称、住所、投资人名称或者姓名等。申请人对提交材料的真实性、合法性和有效性负责。

（2）企业名称申报系统对申请人提交的企业名称进行自动比对，依据企业名称禁限用规则、相同相近比对规则等作出禁限用说明或者风险提示。申请人根据查询、比对和筛选的结果，选取符合要求的企业名称，并承诺因其企业名称与他人企业名称近似侵犯他人合法权益的，依法承担法律责任。

（3）企业登记机关对通过企业名称申报系统提交完成的企业名称予以保留，保留期为 2 个月。设立企业依法应当报经批准或者企业经营范围中有在登记前须经批准的项目的，保留期为 1 年。

二、选好企业注册地址

★路标 企业选址原则：费用最小化，人才易聘，市场本地化，长远发展。

注册地址就是在企业营业执照上登记的“住址”，不同的城市对注册地址的要求也不一样，具体应以当地工商行政管理部门的要求为准。租赁办公室并作为公司注册地址之用，需提供办公地址的租赁协议与房产证明。企业选址应遵循以下原则。

（一）费用最小化原则

企业是独立自主、自负盈亏的市场竞争主体，经济利益对于企业来说当然是最重要的考虑因素。创业初期的固定费用、投入运行后的变动费用、产品营销的成本与利润、员工上下班的通勤费用，都与选址有关。因此，综合考虑企业选址使费用最小化，是企业选址的首要原则。

（二）人才易聘原则

人才是企业当中最有价值的资源，人力资本的作用在现代市场经济条件下已经越来越突出，企业选址恰当，有利于吸引人才，有利于招聘到人才。管理大师吉姆·柯林斯说："商界人士最重要的决定不是如何做事，而是如何聘人。"倘若企业投资于高科技的新兴战略性产业，大多会选址在一二线城市。地处深圳的华为公司，每年都有许多名牌院校和科研院所的中高级人才积极加盟。当然，企业的竞争力是多种因素作用的结果，但不可否认选址也非常重要。

（三）市场本地化原则

对于一些制造业企业来说，接近用户很重要，比如啤酒厂，其产品大多在产地销售，所以选址大多在人口密集的城市，这样做有利于接近市场，节省运费，减少损耗。服务业企业或组织无一例外地遵循这条原则，银行、邮局、医院、学校、商场等都是如此。

（四）长远发展原则

企业的地址一旦确定下来，将长期在那里从事生产经营活动。因此，企业选址是一项战略性的决策，必须要有战略意识。选址工作要考虑到企业生产力的合理布局，要考虑市场的开拓，要有利于获得新技术、新思想。在全球经济日益一体化的背景下，还要考虑如何有利于参与国际竞争。

由此可见，对创业者而言，注册成立一家公司的选址很重要。一般来说，如果公司位置好，周边拥有适合自身的商圈，可以在一定程度上弱化对经营者的经营水平考验，也相对容易获得成功；如果选址不佳，即使经营者再有能力，也往往难以弥补这一缺陷。有这样一个真实的事例，一位创业者与朋友在海口一起投资 600 万元开设 KTV 音乐吧。根据《中华人民共和国未成年人保护法》第五十八条的规定："学校、幼儿园周边不得设置营业性娱乐场所、酒吧、互联网上网服务营业场所等不适宜未成年人活动的场所。"由于选址在小学周边 200 米范围内，该 KTV 音乐吧最后关停，所购置的音响、空调等设备不得不廉价处理，创业宣告失败。

三、办理企业证照

★路标 企业登记材料的准备，登记机关的审查、受理和决定，以及营业执照的颁发。

申办企业营业执照是实施创业活动过程中的里程碑。只有取得了营业执照，新创企业才能开展合法的生产经营与服务活动，创业旅程正式启动。

（一）企业登记材料的准备

创业者要创办一家有限公司，需按有限公司设立登记提交材料规范的要求，认真备齐以下材料，然后到所在地的市场监督管理局企业登记注册处正式提交申请。办理营业执照所需材料如下：

（1）企业名称预先核准申请书；

（2）公司法定代表人签署的设立登记申请书；

（3）全体股东签署的公司章程；

（4）法人股东资格证明或者自然人股东身份证及其复印件；

（5）董事、监事和经理的任职文件及身份证复印件；

（6）全体股东指定代表或者共同委托代理人的证明及指定代表或共同委托代理人的身份证件复印件，标明指定代表或者共同委托代理人的办理事项、权限、授权期限；

（7）公司注册登记地址证明①；

（8）公司申请登记的经营范围中有法律、行政法规和国务院规定必须在登记前报经批准的项目，提交有关的前置审批文件或许可证书复印件；

（9）其他所需材料。

（二）登记机关的审查、受理和决定

审查是注册审批工作的关键环节，主要由登记注册机关来完成。公司登记机关根据下列情况分别作出是否受理的决定：

（1）申请文件、材料齐全，符合法定形式，或者申请人按照公司登记机关的要求提交全部补正申请文件、材料的，应决定予以受理。

（2）申请文件、材料齐全，符合法定形式，但公司登记机关认为申请文件、材料需要核实的，应书面告知申请人需要核实的事项、理由以及时间。

（3）申请文件、材料存在可以当场更正的错误的，应允许申请人当场予以更正，由申请人在更正处签名或者盖章，注明更正日期；经确认申请文件、材料齐全，符合法定形式的，应决定予以受理。

（4）申请文件、材料不齐全或者不符合法定形式的，应当场或者在 5 日内一次告知申请人需要补正的全部内容；当场告知时，应将申请文件、材料退回申请人；属于 5 日内告知的，应收取申请文件、材料并出具收到申请文件、材料的凭据。

（5）通过信函、电报、电传、传真、电子数据交换和电子邮件等方式提出申请的，公司登记机关应当自收到申请文件、材料之日起 5 日内作出是否受理的决定。

一般而言，申请人或者其委托的代理人到企业登记机关提交申请予以受理的，会当场做出准予登记的决定，并告知申请人自决定之日起 7 日内，领取营业执照。②

---

① 若是自己的房产，需要提供房产证复印件以及自己的身份证复印件；若是租房，需要房东签字的房产证复印件以及房东的身份证复印件、双方签字盖章的租赁合同和租金发票；若是租的某个公司名下的写字楼，需要该公司加盖公章的房产证复印件、该公司营业执照复印件、双方签字盖章的租赁合同和租金发票。

② 目前，大多数省市都增加了线上办理企业营业执照的服务，具体流程是：

（1）申请人注册登录所在省市“政务服务网”（如深圳市市场监督管理局“开办企业一窗通平台”http://amr.sz.gov.cn/xxgk/qt/ztlm/qykb/）后，进入企业开办登记专区，进行企业申请设立登记。（2）进行企业名称自主申报。选择企业类型。明确企业名称自主申报规则、选择申报种类以及企业类型及组织形式。（3）填写申请信息。所需填写内容包括：基础信息、法定代表人、经营信息、股东信息、成员信息、附加信息、多证合一、邮政寄递及信用承诺、预约银行开户、实名认证等。（4）提交申请，审批通过后，申请人即可通过自助领证、窗口领证、邮寄领证等方式领取营业执照。

（三）营业执照的颁发

营业执照是企业法人营业执照的简称，是企业或组织合法经营的凭证。公司营业执照应当载明公司的名称、住所、注册资本、经营范围、法定代表人姓名等事项。营业执照分正本和副本，二者具有同等法律效力。正本应当置于公司注册地址或营业场所的醒目位置，营业执照不得伪造、涂改、出租、出借、转让。

四、刻制企业印章

★路标　新创企业印章刻制规定和企业重新刻制印章规定。

企业印章又称企业公章，是指刻有企业规范名称的印章，主要包括企业规范名称章以及冠以规范名称的合同、财务、税务、发票等专用章①。企业印章非常重要，它盖在文件、合同、票据等书面材料上就代表着企业的意志，具有法律效力。国家对公司公章的权威性也给予保护，企业没有按照国家有关规定刻制、使用和保管印章，给他人造成损害的，应承担相应的法律责任。因此，企业印章必须依法刻制、妥善保管和正确使用。

（一）新创企业印章刻制规定

新创企业刻制印章，须凭营业执照副本到公安机关指定的刻字社（部、门市）刻制公章。企业规范名称章只能刻制一枚，若有必要，可再刻制一枚规范名称的钢印；合同专用章、财务专用章、发票专用章可以刻多枚，但每一枚须用阿拉伯数字予以区分。

刻制企业内设机构章、法定代表人章、财务会计出纳专用章的，可直接凭本企业的介绍信、营业执照副本及法定代表人的居民身份证到刻字社刻制。企业内设党、团、工会等机构，按有关规定，须报经上级机关批准后，持有关批准文件到公安机关指定的刻字社刻制印章。

（二）企业重新刻制印章规定

因变更名称或印章损坏等原因，需要重新刻制公章和其他业务专用章的，拿营业执照副本和企业公函到公安机关办理准刻手续。企业应将旧印章送公安机关指定的刻字社销毁后，方可启用新的印章。

企业公章或业务专用章丢失，需要重新刻制的，应先在公开发行的报刊上刊登印章丢失作废公告，公告刊载后，企业持公告及营业执照到原批准刻制的公安机关办理印章丢失备案登记和补刻印章的准刻手续。重新刻制的印章在式样等方面应当与丢失的印章加以区别。

五、开设企业银行账户

★路标　企业开设银行账户的基本程序。

企业银行账户是企业为办理存贷款业务和进行资金收付活动在银行开设的户头。根据

---

① 为了进一步优化营商环境，以减环节、优流程、压时限、降成本、提效率为核心，一些城市的市场监管部门推出了“创业大礼包”，即新开办企业在成功申请营业执照后可以免费获得营业执照正副本、整套企业公章（包含公章、法人章、财务章、合同章、发票章）等开办企业的必需品。

国家现行有关制度的规定，每个独立核算的经济单位之间的资金往来，除了按照规定可以使用现金的以外，均须通过银行办理转账结算。

新创企业一般都要开立银行结算账户。银行结算账户是指银行为存款人开立的办理资金收付结算的人民币活期存款账户，按用途分为基本账户、一般账户、临时账户和专用账户。其中，基本账户是企业办理日常转账结算资金收付和现金收付的账户，企业工资、奖金等现金的支取，只能通过此账户办理。企业只能在银行开立一个基本账户。当然，新创企业也可以根据企业经营发展需要开通网上银行。

开设银行账户的基本程序如下：

（1）填写开户申请书，即企业要在银行开立账户，须向选定的开户行提出申请，填写开户申请书。

（2）提交企业法人营业执照正本原件及复印件。

（3）提供法定代表人身份证原件及复印件。

（4）经办人的身份证原件及复印件。

（5）提交预留在银行的印鉴卡，并加盖今后签发支票凭证时使用的印章。①

（6）开户银行审查，即开户银行对开户企业提交的开户申请书、有关证明、印鉴卡等文件，根据银行有关规定进行审查。经审查同意后，银行确定账号、登记开户、发证，企业就可以领取有关现金及转账支票，开展各种往来结算业务。

综上所述，为了推动大众创业万众创新，进一步增强创业带动就业的倍增效应，党中央、国务院高度重视，坚持把稳定和扩大就业作为宏观调控的重要目标，大力实施就业优先战略，积极深化行政审批制度和商事制度改革，营造宽松便捷的准入环境，优化了登记方式和流程，放松经营范围登记管制，支持各地结合实际放宽新注册企业场所登记条件限制，推动“一址多照”、集群注册等住所登记改革，分行业、分业态释放住所资源。这些举措使创业者想创办一家属于自己的企业变得越来越轻松和便捷。

本章小结

● 一家新创企业可以选择的法律组织形式有多种，最常见的有个人独资企业、合伙企业和有限责任公司。

● 创业者在创建和经营企业时，必须了解和遵守有关法律法规，保护好企业的知识产权。

● 知识产权是人类智力劳动的产物，是无形的但有市场价值的资产。

● 专利、商标、著作权和商业秘密是知识产权的主要形式。新创企业常犯的错误就是不能正确地识别所有的知识产权。几乎所有的企业都有值得保护的知识产权。要保护这种权利，企业就必须识别出知识产权。

● 确定企业某项知识产权是否值得花费时间和金钱给予保护，有两个原则：一是企业

① 开户银行的印鉴卡上填写的户名，必须与单位名称一致，在卡片上要加盖企业公章、企业法定代表人印章、财务专用章及出纳印章。印鉴卡是开户企业与银行事先约定的一种具有法律效力的付款依据。银行在为开户单位办理结算业务时，凭开户企业预留的印鉴卡审核支付凭证的真假。若支付凭证上的印章与预留印鉴卡不符，银行拒绝办理付款业务，以保证开户企业银行存款的安全。

应当确定这项知识产权是否与竞争优势直接相关；二是判断这项知识产权是否具有商业价值。

- 发明专利申请的审批程序包括受理、初审、公布、实审以及授权五个阶段。实用新型或者外观设计专利申请在审批中不进行早期公布和实质审查，只有受理、初审和授权三个阶段。
- 商标是指用于识别商品的来源或出处，以及使这些商品显著区别于其他商品的任何词语、名称、标志、图形或者其组合。
- 著作权即版权，是指文学、艺术、科学领域内具有独创性并能以一定形式表现的智力成果。
- 商业秘密是不为公众所知悉、能够给信息所有者在市场中带来竞争优势的任何配方、式样、有形设计、创意、流程或其他信息。它是新创企业知识产权保护的重要形式，关乎企业的竞争力，关乎企业的成长力。
- 创建新企业的主要流程：核准企业名称、选好企业注册地址、办理企业证照、刻制企业印章、开设企业银行账户。

思考题

1. 什么是个人独资企业？
2. 个人独资企业有哪些优点和缺点？
3. 与个人独资企业相比，合伙企业的受欢迎程度如何？
4. 合伙企业有哪些优点和缺点？
5. 什么是有限责任公司？
6. 有限责任公司有哪些优点和缺点？
7. 比较合伙企业与有限公司的优缺点。
8. 什么是特许经营？
9. 特许经营有哪些优点和缺点？
10. 什么是专利？
11. 商标有哪些市场功能？
12. 什么是版权？
13. 如何保护商业秘密？
14. 企业知识产权保护的法律内容有哪些？
15. 创建新企业的主要流程有哪些？

阅读材料

U盘诞生记

“没有任何经验可循，就像在黑屋子里摸索。”当邓国顺接受采访说出这句话时，他已经从黑屋子里走了出来。作为“U盘之父”，邓国顺将全世界的数据存储行业带入了一个新的纪元。

1967 年，邓国顺出生于一个贫苦的农村家庭，家里祖祖辈辈都是淳朴的农民。他的童年是在乡间田野中度过的，帮助父母做家务和干农活是他每天放学后的必修课，清贫的童年让邓国顺意识到，只有努力学习才能改变自己的命运。

在 1985 年的高考中，邓国顺以石门县高考理科第四名的优异成绩考入中山大学攻读计算机应用软件专业。大学期间，他利用课余时间做兼职、做家教赚取生活费和学费，没有向家里要过一分钱。大学毕业后邓国顺放弃了令同学羡慕不已的工作机会，选择继续深造，进入中科院读研。在这期间，他结识了很多技术大牛，这为他日后的创业提供了宝贵的经验和机会。

1993 年，邓国顺硕士毕业后去了新加坡工作，在国外工作期间，他对企业的运营和流程等方面的知识有了详尽的了解。1998 年，因为出差需要，邓国顺经常用软盘存储资料，但传统的软盘存储设备经常出现损坏，给他带来了很大的困扰。于是他开始思考如何解决这个问题，并产生了设计一种新型存储设备去替代软盘的想法。

一个偶然的机会，邓国顺结识了专业背景相同的成晓华。两人发现彼此在技术方面有很多共同的兴趣和见解，他们经常一起讨论问题，分享彼此的经验和看法，整个计算机从主板、CPU 到鼠标、键盘都在不断更新换代，唯有软盘多年顽固不变，始终都是标准配置。能不能抛弃软驱，做一款小巧、稳定，且容量比一般软盘大许多倍的移动存储器呢？他们为这一想法兴奋不已！随后俩人决定一起回国创业。在中国深圳这个充满创新活力的城市，邓国顺和成晓华怀揣着共同的梦想，踏上了研发一种全新数据存储设备的征程。他们的目标是创造一种小巧便携、容量巨大的存储工具，它能够让人们轻松地传输数据，这就是后来为人熟知的 U 盘。

他们的第一个原型是在一个狭小的租来的工作室里诞生的。这个原型笨重而且不稳定，数据传输速度慢得令人难以忍受。但这并没有浇灭两人的热情，他们知道这只是一个开始。为了这个项目，他们投入了所有的积蓄，甚至不得不向亲友借款。然而，失败接踵而至，每一次失败，不仅意味着资金的流失，也是对他们信心的严峻考验。但是，他们没有放弃，每一次失败都让他们更加接近成功。

经过一年多的摸索，一个名为“优盘”（U 盘）的闪存盘终于在他们手中诞生了，它的出现彻底改变了传统存储设备市场的格局，开创了一个全新的闪存盘行业。然而，现实总是残酷的，就在他们准备量产的时候，资金链出现了问题，他们的积蓄已经所剩无几，并且没有投资者愿意投资他们的项目，投资者们对这个新奇的设备并不买账，他们认为这个市场太小，而且价格太高，竞争不过几元钱的软盘。但在第二届中国国际高新技术成果交易会上，“优盘”赢得了 Trek 2000 International Ltd 的青睐，随后他们共同投资 888 万元成立了深圳市朗科科技有限公司。根据朗科提供的数据，2003 年该公司占据了国内 U 盘市场 50% 的份额，销量达 150 多万个，短短三年时间创造了销售额达 5 亿元的奇迹，邓国顺被 IT 业界誉为“U 盘之父”。

邓国顺的办公室里挂着一个镜框，上面写着这样一句话：“成为移动存储和无线数据通信领域的全球领先者”。他的创新成果不仅改变了存储领域的产品形态和商业模式，也成为 IT 界的传奇。他的故事证明了，只要有坚定的信念和不懈的努力，即使是最不被看好的梦想，也有可能成为现实。创新之路从不平坦，但只要有坚定的信念和不懈的努力，就一定能够克服困难，取得成功。

资料来源：张友亮，胡锡晟．邓国顺：闪存盘之父．发明与创新（综合科技），2011（5）；张友亮．从农家子弟到“闪存盘之父”：记优盘发明人、朗科总裁邓国顺．湘潮，2005（10）；U盘之父中国朗科的一生：我曾打败索尼，如今却只能靠收租为生．（2023-11-12）．www.163.com；邓国顺（被誉为闪存盘之父）．百度百科；徐明天．春天的故事：深圳创业史1979—2009（下）．北京：中信出版社，2009：201-203；中国企业家：优盘之父邓国顺．知乎．

【思考】

1. 如何理解机会型创业？
2. 如何看待创业过程中的失败？

第 7 章

新创企业的融资

我把你当作朋友，要你和我一起投入，是希望你分享我未来的成果。

——凯瑟琳·曼斯菲尔德（Katherine Manthfield）

》问题导入

1. 如何融资？何时融资？向谁融资？
2. 如何确定融资的需求量？
3. 如何准备和实施创业融资？

第1节 新创企业的融资渠道

每个创业者在实施创业时，常常会面临到哪里去筹集资金创业的问题，而且也不太清楚适合自己创业的资金来源和融资方式。因此，熟悉各种资金的来源和理解不同资金的要求及期望，显得非常重要。倘若不了解这些，创业者在寻找启动资金时就会很茫然。①

本章将讨论创业者最易获得的几种资金来源。值得注意的是，创业者要根据风险水平和企业产品生命周期的不同阶段（种子期、创业期、成长期、成熟期等）来选择合适的融资渠道。

一、新创企业的融资途径

★路标 新创企业获得资金的八种途径。

新创企业的融资有多种途径，因项目性质和风险收益特征的不同而不同。具体到个别项目，在不同的项目运作阶段可采用的渠道也不同。新创企业较常见的融资途径如图7-1所示，主要包括：创业者、人脉融资、内部积累、商业银行、民间资本、融资租赁、政府扶持基金与优惠政策、中小企业互助基金等。

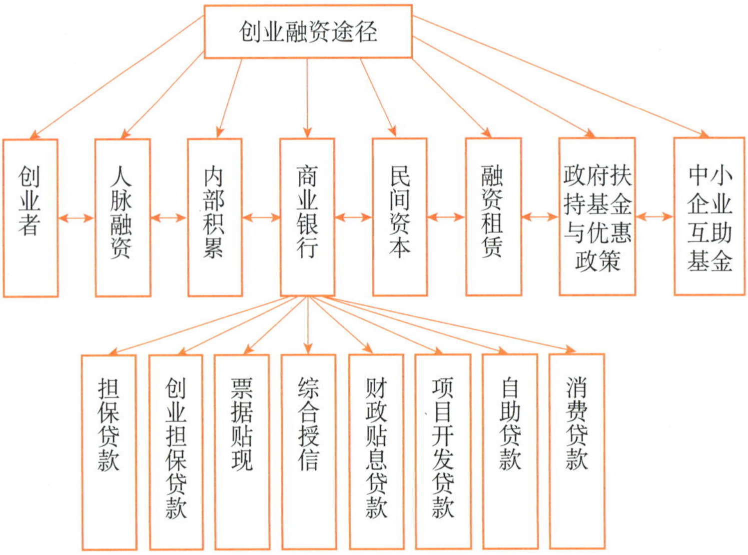

图7-1 创业融资途径

（一）创业者

几乎所有的创业项目都是从个人资金起步的。这是因为，一方面，个人资金的成本最

① 库拉特科，霍杰茨．创业学：理论、流程与实践：第6版．北京：清华大学出版社，2006：435.

为低廉，提供个人资金有助于创业者保持对企业的经营控制权；另一方面，在试图引入外部资金，尤其是银行、私人投资者或创业投资家的资金时，创业者个人资本的投入为外部资本提供了最为基础的保障。一位创业投资家曾毫不掩饰地说："我要创业者在企业有足够的注资。只有这样，当企业陷入困境时，他们才会设法去解决问题，而不是将公司的大门钥匙交到我的手里。"① 很多时候，创业者的自我融资是一种有效的承诺。创业者将自己全部的可用资产投入企业，往往传递着这样一种信号——他们拥有成功创业的雄心壮志并愿意为之竭尽全力。这种信号将给潜在投资者积极的暗示，减少他们对投资风险的担忧。

对许多创业者而言，他们抱着自行解决所有融资问题的想法，创建属于他们自己的企业。虽然自我融资是获取创业资金的一种途径，但它不是解决融资问题的根本方法。创业者一般会发现，有投资资本或借贷资本融入新创企业的生产运营，远比没有这些资本参与时的运营轻松得多。因为创业者个人的资金总是有限的，特别是对那些面临漫长的产品开发周期，前期需要大量资金的新创企业来说，几乎是杯水车薪。

（二）人脉融资

家庭成员和亲朋好友不仅是创业的重要人脉资源，还是新创企业获取创业资金的重要渠道。特别是在我国，以家庭为中心、以信任为基础形成的社会网络关系（社会资本），对包括创业融资在内的许多创业活动有着十分重要的促进作用。创业者与家庭成员和亲朋好友之间由于亲情的维系，其能力和品行被认可，较容易通过人脉资源获得创业融资。创业者在创业初期往往缺乏正规融资的抵押资产，缺乏社会筹资的信誉和业绩，因而非正规的金融借贷——依靠创业者的人脉关系来获得创业所需的资金成为常见的融资方式。如民营经济发达的温州地区，民间融资十分活跃，在创业初期，75%以上的资金源于自有资金和民间借款。在企业有一定的规模和实力后，其资金多数来源于自有资金、留存收益和银行贷款。

虽然从人脉资源中获得资金相对要容易一些，但与所有融资渠道一样，向家庭成员和亲朋好友融资也有不利因素。首先，如果家庭成员和亲朋好友以入股形式注资成为股东，难免对企业经营有所干预，且容易给其他合作者留下家族企业的印象。其次，创业者对于家庭成员和亲朋好友出资容易表现得相对随意，有可能诱发后续纷争。事实上，为减少潜在问题的出现，创业者在获得资金时须明确债权融资与权益融资的区别，要签订好书面协议，规范企业借贷行为，制定好"有福同享，有难同当"的游戏规则，做到"亲兄弟明算账"，明晰利率和本息偿付计划及红利发放规则，重点商议好融资细节中的资金数量、有关条件、投资者的权利和责任以及对业务失败的处理原则等，同时对于企业成长中的各种风险及利弊信息，让为其出资的家庭成员和亲朋好友有知情权，使他们坚信对新创企业的投资是建立在自己正确的判断和对成功抱有信心的基础之上，而不是建立在所谓的义务上。这种"事前小人，事后君子"的做法，可以减少或避免事后的利益之争，构建和谐的人际关系，保障各方利益免受侵害。

（三）内部积累

在新企业创建的启动阶段及较早发展阶段，内部积累显得格外重要。因为采用内部积

---

① 李志能，郁义鸿，希斯瑞克．创业学．上海：复旦大学出版社，2006：191.

累方式融资是许多创业者的无奈选择。内部积累的资金来源，主要是企业留存的未分配利润。通过不分红或少分红，将企业经营利润尽可能多地投入再生产当中，为持续经营或扩大经营提供必要的资金。

新创企业由于经营规模、资金实力、信誉保证、还款能力等方面存在很大局限，外部融资相对困难。即使对于成熟企业，内部积累也不啻为一种低成本的融资方式，可避免外部融资所带来的如下弊端①：

(1) 为了获得外部资金花费了大量精力和时间（通常为3～6个月），而忽视了产、供、销等方面的工作。

(2) 外部募集的资金有可能被管理者当成企业的“收入”随意支配使用，甚至导致资金滥用。

(3) 外部融资可能降低企业经营的自主性和灵活性，创业者的取向、管理、创造力都会受到牵制，甚至偏离融资计划中的经营重点和方向。

(4) 外部权益资金的介入还可能导致创业者承受短期业绩增长的压力，做出有损企业长期发展的决策。

(5) 外部融资成本明显高于内部融资成本，难免有“为他人作嫁衣”之嫌。

目前，我国创业的主力军是大学毕业生，他们绝大多数自有资金少，项目初期收益少，自我积累受到较大局限。当内部积累资金不足以启动创业项目，或者后续资金仍然匮乏时，还须积极“化缘”，寻找其他外部融资渠道。

(四) 商业银行

商业银行是金融市场的中心，作为资金的蓄水池，其主要业务是向符合条件的企业提供各种类型的贷款。然而，银行在贷款业务中常常比较保守，出于贷款成本与收益等方面的考虑，它们倾向于借钱给已经取得成功的小企业，而不是高风险的新创企业。银行作为“卖钱的商店”，“只肯把钱借给那些不需要钱的人，因为把钱借给需要钱的人便是一种冒险，而银行是不愿冒险的”。② 不过，随着政府对创业支持的引导和银行之间激烈的竞争，许多商业银行开始设立中小企业服务部门，提供相关金融服务。③ 例如，2009年12月28日，民生银行专门设立了中小企业金融事业部，成为全国银行业首家总部选址上海、专门服务于中小企业的金融专营机构。对于具备一定担保条件的新创企业，银行贷款是一种较常用的融资方式。

根据中国人民银行《贷款通则》的规定，商业银行发放贷款的主要形式包括信用贷

---

① 西方财务理论认为，企业融资的优先顺序依次是内部融资、外部债权融资、外部股权融资。1992年，波海德(Bhide)调查分析了《股份有限公司》杂志评出的500家成功实现了快速增长的企业中的100家，认为企业内部资金积累是一种对创业者、股东和经理层非常有吸引力的选择，因为积累自有资金能够使企业保持经营的灵活性，而机构投资者的介入往往会影响公司的经营。他的调查发现，被调查公司的80%是由创始人的个人自有资金支持的，创始人一般的投入资金为1万美元左右。在利用自有资金的公司中，只有20%的企业在过去的5年或更长的时间里利用外部资金进行增资扩股。参见：李志能，郁义鸿，希斯瑞克．创业学．上海：复旦大学出版社，2006：203-204.

② 道格拉斯．创业箴言．哈尔滨：哈尔滨出版社，2004：8.

③ 中国工商银行面向中小企业客户推出了资产便利融资和交易便利融资服务；浦东发展银行为中小企业量身定做中长期抵押贷款市场，积极开拓中小企业金融业务；中国农业银行推出了小企业简式快速信贷、自助可循环贷款等服务。

款、担保贷款和票据贴现，其中比较适合创业者的是担保贷款和票据贴现。[①] 近年来，创新贷款形式开始涌现。在此介绍担保贷款、创业担保贷款、票据贴现、综合授信、财政贴息贷款、项目开发贷款、自助贷款、消费贷款等业务，以便创业者结合自身条件选择融资渠道。

1. 担保贷款

根据担保方式的不同，担保贷款可以区分为抵押贷款、质押贷款和保证贷款。

(1) 抵押贷款是指抵押贷款人按《中华人民共和国民法典》规定的抵押方式，以其自有的或第三人的财产作为抵押物发放的贷款。在抵押期间，财产所有权人可以继续使用用于抵押的财产。当借款人不按合同约定按时还款时，贷款人有权依照有关法规将该财产折价或者拍卖、变卖后，用所得钱款优先得到偿还。可以用作抵押的财产包括：抵押人有权自主支配的房产和其他地上定着物；抵押人依法取得的国有土地使用权；贷款人认可的其他财产。贷款人与抵押人签订抵押合同后，双方必须依照有关法律规定办理抵押物登记。抵押合同自抵押物登记之日起生效，到借款人还清全部贷款本息时终止。当然，创业者也可以其专利权、著作权等无形资产向银行作抵押或质押，获取银行贷款。

(2) 质押贷款是指借款人按《中华人民共和国民法典》所规定的质押方式，以其自有的或第三人的动产或权利为质押物发放的贷款。可用作质押的质物包括：国库券（国家有特殊规定的除外）、国家重点建设债券、金融债券、AAA 级企业债券、储蓄存单等有价证券。出质人应将权利凭证交与贷款人。质押合同自权利凭证交付之日起生效。以个人储蓄存单出质的，应提供开户行的鉴定证明及停止支付证明。

(3) 保证贷款是指贷款人按《中华人民共和国民法典》规定的保证方式，以第三人承诺在借款人不能偿还贷款本息时按规定承担连带责任而发放的贷款。保证人为借款人提供的贷款担保为不可撤销的全额连带责任保证，也就是贷款合同内规定的贷款本息和由贷款合同引起的相关费用。保证人还必须承担由贷款合同引发的所有连带民事责任。保证人可以是自然人，也可以是专业担保公司。目前，我国有许多由政府或民间组织成立的专业担保公司，可以为包括新创企业在内的中小企业提供融资担保。例如，北京中关村科技担保有限公司、北京首创投资担保有限公司等属于政府性质的担保公司，在全国 100 多个城市建立了此类性质的担保机构，为中小企业提供融资服务。这些担保机构大多实行会员制管理，属于公共服务性、行业自律性、自身非营利性的组织。创业者申请成为这些机构的会员后，可以在日后向银行借款时，申请由这些机构提供担保。当然，专业担保公司承担保证责任不是无偿的，往往要求被担保人提供反担保措施，有时还会派专员到企业监控资金流动情况。但是与银行相比，担保公司对抵押品的要求更为灵活。

2. 创业担保贷款

随着国家实施更加积极的就业政策，把创业和就业结合起来，以创业带动就业，积极拓宽创业投融资渠道，支持创业担保贷款发展，将小额担保贷款调整为创业担保贷款。“针对有创业要求、具备一定创业条件但缺乏创业资金的就业重点群体和困难人员，提高

① 一般情况下，缺乏经营历史、缺乏信用积累的创业者，比较难以获得信用贷款。因此，对一个创业者来说，最重要的事情是建立信誉、名望和个性。信誉是吸引资金、员工、客户和使潜在竞争者失去信心的重要工具。

其金融服务可获得性，明确支持对象、标准和条件，贷款最高额度由针对不同群体的5万元、8万元、10万元不等统一调整为10万元。鼓励金融机构参照贷款基础利率，结合风险分担情况，合理确定贷款利率水平，对个人发放的创业担保贷款，在贷款基础利率基础上上浮3个百分点以内的，由财政给予贴息。简化程序，细化措施，健全贷款发放考核办法和财政贴息资金规范管理约束机制，提高代偿效率，完善担保基金呆坏账核销办法。”①

3. 票据贴现

对于那些缺乏担保条件的小企业，如果手中持有未到期的商业票据，可以考虑向银行申请票据贴现。

票据贴现是指借款人将未到期的商业票据（银行承兑汇票或商业承兑汇票）转让给银行，取得扣除贴现利息后的资金。由于买方市场和竞争压力的存在，企业通常会以赊销方式销售部分产品，从而持有一定数量的商业票据。从收到票据至票据到期兑现之日，少则几十天，多则300天，资金在这段时间处于占用状态。如果期间急需资金，企业利用票据贴现进行融资，远比申请贷款手续简便，而且融资成本相对较低。票据贴现只需带上相应的票据到银行办理即可，一般3个营业日内就能办妥。对于企业来说，这等于是“用明天的钱赚后天的钱”。这种融资方式的特点是，银行不按照企业的资产规模放款，而是依据市场情况（销售合同）放款。

4. 综合授信

商业银行对一些经营状况好、信用可靠的企业，授予一定时期内一定金额的授信额度，企业在有效期与额度范围内可以循环使用。综合授信额度由企业一次性申报有关材料，银行一次性审批。企业可以根据自己的运营情况分期使用贷款，随借随还。企业借款十分简便，也节约了融资成本。这种贷款方式一般是针对有工商登记、年检合格、管理有方、信誉可靠、长期合作的企业。新创企业由于刚刚起步，面临诸多经营的不确定性，商业银行一般要在企业成长期或成熟期视其业绩给予综合授信。

5. 财政贴息贷款

国家鼓励发展高科技企业，实现科学技术向生产力转化，为此提供财政贴息贷款。高科技型中小企业可以向商业银行申请财政贴息贷款。贴息贷款主要用于支持产品具有较高技术水平，需要中试或扩大规模、形成批量生产及产业化，银行具有贷款意向的项目。贷款贴息一般按申请贷款额年利息的50%～100%给予补贴，贴息总额一般不超过100万元，重大项目不超过200万元。这种财政资助方式推出的目的是带动银行资金投入科技型中小企业。

如果新创企业属于国家重点支持的高新技术领域（电子信息技术、生物与新医药技术、航空航天技术、新材料技术、高技术服务业、新能源及节能技术、资源与环境技术、高新技术改造传统产业），符合《高新技术企业认定管理办法》的有关规定，一旦被认定为高新技术企业，就可以通过这一渠道寻求创业资金。

---

① 国务院关于进一步做好新形势下就业创业工作的意见.（2015-05-01）. http://www.gov.cn/zhengce/content/2015-05/01/content_9688.htm.

6. 项目开发贷款

拥有重大价值的科技成果转化项目，往往初始投入金额庞大，企业自有资本难以承受。这样的高科技中小企业可以向银行申请项目开发贷款。商业银行对拥有成熟技术及良好市场前景的高新技术产品或专利项目的中小企业，以及利用高新技术成果进行技术改造的中小企业，通常会给予积极的信贷支持。对于高等院校、科研机构建立的有稳定项目开发关系或拥有研究部门的高科技中小企业，银行除提供流动资金贷款外，可以办理项目开发贷款。

7. 自助贷款

自助贷款实际是传统质押或抵押贷款的简化手续，即中小企业可一次质押（抵押）、反复使用。它包括两种形式——存单质押和房地产抵押。通过评估企业在银行的质押或抵押物，银行给予企业一定的授信额度，在约定期限内企业根据授信额度可以反复进行贷还款操作。只要企业及时偿还，无不良记录，还款后银行自动恢复其原来的信用额度，下次贷款无须重新申请。

8. 消费贷款

对刚刚起步的创业者来说，也可以谨慎地将个人消费贷款作为创业的启动资金。这类融资方式的好处在于，只要抵押手续符合要求，借款人不违法，银行不会限制贷款用途。在办理消费贷款时，抵押贷款金额一般不超过抵押物评估价的 70%，贷款最高限额为 30 万元。如果创业者需要购置临街商用房，可以用拟购房产作为抵押，向银行申请商用房贷款，贷款金额一般不超过拟购商用房评估价值的 60%，贷款期限最长不超过 10 年。因创业需要购置轿车、卡车、客车、微型车以及进行出租车营运的借款人，还可以办理汽车消费贷款，此类贷款一般不超过购车款的 80%，贷款期限最长不超过 5 年。

总而言之，创业者在选择融资方式时，切忌透支信用。请记住，信用是新创企业的生命线，人无信不立，企业无信则亡。

小贴士

新创企业贷款小技巧

● 选择正确的银行，等于贷款成功一半。尽量找地域性较强、中小企业金融业务品种多的银行。

● 在贷款品种方面，宜从小到大逐步升级，先通过有效的质押、抵押或第三方担保等手续申请流动资金贷款，等有了实力再申请项目贷款。

● 在贷款金额方面，量力而行，避免大规模资金投入。

● 在贷款利率方面，各家银行的利率不尽相同，“货比三家不吃亏”。

● 在贷款期限方面要注意短期、中长期贷款利率档次不同；期限越长，利率越高。

（五）民间资本

随着我国政府对民间投资的鼓励与引导，以及国民经济市场化程度的提高，民间资本获得了越来越大的发展空间。目前，我国民间投资不再局限于传统的制造业和服务业领域，而是向基础设施、科教文卫、金融保险等领域“全面开花”，对正在为找钱发愁的创业者来说，这无疑是“强心剂”。民间投资具有操作程序较为简单、融资速度快、门槛较低等特点。

利用民间资本，可以采用入股方式，也可以采用借贷形式。

对前一种情形，由于民间投资者具有控股意图，可能与创业者在经营方向、关键决策上发生矛盾。为避免矛盾，双方应把所有问题摆在桌面上谈，并清清楚楚地用书面形式表达出来。此外，对创业者来说，对民间投资者进行调研，也是融资前的“必修课”。

后一种情形即民间借贷，是指公民之间、公民与法人之间、公民与其他组织之间的借贷，是不同于银行贷款的一种直接融资渠道。民间借贷只要双方当事人意见表示真实即可认定有效，因借贷产生的抵押相应有效；但根据现行《中华人民共和国商业银行法》规定，借贷利率不得超过银行同期贷款利率的4倍。作为正规金融的一种补充，民间借贷在全国各地都存在，只是规模上有差异，广东、浙江、江苏、福建等沿海发达地区比较普遍，湖南、四川、东北等亦不鲜见。民间借贷活动的兴起，主要是当前金融机构无法满足民营及中小企业短期、灵活、便捷的资金需求造成的。正如某商人所言，周转资金找别人借，只要写个私人借据就行了；银行贷款利率虽低，但审批周期较长，等拿到钱的时候已不再需要钱了——商机已去。当然，民间借贷可能随着资金需求的增大和借贷范围的扩大变得不太安全，一旦失控，有可能引发金融风险。

（六）融资租赁

融资租赁是一种创新的融资形式，也称金融租赁或资本性租赁，是以融通资金为目的的租赁。其一般操作程序是，由出租方融通资金，为承租方提供所需设备。融资租赁是具有融资和融物双重职能的租赁交易，它主要涉及出租方、承租方和供货方三方当事人，并由两个或两个以上的合同构成。出租方根据承租方的需求和选择，与供货方订立购买合同，与承租方订立租赁合同，将购买的设备租给承租方使用。在租赁期内（不低于两年），由承租方按合同规定，分期向出租方支付租金，租赁设备所有权属于出租方，承租方在租赁期间对设备享有使用权。租赁期满，承租方按合同规定可以选择留购、续租或退回设备给出租方。采用融资租赁方式，承租人可以通过融物达到融资的目的。

对于缺乏资金的新创企业来说，融资租赁的好处显而易见：融资租赁灵活的付款安排，例如延期支付、递增或递减支付，使承租用户能够根据自己的资金安排来定制付款额；全部费用在租期内以租金方式逐期支付，减少一次性固定资产投资，大大简化了财务管理及支付手续；承租方还可享受由租赁带来的税务上的好处。

融资租赁这种筹资方式，比较适合需要购买大件设备的新创企业，但在选择时要挑那些实力强、资信度高的租赁公司，且租赁形式越灵活越好。

（七）政府扶持基金与优惠政策

《国务院关于印发“十四五”就业促进规划的通知》（国发〔2021〕14号）要求创业带动就业动能的持续释放，要求“创业引领作用更加凸显……创业环境更加优化，政策服务体系更加完备，创业机会更多、渠道更广，更多人可以通过创业实现人生价值”，要求进一步“落实创业担保贷款及贴息政策，提高贷款便利度和政策获得感。拓展创业企业直接融资渠道，健全投资生态链，更好发挥创业投资引导基金和私募股权基金作用，加大初创期、种子期投入。提升创业板服务成长型创业企业功能，支持符合条件的企业发行企业债券”。[①]

各地纷纷出台了相关政策，建立了多项扶持基金，成为科技型中小企业获取融资的“营养餐”。

由国家各部委设立的扶持基金主要包括：

（1）科技部863计划、火炬计划、科技型中小企业技术创新基金等。

（2）商务部的中小企业国际市场开拓资金项目计划。

（3）财政部的利用高新技术更新改造项目贴息基金、国家重点新产品补助。

（4）国家发展和改革委员会的产业技术进步资金资助计划、节能产品贴息项目计划。

（5）工业和信息化部的电子信息产业发展基金等。

各级地方政府也从地方财政拨款设立专项资金计划，支持中小企业发展。主要有小企业担保基金专项贷款、中小企业贷款信用担保、开业贷款担保、大学生科技创业基金、下岗再就业小额扶持贷款等。政策优惠主要涉及创业贷款、担保及贴息等。

除各类基金外，中央和地方政府还提供多项鼓励创业的优惠政策，如政策性担保融资、国家对各地高新技术产业开发区的相关优惠政策、归国留学生创业园区、由各地政府主办或由企业主办而由国家“给政策”的创业孵化器等。

总之，创业者应结合自身特点，充分了解和利用好相关政策，以降低融资成本，获得更大资金支持。

（八）中小企业互助基金

我国中小企业发展较好的地区和城市（如江苏、浙江、安徽等地）近年来积极建立中小企业互助基金，以解决其抱团自助和危机互助问题。这类互助基金多采取“政府支持、企业互助、金融合作”的模式，遵循“共同受益、共担风险、相互制约”的原则，实行会员制管理。政府投入较少部分作为启动资金，组建基金，设立章程。中小企业认可章程、具备章程规定的入会条件，就可自愿入会，缴纳一定的贷款保证金后，成为会员单位，享有相应额度的担保或贷款便利。发生坏账时，先用当事会员保证金抵扣，再有不足，则按比例抵扣其他会员的保证金。通过建立互助基金，中小企业在承担一定保证金的情况下，即可在需要融资时随时得到放大数倍的基金担保或直接贷款，较好地解决融资问题。

除上述方式，连锁加盟方式也不失为一种初始创业的有效手段。例如，2000年8月，上海浦东发展银行与联华便利合作，推出面向创业者的“投资7万元，做个小老板”的特许免担保贷款业务，由联华便利为创业者提供集体担保，上海浦东发展银行向通过资格审查的申请者提供7万元的创业贷款，建立联华便利加盟店，许多缺乏资金的创业者一圆创业梦。像联华便利一样，现在很多公司为迅速扩大市场份额，常会采取连锁加盟或结盟代理等方式，推出一系列优惠待遇给加盟者或代理商，如免收加盟费、赠送设备、在一段时间内免费赠送原材料，对代理商先货后款、延后结款、赊购赊销等。虽然不是直接的资金

---

① 国务院关于印发“十四五”就业促进规划的通知．(2021-08-27). https://www.gov.cn/zhengce/content/2021-08/27/content_5633714.htm.

扶持，但对缺乏资金的创业者来说，相当于获得了一笔难得的资金。

二、新创企业的融资类型

★路标 债权融资与权益融资、内部融资与外部融资、直接融资与间接融资的含义及差异。

创业融资的途径虽然复杂多样，但许多融资方式具有共同特征。根据不同标准，大体可以分为以下类型。

（一）债权融资与权益融资

根据资金供应方是否拥有企业所有权，创业融资可以分为债权融资（debt financing）与权益融资（equity financing）。

债权融资是指利用涉及利息偿付的金融工具来筹措资金的融资方式，主要包括银行贷款、民间借贷等方式，其偿付依赖于企业未来的销售收入与利润。由于债权人并不直接参与企业的经营运作，出于保障资金安全的需要，往往要求有诸如厂房、设备、地产、汽车等资产作为抵押品。采用债权融资方式，创业者可以在所得税前支付债务利息，从而享受避税利益。然而，由于面临定期支付利息、到期偿还本金的压力，在资金使用上可能受到债务契约限制。一般而言，短期债务（期限少于一年）筹措的资金主要充当流动资本，用于购置货物、垫付应收账款、融通经营资金，资金的偿还主要利用当年的销售收入和利润；长期债务（期限长于一年）筹集的资金则用于置办固定资产，如设备、建筑物、房产等，并且需要以资产的部分价值（通常占总价值的50%～80%）作为贷款抵押。不过，债权融资使得创业者能够保有企业较多的股份，从而在权益上获得更大的回报，特别是利率低迷时。

权益融资是指为了筹集资金，向其他投资者出售企业所有权的融资方式，即用所有者权益来交换资金。采用这种方式融通资金，可以避免债权融资中还本付息的硬性约束，有利于为创业项目筹措长期的固定资金。作为回报，出资者以股东身份分享企业利润，并按照预先约定的方式获得资产的分配权利。但是，追加权益融资会使创业者所占的企业股份比例下降，造成控制权的稀释。[①] 权益资本的主要获取途径有自有资本、亲朋好友、创业投资机构等。

权益融资相对于债权融资来讲，风险大，资金成本高，同时还需承担一定的发行费用。企业融资成本包括会计成本和机会成本。相对于会计成本，机会成本是企业决策行为的主要依据。从国内情况看，企业通过银行贷款所花费的机会成本是较高的。如企业根据对未来市场变化的预期，制订了相应的产品开发计划，但其所需资金往往受贷款规模的限制，等到银行逐级申报增加贷款规模批下来以后，市场情况已经发生变化，使企业失去一次捕捉巨大商机的投资机会。可见，商业银行贷款的“时滞”增加了企业债权融资的机会

① 创业者持股比例下降是失去控制权的首要原因，防止持股比例下降的策略包括：不要过早引入创业投资，引入时机越早，创业者持股比例下降越明显；权益融资时尽量提高公司估值；减少权益融资额度，增加债权融资额度；在对外权益融资的同时，创业者可通过现金增资、专利或商标等无形资产作价增资等方式增加投资；创业者通过自有资金或融资来购买其他股东的股份。参见：孙继伟．“和谐”投资方．北大商业评论，2013（10）：71.

成本。同样，债权融资的限制条件多，对创业者来说也有其不利的一面。

总的来看，使用债权融资还是权益融资，关键看获得资金的可能性、企业资产以及当时的利率水平。表7-1列出了债权融资与权益融资的一些优缺点，创业者可以通过比较，将两类融资类型有机结合起来，以满足创业的资金需求。

表7-1 债权融资与权益融资的比较

项目	债权融资	权益融资
风险	按期付息和到期还本	不需要还本付息
融资成本	低	高
控制权影响	保持现有控制权	控制权被稀释

资料来源：苏小娟．股权融资与债权融资的对比：关于企业融资模式的解析．时代经贸，2007（72）．

（二）内部融资与外部融资

新创企业获取资金的渠道多种多样，其资金既可以从内部筹集，也可以从外部筹措。

内部融资是将企业自有资金转化为投资的过程，其资金来源主要包括留存的未分配利润、固定资产折旧和出售资产的收入；营运资本减少、应收账款回收、应付账款增加等也可以视为内部融资的手段。企业内部融资的方法很多。通常，企业在发展初期会将利润全部投入经营中，而不分配给股东，即前述的内部积累；有时候，企业还会出售使用率不高的资产来获得必要的资金；采用租赁而不是购买的形式获得资产使用权，也能够有效地节约资金，降低追加融资的频率。短期内部融资则主要依赖营运资本的有效管理：一是尽量减少不必要的存货和现金；二是加强应收票据或应收账款的回收；三是尽量争取供货商的延期付款条件。

外部融资是指企业从外部筹集资金。这时，企业需要发行债务或权益凭证，吸引外部投资者提供资金。外部融资可以采用债务融资方式，也可以采用权益融资方式。

相对而言，内部融资不需要企业实际对外支付利息或股息，不减少企业现金流量，也不伴随融资费用发生，因而成本远低于外部融资，成为企业首选的融资类型。然而，内部融资能力大小还取决于企业利润水平、净资产规模和投资者预期等因素。当生产和经营规模扩大到一定程度，内部融资不能满足资金需求时，企业必然会转向外部融资。

（三）直接融资与间接融资

直接融资是直接从社会上（如企事业单位、居民等资金剩余者）筹集资金，一般来说，是通过发行债券、股票以及商业信用等形式融通所需资金。直接融资的优点是：资金供求双方联系紧密，有利于资金快速合理配置和使用效益的提高，而且筹资的成本降低，有利于获得较大投资收益。其缺点在于：融资双方在资金数量、期限、利率等方面受到的限制多；融资使用的金融工具的流通性较间接融资要弱，兑现能力较差，且直接融资的风险较大。

间接融资是指企业向金融中介机构（如商业银行、信用中介、储蓄机构等）申请贷款，从而取得资金的方式。间接融资的优点：灵活方便、安全性高、融资规模大。其缺点：资金供求双方的直接联系被割断了，在一定程度上会减少投资者对企业生产的关注与筹资者对使用资金的约束力，且筹资成本较高。

直接融资和间接融资既有区别又有联系。在现代市场经济条件下，直接融资一般是企业以发行证券的形式在资本市场上公开进行融资活动，其发行的证券代表着一定的财产权（如股票）或债权（如国债、企业债券），这些有价证券一般可以在市场上公开交易。筹资者发行证券往往是以自身的财产、信誉、盈利前景等为保证进行的。在发行证券之前，必须进行资产评估、会计审计、公证等工作；证券发行之后，筹资者必须定期进行充分的信息披露，政府对证券市场进行严格的管理，贯彻公开、公正、公平、诚实守信的原则，保护广大投资者的利益。这样的直接融资具有筹资范围广、规模大、可以连续筹资、具有社会宣传效应等特点。但是，初创期的企业知名度不高、盈利前景不明朗，很难具备面向社会发行证券的资格和条件；其直接融资主要表现为绕开金融中介，直接寻求民间资本的支持。新创企业的间接融资主要是向银行申请贷款，这种融资方式虽然成本相对较低，但可能遇到抵押担保品不足的困扰，这时，寻求第三方担保就十分重要。如前所述，向中小企业互助基金申请贷款不失为一种有效的手段。

总体而言，创业融资没有免费的午餐。在融资渠道和类型的选择上，创业者需要根据自身情况慎重选择，在考虑资金获得途径的可能性基础上，尤其要考虑融资的财务成本和融资对企业控制权的影响。正如乔·克劳斯（Joe Krause）所言："在早期，新公司的创立者就要在取得成功还是掌握控制权之间做出选择，只要这个选择的目标明确，结果都还不错。"①

总的看来，新创企业的融资渠道既包括融资的途径，也涉及融资的类型。融资渠道是指企业在进行资金筹集时可以选择的融资途径、方式和类型。这些途径、方式和类型共同构成了企业筹集资金的多种可能性。具体来说，融资途径指的是获取资金的具体方式或方法，如银行贷款、发行债券、股票发行等。这些途径是实现融资目标的具体手段。而融资类型，如前所述，主要描述资金的来源和性质，如债务融资与权益融资、直接融资与间接融资。这些类型反映了企业对于资金的不同需求和选择。因此，融资渠道是一个综合性的概念，它涵盖融资的途径和类型，为企业提供了多种可能的融资选择。了解这些渠道的特点和适用场景，对于新创企业的成长具有重要意义。

① 卡普兰，沃伦．创业学：第2版．北京：中国人民大学出版社，2009：121.

第 2 节 新创企业的权益融资

虽然大多数新创企业仍然靠亲朋好友或者创业者的个人财力提供初始资本，但是，创业投资为高潜力的新创企业提供融资并取得了引人注目的业绩，使它越来越受到创业者的广泛关注。众所周知，创业投资为推动高新技术产业化起到了举足轻重的作用。在美国，有 90%的高科技企业得益于创业投资。中国已成为创业投资者、天使投资者最看好的地区。2022 年国内创业投资市场共计披露 12 415 起投融资事件，新能源汽车/电池、人工智能、生物医药、智能制造成为创业投资资本重点布局的四大方向。① 对技术型创业企业而言，寻求创业投资的帮助，有助于企业更快更健康地成长。

一、创业者获得创业投资的好处

★路标 获得创业投资的好处。

创业投资是值得青睐的筹资方式。创业投资使得创业者能够从单一渠道，或者从一位能吸引其他创投基金的领衔投资者那里筹集到全部资本。② 创业投资是指向处于创建或重建过程中的未上市成长性创业企业进行股权投资，以期所投创业企业发展成熟或相对成熟后，主要通过股权转让获取资本增值收益的投资方式，旨在促使高新技术成果尽快商品化、产业化，以取得高资本收益的一种投资过程，也是协调创业投资者、技术专家、一般投资者的关系，利益共享，风险共担的一种投资方式。总的来看，创业者寻求创业投资的支持，可以使新创企业获得诸多好处，具体表现如下③：

（1）创业投资的支持为新创企业带来了良好的声誉，使新创企业的价值更容易被利益相关者（员工、顾客、供应商、政府、金融机构、媒体等）认可。

（2）创业投资为新创企业提供启动和扩展资金。

（3）创业投资者能够帮助创业者吸引一流人才加入创业团队。

（4）创业投资者能够为那些没有市场部的新创企业提供市场发展战略规划。

（5）创业投资者能够在员工招聘协议、劳动合同、技术合同、财务管理、风险管理等方面提供建设性的指导意见，发挥管理顾问、监督和评价的作用。

（6）创业投资者能够提供与政府监督管理相关的咨询与指导。

由此可见，对创业者来说，获取创业投资的支持，不仅可以为新创企业赢得良好的声誉，打开通向其他融资渠道的方便之门，还可给创业者带来额外的管理资源，帮助经营新创企业。

---

① 《全球创投风投年度白皮书（2023）》发布：中国创投市场“一枝独秀”，四大赛道倍受资本青睐．(2023-05-15). https://finance.eastmoney.com/a/202305152721226855.html.

② 萨尔曼，史蒂文森，罗伯特，等．创业管理：第 2 版．北京：中国人民大学出版社，2005：233.

③ 库拉特科，霍杰茨．创业学：理论、流程与实践：第 6 版．北京：清华大学出版社．2006：446.

二、创业投资者的投资偏好

★路标 创业投资者的投资偏好于成长性好、科技含量高，并将产生超过40%的投资回报率的企业。

创业者要想寻求创业投资的支持，首先要考量新创企业是否符合大多数创业投资者的投资要求和标准。创业投资者喜欢寻找这样一些企业：成长性好、科技含量高，并将产生超过40%的投资回报率。只有实现这样的分享收益率目标，才能满足创业投资者每年至少20%的复合收益率的期望。① 创业投资行业的盈利特性在很大程度上限制了创业投资的领域。也就是说，创业投资者的投资偏好比较狭窄。例如，2002年，20%的创业资本投向电脑软件产业。电信、网络、计算机与外围设备、半导体、医疗设备以及生物科技产业，是吸引创业投资者权益融资的另一些行业。② 2014年6月披露的中国企业投融资交易中，61起创业投资交易中42起属于TMT③ 行业，约占创业投资交易总数的68.9%；19起交易属于非TMT行业，约占交易总数的31.1%。

虽然创业投资使很多新创企业得以快速发展，但想达到创业投资者所青睐的融资标准并不容易。因为创业投资者是非常苛刻的投资者，对他们所融资的企业和创业者类型有明显的偏好。如何让创业投资者对你情有独钟？如表7-2所示，为了获得创业投资的支持，新创企业通常要有一个高绩效的管理团队，处在一个有高成长潜力的产业中，有独特的竞争优势，对市场了如指掌，有比竞争对手更好的满足市场需求的产品，并有公开上市的计划。

表7-2　创业投资者的投资偏好

机会维度	创业投资者的偏好	创业投资者的理由
投资规模	300万～1 500万美元	小额投资的交易成本高，大额投资有风险
投资比例	投资企业占推荐企业的1%左右	极少新创企业能够满足融资的绩效标准
产业类型	信息技术产业	高科技产业达到了所要求的高增长率
控制权	超出拥有股份的比例	想要获得对企业发展方向制定决策的能力
所有权	低于50%	不想减弱对创业者的激励
竞争优势	独特优势，有专利或排他性合约	需要看到已知的竞争优势
退出战略	计划首次公开上市或被并购	需要提取现金并且归还投资者所提供的资金
管理团队	热情、坚韧、适应性强，有经验，诚实，善于接受意见，有团队精神	希望拥有一支值得信赖、懂经营的高绩效团队
市场	没有现存竞争对手的容量大且正在成长的市场	需要容量大且正在成长的市场以避免直接的竞争
产品	比现有的选择更好地满足目标市场需求并有高额毛利润	要确保存在明确的市场需求，能够有比竞争对手更好的产品满足客户

资料来源：巴隆，谢恩．创业管理：基于过程的观点．北京：机械工业出版社，2005：120.

① 萨尔曼，史蒂文森，罗伯特，等．创业管理：第2版．北京：中国人民大学出版社，2005：233.

② 巴林格，爱尔兰．创业管理：成功创建新企业．北京：机械工业出版社，2006：230.

③ TMT，是电信、媒体和科技（telecommunication，media，technology）三个英文单词的首字母组合，表示未来电信、媒体/科技（互联网）、信息技术的融合趋势所产生的行业。中国TMT十大热点行业的排名依次是：搜索引擎、网络游戏、即时通信、手机游戏、无线音乐、BLOG、IC设计、移动支付、IPTV to TV、软件外包。

小贴士

天使投资与创业投资

天使投资（angel capital）是自由投资者或非正式创业投资机构对原创项目构思或小型初创企业进行的一次性的前期投资。它是一种非组织化的创业投资形式，其资金来源大多是民间资本，投资门槛较低，有时即便是一个创业构思，只要有发展潜力，就能获得资金。投资对象主要是种子期或者初创期的创业企业，投资规模一般比较小，通常以股权的形式投资于早期创业企业，股权的平均持有期限为 5～8 年。之所以称为天使投资，是因为投资者不仅提供资金，还会积极地参与创业企业的管理，用自己的创业经验或专业技能来指导和帮助创业企业家。另外，其投资动机中存在一些因人而异的非经济因素，如有传授创业经验的渴望、获得乐趣和激情、通过投资建立人际网络、挑战自己的心智以便保持敏捷的商业思维能力、通过投资于健康产业创造社会福利等。

创业投资（venture capital）是指通过向不成熟的创业企业提供股权资本，并为其提供管理和经营服务，期望在企业相对成熟后，通过股权转让获取高额中长期收益的投资行为。不同的机构对创业投资的表述有所不同。如全美创业投资协会（NVCA）的定义是：由专业投资者投入新兴的、迅速发展的、有巨大竞争潜力的企业中的一种股权性资本。欧洲投资银行的定义是：为形成和建立专门从事某种新思想或新技术生产的小型公司而进行的股份形式承诺的投资。经济合作与发展组织有过三种不同的表述：创业投资是以高科技和知识为基础，生产与经营技术密集型的创新产品或服务的投资；创业投资是专门购买在新思想和新技术方面独具特色的中小企业的股份，并促进这些中小企业的形成和创立的投资；创业投资是一种向极具发展潜力的新建企业或中小企业提供股权资本的投资行为。学者林德（Rind）把具备以下特征之一的投资行为称为创业投资：（1）创立新企业或挽救、扩展现有的企业；（2）投资于高风险、高利润的地方；（3）进行投资之前，有周密的分析研究和详尽的调查工作；（4）于不同的投资活动之中使用各种不同投资工具；（5）进行长期投资；（6）直接参与所投资企业的经营，为其所参与的投资计划提供更多的附加值；（7）努力使其资本利得最大化。

创业投资的目的主要是开发新技术、新产品，其投资对象是那些风险大但潜在效益也高的企业，通常是处于初创期或未成熟时期，但可能发展迅速，未来有望成为具有良好发展前景的创业企业。因此，凡是选择以高科技为基础，生产和经营技术密集的创新产品和服务，都可视为创业投资。创业投资不仅要求科技含量高，而且要求创新性强，能够创造新产品或新服务，开辟新市场。创业投资公司的盈利方法主要是把先期投资的股权高于原价售出，其退出方式有股票上市、股份转让和破产清算。

三、寻找创业投资的基本方法

★路标 寻找创业投资“六要”与“六不要”。

在第 6 章中，我们已经知道：撰写一份高质量的创业计划是创业者寻求创业投资的必要条件。因此，提交给创业投资者的创业计划应言简意赅，在重点介绍创业计划所基于的各种预测和假设时，针对产业分析、市场分析、产品的生产方式、竞争状况、与现存商品相比存在的优势、营销计划、市场进入障碍以及创业团队能力等几个部分，来描述创业的蓝图。要知道，创业投资者每星期都会收到一摞又一摞的创业计划，想要你的创业计划能够吸引他们的眼球，最好在实施概要中凸显出投资者的机会所在（要重点解释创业计划如何能够赚钱，而非纠缠于技术细节），激发他们的阅读兴趣；同时，有条件的话，最好能寻找一个认识创业投资者的人，请他做引见，这是寻找创业投资最快捷、最有效的方法。

大多数创业投资者特别看重项目的可行性、机会的大小以及创业团队的能力素质。对创业投资者而言，他们只会对管理优秀的企业投资。他们认为，点子固然重要，但一个好的创业团队更重要。“高素质的管理团队能够运作一个有缺陷的点子，而一个有缺陷的团队却不能把一个好点子推向市场。”[①] 机会青睐有准备的创业者，在寻找创业投资时要做好以下事情[②]：

（1）与创业投资者见面前，准备好他想要的所有材料。

（2）先寄出创业计划和寻求融资合作的信函。

（3）多与几个创业投资者接触，并保持电话或邮件联系。

（4）抱有自己公司和产品是最棒的、最优秀的必胜信念。

（5）与你觉得可行的创业投资者进行面谈。

（6）了解创业投资者以前的投资成绩和现在的投资结果。

在做好以上六件事情的同时，要注意以下事项：

（1）不要期望得到响应，欲擒故纵的策略是交易谈判的常见手法。

（2）不要回避提问，不要模棱两可地回答，不要回避明显的缺陷。

（3）不要放弃讨价还价的机会，要高价有可能释放出项目含金量高、潜力大的信号。

（4）不要过于粉饰事实，说得太好反而降低可信度。

（5）不要期望创业投资者立即决定，从最初接触到最终决定投资通常需要6～8周。

（6）不要做完第一次推介后便杳无音讯，继续保持联系，即使这个创业投资者不提供资金支持，但他也许会把愿意出资的人介绍给你认识。

综上所述，寻找创业投资，应遵循以下原则[③]：

（1）制订财务计划来证明项目具有高成长性、高回报性。

（2）将一个管理优秀的企业形象展现在创业投资者面前。

（3）以良好的信誉吸引创业投资者主动上门。

（4）有的放矢地寻找专注于本产业的创业投资者。

（5）寻找更具灵活性和更具接纳性的小额创业投资。

（6）搜寻最有可能成为创业投资者的合作伙伴。

---

① 萨尔曼，史蒂文森，罗伯特，等．创业管理：第2版．北京：中国人民大学出版社，2005：236.

② 库拉特科，霍杰茨．创业学：理论、流程与实践：第6版．北京：清华大学出版社，2006：449.

③ 卡普兰，沃伦．创业学：第2版．北京：中国人民大学出版社，2009：176.

第 3 节 新创企业的融资流程

古语云："兵马未动，粮草先行。"商机的实现离不开足够的资金支持。本节将对新创企业如何做好融资前的准备工作、如何测算资金需求量、如何权衡融资渠道、如何融资推介及谈判、如何签署融资合约等问题给予阐述。

一、融资前的准备

★路标 创业者须获得良好的个人信用和拥有较广的人脉资源。

机会总是青睐有准备的人。新创企业能否获得融资，与融资的前期准备是否充分有密切关系。创业融资前，创业者须获得良好的个人信用和拥有较广的人脉资源。

（一）建立个人信用

俗话说，有借有还，再借不难。创业融资免不了同银行（或其他债权人）打交道。银行能否把钱贷给借款者，个人信用非常关键。

个人信用亦称"个人信用的历史记录"或"个人信用记录"，它是指人们在同银行往来时，在贷款及还款行为方面的记录。它是银行决定是否贷款、贷款数量及贷款期限长短的重要依据之一。个人信用记录包括四个方面：一是个人身份情况，包括姓名、婚姻及家庭成员状况、收入状况、职业、学历等；二是商业信用记录，包括在各商业银行的个人贷款及偿还记录，个人银行卡使用等有关记录；三是社会公共信息记录，包括个人纳税，参加社会保险，交纳水电费、手机费、电话费，以及个人财产状况及变动等记录；四是有可能影响个人信用状况的涉及民事、刑事、行政诉讼和行政处罚的特别记录。因此，即使个人从未向银行申请过贷款，银行也可依据个人信用记录中的其他信息评估个人信用。

为保证创业融资顺利进行，创业者应努力建立起良好的个人信用记录，早贷款、早立信。建立信用的开端，一般始于向银行贷款，越早贷款，就能越早在银行建立借款记录，为树立个人信用打基础。立志创业的人，不妨先努力做一个信用卡的诚信持卡人，同时注意在日常生活中按时缴纳各项税费，遵纪守法，建立起良好的个人信用，为日后创业融资打下信用基础。

（二）积累人脉资源

创业融资，不仅需要智商，还需要情商——良好的人际关系。创业融资的过程，往往也是创业者通过建立人际关系获得融资资本的过程，这在前述的若干融资渠道中都已得到体现。社会网络资源是创业的生产力，创业者应充分利用人脉资源，广结善缘，为创业融资作铺垫。

二、测算资金需求量

★路标 新创企业的资金需求量测算。

创业融资既有成本又有风险，资金并非越多越好。创业者在融资之前必须知道自己需要多少钱，什么时候需要钱。合理地估算资金需求，有利于提高融资的成功率，降低融资风险。

（一）估算启动资金

那些想创业但最终没有创业的人给出的最常见的原因是缺乏足够的启动资金。那么，要有多少资金才能创业呢？这个问题要视项目的种类、规模、经营地点等情况而定。根据*Inc.*杂志2002年10月对500家发展最快的公司的调查，14%的公司一开始的时候创业资金还不到1 000美元，如戴尔计算机公司于1984年创立，启动资金仅为1 000美元。① 日常生活中，常可看到诸如“投资千元创业”“万元加盟开店”“投入千元办厂”等宣传广告，这些投资小、门槛低的项目是许多初次创业者的首选。可在这些低投入背后，创业者却容易忽视一个问题：要将一个项目运行起来获得利润，所投入的资金可能远不像广告所说的那样。许多创业者在学习技术或加盟后，往往因为后续资金不足造成项目夭折或中途搁浅。预算创业需要的启动资金是创业融资前必须考虑的问题。

以小额投资项目为例，所需的资金主要由以下几个部分组成②：

（1）项目本身的费用，即付给所选定项目的直接费用。比如，学习、购买某项技术的费用，购买机器设备的费用，项目的加盟费用等。如果需要到项目方考察，还要算上差旅费用。

（2）经营设备、工具等的购置费用，主要是指项目在经营过程中所需要的辅助设备和工具的购置费用。比如，开一个糕点房，除了要有制作糕点的烘焙设备外，还需要添置冰柜等辅助工具；开展泡沫塑料颗粒加工业务，在买回加工设备后，还需要考虑配电机，解决生产动力问题。

（3）房租、房屋装修费用及流动资金。这部分费用要根据当地市场行情计算，房租一般至少要算入3个月的费用，因为现在租房付费方式主要有按季付费、按半年付费、按年付费。房屋装修费用视项目而定。如果开餐馆，要按照当地卫生防疫部门的规定装修，否则不能达标，领取营业执照就比较困难。像加盟店一类的装修，如果经销产品，还要加上货柜橱窗的费用。流动资金要视具体情况计算。

（4）实缴注册资本金及其他费用。新《公司法》规定：2024年7月1日起，新注册的公司自成立之日起5年内，需缴足认缴的出资额。此外，银行对公账户每年还要收取账户管理费用。

（5）经营周转所需要的资金。运行一个项目，至少要准备三四个月的经营周转资金，包括人员工资、水电费、电话费、材料费、广告费、维修费等，如果有分期偿还的借款，也要计入。项目在最初运行时，需要经过至少3个月的市场培育，其间往往盈利很少，甚至亏损，因此事先必须备足资金。如果是办工厂，除了上述费用，还需要考虑半成品、产成品、原材料等占用的资金。实践中，创业者应对新创企业初始运行的前3个月所需资金编制分项目的成本预算。

创业启动资金通常只能大致估算，准确的数字比较难以确定；在经营的过程中，可能还会有一些不确定性情况出现。事前做好调查，制定相对明晰的资金预算表，有利于项目的正常开展。

---

① 瑞德，萨阿斯瓦斯，德鲁，等．卓有成效的创业：原书第2版．北京：机械工业出版社，2020：28.

② 小本创业到底需要多少资金．中山商报．

（二）估算未来 3 年的资金需求

创业早期对未来 3 个月成本的估量，主要是为了筹集启动阶段的资金，满足短期的资金需求。事实上，从初始净资本投入到实现盈利，往往还要经历 12～42 个月甚至长达 5 年的时间。其间，创业者会不断面对持续融资问题。

这时，宜编制预算财务报表，对企业现有资本结构、偿债能力、盈利能力和现金流状况进行把握，进而确定融资需求。

1. 编制资产负债表

资产负债表是财务计划的重要内容，可以综观某一时点创业企业的财务状况。它的基本结构是“资产＝负债＋所有者权益”，资产反映企业现有资源的分布情况，负债和所有者权益反映企业不同权利人对这些资源的要求权。资产负债表的主要作用是：（1）评价和预测新创企业的短期偿债能力；（2）评价和预测新创企业的长期偿债能力和资本结构；（3）评价和预测新创企业的财务弹性；（4）评价和预测新创企业的绩效，为创业者做出合理的经营决策提供支持。

新创企业通常需要预编未来 3 年的资产负债表，为便于年度比较，可以采用“报告式”，即将负债和所有者权益放在资产的下方，如表 7－3 所示。

表 7－3 预编资产负债表

单位：万元

项目	初期	第 1 年	第 2 年	第 3 年
流动资产	450			
货币资金		26	23	24
应收账款		209	237	273
存货		203	227	255
其他流动资产		8	10	11
流动资产合计	450	446	497	563
非流动资产				
固定资产原价		264	282	302
减：累计折旧		20	43	71
非流动资产合计		244	239	231
资产总计	450	690	736	794
流动负债				
应付账款		62	90	102
应付税费		36	25	26
其他应付款		10	10	10
流动负债合计		108	125	138
非流动负债				
长期借款		105	95	85
非流动负债合计		105	95	85
负债合计		213	220	223
所有者权益（或股东权益）	450	477	516	571
负债和所有者权益（或股东权益）总计	450	690	736	794

2. 编制利润表

在新创企业融资过程中，外部债权人和权益投资者都十分关心企业的未来盈利能力，因而预编利润表是融资文件中的一个重要内容。

新创企业的利润表是反映企业在某一会计期间的经营成果的财务报表，它把一定期间的营业收入与同期间的相关营业费用进行配比，以计算出新创企业一定期间的净收益或净亏损。根据企业会计准则的规定，利润表格式采用多步式，分步计算营业利润、利润总额和净利润。新创企业经营之初，很少从事非主营业务，也很少有多余资金用于投资，因此预编利润表主要体现新创企业核心业务的经营成果，编制起来比较简单。

例如，某新创企业对未来3年经营情况进行预测，得到以下财务数据：未来3年营业收入分别为1 293万元、1 491万元、1 620万元，营业成本分别为1 046万元、1 201万元、1 274万元，营业外收入分别为129万元、143万元、161万元，营业外支出分别为20万元、23万元、28万元，所得税费用分别为51万元、66万元、83万元。根据以上数据，可以预编未来3年利润表如表7－4所示。

表7－4　预编利润表　　　　单位：万元

项目	第1年	第2年	第3年
一、营业收入	1 293	1 491	1 620
减：营业成本	1 046	1 201	1 274
二、营业利润	247	290	346
加：营业外收入	129	143	161
减：营业外支出	20	23	28
三、利润总额	98	124	157
减：所得税费用	51	66	83
四、净利润	47	58	74

预编利润表除了可以为投资者或贷款机构提供决策依据，还可以帮助创业者明了创业项目的盈利前景，预测企业未来的现金流量，帮助创业者考核企业经营管理业绩，适时调整管理举措。

3. 编制现金流量表

由于赊购、赊销、固定资产折旧等非现金业务的存在，企业预测的利润并不能直接反映现金的余缺。为了尽可能准确地了解现金余缺的时间和规模，合理制订融资计划，新创企业还需要预编现金流量表。

现金流量表是反映企业一定时期现金流入和流出动态状况的报表，其组成内容与资产负债表和利润表应相互一致，主要包括经营活动产生的现金流量、投资活动产生的现金流量、筹资活动产生的现金流量等几个部分。表7－5是某新创企业预编的未来三年的现金流量表。通过该表，创业者可以了解新创企业本期及以前各期现金的流入、流出和结余情况，评价企业当前及未来的偿债能力和支付能力，科学预测企业未来的财务状况，从而为融资等科学决策提供充分有效的依据，帮助创业者搞好融资及资金调度工作，最大限度地提高资金使用效率，避免出现现金短缺。与此同时，现金流量表还可以帮助潜在投资者和贷款人据以评价新创企业未来的现金生成能力、偿还债务能力和支付投资报酬的能力。

表 7-5 预编现金流量表

单位：万元

项目	第 1 年	第 2 年	第 3 年
一、经营活动产生的现金流量：			
销售商品、提供劳务收到的现金	1 293	1 491	1 620
购买商品、接受劳务支付的现金	510.5	551.6	632
支付给职工以及为职工支付的现金	300	300	350
支付的各项税费	51	66	83
支付其他与经营活动有关的现金	13	20	34
经营活动产生的现金流量净额	418.5	553.4	521
二、投资活动产生的现金流量：			
购建固定资产、无形资产和其他长期资产支付的现金	264	18	20
投资活动产生的现金流量净额	−264	−18	−20
三、筹资活动产生的现金流量：			
吸收投资收到的现金	477	39	55
分配利润支付的现金	16.2	18	18
筹资活动产生的现金流量净额	460.8	21	37
四、现金及现金等价物净增加额	615.3	556.4	538
加：期初现金及现金等价物余额	0	0	0
五、期末现金及现金等价物余额	615.3	556.4	538

三、融资渠道的权衡

★路标 新创企业选择融资渠道应认真权衡五个方面的因素。

资金需求确定后，选择融资渠道就成为需要考虑的问题。如前所述，融资的类型有很多，如债权融资与权益融资、内部融资与外部融资、直接融资与间接融资，每种类型各有利弊；每种融资类型都存在若干不同的渠道和方式。创业者选择融资渠道应该重点权衡以下因素。

（一）企业发展的阶段性与获得资金的可能性

新创企业采用何种方式融资，与企业发展阶段有关。在不同的发展阶段，企业面对不同的融资背景、融资环境和融资机会。

一般而言，产品从投入市场到最终退出市场要经历产品的种子期、创业期、成长期、成熟期和衰退期五个阶段。在产品生命周期的不同阶段，由于产品的市场占有率、销售额、利润率是不一样的，新创企业的融资需求也有所不同。新创企业的融资需求主要出现在前四个阶段①，融资难问题则突出表现在前三个阶段。

---

① 种子期（seed stage）是指创新项目处于创意、发明或仅有实验室初级产品阶段。创业期（或称导入期）（start-up stage）是指创投项目产品完成商品化（中试）并进入试销阶段。此时需要大量资金用于购买生产设备、产品后续研发和进行产品的市场试销，确定产品的市场可行性和开始构建营销网络。由于企业还没有经营业绩，很难获得商业信贷，这一阶段通常是创业投资的进入阶段，该阶段的创业投资称为创业资金。所承担的风险因项目创业期长短的不确定而加大，多为技术风险、市场风险和管理风险。提供创业资金的一般是风险投资者。成长期（或称扩张期）（expansion stage）是指创投项目（或企业）处于扩大生产、开拓市场，达到一定经营规模和市场占有率的阶段。这也是创业投资的主要阶段，资金需要量增加，市场风险和管理风险加大。成熟期（mature stage）是指企业进入大工业生产阶段。在这一阶段，企业已形成一定的现金流，技术成熟，市场稳定，具有足够的信贷能力。因此，创业投资在种子期一般投入较小，在创业期和成长期一般投入较多，而在成熟期只是部分投入。参见：风险投资的四个发展阶段．百度文库．

（1）处于种子期的新创企业，在研发方面需要持续投入，研究成果出现的时间和结果不确定，商业目的不明确，专利申请前成果还容易被外界共享，因而投资成功率最低；而且由于没有过去的经营记录和信用基础，几乎无法得到商业银行的贷款。这时，创业者的融资希望主要在于利用自有资金、人脉投资、获得政府基金资助，或得到创业孵化器、创业投资者的权益融资支持。

（2）进入创业期后，新创企业需要着手筹备各项生产设施、生产材料、后续研发和初期销售，现金流出仍然远大于现金流入。由于缺乏经营、信用记录，在缺乏担保的情况下，申请商业银行贷款也比较困难；非营利机构如政府基金在这一阶段往往不提供资金支持。这时，创业投资或设备租赁将成为新的选择。

（3）处于成长期的新创企业，其融资手段相对丰富。在企业生命周期早期关闭的融资来源在后期可能会敞开。这一阶段，企业的技术风险已基本消除，但市场风险和管理风险有所加大，资金需求相对前两个阶段有所增加，主要用于扩大生产、增加营销投入和开拓市场、研制二代产品、注入新的资本金等。这一阶段，企业可以利用供应商提供的商业信用（延迟付款）、前期未分配利润等筹集或利用资金，也可以利用商业合同、既有资产向银行申请贷款，现金流比较稳定的企业甚至有可能取得银行的信用贷款，因此，这一时期是举债筹资的良好时机。对处于成长阶段的企业而言，融资来源包括：核心管理层的投资、创始人贷款、家人和朋友、天使投资、资产贷款（如应收账款、库存或设备）、设备租赁、信用卡。

（4）进入成熟期的新创企业，已经具备一定的品牌效应，技术成熟，现金流比较稳定，资信能力有所提高，融资选择也更为丰富。除了采用成长期的各种融资手段，企业还可以考虑通过公开发行债券或股票的方式进行直接融资，以满足增长的资金需求。符合条件的企业可以争取在中小企业板或创业板上市。

表 7－6 列出了新创企业在各阶段可以采用的融资渠道。

表 7－6　新创企业的融资来源

融资渠道	产生	起步	早期增长	快速发展	退出
创业者	可选择	可选择	—	—	—
朋友和家庭	可选择	可选择	—	—	—
天使投资	可选择	可选择	可选择	可选择	—
战略合作者	可选择	可选择	可选择	可选择	—
创业投资	可选择	可选择	可选择	可选择	—
资产抵押贷款人	—	可选择	可选择	可选择	
设备租赁人	—	可选择	可选择	可选择	—
小企业投资公司	—	可选择	可选择	可选择	—
贸易信贷	—	—	可选择	可选择	—
客账经纪商	—	—	可选择	可选择	—
夹层贷款	—	—	—	可选择	可选择
公共债务	—	—	—	—	可选择
首次公开发行（IPO）	—	—	—	—	可选择
并购、杠杆收购、管理层收购	—	—	—	—	可选择

资料来源：理查德·史密斯，珍妮特·史密斯．创业金融：原书第 2 版．北京：机械工业出版社，2011：23.

（二）融资成本

融资成本是创业者为取得和使用资金而付出的代价，包括筹资费用和用资费用。筹资费用是筹措资金时发生的一次性支出，如贷款时向银行支付的贷款手续费、各种证明材料的制作费用；发行证券时的印刷费、发行费、律师费、公证费等。用资费用是因使用资金而产生的费用，是融资成本的主要内容，例如，债权融资中支付的利息，权益融资时向股东支付的股利等。融资成本是选择融资渠道的重要依据之一。

一般来说，在各种融资渠道中，融资成本从小到大依次是内部融资、债权融资、权益融资；而在债权融资中，短期融资的成本低于长期融资。其原因主要有如下几点：

（1）使用内部积累资金，可以避免对外筹资的各项手续费用，也不会伴随明显的用资费用。

（2）采用举债方式融资，企业定期支付的利息可在所得税前作为费用扣除，与权益筹资情况下支付股东红利相比具有避税利益。

（3）权益融资的成本实际就是股东投资的期望报酬；由于利润分配权利位于债权人之后，股东承担的风险大于债权人，因而会要求得到比债权人更多的投资回报，造成权益融资成本高于债权融资成本。

（4）当企业采用举债方式筹资时，债务期限越长，经营产生变数的可能越大，债权人收回本息的风险越大，要求的债务利率就越高。

对融资成本特别敏感的创业者，应按照成本由低到高的顺序安排融资，即优先使用自有资金或内部融资，然后考虑债权融资，最后才是权益融资。

（三）资金的稳定性

调查研究表明，虽然债权融资具有成本优势，但大多数新创企业在起步阶段倾向于吸纳权益资金，其中一个重要原因就是出于对资金稳定性的考虑。

创业项目要实现盈利，少则半年，多则三五载。在此期间，企业特别需要耐心的投资者予以支持。贷款（尤其是短期贷款）虽然可解燃眉之急，却具有法定的还款期限和还本付息义务，这会使新创企业面临现金压力，甚至在还款期“拆东墙、补西墙”，严重影响项目的正常开展。相比之下，创业者自有资金、内部积累资金或股东入股资金属于永久性资金，在使用上可以“高枕无忧”。因此，从资金的稳定性考虑，这几类融资渠道均优于债权融资。在某些情形下，企业相当长时间内难以盈利，或实现现金净流入，权益融资将是企业唯一的融资选择。

（四）企业控制权

股份制企业的一大特征是，普通股股东以其持有的股票份额享有企业重大事项的投票权；除非出现破产情形，否则债权人不参与企业经营管理。因此，在创业融资中采用债权融资还是采用权益融资，将会影响到企业控制权的配置。

当采用债权融资方式时，企业既有股权结构不会改变，由此融资不影响创业者对企业的控制权力；而当吸收新股东入股时，随着股票数量的增加，原有股东持股份额下降，控制权被稀释，创业者对企业经营方向的控制力将相应减弱。因此，如果希望对企业经营掌握绝对控制权，应优先考虑债权融资，慎重选择权益融资；如果必须采用权益融资，也要慎重选择合伙人，力求找到志同道合的合作者。

（五）非资金因素

货币是一种商品，有很多渠道可以得到。然而，除了货币，新创企业通常还需要管理和经营方面的帮助。

很多创业者对项目的技术特点和市场前景非常了解，然而在管理企业方面却力不从心。这时，寻找有经验的战略合作者或创业投资者则可以事半功倍。例如，创业投资者作为职业的股权投资者，与被投资企业风险共担、利益共享。出于自身利益，他们在为企业提供资金的同时，积极参与企业经营管理决策，规范公司治理；有的创业投资者深谙资本市场运作规律，能够对不同时期的融资方案适时提出合理化建议，这些都极大地弥补了创业者管理经验的不足。此外，也有一些权益投资者，能够利用自身的资源优势，为企业带来更广的人脉关系、技术诀窍等。这些权益融资的好处不是一般债权融资所能够替代的。创业者有必要根据自身的情况，对这些融资中的非资金因素予以考虑。

四、融资推介及谈判

★路标　创业者需做好融资推介及谈判的心理准备。

认真权衡融资渠道的利弊之后，创业者要积极寻找潜在的投资者进行项目信息沟通和融资谈判。创业计划是新创企业进行融资谈判的“敲门砖”，投资者尤其是创业投资者，只有看到创业计划，才会跟创业者谈判。因此，创业者需要针对创业投资者制订专门的创业计划，向创业投资者推销项目，说服创业投资者，让其充分了解企业各个方面的情况和市场前景。创业者应注意把创业投资者最感兴趣的内容醒目明了地写出，清晰地将创业构思以书面形式表现出来，让创业投资者看到一幅美好的创业蓝图，坚定其投资信心。可以说，创业计划的好坏决定着融资的成败。

在提交创业计划并和创业投资者正式讨论计划之前，创业者需做好四个方面的心理准备：一是准备应对一大堆考察投资项目潜在收益和风险的问题；二是准备应对创业投资者对管理的查验；三是准备放弃部分业务；四是准备做出妥协。

创业者要明白，自己的创业目标与创业投资者的目标不可能完全相同。因此，在正式谈判前，创业者要做的第一个也是最重要的决策是为了满足创业投资者的要求，自己能有多大的妥协空间。一般来说，由于创业投资者不愁找不到项目，寄希望于由创业投资者做出妥协是不太现实的。

另外，创业者还应该掌握必要的应对技巧。融资谈判通常需要通过若干次会议才能完成。创业者需要特别注意的是，在谈判中要尽可能让创业投资者认识、了解本企业的产品，始终把注意力放在创业计划上。

五、签署融资合约

★路标　签署融资合约应注意的七个方面。

融资谈判结束，还有一个重要环节便是签署融资合约。融资合约的种类很多，一般债权融资要签署借款协议，权益融资则需要签订投资合同。

以向商业银行申请贷款为例，经银行审批同意、双方协商达成一致意见，借款人将与作为债权人的商业银行签订贷款合同。创业者在签署该合同时，要特别注意以下条款。

（一）贷款的种类

贷款的种类决定了贷款的期限、利率和其他合同条款。因此，合同首先必须规定好贷款的种类。

（二）贷款用途

这一点要特别注意。商业银行可以据此监督借款方的资金使用方向。只有符合国家批准的信贷计划所规定的用途，并保证专款专用，银行和其他金融机构才能给予贷款。目前，我国贷款范围还限于生产、经营、基本建设、技术改造和社会服务等方面。至于弥补亏损、工资福利、垫支税款等支出，不能申请和发放贷款。借款人要清楚地了解这一点。

（三）贷款币种和金额

贷款合同的标的是作为特殊商品的货币，根据不同情况可以是人民币也可以是外币。因此，合同中必须约定贷款的币种。

贷款金额是指借款方申请、经银行核准的贷款数额。借款人可以按约一次性提取贷款，也可以分期分批地使用，但不得超额。实践中，某些银行可能还会附加补偿性余额规定，即要求贷款金额的一定比例必须留在借款人在该行开立的结算账户中，不得动用。这一规定相当于减少了借款人实际可以支配的金额，提高了贷款成本。

（四）贷款利率

贷款利率直接影响融资成本的高低。在我国，商业银行应当在中国人民银行规定的贷款利率范围内，确定每笔贷款的利率，并在贷款合同中标明。贷款利率范围是指中国人民银行在基准利率的基础上规定的浮动幅度，在这个幅度内，贷款人和借款人可以协商确定贷款利率。通常，银行对于优质客户会给予一定的利率优惠。因此，新创企业在签署合约前，应多与银行沟通，在允许范围内争取较低的贷款利率。

此外，在贷款存续期内，市场利率可能发生变化，借款人还应关注利率调整问题。根据中国人民银行的规定，贷款期限在 1 年以内（含 1 年）的，遇法定利率调整，不调整贷款利率，继续执行合同利率；贷款期限在 1 年以上的，遇法定利率调整，于下年 1 月 1 日开始，按相应利率档次执行新的利率。为避免产生纠纷，贷款合同一般还会约定，签订贷款合同后与银行发放贷款期间，如遇法定贷款利率调整，贷款账户开立时执行最新贷款利率。

（五）贷款期限

商业银行贷款有短期和中长期贷款之分。短期贷款一般不超过 1 年，中长期贷款为 1～5 年，甚至更长。无论是短期贷款还是中长期贷款，到期均需还本付息。

借款人在确定贷款期限时，既要考虑后续资金需求，也要考虑贷款成本。一方面，短期贷款到期后，如果资金紧张，会面临二次申贷问题；由于外部经济形势变化，能否申请到新的贷款还是未知数，因此，起步阶段的企业如果短期内无法实现现金回流，应尽量争取相对较长的贷款期限。另一方面，贷款期限的长短，又会影响贷款成本。目前，商业银行贷款利率根据期限长短划分为几个档次，如 6 个月（含）、6 个月至 1 年（含）、1～3 年（含）、3～5 年（含）、5 年以上。如果借款人使用资金的时间正好接近两个档次的分界线，从贷款成本考虑，不如就其低者。例如，申请13个月的贷款，不如申请12个月的贷款。

（六）还款方式

目前，商业银行贷款期限在1年（含1年）以内的，实行到期一次还本付息，利随本清。贷款期限在1年以上的，可选择等额本息、等额本金或累进还款等方法来归还贷款本息。

等额本息还款法，是在还款期内，每期偿还同等数额的贷款（包括本金和利息）。由于各期还款额固定，可以有计划地控制借款人的收入支出，便于借款人根据自己的情况确定还贷能力。

等额本金还款法，又称等本不等息还款法，是指借款人将贷款额平均分摊到整个还款期内每期归还，同时付清上一交易日至本次还款日间的贷款利息。在这种方式下偿还额逐期减少，其好处在于，利息支付随着本金的偿还得以减少，融资成本相对降低；但不利之处也很明显，就是借款人前期还款压力较大。

累进还款法，又称递增（减）累进还款法，就是将整个还款期按一定的时间段划分，每个时间段比上一时间段按照约定的比例或金额多（少）还一部分本息，从而使整个还款期内的支付额呈现递增或递减的趋势。递减累进还款法对借款人的影响与等额本金还款法相似。递增累进还款法，由于前期支付压力小，相当于给企业提供了一段还款的缓冲期，比较适合起步阶段的企业。

新创企业应当结合自身现金流特点和资金需求，在上述还款方法中慎重甄别和选择。

（七）提前还款与贷款延期

新创企业的经营与销售情况有一定的不确定性。有时，销售或现金流情况好于预期，企业希望提前还款，以减少利息负担；有时，现金流吃紧，企业可能在贷款到期日难以履行还款义务。因此，在签订合约时，还要注意相关的提前还款或贷款延期条件。

1. 提前还款

提前还款是指借款人具有一定偿还能力时，主动向贷款银行提出部分或全部提前偿还贷款的行为。提前还款应视同借款人违约（未按合同规定办理），银行可能收取违约金。

提前还款的前提条件一般如下：借款人以前贷款不拖欠，且以前欠息、当期利息及违约金已还清；若有拖欠本金、利息及违约金的情况，应先归还拖欠及当期利息。

贷款期限在1年以内（含1年）的，实行到期本息一次性清偿的还款方法。经贷款银行同意，借款人可以提前结清全部贷款，并根据原合同利率按实际使用期限结计利息，但不得提前部分还本。

贷款期限在1年以上的，在借款期内，借款人向银行提出提前还款书面申请后，经贷款银行同意，一般可提前部分还本或提前清偿全部贷款本息，提前清偿的部分在以后期限不再计息，此前已计收的贷款利息也不再调整。提前清偿全部贷款的，经贷款行同意，根据合同约定期限的利率和贷款余额按照实际占用天数计收利息。

2. 贷款延期

借款人因某种原因，需要延长贷款还款期限，一般需要提前20个工作日向贷款银行提交申请和相关证明。申请延长贷款期限应该满足以下条件：一是贷款期限尚未到期；二是延长期限前借款人必须先清偿其应付的贷款利息、本金及违约金。借款人申请延期的机会通常只限一次。

总之，融资合约一经签署，便对新创企业产生法定约束力。因此，新创企业应该在签署前仔细揣摩，签署后严格履约，以树立良好的信用形象，为后续融资打下基础。

本章小结

● 好的项目需要资金支持。新创企业的融资途径很多，较为常见的包括创业者、人脉融资、内部积累、商业银行、民间资本、融资租赁、政府扶持基金与优惠政策和中小企业互助基金等。

● 依据不同标准，创业融资又可分为债权融资与权益融资、内部融资与外部融资、直接融资与间接融资。

● 各种融资渠道皆有利弊，需要创业者根据自身情况慎重选择，尤其需要考虑资金获得的可能性、融资成本及对企业控制权的影响。

● 对于高科技领域的创业者，创业投资是一种独特的融资方式，兼有提供资金和管理经验的双重作用。创业者应当充分认识创业投资的特征和规律，把握创业投资者的偏好，争取在创业活动中得到创业投资支持。

● 新创企业的融资流程大致包括融资前的准备、测算资金需求量、融资渠道的权衡、融资推介及谈判、签署融资合约等过程。

思考题

1. 新创企业有哪些可选择的融资途径?
2. 如何为新创企业选择适合的融资渠道?
3. 商业银行常见的贷款担保方式有哪些?
4. 债权融资与权益融资对创业者各有哪些利弊?
5. 内部融资有哪些具体的操作方法?
6. 如何理解创业投资者的投资动机?
7. 寻求创业投资有哪些好处?
8. 什么是个人信用? 它在融资渠道中为什么很重要?
9. 简述新创企业的融资流程。
10. 如何估算项目的启动资金?
11. 如何使新创企业对潜在投资者更有吸引力?
12. 签署贷款合约需要注意哪些问题?

阅读材料

搜狐的融资之旅

1996 年，无论对于张朝阳还是后来的搜狐，抑或是今日的互联网，都是个不同寻常的开始。这一年，张朝阳正在焦急地等待着千辛万苦融到的第一笔创业投资——总计 22 万美元。尽管只有 17 万美元最终进入张朝阳的账户成为创业资金，但它开创了携带海外创业投资回国创业的先河。

知识积累

1981年，张朝阳考取了清华大学物理系。大学毕业前夕，他获得了“李政道奖学金”，得到去美国麻省理工学院（MIT）的留学资格。在美国的7年，他获得了物理学博士学位，并从事了两年的博士后研究。1994年，张朝阳在MIT的实验室里被当时的“互联网”的奇妙震撼。

张朝阳回忆说：“那时是一些校园内部网之间的互联，也不叫互联网，而叫‘信息高速公路’，可以通过unix代码和电子邮件进行网上交谈，虽然不像现在有图文界面，但即便如此简单的应用，网络的这种独特魅力也已经让我下定决心，不走寻常的道路，而是去创办网络公司，回国创业。”

他说：“那时我就觉得，当今时代有两大趋势：一个是信息高速公路时代的到来；另一个是中国作为全球大国的崛起。”

这两个趋势的英文被张朝阳写在了他的第一份创业计划——《中国在线》的封面上。但是，那时他并不知道自己创业能够做什么，而且他在中国几乎没有任何资源。

这个时期，张朝阳有机会多次往来于美国和中国，其间还在一家美国互联网公司ISI短暂工作过，这使他更加坚信自己的技术悟性和市场眼光。ISI从事一些基于互联网的封闭式服务，即收集一些信息，例如金融信息以及各种数据，并把它们在互联网上出售。张朝阳曾是这家公司的中国区首席代表，在加盟ISI之初，他已经与ISI有过“君子协定”——“只干一年，然后自己创业”。

1995年10月31日是张朝阳31岁的生日，他毅然登机回国，踏上创业之路，寄希望于生日能给自己带来良好的开端。

破冰之旅

1996年7月，张朝阳正式开始了他的融资之旅。

“那两三个月里，我经常往返于中国、美国之间。”张朝阳无比感慨地说，那个时候美国的创业投资者根本不相信远在中国的创业者。

为了给投资者打电话，他在美国大街上的公用电话亭排队，甚至尝到过被投资者赶出办公室的狼狈滋味。“他们把我耍得团团转。”他说。

经过持续努力，张朝阳见到了MIT媒体实验室主任、《数字化生存》的作者尼葛洛庞帝，这位风云人物在与张朝阳会谈之后，答应给他的爱特信公司进行天使投资。

“最终经过很长时间的接触，才确定了三个比较有兴趣的投资者。而我已经被折磨得差不多了。可能是因为当时我很年轻，气势很强，做事情也很专注，他们三个可能就是被我眼中流露出的对成功的欲望吸引，才给我机会。事实上，是在MIT教授的引荐下，我才得到了第一笔天使投资。”

1996年8月，ITC爱特信电子技术公司（北京）有限公司正式注册。10月13日，张朝阳终于在自己的账户上看到了15万美元（另外2万美元在1997年到账），这是爱特信公司获得的第一笔创业投资，投资者包括MIT的教授尼葛洛庞帝和斯隆管理学院的教授罗伯特。

拿到钱的张朝阳，终于可以开始做他想做的公司了，但是具体做什么样的业务、怎么做，成了摆在他面前的重大问题。张朝阳把北京的万泉庄园当做创业基地，吃在那里，住在那里，在那里招兵买马，在那里加班熬夜。那时，中国几乎没有什么互联网公司，只有瑞德在线、东方网景以及当时最大的服务商瀛海威。“瀛海威做的不是互联网，它建了很多服务器放在房间里，让人们通过拨号上网来访问这些服务器，”张朝阳说，“它当时使用的不是互联网上通用的通信规程，所以应该说是一个个信息孤岛。”

他用了两个月的时间进行探索：做技术提供者，还是做信息提供者？

防火墙软件是他想到的第一个项目，还与以色列的公司进行过接触。他也考虑过为本地企业做一些网页设计，但最终，他决定还是先做一个网站。

“当时网站的概念并不是特别清晰。”在张朝阳的印象中，1996 年最重要的事情就是年底花了 2 万元“攒”了一台服务器，并把这台服务器用于北京电信（现在是北京网通）刚刚建成的主干网——这是中国的第一台商业服务器托管，也是中国的第一个商业网站。

至于这个网站开通后做些什么，用张朝阳的话说，是“用了之后一年的时间来探索”。

生存第一

当时张朝阳的股东之一尼葛洛庞帝还投资了美国的另一家互联网网站“热连线”。正是热连线最初发明了网络广告的商业模式。

这也给张朝阳带来了很大启发，他去美国拜访了热连线。当时的热连线雇用了大量记者去采写新闻，他们写了大量高质量的短文，图片新颖，报道方式也与当时的报刊不同，特别符合数字化时代人们的阅读习惯，流量非常大。

但经过短暂的合作后，张朝阳发现，这种运作模式的成本非常高，“简直是劳民伤财”。在张朝阳看来，这样的成本支出，根本不是爱特信这样的新兴公司所能承受的。

张朝阳开始思索，是自己在网站上做内容，还是建立一些链接，让访问者能够借此看到更多信息。

此时的中国互联网界，如东方网景、瑞德在线等一些小网站已经有了一些服务性的介绍，张朝阳尝试着将这些内容用超链接的方式列在自己网站的一个栏目里，居然收到了意想不到的效果。

“很多人都去看，这样我就不用做内容了，直接罗列。”张朝阳很兴奋，这充分发挥了互联网的本质——超链接，“事实上，互联网之所以能够迅速膨胀，就是靠超链接”。

这个尝试只是个开始，它让张朝阳尝到了不用做内容的甜头。很快，爱特信网站就开始彻底放弃做内容，整体转向超链接。此时，张朝阳的公司已经发展到 12 个人，每天在首页上什么新闻都要开编辑会来决定。

这些超链接在当时的爱特信也有个自己的名字——“赛博空间”，后来改为“指南针”，链接的流量越来越大，链接上开始有了各种内容，包括新华社的新闻，张朝阳开始为这个至关重要的链接栏目重新规划名字。

“那个时候上爱特信的网民，直接看到的就是超链接这个频道。”张朝阳说，他们接着又找到了“sohoo. cn. net”这个域名，那个时候还没有“. com”域名。

与此同时，杨致远的雅虎开始火爆美国，张朝阳又开始借鉴雅虎的分类加导航模式，爱特信的名字终于从曾经用过的“搜乎”辗转变为后来的“搜狐”。

从服务器托管到建立网站，张朝阳一路走来摸索前行，从偏离热连线原创模式到确立超链接、导航模式，爱特信的尝试几经周折。但这些对于张朝阳来讲都不算是创业的最难时刻，真正让他刻骨铭心的，是他的第二轮融资。这次融资让他终于感受到了资本的力量和融资对于一个企业发展的深刻影响。

华尔街的“拷问”

如果说第一次融资的股东多少是基于对张朝阳个人的信任以及私交的话，那么第二次融资则再也没有这样的情感因素帮忙。对张朝阳来讲，这次融资的过程几经起伏，经历铭心刻骨。

“第二次融资比第一次更为艰苦，花费了大量时间，而且公司内部没有人能帮我，没有人知道我在干什么。”张朝阳回忆说，1996年拿到的第一笔投资，到了1997年9月已经消耗大半，张朝阳又开始了长达半年的融资之旅。

那时，互联网还没有成为一个特别吸引人的概念。在美国只有网景公司上市，雅虎尚未上市，投资者更不相信一个中国的网络公司能够取得成功。

在张朝阳的印象中，当时的美国人对中国十分陌生，几乎没有投资者愿意听他的计划。事实上，那时能够找到一个愿意接见这个中国创业者的投资者都很困难。

在罗伯特和尼葛洛庞帝的引荐下，张朝阳自费去美国加利福尼亚州见那些亿万富翁。

他先在加利福尼亚州的一个小旅馆住下，租了辆车，然后用两天时间不停地打电话与这几位可能改变他公司命运的人约定见面时间。

1997年9月11日让张朝阳终生难忘，他至今为自己在这一天表现出来的能力而骄傲——在这一天中他马不停蹄地见了四个创业投资者，有两个答应给他投资。

按照事先约好的时间，他应该在早上9点先去见英特尔投资公司的人，接着是12点与世纪投资的负责人会谈，下午3点是软银，下午5点则是后来给王志东投资的亿万富翁罗宾逊·斯蒂文。前三位投资者都在硅谷附近，最后一位则在旧金山。

为了充分利用分分秒秒，头一天晚上张朝阳已经利用雅虎地图把路线搞清，准备第二天开车去会见这四位亿万富翁。

“谁知道第一个与英特尔的会面就被推后了半个小时，虽然这是一次非常成功的会面，但当会面结束时，已经12点了。我匆匆在麦当劳买了食物然后一边开车一边吃，赶往世纪投资。”张朝阳谈起这段往事十分兴奋，他甚至从办公室的柜子里翻出了1997年的工作本，指着上面的时间标志说，“根本没有时间休息，因为每个投资者都是重要的，每个都不能错过。”

当张朝阳拜访完前三位投资者的时候，时间已经晚了，再加上那天赶上旧金山的地铁罢工，所有的车都在地面上“爬行”，等距离罗宾逊·斯蒂文还有7个街区的时候，他将车丢在一个停车场后，就提着笔记本电脑飞奔着跑到了见面地点，他到的时候，罗宾逊·斯蒂文已经等了他将近一个半小时。

会谈的结果是，罗宾逊·斯蒂文当场表示要给张朝阳投资25万美元，尽管这笔钱事后并没有到账，但当时已经足以令张朝阳无比兴奋。

英特尔公司则没有那么迅速表态。他们对张朝阳进行了前后长达6个月的问题“审问”，平均每天6个问题。

“回国后我住在北京红庙附近的京港花园。有一天晚上，英特尔的投资者打长途过来说还有一个问题想问。我当时在发烧，但是，生怕投资者觉得我身体不好最后不再投资，所以不敢说自己在发烧，只能咬牙回答他的问题。”

坚持就是胜利

事实上，张朝阳从海外融资的行为在那个时代绝无仅有，他至今认为这给中国互联网行业起了启蒙作用。在融资的那段日子里，张朝阳几乎每天晚上都会在那间办公室兼卧室的桌子上、地板上，或坐或躺写他的创业计划。

张朝阳认为，他那份完备的创业计划在当时具有空前的前瞻性。例如，他预言了一个商业网站应该拥有资讯和导航，也形容了门户的特征是信息的集合者而不是制造者，甚至还描述了广告收入的曲线，以及页面点击率与广告之间成长关系的算法、收入模式等。

但是，在张朝阳写这份创业计划的时候，他还没有一笔网络广告收入，到了 1997 年 11 月，第一笔融资几乎花光了。那时，他甚至到了把最早的两名员工叫到自己的办公室，问他们那个月的工资迟一个月发可不可以的地步，因为他那时首先要考虑的是交房租。

柳暗花明又一村

北京电信想做一个像美国在线一样的 169 项目，需要找一家公司来设计门户和几十个网页。这个招标项目，让张朝阳看到了希望，却又犹豫不决，因为如果全力以赴去竞标，公司就势必要暂时放下已有几万元收入的网页制作业务，一旦失败，公司将失去唯一的收入来源。

这件事的重要性甚至被提交到董事会上讨论。由于第二轮融资尚未敲定，最终董事会为张朝阳提供了一笔 10 万美元的“乔治贷款”——如果竞标失败，可以让张朝阳用这笔钱先“度日”，把公司继续经营下去。而这笔贷款张朝阳日后要用利息和股权去偿还。

结果是，张朝阳击败了包括亚信、ChinaBike 在内的三家竞标者，拿到了这个项目。“这是搜狐险些‘断炊’的时刻。”张朝阳说，后来“乔治贷款”到位，使爱特信又撑到了 1998 年 2 月。

1998 年 4 月，搜狐公司获得第二笔创业投资，投资者包括英特尔、道琼斯、晨兴、IDG 等公司，共 220 多万美元。

在获得第二轮投资后，张朝阳明显感觉到了股东对收入要求的压力，他的工作重点开始转移到跑客户上，包括他最早的主顾——北京牛栏山酒厂的厂长，亦是最早请他设计制作网页的人。

“那个时候网页制作的收入大约有 10 万美元。”张朝阳回忆说，但在整个中国几乎没有人知道什么是网络广告，他只能在做网页的客户中试探着发展他的广告主。“您能不能试着投一个网络广告”是他经常对这些网页客户说的一句话，接下来他就必须向客户解释什么叫网络广告。

后来网络广告成了搜狐最主要的收入来源——到了 1998 年的时候，搜狐全年的广告收入已经达到 60 万美元。搜狐网站和它开发的诸多运营模式，开始成为后来者的样本。

今天，上网冲浪成了人们的生活方式之一，张朝阳成了创业者的偶像，所有人都开始相信互联网改变中国！

资料来源：搜狐系列·诞生：张朝阳的互联网 1996.（2010-08-22）.搜狐网.

【思考】

1. 张朝阳的身上体现出哪些创业素质？
2. 搜狐为什么能够获得创业投资？

UPIM

04

第 4 篇

管理创业（M）

路漫漫其修远兮，吾将上下而求索。

第8章

新创企业的管理精要

创业需要与现行管理方式不同的管理，但和现行的管理方式一样，创业也需要有系统、有组织、有目标的管理。创业的战略管理要求创业者能够将主要战略问题概念化，建立一个企业，使利益相关者的期望与资源能力和效率相匹配，并对复杂的环境及其变化做出各种反应。从战略角度观察企业的管理，一是制度管理，一是文化管理。然而现在及未来很长一段时间，企业的管理还是要分为不同的职能进行。

——彼得·德鲁克（Peter Drucker）

》问题导入

1. 新创企业的管理原则是什么？
2. 新创企业的管理要务是什么？
3. 新创企业如何做到健康成长？

第1节 新创企业的管理原则

新创企业的注册成立犹如婴儿出生，为了防止“企业婴儿”夭折，加强创业管理特别重要。但对充满激情的创业者而言，“创业”和“管理”这两个词所产生的联想是完全相反的，“创业者对于在企业成立伊始就采用传统管理实践非常抗拒，他们害怕这会引发官僚主义，或扼杀创造力。……试图运用常规管理方式，解决他们特有的问题，结果无所适从，驴唇不对马嘴。……用这些管理原则处理新创企业所面对的混乱和不确定性，却并不合适”①。实践证明，创业需要与现行管理方式不同的管理。新创企业一般会沿着初创期、成长期、成熟期和衰退期四个阶段的轨迹发展，企业通过转型实现从一个阶段向另一个阶段的跨越，一旦转型成功，企业就步入一个新的阶段；如若转型不成功，企业的发展就会遭遇挫折甚至失败，因此新创企业的生存和发展需要创业者拥有战略与战术方面的双重技巧和能力。本章将处于初创期和成长期的企业定位为新创企业。在这两个阶段，企业能否健康成长直接关系到企业未来的可持续发展能力，许多企业往往在这两个阶段遭遇“滑铁卢”而夭折。所以，管理好处于初创期和成长期的新创企业，是任何新创企业在发展进程中都必须面对的一个巨大挑战。

一、初创期企业的管理原则

★路标　生存第一、现金为王、分工协作、事必躬亲是初创期企业要遵循的四个管理原则。

初创期企业管理的首要目标是让“企业婴儿”在市场中生存下来，让消费者认识和接受企业的产品，尽快使新产品开始盈利并进入良性循环。初创期企业要遵循四个原则。

（一）“生存第一”原则

创业之初，企业如果不能完成把产品卖给顾客的“惊险一跳”，那么企业就很难收回成本赚取利润。因此，初创期的企业，首要任务就是把自己的产品卖出去，掘到第一桶金，从而在市场上找到立足点，使自己生存下来。这一阶段，新创企业要满足顾客的需求，因为企业正是为了满足需求才产生的。“告诉我你能推销出去多少现有的产品”是这一时期的管理要务。生存摆在第一位，一切围绕生存来运作，一切危及企业生存的做法都应避免。

“生存第一”原则要求创业者把满足顾客的需求放在第一位，“顾客是上帝”，是企业生存和发展的“衣食父母”；只有不断满足顾客的需求，才能赢得顾客回头率②。因而，在

① 莱斯．精益创业：新创企业的成长思维．北京：中信出版社，2012：3.

② 顾客回头率是指企业的顾客再购买的次数，反映了企业对顾客的保持能力以及顾客对企业的忠实程度。提高顾客回头率是赢得市场的关键。留住顾客的方法有：(1) 记住顾客的姓名、外貌及偏好，处处为顾客着想，与顾客沟通时，要多聊对方喜欢的东西和快乐的话题。(2) 建立顾客档案，为顾客提供个性化的暖心服务。(3) 采用赠积分卡、贵宾卡、会员卡等优惠服务措施，吸引和留住顾客。(4) 不断地为顾客提供产品上市及优惠等信息。(5) 在顾客休息室提供阅读、音乐、视频、茶水等一体化服务。参见 MBA 智库百科。

这一阶段，包括总经理在内的大多数人都要行动起来，去搞销售。因为“这一生命阶段的企业就像婴儿一样，常常哭闹着要吃奶（经营资金），要是没奶，它极易得病，受到伤害”①。所有的人都必须去推销产品，赚钱买回“奶粉”，这是新创企业实现销售—赚得利润—生存下来的首要举措。把盈利作为公司管理绩效的唯一考核指标，是因为只有开始持续地盈利，才能证明新创企业找到了生存的招数，探索到了新的成功的商业模式，这是新创企业管理的本质所在。这一阶段，最忌讳提出不切实际的扩张目标，盲目铺摊子、上规模，结果是现金流枯竭。初创期企业亏损与盈利交替，直到最终持续稳定地盈利，才算是度过了创业的婴儿期。

（二）“现金为王”原则

现金对企业的重要性，就像血液之于人一样。企业可以承受一时的亏损，但不能忍受片刻的现金断流。企业成长需要现金，现金不仅能促进当前的成长，还能为未来的成长做准备。通过增加现金流，企业在成长过程中能更好地避免现金危机，并且避免遭遇难以对付的债权人或投资者的支配。新创企业甚至应该为未来的成长自筹资金，以减少对风险资本的依靠。货币就像人的神经中枢，没有了它，其他器官功能就会失灵。一旦企业出现负现金流，将会发生偿债危机，可能导致破产。自由现金流的大小直接反映企业的赚钱能力，它是初创期和成长期企业管理的重点。

毫无疑问，让创业者最开心的事莫过于看到企业有正的现金流。基于创业管理的要求，创业者和企业部门经理一方面必须锱铢必较，像花自己的钱那样花企业的钱，千方百计增收节支、加速资金周转、控制发展节奏，另一方面可采用“早收账，迟付账”的方法来实现正现金流。如采用获得顾客的部分预付款、为提前支付的顾客提供折扣、出台严格的收账政策、出售或转让应收账款、与供应商协商优惠的付款条件等策略，来实现企业的正现金流。

（三）“分工协作”原则

新创企业尽管在初创期就建立了正式的组织结构，但并不是僵化地按部就班运行。典型状况是，既施行按部就班的分工模式，又有齐心协力做好当前最急、最紧、最重要事情的团结协作机制。这种状况看似“混乱”，实际是一种高度“有序”的状态。每个人都清楚组织的目标和自己应当如何为组织目标做贡献，没有人计较得失，没有人计较越权或越级，相互之间只有角色的划分，没有职位的区别，这就是团队精神。即使将来事业发展了，组织规范化了，这种精神仍然是企业文化的重要组成部分。这种在初创期形成的既分工又协作的管理模式，是创业者将来领导大企业高层管理班子的基础。

（四）“事必躬亲”原则

大凡经历过创业的人都有下列体验：直接向顾客推销产品，亲自参与商业谈判，到车间里追踪顾客急需的订单，在库房里装卸货物，催讨货款，策划新产品营销方案，制订薪酬计划，被人蒙骗，被顾客当面数落刁难，等等。这些都是创业路上会经常遇到的事。因此，初创期的创业者切忌做“甩手掌柜”，要有事必躬亲的精神，对企业经营过程中的每一个细节做到心中有数、了如指掌，只有这样才能使企业平安成长起来，越做越大。当

① 爱迪思．企业生命周期．北京：中国社会科学出版社，1997：29.

然，企业进入成熟期后，仍然事必躬亲，不能实现有效授权，反而会成为一种企业病态。

二、成长期企业的管理原则

★路标　专一经营、主动营销、有效授权、任人唯贤是成长期企业要遵循的四个管理原则。

企业不可能永远停留在嗷嗷待哺的婴儿期。“当现金收入和经营活动到达某种稳定程度时，企业就脱离婴儿期进入了下一个企业生命阶段。这时现金入不敷出和要求注入资金的需求已不再成为问题。”① 随着顾客回头率不断提高，企业的产、供、销问题已不再是时刻发生的危机。企业这时的情况，就如同婴儿的脾胃功能运转正常就不再因营养不良而弱不禁风了。这意味着，企业不仅存活下来，而且日渐壮大，创业者此时倍感自豪，甚至有欣喜若狂的感觉。进入这一阶段的新创企业，应遵循以下管理原则。

（一）“专一经营”原则

企业愈是成功，创业者就愈发感到踌躇满志，有时很容易觉得自己有先前之明，几乎无所不能。这时的新创企业就像蹒跚学步的孩童喜欢到处乱闯，对什么都感兴趣，什么都想试一试，最终因同时涉足太多的领域而陷入窘境。此时，创业者看到的似乎是到处都有“摇钱树”。事实上，通过好点子转换的商机往往并没有那么闪闪发光，一切都很平凡，只是你做得比别人好一点而已。因此，我们常会听到“艺多不养家，做事须一心一意”的告诫。这一时期创业管理的重点是：不要涉足不相干的业务，不要尝试多样化经营，不要把摊子铺得太大，鱼和熊掌不可兼得！企业应尽早确立优先发展顺序，集中企业之全力做好、做精、做强新事业。要明白，在资源有限的客观条件约束下，机会成本的法则决定了我们不能同时拥有“鱼”和“熊掌”。只有学会“舍”才有“得”，切忌走入“捡了芝麻丢西瓜”的境地。

（二）“主动营销”原则

市场是一个谈话的场所和信息交换的渠道，是买卖双方进行物品（产品或服务）分配交换的平台。数字技术的快速发展，使人们处理商务的方式发生巨大改变。消费者在数字技术的支持下可以自行决定什么时候以及怎样接收商家的产品信息。如何进行产品制造、产品沟通、价格制定以及产品应该去哪儿销售，不再由企业营销者说了算，消费者也有较大的话语权。企业营销是一系列驱动企业成长的商业准则，是在消费者体验过程中创造、传播、交付和提高价值的活动。②

进入成长期阶段的企业要想获得利润，就要想方设法提高销售量，但也要防止这种销售可能产生不正常的结果。成长期的企业总觉得销售的单位毛利润是固定的，容易产生“卖的越多利润就越多”的错觉。但随着不加控制地铺摊设点，到处建营销机构，企业会计成本就会不断攀升，最终可能导致企业的边际成本大于边际收益——销得越多，赔的就越多。原因是：为了使销量达到最大，企业加大分销渠道的折扣力度，提高销售人员的佣

---

① 爱迪思．企业生命周期．北京：中国社会科学出版社，1997：40.

② 科特勒，陈就学，塞蒂亚万．营销革命 5.0：以人为本的技术．北京：机械工业出版社，2022：3.

金，同时给顾客让利回扣，加之增长过快、变化太大，企业的会计成本失去监控作用，产品的实际销售价格低于生产成本，就会出现亏损的结果。这是成长期的企业经常遇到的现象。因此，这一阶段的销售原则是，应学会主动销售——决定以何种价格来销售产品，通过哪些渠道分销、怎样促销；控制好营销的边际成本和边际收益。

（三）"有效授权"原则

企业刚成立时，创业者一人承担了很多职务。但随着新创企业的成长，创业者开始从"自己做事"转变为"管理他人做事"，逐渐把更多的权责下放给他人。出现以下这些情况，就说明创业者需要授权了：

（1）工作千头万绪，需要做决策的事情越来越多，虽然尽职尽责地工作，但收效甚微。

（2）需要拍板决策的事情更专业、更复杂，创业者越来越感到心有余而力不足，担忧自己的决策失误。

（3）每个人都很努力工作，而且事事都做，但错过了很多关键的事情，出现越来越多的错误。

（4）一旦创业者没有亲自督阵，工作就毫无进展。

面对这些挑战，创业者可能回过头来做他以往做得最好的工作，而忽视了他自我感觉不佳或没能力处理的工作。员工可能不会意识到授权不足的问题，因为他们每件事都去问创业者，然后执行命令，这让他们感觉很舒服。因为他们不需要对创业者做出的决策结果承担任何责任。

有效授权是新创企业获得成功的重要因素。有效授权（effective delegation）是指在企业内由上向下分派任务，并让他们（职业经理或部门经理）对所要完成的任务产生义务感的过程。当所分派的任务是实施一项已经制定的决策，这种管理行为就是"授权"。这个过程包括三个步骤[①]：

（1）分配具体的职责。

（2）授予员工完成这些职责所需的权力。

（3）培养员工对所需采取的行动的责任感。

为什么授权对以增长为导向的企业很重要？因为新创企业要想持续发展并保持创新，创业者必须从繁杂的日常事务中解放出来，腾出时间来思考企业的未来战略，这就需要依靠企业的其他成员来分担完成企业的日常经营活动。况且，创业者100%的亲力亲为，不尽早放手让员工"干中学"，会助长员工"老板督在旁边才好好干"的惰性，削弱员工的责任感。当然，有效授权的前提，首先是雇用最好的员工——这是任何高效的企业团队的基础，其次必须要有一套相应的控制制度与之配合。

成长期的企业，各种管理制度在逐渐建立和完善，常常会掉进"创业者陷阱"——处于授权与集权的轮回之中。创业者试图通过授予权力与责任的分权方法来做到这一点，但往往事与愿违，明明是授权却变成了分权。这是因为所分派的特殊任务不是在企业制度框架内运作的，而是由部属自己来行使如何做和做什么的权力，显然就变成了分权。而创业

① 库拉特科，霍恩斯比．创新企业管理：创业者的路线图．北京：机械工业出版社，2009：221-222.

者在授权时要表达的真实意图是——“只准你们做我自己会做的那种决定”。部属们很难达到这一点，如果要做到这一点，只能通过试错领会创业者的意图。[①] 这一管理行为的最终结局是：创业者在授权与分权之间来回折腾，这一过程所产生的痛苦和折磨对企业发展有害无益。

经验告诫我们，企业制度不完善时，切忌分权，分权只会产生离心力，使创业者对企业失去控制力。因此，学会有效授权，是这一时期创业者必须学会的管理技能。

（四）“任人唯贤”原则

爱迪思认为：“创业者陷阱意味着当创业者离世时，企业很可能随之倒闭。创业者陷阱也可能演变为家族陷阱（family trap）。”[②] 因为创业者在授权与分权的不断博弈中，最终认为家族成员是可靠的和最能理解自己意图的，结果企业的管理权力大多落在亲属身上。如果出现这种情况，表明企业的经营权未能与所有权分离，不是选择有能之辈来管理企业，而是任人唯亲选择股份最多的自家人来管理企业。这种管理行为对企业而言，无异于一剂毒药。因此，处于这一阶段的企业，应坚持任人唯贤的人事原则，推行现代企业管理制度，聘请职业经理来管理企业，只有这样，创业者所领导的企业才能充满活力，才能健壮成长。

---

① 爱迪思．企业生命周期．北京：中国社会科学出版社，1997：49.

② 同①51.

第 2 节 新创企业的管理要务

新创企业的成长不是一帆风顺的。创业者必须应对企业在初创期和成长期所面临的不同问题，其领导风格和必备的技能也必须随发展阶段的不同而变化。因此，成长中企业的最大问题是，要把营销管理、人力资源管理和财务管理工作尽可能地抓好。

一、新创企业的营销管理

★路标 新创企业营销管理的理念与原则。

任何企业都要依靠营销而生存。新创企业要想存活下来，必须以营销为导向，营销是企业的利润源泉。正如彼得・德鲁克所言："商业企业的唯一目标是创造客户，它的两个重要管理职能是营销和创新。"知晓新创企业的营销理念与原则，有助于你掌握创业营销的核心要旨。

随着互联网经济的快速发展，世界已进入了互联互通互动的新时代。消费者需要买什么东西，不是先想到逛实体店，而是上天猫、京东、拼多多等网站去"询价"，他们不再是产品或服务的价格接受者，而是联合定价者。从企业价值链转变到顾客价值链的过程中，创业者不得不重新思考如何进行主动营销。因为营销已不再是过去的营销了，而是能够让企业的形象被潜在客户记住的艺术和科学。

（一）新创企业的营销理念

传统营销模式下的企业，通常定位于已明确界定的行业和熟悉的市场，为了更好地服务具有同质偏好的消费者，先是通过市场调研识别出这类顾客的明确需求，然后制定一套合适的营销组合策略，即常说的"4P"模式：合适的产品（product）、合适的价格（price）、合适的渠道（place）、合适的促销（promotion），以此与目标顾客群体建立持久联系。这种以满足个人和组织需求为目标的交换逻辑，视创业营销者为企业的代理人，将"4P"作为变量进行管理，力求吸引顾客并提高顾客忠诚度，而顾客则被看作企业间竞争、追求自身和利益相关者利益最大化过程中的目标对象。[①] 这种对理念、产品和服务进行设计、定价、促销及分销的营销组合，很难帮助创业营销者在充满变化（change）、复杂（complexity）、混乱（chaos）、矛盾（contradiction）、资源稀缺（diminishing resources）的经济全球化的当下，积极应对不确定性市场带来的巨大挑战。

如今中国已经进入了以满意度（content）为标志的互联互通互动的网络营销"C 时代"。"C 时代"是彼此相连（connected）、极具创造力（creative）、倡导积极合作（collaborative）并相互联系（contextual）的时代。传统营销的"4P"模式即将"功成身退"，包含联合创新（co-creation）、社区（community）、客户定制（customization）、选择

① 辛德胡特，莫瑞斯，皮特．创业营销：创造未来顾客．北京：机械工业出版社，2009：20.

(choice) 等“4C”内容的“营销戏曲”，正在广泛应用①，客户做了营销活动舞台中的“主角”，品牌成了“化妆师”，营销者成了跑龙套的人。

传统营销的线性逻辑不再奏效了。新的营销逻辑要求我们树立与时俱进的营销新思维。很多时候，“市场要求或者能够吸收的进步的速度可能不同于技术所能提供的进步速度。这意味着，今天看来似乎对我们的用户没有用的产品（即突破性技术），明天可能恰好满足他们的需要”②。也就是说，在一个不熟悉的市场或未经清晰界定的行业中，企业有时候看中的市场可能“犹抱琵琶半遮面”，选中的市场可能“千呼万唤始出来”。目标市场不明晰，传统的营销调研就有可能陷入“客户无需求”的窘境。然而，随着数字经济时代的到来，创业营销（entrepreneurial marketing）的新理念，极有可能成为创造顾客需求的力量。不断有证据表明，营销应涵盖更多跨职能、跨边界、跨学科的内容，并将重点放在战略联盟和网络关系上。要以长远眼光关注获取顾客和留住顾客、创造顾客资产，而不是集中精力于短期交易。③“营销既是一种组织职能，也是为了组织自身及利益相关者的利益而创造、传播、传递客户价值，管理客户关系的一系列过程。”④ 因此，21世纪的营销需要植入“互联网思维”，将线上和线下的营销有机结合，拓展营销人员的想象空间，努力培育“粉丝客户”，让客户自己进行抉择，而不要由产品驱动或营销者驱动。

创业者须记住，创业营销的目标是：为客户创造价值，成为客户的贴心服务者，而不是产品的生产商。

（二）新创企业的营销原则

创业是一个发现和识别商业机会，整合各种资源，以创造价值的过程。创业的本质是创新，是一种“思考、推理和行动的方法”⑤，是一个“涉及远见、改变和创新的动态过程”⑥。因此，创业营销者不应顾及现有资源限制，而是要“通过创新型的风险管理、资源利用和价值创造，主动识别、评价和利用机会，以获取和保留有价值的客户”⑦。创业营销者的出发点、导向、市场背景、营销角色、营销手段、顾客需求、风险视角、资源管理、产品研发以及顾客角色等方面存在较大的差异，导致创业营销与传统营销大相径庭，如表8-1所示。

表8-1 创业营销与传统营销的比较

	创业营销	传统营销
出发点	价值创造获得持续竞争优势	市场控制与交易简单可行
导 向	热忱、持久和创造力发挥主导作用	是一门客观、中性的科学

① 辛德胡特，莫瑞斯，皮特．创业营销：创造未来顾客．北京：机械工业出版社，2009：22.

② 克里斯滕森．创新者的窘境，南京：江苏人民出版社，2001：190。

③ 同①19.

④ 同①20.

⑤ 蒂蒙斯、斯皮内利．创业学：第6版．北京：人民邮电出版社，2005：23.

⑥ 库克特克、霍杰茨．创业学：理论、流程与实践．北京：清华大学出版社，2006：29.

⑦ 同①24.

续表

	创业营销	传统营销
市场背景	设想中的、新兴的、经过细分的市场，带有高度不确定性	相对稳定的确定市场
营销角色	内外部变化的媒介；新品类[①]的创立者	营销组合的协调者；品牌的建造者；通过低程度的创新被动适应市场
营销手段	积极主动地通过动态创新创造顾客需求	通过调研识别并清楚地说明顾客需求；最小化营销活动风险
顾客需求	领先用户发现、识别顾客需求	有效利用现有物质资源和匮乏的智力资源
风险视角	风险评估，强调减少、利用或分散风险	最小化营销活动的风险
资源管理	创造性地使用他人的资源；以较少的投入获取较多的产出；活动不受当前资源限制	有效利用现有的物质资源和匮乏的智力资源
产品研发	营销是创新的主体；顾客是共同创造者	研发部门和其他技术部门支持新产品开发
顾客角色	企业营销决策过程的积极参与者，共同议定产品、价格、分销和传播策略	提供知识和反馈的外在资源

资料来源：辛德胡特，莫瑞斯，皮特．创业营销：创造未来顾客．北京：机械工业出版社，2009：25. 有改动。

以上这种划分并非一个简单的“传统/创业”二分法就可以涵盖的。创业者白手起家，具有不受眼前资源限制追逐机会的精神，其“生存第一”的压力，使营销活动具有创新性、冒险性和前瞻性，不同于传统营销的被动响应、风险规避和控制导向。因而创业营销蕴含着高频率的创新和资源利用，勇于承担风险，善于捕捉商业机会，投入已有的技能知识，匹配相关资源，在可供选择的营销手段下，创造一个新兴产品与服务市场，并为个人和社会创造价值和财富。因此，创业营销应遵循七个基本原则[②]：

1. 敢为人先

“机不可失，时不再来”的创业商机特征，决定了创业活动必须抢抓机遇、跨越发展、超前行动。因为商机之窗的开启时间是有限的，创业者一旦有了创业机会，就要在比较短的时间里快速反应，先发制人，主动出击，不要“等到黄花菜都凉了”，再付诸行动，应在“敢为人先”[③] 的经营哲学指导下，边摸索边改进，成功实现创业的“弯道超车”。

2. 捕捉机会

创业活动最显著的特点是创业者发现了有价值的商机。识别机会是一种能力，对机会的认知、挖掘和利用是创新的基本要求，也是创业营销的核心元素。机会代表了未被注意的却可带来持续潜在利润的市场。这类市场通常是不完善的，如何认识和利用它，常常困扰着创业营销者。机会因人因环境而变化，好的机会的出现是有条件的，它们往往隐身于各种问题之间，包括时机、环境变化和人文状况等。正如杰弗里·蒂蒙斯所言：“商机具

① 品类创新是市场营销中最根本的创新。事实证明，营销者花再大的力气都不如发现一个品类市场对企业发展有利，一个新品类市场的开拓，意味着一个领袖品牌诞生。参见 MBA 智库百科“品类营销”词条。

② 辛德胡特，莫瑞斯，皮特．创业营销：创造未来顾客．北京：机械工业出版社，2009：26.

③ 敢为人先是基于机会视角，有目标地采取行动，通过降低不确定性、减少企业的依赖性和脆弱性，来评估企业外部竞争环境，此时的营销组合被视作创造变化和适应变化的手段。

有吸引力强、持久、适时的特性，它根植于可以为客户或最终用户创造或增加价值的产品或服务中。”① 一个好的创意可作为努力创造机会的基本素材，只要结合好的时机，再加上一些其他因素，就有可能具有挣脱现有市场束缚的机会。因此，创业营销者把机会的识别和利用看作创新过程的特殊环节，通过不同角度的观察、改变基本假设、与伙伴/粉丝进行头脑风暴，就有可能提升抓住创新创业机会的能力。

3. 亲近客户

传统的营销是从识别顾客入手，以满足顾客需求、增加顾客价值为企业经营出发点，在经营过程中，特别关注顾客的消费能力、消费偏好以及消费行为，通过识别、建立、维持、促进同顾客的关系来实现关系营销。创业营销强调营销活动要与客户资产、内在关系和情感维度相联系，通过探索新的营销手段来赢得客户和维系客户关系，或应用现有关系开拓新市场。② 亲近客户③就是通过评估客户的终身价值和资产，指导企业为客户提供相应的个性化和私人化的服务。一方面要对客户的情况、客户的需求和偏好了如指掌，另一方面要在运营上有较大的灵活性，这两个方面的有机结合，使得企业能够对所有客户的需求作出快速响应，以便更好地为客户“量身定做”，确保客户对看到的、听到的、接触到的产品与服务感到特别舒服满意。

4. 持续创新

创新是一个企业生存和发展的灵魂，是创造顾客的先决条件，只有创造出产品，才能产生需求、需要和价值。创业营销者坚持不懈地创新，力求通过新的、更好的方式实现利润最大化目标。这意味着要整合资源，创造出一个新的或较好的产品、服务或计划，引入一种新的或较好的运作策略或方法，拓展一个新的市场或提供全新的服务，导入新的人力或物质资源，建立一个新的产业或组织结构，构建出新的契约条文。④ 创业营销者要时刻关注细分市场、定价、品牌管理、包装、客户沟通与关系管理、信用、物流及服务水平等方面的创新。一言以蔽之，“只有顾客导向的理念是不够的，仅仅有营销技巧也是不够的，在竞争激烈的市场环境中，通过持续的创新向顾客提供更优异的价值也是必不可少的”⑤。

5. 评估风险

创业路上没有平坦的大道，常常会面临技术、财务、产品、服务、市场、政策法规、宏观环境以及团队等方面的风险，只有不畏风险，在不确定性和模糊性中探寻的人，才有希望到达创业成功的顶点。创业与风险评估关系密切。传统营销主要通过“4P”组合战术来增加现有市场中产品的销售量，进而实现风险最小化。而优秀的创业营销者本身就是管

① 蒂蒙斯，斯皮内利．创业学：第6版．北京：人民邮电出版社，2005：50.

② 辛德胡特，莫瑞斯，皮特．创业营销：创造未来顾客．北京：机械工业出版社，2009：27.

③ 顾客与客户的内涵是有差别的。狭义的顾客是指与企业发生直接交易关系的现实购买者；广义的顾客是指现实的和潜在的产品和服务的购买者。而客户是指在相关产品类目中只购买本企业产品的组织和个人，是企业关系营销发展到较高阶段的产物。两者的具体区别是：顾客可以是没有名字的，是作为某个群体的一部分接受服务的，企业的任何人都可为其服务；而客户则不能没有名字，是以个人基础的，有专人为其提供VIP服务。客户是能为企业提供特殊价值而需要特殊对待和提供个性化服务的顾客，是顾客的一部分。参见：陈建勋，于姝．消费者、顾客与客户的区分及其营销意义．兰州学刊．2007（11）.

④ 迪斯，埃默森，伊科诺米．企业型非营利组织．北京：北京大学出版社，2008：141.

⑤ 同②95.

理风险的高手，他们能以正确的顺序与方式、运用合理的资源迅速识别并系统性地消除风险，减少创业路上的不确定性，将风险对企业的杀伤力降到最低，改善企业的运营环境，从而提高创业的成功率。

6. 整合资源

资源是开展任何活动的必备条件。资源利用就是以最少投入获得最多产出。创业营销者不受眼前资源的限制，他们整合资源的途径包括：将过去的资源延伸利用，挖掘被他人忽视的资源用途，利用他人或其他企业的资源获取自身利益（借鸡生蛋），将一种资源补充至其他资源中创造出更高的组合资源价值，以某种资源换取另一种资源，等等。[①] 创业营销者要想把握机会，不仅要具备创造性的资源整合能力，识别出尚未被最佳利用的资源，并懂得如何以非常规的方式使用资源，还须具备洞察力、经验和技能、领导才能、沟通能力、社会资本，尤其是“借鸡生蛋”的能力，这类例子在易货贸易、租赁、借款、出租、外包等创业营销活动中比比皆是。

7. 价值创造

价值创造是实现交易和建立关系的前提。传统的价值创造过程是公司在企业内部创造价值，然后在市场上与顾客进行价值交换。在传统的价值创造过程中，产品和服务的供给完全由企业来决定，企业推断顾客需要什么样的价值，顾客这一角色与价值创造几乎毫无关系。然而，创业营销则聚焦于创新型的价值创造，努力去发掘未经开发的客户价值，建立独一无二的资源组合，最终实现的价值是由企业与顾客联合创造的。与价值创造变化趋势相关联的是，传统的以企业或产品为中心的价值创造观，正在转变为以经验为中心的共同价值创造观，允许每个顾客与企业合作、分享经验、共同创造价值，实现高质量的交互融合。例如，自行付费结账的零售系统、产品开发流程的顾客参与，以及产品和服务中存在的顾客自创，其价值创造是共同完成的，而不是简单的顾客导向。[②]

（三）创业营销的定价策略

一直以来，新创企业者都想当然地对产品进行定价，认为价格仅仅是弥补成本并得到合理回报的手段，将定价问题游离于战略营销之外，夸大了成本定价法的作用。事实上，来自竞争者、顾客、社会、经济以及技术环境的压力，正在改变忌讳评判价格的行为。随着企业外部环境变得愈加不可预测、难以控制，创业者发现企业要想更好地生存与发展，必须采取创业型的定价战略，以使企业提供的产品能够清晰传递顾客价值和企业目标的相关信息。

虽说价格最终表现为一个数字，但管理者制定、贯彻与价格相关的决策方针以及他们的基本态度假设，决定了创业定价的市场导向。实质上，战略定价的关键就在于以系统的方式做出决策，以便反映企业整体的营销战略、竞争定位和目标市场。因此，创业营销的定价战略大多遵循“价格目标→价格战略→价格结构→价格水平→价格促销”的路径。

（1）价格目标是指企业努力实现顾客愿意为产品支付的价格。从企业目标来考虑，合理的价格不仅有助于形成一个可以接受或者较高的收益回报率，还有助于实现一些可衡量

① 辛德胡特，莫瑞斯，皮特．创业营销：创造未来顾客．北京：机械工业出版社，2009：28.

② 参见 MBA 智库百科“价值共同创造”词条。

的绩效指标：想要达到的利润水平、想要在市场中树立的形象、想要在新市场建立的消费群、想要构筑的潜在竞争者的进入壁垒、想要利用一种产品线带动其他产品线产品的销售。

（2）价格战略是企业拟定的创业型定价工作的主题和方向。企业根据市场情况的多样性发展多种营销战略。面对不同的市场，同一家企业可能会同时采取撇脂战略、渗透战略、平价战略、浮动战略和成本领先战略；或根据企业产品情况，成为价格的领导者，也可能沦为价格的追随者。

（3）价格结构是指企业制定价格组合所围绕的架构，是最能引发变革、发挥创业者创造力的决策领域。价格结构首先考虑每种产品的哪些方面与价格有关。如打印机生产厂商可以以非常低的价格出售其产品，然后在高利润的彩色墨盒、硒鼓等消耗品或附加产品上赚钱。除此之外，在产品需求的旺季或淡季，以及其销售量超过一定限度的时候制定不同的价格，也是一种结构化的定价选择。

俗语说，“到什么山头唱什么歌”。针对不同顾客和需求情况进行差异化定价，是价格结构需要考虑的第二个方面。其做法是根据细分市场或不同顾客群的需求价格弹性，来制定不同的价格。将价格与顾客的某些特征相连是一种可行的定价策略，如私人定制产品的价格通常高于常规产品的价格。

针对支付条件、支付时间和支付方式的不同进行差异化定价，是价格结构需要考虑的第三个方面。如常规折扣结构，包括现金或预付款折扣、累计或非累计的批量折扣、功能或贸易折扣（如物流或后勤服务、合作广告等）以及不同时间的付款计划和贸易津贴。总的来看，价格结构详细解释了价格是如何随产品或服务（如捆绑或非捆绑）、顾客群（如根据不同的细分市场制定不同的价格）、支付时间及手段（如方式）等方面的变化而变化的。

（4）价格水平是指为各种产品实际制定的价格（包括基数定价），以及在既定标准下确定的不同产品间的价格差距。例如，武汉某大型超市常常采用零头定价法，将某一商品价格定为4.99元而不是5元。

（5）价格促销是指在不同的情况下使用不同的价格促销方式，类似于打折、优惠券、抹零交易、买一赠一或回扣之类的特殊打折计划。这些促销策略快速、定位准确且成本相对低廉，能够灵活、主动地适应市场变化。例如，美团网提供各大商圈的优惠活动；凭学生证可在许多商家打折消费；一些商家的VIP客户享受七五折至八八折不等的优惠。

由此可见，战略性的价格管理方式包括以上诸多决策，其难点在于将这些决策系统地组织起来。几乎在所有行业中，企业的成功越来越依赖于以市场为导向的勇于承担风险、主动和灵活的定价能力。我们将具有这些特征的定价，称为机遇型或创业型定价。那些懂得创业型定价奥秘的人，为了实现企业盈利、获得并提高市场占有率的目标，常使企业产品定价具备以下五个关键特征。

（1）价值性。价格的高低取决于市场消费者追捧的程度。顾客最终愿意支付的价格就是他们对某项产品价值的市场估价。

（2）可变性。在消费多元化的今天，童叟无欺的价格已经难以为继了。任何顾客为获得一种已有产品的花费是可变的，或者说可以运用各种不同的价格策略进行定价管理。这些策略包括绝对支付额、支付构成、支付对象、支付时间、支付形式、支付条款以及全部或部分支付等方面的改变。

（3）多样性。企业常常利用价格的多样性来实现不同产品组合的捆绑销售。诸如价格捆绑（price bundling）的定价策略，在中国电信、中国移动、中国联通等公司广泛运用，即购买手机时附带话费和流量套餐。

（4）可见性。在数字经济时代，消费者通过淘宝网、京东网，可以更快、更多地搜索商品及其价格，可以出价和议价，估计出欲购买的大多数商品的价格。价格的可见性特征向消费者传递了产品的价值、形象、供需情况、独特性，以及此次交易的其他相关信息（如累计成交量、顾客评价信息）。

（5）虚拟性。电子商务的快速发展为实时定价提供了重要渠道。在大数据算法背景下，企业对交易有更多的控制权，价格被认为是最灵活、最容易、变化最迅速的战略武器。

小贴士

创业营销的定价策略

给新产品定价（new products pricing），对新创企业来说是个巨大的挑战。新产品定价合理与否，不仅关系到新产品能否顺利地进入市场、占领市场、取得较好的经济效益，而且关系到产品本身的命运和企业的前途。从经济学角度来看，价格是商品价值的货币表现形式，是围绕价值上下波动的。价格总是与利润的实现紧密联系在一起，即产品价格＝利润＋成本。从市场营销角度来看，价格是可以随时随地根据市场需求而变动的，定价时既要考虑竞争对手的价格，又要考虑市场营销战略等因素，还要根据总体的商业运行环境的变化作出灵活的反应。价格必须以消费者能否接受为出发点。价格是决定企业能否盈利的重要因素，但绝不是唯一的决定性因素。为了促进销售、获得并保持市场对产品的需求量，新产品定价既要考虑成本的补偿，又要考虑消费者对价格的接受能力，从而使定价具有买卖双方决策的特征。由此可见，新产品定价不仅是一门科学，还是一门艺术。

具体的定价方略不仅要考虑产品的需求情况以及竞争对手类似商品的价格，还要考虑营销战略、顾客对产品的感受价值以及总体经营环境等因素。由于顾客的需求和销售额会随着产品市场的发展而变化，因此，定价策略也要随产品生命周期进行调整。

企业最基本最普遍的定价策略如下：

（一）撇脂定价法

撇脂定价法（skimming pricing）是指在产品生命周期的最初阶段，把产品价格定得很高，以获取最大利润，有如从牛奶中撇取奶油。撇脂定价产品一般先从高收入群体和早期使用的消费者入手，这类消费者对新产品的价格不太敏感，求新、求奇的愿望很强烈。他们往往认为，新产品有新价值、新利益，贵一点是应该的。有时，高价反而会有助于增加产品的吸引力。所以，新产品上市之初，必须争取时间，趁竞争者尚未挤进市场，抢先用高价夺取高额利润。如服装时尚店通常在推出最新最热门的女款新服装时有高达 100% 的高额价格加成，之所以这样定价，是因为店主明白，爱美、时尚的女性为了抢鲜愿意付高价钱。当其他的服装店开始跟风出售类似款式的服装时，店主就把价格降到正常水平，因为顾客可以在其他地方便宜地买到这款服装时，他们就不会再付高价钱了。当然，随着这款服装的大量销售，产品的成本和新颖性也会随之降低，店主就更有能力（降价）与目标市场上现有的竞争者相抗衡。在某些情况下，为了保护品牌形象，撇脂定价法可以持续使用。因为一分价钱一分货，高价格等同于高质量。当顾客认为高价产品与低价产品之间存在巨大的差异时，用撇脂定价法不啻为一种非常好的提高利润的手段。

（二）渗透定价法

与撇脂定价法相反，渗透定价法（penetration pricing）是一种建立在低价基础上的新产品定价策略，即在新产品进入市场初期，把价格定得很低，借以打开产品销路，扩大市场占有率，谋求较长时期的市场领先地位。老产品也可采用这种定价策略来延长其生命周期。渗透定价法是一种颇具竞争力的薄利多销策略。采用渗透定价法的企业，在新产品入市初期，利润可能不高，甚至亏本，但通过排除竞争对手，开拓市场，可以在长时期内获得较高的利润，因为大批量销售会使边际成本下降、边际收益上升。如果企业排除了竞争对手，控制了一定的市场，就可以提高价格，增加利润。所以，渗透定价法又被称为“价格先低后高策略”。其价格通常既低于竞争者同类产品的价格，又低于消费者的预期价格，有助于新创企业树立价格合理的形象。成功实施渗透定价法需要满足以下四个条件：一是市场对该产品的需求量要足够大；二是消费者对价格高度敏感而不具有强烈的品牌偏好；三是大批量生产能带来显著的边际效益；四是低价策略能有效打击现有的及潜在的竞争者。例如，新创企业发现当某件商品的价格为 2.99 元时，一个月可以售出 1 000 件，但是当价格降到 2.49 元时一个月能售出 3 500 件；如果每件商品的成本是 2 元，那么高价出售时企业获得的总利润是 990 元，低价出售时企业获得的总利润是 1 715 元。

（三）平价定价法

平价定价法（parity pricing）是指新创企业的产品定价与竞争者类似产品的价格相等或相近。定价策略的选择可能会改变企业所面对的竞争环境。若企业采取高价格、高利润的撇脂定价法，可能会引来激烈的竞争；而低价格、低利润的渗透定价法，可以阻止新竞争者的进入或把它们逼出市场。

而平价定价法采取适中价格，基本上能够做到供求双方都比较满意，是介于撇脂定价法与渗透定价法之间的一种定价策略，主要适用于大量生产、大量销售、市场稳定的日用工业品和部分生产资料产品的定价。

（四）浮动价格策略

浮动价格策略（sliding price strategy）是指新创企业按照产品的需求价格弹性来调整价格，实行浮动价格，以此达到适应市场、扩大销售、增加利润的目的。浮动价格策略根据需求调整价格。浮动价格策略是一种先撇脂定价后渗透定价并逐渐降低价格的定价模式。在大多数情况下，新创企业先把价格定得很高，并获取超额利润。随着市场需求量逐渐变少，企业再降低价格，继续刺激需求，改用渗透定价的策略持续下去，直到公司停止生产此类产品，或者将价格固定在最低点。

（五）招徕定价法

招徕定价法（loss leader pricing），即以低于成本的价格出售产品，以便吸引招徕顾客，增加企业或门店的客流量，从而带动正常标价商品的总销量。这是一种有意将少数商品按低于市场平均价格的价格出售来招揽消费者的定价策略。如商品大减价、大拍卖、清仓处理等促销活动，通过对部分商品降价，从而带动其他商品的销售。如一些大型百货超市常将特定的商品以低价出售，作为宣传广告，来吸引消费者。运用这种方法开展促销活动所选的降价商品，最好是每一个家庭都适用的物品，且市场价为人们所熟知，才能达到增加顾客的效果。

（六）零头定价法

零头定价法（odd-even pricing），是指在商品定价时，制定与整数有一定差额的价格的定价方法。零头定价法基于一种心理效用，即顾客认为带零头的价格比整数价格低得多，认为这种商品的价格是商家经过认真的成本核算制定的，可信度较高。经济学家的调查表明：价格尾数的微小差别，往往会产生不同的效果。例如，消费者通常认为 198 元的商品比 200 元的商品便宜很多，而 202 元的商品似乎显得有点贵，实际上只差 2 元。很明显，198 元并不如顾客所感知的那样低，因而零头定价法也被称为“心理定价法”。标价 2.98 元的牙刷比价格 3.00 元的牙刷更有吸引力，但价格为 998 元的洗衣机比起价格为 1 000 元的洗衣机没有很大吸引力，因为相比之下，后者省下的 2 元钱微不足道。只有当零头定价法能带来心理收益时它才有效。零头定价法的目的是让产品价格更有吸引力，同时也不会放弃太多的利润。研究表明，消费者认为零头价比整数价低得多。“如果商家采用整数价，即使价格降低 0.3 个百分点，顾客购买的商品也会大大减少。”因此，零头定价法适用于具有竞争力的商品，而且与撇脂定价法相比，它更有可能与渗透定价法搭配使用。

（七）折扣定价法

一开始把价格定高一些以后再打折，肯定比定价低不断涨价要容易得多。折扣定价法（discount pricing）是指对价目表上的基本价格作出直接或间接的减价折让，以便争取顾客，增加销量。其中折扣形式主要有数量折扣、现金折扣、功能折扣、季节折扣。

数量折扣（quantity discount），指的是按购买数量的多少，分别给予不同的折扣，即购买数量越多，折扣力度越大，单价越低，其目的是鼓励顾客大量购买，或集中向本企业购买。现金折扣（cash discount），是对在规定的时间内提前付款或用现金付款者所给予的一种价格折扣，其目的是鼓励顾客尽早付款，加速资金周转，减少销售费用，降低财务风险。功能折扣（functional discount），是中间商在产品分销过程中所处的环节不同，其所承担的功能、责任和风险也不同，企业据此给予不同的折扣。季节折扣（seasonal discount），是指在一年内的特定时期（如元旦、国庆节、春节）对商品进行降价销售，通常在消费高峰期之前或之后进行打折活动。

总之，创业定价的奥秘在于发掘创造性的定价变量。随着时间的推移，这些创造性的定价变量有助于增加企业的利润，提高顾客价值。对创业管理者而言，创业营销的定价策略需要选择有效的议价方式，投入更多的时间和精力（每天、每周或每月）对不同的顾客进行差异化定价；需要通过提高顾客转移成本的方式来优化定价方案；需要寻找愿意支付比预期更高价格的顾客，以便实现收益最大化的定价目标；需要创业管理者考虑市场环境和价格形象，深入了解顾客，积极引导顾客的消费意愿，而非简单地迎合或将就顾客的需求。

资料来源：贺尊，贺嘉贝．创业管理学，北京：高等教育出版社，2020：193－198.

二、新创企业的人力资源管理

★路标 员工招聘与培训、薪酬管理是新创企业人力资源管理的重要工作。

创业者是“孤独者”，无法与他人合作共事吗？事实上，超过三分之二的新创企业是“由在一起密切工作的创业团队创建的”。新创企业的成功在很大程度上取决于它所获取的知识、技术、才能、能力、声誉和合作创业者的社会网络，以及最初的、早期的员工所带来的人力资源。①

企业的发展离不开人力资源的有效管理。企业的竞争归根结底是人才的竞争，招揽人才、开发人才是企业安身立命的法宝。研究表明，在企业初创期，创业者的问题主要涉及时间管理、目标设定、绩效衡量这些领域。随着企业进入成长期，合格的人才、再培训、激励成为创业者关注的焦点。②“如果你没有甄选到合适的员工、没有对员工实施必要的培训、没有对绩效进行评价，或者组织文化不支持这种做事方式，你注定会失败。”③新创企业在人事管理方面易犯的错误主要有：一是用人不当，让不合适的人员继续留在企业；二是薪酬设计不合理，无法吸引和留住生产能力强的人。因此，成长期企业的人力资源管理要着力做好员工招聘、员工培训、薪酬管理等工作。对大多数新创企业而言，单项最高的成本费用是员工薪酬及福利的开支。因此要有效降低企业运行成本，就需要知晓员工招聘与培训的适当方法，以实现新创企业的步步为营。④

（一）员工招聘

遴选高素质员工是企业人力资源管理的核心。招聘工作远不是登个广告，然后等待应聘者到人力资源办公室。有效的选人措施一般有五个步骤，包括⑤：

（1）进行工作分析与工作者分析；

（2）确定录取分数和可能接受的最低能力水平；

（3）招募应选者；

（4）实施选人技术；

（5）使选人程序有效化。

为一项工作招聘员工，要确定的第一件事是这个工作是什么样的。只有对工作进行认真分析，才能了解我们实际上希望员工做的是什么工作。一旦了解了做好某项工作的要求，就可以确定适合这一工作的员工需要具备的技巧、能力以及个性特点。所谓“人岗匹配”，就是要按照“岗得其人、人适其岗”的原则，根据不同工作者个体间不同的素质，将不同的人安排在各自最合适的岗位上，从而做到“人尽其才，物尽其用”。德鲁克曾说：“做得好的都是经过评估的事。”所谓评估，就是依据一定的原则和标准对选聘人才工作进行定性与定量的评价。通常根据职位的特征向应聘者实施不同的选人方法。目前最常用的

① 巴隆，谢恩．创业管理：基于过程的观点．北京：机械工业出版社，2005：86.

② 兰姆英，库尔．创业学：第4版．大连：东北财经大学出版社，2009：100.

③ 米尔科维奇，纽曼．薪酬管理：第9版．北京：中国人民大学出版社，2008：229－230.

④ 康沃尔．步步为营：白手起家之道．北京：机械工业出版社，2009：5.

⑤ 舒尔兹．心理学应用．南宁：广西人民出版社，1987：323.

选人方法主要有：职位申请表、个别会谈、推荐信、心理测试、结构化面试、模拟生产能力信号测试等。从企业招聘者的角度看，由于测试是针对“适合干什么或不宜干什么”的具体工作情况开展的，因而对应聘者在签约前进行工作能力摸底审查，可以减少招聘风险——把不合适的人选在招聘环节就淘汰出局，远比聘任后再辞退的成本和风险低得多。

特别是在招聘技术或业务的核心人员时，不仅要考察他的岗位技术能力，还要考察他的稳定性。主要做法是从过去的经历来判断其稳定性。比如，他是否经常换单位？他换单位的原因是什么？是因为个人发展，还是因为待遇？他是否结婚？是否打算长期在这个城市待下去？如果将这些问题都搞清楚了，对这个人能否在公司长期干下去基本就有了定论。

1. 招聘方式

在企业工作的每一个人都应该是正式聘任的员工吗？在一个场所工作的人们都应该和组织保持一致的用工关系吗？答案是：不一定。因为每一个企业都期望花最少的钱获得最大的收益，而崇尚自由、追求个性化生活方式的员工，也并非都期望在一个企业每天“朝九晚五”地工作。不论是企业还是员工都希望能够弹性地调控劳动时间。也就是说，企业可以在不同岗位采取不同的用工方式，员工也可以按照个人偏好灵活地选择工作时间与场所。

企业人力资本具有价值性和独特性。价值性是指相对于雇佣成本，企业人力资本通过其技能为企业带来更大的与顾客价值直接相关的利益。独特性是指员工独特的技能是企业所需要的专用资产，具有不可复制性和不可模仿性，其他企业很难直接移植。基于人力资本的不同特性，员工对企业所做的贡献是不尽相同的，针对以下四种拥有不同生产能力的员工，可以采取不同的招聘方式。[①]

（1）高价值高独特性的员工。这类员工拥有企业所需的核心技能，是产生企业竞争优势的核心员工。企业应在关键技能上对其长期投资。除此之外，考虑到这种类型的员工在需求层次上更多注重于自我实现的需求，企业在有效授权的基础上，应尽量使他们作出高水平的持续承诺，从而使其承诺转化为更高的绩效。对于这类员工，企业应加强内部培养，换句话说，企业应将他们录聘为企业的正式员工。

（2）高价值低独特性的员工。一方面，这类员工拥有能够为企业创造高价值的技能，但这类技能并不依附于某一个特定企业，属于通用型技能，很容易移植到其他企业。若市场上有其他企业提供更高的薪资水平，这类员工如汽车营销员、保险推销员等很容易跳槽为其他企业服务。另一方面，企业可以从人才市场上招聘这类员工。因此，对于这类员工，新创企业应尽量采取业务外包形式，不采取雇佣模式。这样做的好处是既能节约人工成本，又能降低成本。

（3）低价值高独特性的员工。这类员工是指那些从事基础研究，不直接从事产品的生产和服务活动的工程师、程序员和科研人员等群体。由于他们对企业贡献的直接价值比间接价值低，倘若完全依赖外部资源，则难以得到他们针对企业所提供的独特性技能，如果完全内部化则雇佣成本较高。因此，对于这类员工，最好采取项目合作方式，当项目完成

---

① 参见：贺尊，贺嘉贝．创业管理学．北京：高等教育出版社，2020：122－123.

后，用工即结束。

（4）低价值低独特性的员工。这类员工拥有的是最基本的公共知识类技能，而这些技能不需要专门的培训，只需花很低的费用就能学习到，这类员工在劳动力市场很容易招聘到。通常，企业可以采取劳务派遣的用工方式，这样既可以降低成本，又可根据企业生产需要灵活地增减派遣人数。

通过上述分析，我们不难发现，为了充分发挥人力资本的价值，对于组织内不同的人员可以采取不同的招聘方式，即企业用工形式应多元化。新创企业特别需要对那些高价值高独特性的员工进行内部培养，采用基本的劳动合同用工形式，使其成为创业团队中的核心人员；对于其他类型的员工，可以根据需要酌情聘用，这样可以节约企业的用工成本。

小贴士

新创企业的弹性用工体系

新创企业针对不同的员工采取不同的招聘方式，可以构建多元化的弹性用工体系。

以签订劳动合同的期限来分，有三种用工方式：

（1）固定期限用工，即用人单位与劳动者签订的劳动合同约定合同的终止时间。

（2）无固定期限用工，即用人单位与劳动者签订的劳动合同约定无确定的终止时间。

（3）项目任务用工，即用人单位与劳动者签订的劳动合同约定以某项目的完成时间为合同的终止时间。

以劳动者的聘用身份来分，有三种用工形式：

（1）固定用工，用工手续完备，签订劳动合同，享有全部工资、福利、社会保险等待遇。

（2）临时用工，用工手续常常不完备，工资福利待遇与固定用工相差很大，同工不同酬。

（3）非全日制用工，劳动者在用人单位从事非全日制工作，即在同一用人单位平均每日工作时间不超过5小时或者累计每周工作时间不超过30小时。工资按小时计发，一般不签劳动合同，没有社会保险。

以工作时间的灵活性来分，有三种用工形式：

（1）标准工时制用工，适用于工作时间固定，即每周工作5天，每天工作8小时，每周工作不超过40小时的人员，例如行政人员。

（2）非标准工时制用工，适用于因工作无法按标准工作时间衡量，需要机动作业或工作，执行弹性工作时间标准的人员，例如产品销售人员等。

（3）不定时工作制用工，适用于以周、月、季、年等为周期，综合计算工作时间，需要连续作业或工作的人员，例如铁路、航空、旅游等行业的人员。

另外，还有劳务派遣的用工方式，又称劳动派遣、劳动力租赁，由劳务派遣机构与派遣劳工订立劳动合同，由派遣劳工向用人企业给付劳务，劳动合同关系存在于劳务派遣机构与派遣劳工之间，但劳动力给付的事实则发生于派遣劳工与用人企业之间。

以上所述的所有员工雇佣形式中，除固定期限用工、固定用工、标准工时制用工以外，其他都可归为弹性用工形式。目前，普遍采用的弹性用工形式包括外包、兼职、不固定上下班时间等。

资料来源：贺尊，贺嘉贝：创业管理学，北京：高等教育出版社，2020：123－124.

2. 招聘类型

随着新创企业销售额的增长，创业者将需要增加更多的雇员，以满足市场对产品的需求以及企业成长的需要。增加雇员带来的好处是：能够使企业为更多的客户提供服务，生产更多的产品，提高销售收入或者延长营业时间，能够使创业者从“自己做事”华丽转变为“管理他人做事”。当雇员增加时，企业需要有足够的销售收入来支付雇员的工资，同时要对雇员的安全和健康负责，要为其缴纳“五险一金”① 等。因此，与雇用兼职员工相比，雇用全职员工会发生许多额外的费用，其增加的成本包括劳动报酬、培训时间、工资税费和管理成本，甚至有可能雇员创造的利润不足以弥补他们的薪酬。

在能够区别不同类型的新创企业的所有决策中，没有哪一种决策像雇用一个员工的决策那样重要或复杂。一方面，许多新创企业从来没有雇用过员工，即使想雇用也可能很难聘到好员工。另一方面，劳动力市场的信息不对称也阻碍了人才招聘。因为怀揣各式各样文凭的求职者“挤满”劳动力市场，对于谁有能力谁没能力，企业要鉴别清楚很不容易。而新创企业招聘劳动者的代价是昂贵的，须登广告、寻找、面谈、测试、聘用并培训每个雇员；若雇用一个平庸之辈，一旦解除合约就要按劳动合同法的相关规定支付给其一定的经济补偿金或赔偿金，不仅耽误工作，还须重新招聘。一项最新的研究显示，53.9%的小微企业认为，招募高技能员工“比较困难或很困难”；33.7%的小微企业认为，招募高技能员工的困难程度“一般”；只有11.6%的小微企业认为，“比较容易”招聘到高技能员工②。由此不难发现，人才难求是困扰新创企业成长与发展的一大顽疾，加之企业财力不雄厚，发展前景不确定，因而创业者不得不面对“千军易得一将难求”的挑战。

总之，权衡利弊，谨慎地利用每一个雇用新员工的时机，显得尤为重要。“尽管每个企业都有自己的节奏，但是不雇用雇员度过第一年通常是一种明智的做法，体会一下销售周期和衰退的趋势，观察一下收入和支出‘最正常的’状况。专家建议在雇用员工以前至少应储备可供使用一年的营业费用和固定费用资金，以便使你能够度过任何困难时期。”③ 也就是说，如果新创企业仅在旺季、季度、年度等某个特定的月份拥有足够的现金流，并不一定意味着它将有持久且可靠的现金流去雇用一个员工。因此，为了提高企业效率，可以通过员工延迟、雇员租赁或使用临时工、招用实习生、组建虚拟团队、外包非核心业务等战术，解决新创企业用人的燃眉之急。

（1）员工延迟。员工延迟是针对现有的员工要求他们不计个人得失去承担额外的工作。新创企业一旦运用员工延迟的方法，就可以推迟雇用新员工，直到企业的现金流能够支付增加员工的费用。员工延迟不仅要求现有的员工延长工作时间，还要求他们能够提高生产率以便在正常工作时间里完成更多的工作。如何有效地使用员工延迟的方法取决于员

---

① 五险一金，是指用人单位给予劳动者的几种保障性待遇的合称，包括养老保险、医疗保险、失业保险、工伤保险和生育保险，还有住房公积金。其中养老保险、医疗保险和失业保险，是由企业和个人共同缴纳的保费，工伤保险和生育保险完全是由企业承担的，个人不需要缴纳。如果员工能够得到失业保险和养老保险，他们就会有安全感；如果他们得到医疗保险，便会拥有健康的体魄。这样的话，他们的心情就会更加愉快，就会以更加饱满的热情为其雇主效力。

② 贺尊，肖强，余子鹏．小微企业的运行环境及其发展对策研究：以武汉为例，湖北经济学院学报（人文社会科学版），2012（11）.

③ 卡茨，格林：小企业创业管理，北京：北京大学出版社，2009：586.

工的支持及其爱岗敬业精神。高度的责任感是员工做到爱岗敬业的关键所在。有责任心的个人“有很强的成就意愿，这在很大程度上与外部报酬无关”①。因而“一个成功的组织需要做的就是雇用聪明的、有责任心的人，其他的成功就是顺理成章的了”②。在不违背《中华人民共和国劳动法》③《中华人民共和国劳动合同法》的前提下，创业者要就为什么需要员工进行延迟以及哪些工作需要员工延迟等问题，与员工开诚布公地进行沟通和交流。要让员工明白：任何决策都充满着不确定性，没有人能够对还未发生的事情进行事前计划和预测。在充满不确定性的市场上，连创业家自己都不清楚该做什么、不该做什么。“企业家精神之所以具有‘风险’，主要是因为在所谓的企业家中，只有少数几个人知道他们在做什么”④，因而很难事先“如实告知劳动者工作内容、工作条件、工作地点、职业危害、安全生产状况、劳动报酬，以及劳动者要求了解的其他情况”⑤。应当指出的是，只有在公司的工资、奖金及其他奖励的整体水平设定在可比公司群体的平均水平之上，才能招聘、吸引、留住和激励有高素质、较强责任心的人，才能使员工延迟的方法运用自如。如果员工很容易得到其他高薪就业机会，他们可能就不大愿意或者根本不可能长时间进行延迟工作。

（2）雇员租赁或使用临时工。雇员租赁是指由劳务派遣机构与派遣劳工订立劳动合同，要派企业（实际用工单位）向派遣员工给付劳务报酬的用人方式。这种外借人力资源的管理方式，可以减少新创企业的用工成本与风险。《中华人民共和国劳动合同法》第六十六条规定：“劳务派遣用工是补充形式，只能在临时性、辅助性或者替代性的工作岗位上实施。”与此同时，用工单位“应当严格控制劳务派遣用工数量，不得超过其用工总量的一定比例，具体比例由国务院劳动行政部门规定”。因此，在遵守法律法规的前提下，适时运用这一方法，有助于简化人事管理程序，减少劳动争议；有利于分担风险和责任，降低用工成本；有益于企业自主灵活用工，规范用工行为。

根据《中华人民共和国劳动合同法》的有关规定，雇员租赁或使用临时工的补充性岗位包括：

一是临时性的工作岗位。临时性的工作岗位是指企业非经常性发生的或季节性、短期性、时效性很强的用工需求，其工作岗位存续时间一般不超过 6 个月，否则就不能称作“临时”。一年当中某一时段，企业对人才的需求高于平常，如应付突然增加的订单而增加的工作岗位，会计部门年终结算、客服部门扩充业务需增加人手，业务部门加大力度宣传推销产品等需要适时补充人力，短期租赁可以为企业节省人力资源管理成本。

二是辅助性的工作岗位。辅助性的工作岗位是指为主营业务岗位提供服务的非主营业务岗位。例如，保安、保洁等非主营业务岗位可以进行雇员租赁或使用临时工。

三是替代性的工作岗位。替代性的工作岗位是指在企业的员工因脱产学习、休年假、生病、工伤、探亲等无法工作的一定时间内，企业利用劳务派遣由被派遣劳动者提供替代

---

① 格哈特，瑞纳什．薪酬管理：理论、证据与战略意义．上海：上海财经大学出版社，2005：151.

② 同①157.

③《中华人民共和国劳动法》第四十一条规定：用人单位由于生产经营需要，经与工会和劳动者协商后可以延长工作时间，一般每日不得超过一小时；因特殊原因需要延长工作时间的，在保障劳动者身体健康的条件下延长工作时间每日不得超过三小时，但是每月不得超过三十六小时。

④ 德鲁克．创新与企业家精神．北京：机械工业出版社，2009：25.

⑤《中华人民共和国劳动合同法》第八条的规定。

性劳务。这一做法可以避免因人力资源突然短缺影响企业的整体工作效能。

总之，这种雇员租赁或使用临时工的管理方式，既精简了组织机构、节约了人工成本，又降低了企业的用工风险，还能显著增加员工的择业安全感和工作满意度，从而提高企业人力资源管理的效率。

（3）招用实习生。招用实习生，意味着以相对低廉的成本得到训练有素的工人。大学生都希望在企业实习，以相对较少的工资换取某个特定企业的相关经验、实践知识、态度、行为和技巧，从而使其简历显得更有吸引力。很多高校为了提高毕业生就业率，增加了学生实践教育环节的学分。在某些情况下，如果可以通过这样的方式得到学分，学生可能很愿意工作。企业招用实习生，除了可以节省一些费用外，还可以获得认真干活的“员工”。

（4）组建虚拟团队。互联网的广泛应用使普遍运用虚拟团队成为可能。虚拟团队是一个由分散在不同时间、空间和组织边界的人员构成的虚拟运作的群体。他们通过电话、网络、传真或可视图文来沟通、协调，共同讨论、交换文档，可以分工完成一份事先拟定好的工作，当项目完成后该虚拟团队即解散。因此，除了按照团队成员对具体项目的贡献来支付报酬外，新创企业不需要对他们的工资或社保福利负责。[①] 组建虚拟团队，可以使新创企业大量利用外部人力资源条件，而减轻其内部人工成本的压力。在此基础上，新创企业可以精简机构，重新设计组织架构，使人员朝有利于企业发展的方向流动，促使组织结构扁平化。此外，团队柔性的工作模式，可以减少成员的办公费用、为聚集开会而支付的出行费用等，也减少了重新安置员工的费用，从而大大降低企业的运营成本。[②]

（5）外包非核心业务。如果新创建的企业没有做好雇用新员工的准备，但是又面对着不断增加的工作需求，那么外包（outsourcing）也许是一种比较好的解决手段。现在，无论大企业还是小公司，都在思考外包出去或多或少的业务。如波音是世界上最大的飞机制造公司之一，其零部件却大都由其他公司生产；现在的耐克是全球最大的运动鞋制造公司，自己却从未生产过一双鞋。外包就是把不属于企业核心竞争力的业务分包出去。通俗地说，是把企业自己做不了的、做不好的或他人做得更好更便宜的非核心业务，交由别的人或企业去完成。它是企业在充分发展自身核心竞争力的基础上，整合、利用外部最优秀的专业化资源，从而达到降低成本、提高生产效率、提高资金运用效率、提高企业对环境的迅速应变能力的一种管理模式。[③]

事实上，外包是一种以完成一定工作任务为期限的用工形式。诸如薪资代发、会计、制造、顾客服务、雇员培训以及计算机维护等业务，都可以选择外包形式。对于新创企业来说，资源是稀缺的，创业家应当让他们的资源物尽其用。“如果有一个人能比你更好和更快地做一些事情，而且这些并不是公司的核心业务，那么你应该认真地考虑外包这些工作。”[④] 采用外包的虚拟化合作方式，不仅可以帮助企业降低成本、提高效率，还可以推动企业不断顺应市场需求嬗变的态势，降低风险，从而形成企业高度弹性化运行的竞争优

① 康沃尔．步步为营：白手起家之道．北京：机械工业出版社，2009：61.

② 虚拟团队．百度百科．

③ 吕建中．外包：企业获得竞争优势的手段．北京工商大学学报（社会科学版），2002（6）：47－50.

④ 卡普兰，沃伦：创业学：第 2 版．中国人民大学出版社，2009：247.

势。“如果新企业的竞争优势来源于专业知识和运用这种知识为顾客产生价值的能力，那么不言而喻，企业的财富就是已经拥有的这些专才。”①

小贴士

有效运用员工延迟的技巧

1. 树立榜样

假如员工不愿意去做超出他们应该承担部分的工作，创业者就不应该要求员工进行延迟工作。许多创业者都有这样的体验：直接向顾客推销产品，亲自参与商业谈判，到车间里追踪顾客急需的订单，在库房里装卸货物，催讨货款，策划新产品营销方案，制订薪酬计划，等等。他们既是公司的会计员、推销员，又是公司的接待人员和管理人员。当员工看到创业带头人和创业团队成员能够成为一个身先士卒、以身作则的延迟榜样时，他们会比较容易接受延迟工作。身先足以率人，正己方能律人。创业带头人和创业团队成员争做延迟工作的榜样，能让员工从中看到企业的希望与方向，使员工充满信心和力量，从而激发斗志、凝心聚力，朝着企业目标共同前进。

2. 设定预期

心理学家发现，预期可以通过自我暗示或他人暗示形成自我激励或他人激励，对激发与调动潜在的能力起到一定的作用。在招聘新员工时，不仅要在劳动合同中注明“完成领导交办的其他工作”的条款，还要让每一位新员工明白：在公司里延迟工作有时是员工工作的一部分。一般而言，员工的工作满意度与未来预期之间存在正相关关系。也就是说，对目前工作越满意的员工，对未来的预期也越乐观；对未来的预期越乐观的人，对目前的工作也越满意。因此，设定延迟工作的预期，有助于提高员工的工作满意度，降低离职率。与此同时，应向员工解释清楚，新创企业的人力资源、财务资源、物质资源、技术资源、组织资源和市场资源与成熟企业相比，有天壤之别，员工延迟是确保财务状况稳健的最有效手段。处于成长阶段的包括创业者在内的每一个人“既是大厨师，又是洗碗工”，所有的关键性任务都应当尽力一肩挑。

3. 雇用薪价比高的员工

除了设定期望外，雇用那些能够完成各种各样任务的员工也是相当重要的。例如，雇用一个在生产管理、营销管理、财务管理等方面有工作经验的员工，比雇用一个只是在财务管理方面有经验的员工要好得多。对新创企业来说，尽量多招聘“万金油”式的复合型员工，即多雇用薪价比高达1.618的员工②，这样有利于使员工延迟方法变得更具可行性和操作性。

---

① 威克姆．战略创业学：理论、案例与中国实践．大连：东北财经大学，2014：367.

② 薪价比，是指劳动力的价值占其薪酬的比例，即薪价比＝劳动力的价值/劳动力的薪酬，假设：薪价比为 u，总价值为 v，薪酬为 w，则有：① $u=v/w=1/1.618=0.618$，即员工的薪价比为0.618，表明企业支付1.618单位的薪酬，员工却只能干出一个单位的价值，这类员工属于多拿钱、少干活的人，一般企业应尽量避免雇用此类员工。② $u=v/w=1/1=1$，即员工的薪价比为1，表明企业支付一个单位的薪酬，员工则创造一个单位的价值，绝不会延迟多做一点工作。③ $u=v/w=1/0.618=1.618$，即员工的薪价比为1.618，表明企业支付0.618单位的薪酬，员工却创造出一个单位的价值，这类员工属于多干活、少拿钱、生产率高的人，企业应尽量雇用这类员工。由此可见，要想使员工延迟变得行之有效，就应该招聘薪价比为1.618的员工，只有这样，才能使新创企业得到健康快速发展。

4. 合理分摊负担

新创企业尽管在初创期就建立了正式的组织结构，但并不是僵化地按部就班运行。典型状况是，既施行按部就班的分工模式，又有齐心协力做好当前最急、最重要的事情的团结协作机制。也就是说，合理分摊负担，让几个员工一起分摊额外的工作量或任务，使每个员工在延迟工作中只做一小部分贡献，从而使员工延迟对每个人的影响最小化。这种情况看似“混乱”，实际是一种高度“有序”的状态。因为每个人都清楚组织的目标和自己应当如何为组织目标做贡献，没有人计较得失，没有人计较越权或越级，相互之间只有角色的划分，没有职位的区别，这就是创业团队精神。即使将来事业发展了，组织规范化了，这种精神仍然是企业文化的重要组成部分。这种在创业初期培育出来的既分工又协作、合理分摊负担的管理模式，是创业者将来领导大企业管理团队的基础。

5. 把握新员工雇佣时机

让员工进行延迟工作始终是解决企业人手不够用的临时举措，应制订具体的招聘计划，使每个人都清楚在什么时候将有新员工被招募进来。雇用新员工的时机取决于企业的销售量、总收入目标或者现金流。大多数新创企业都有现金流约束，会发生各部门人员配置需求不能满足的情况。因此创业者必须判断工作的轻重缓急，合理安排工作的优先顺序，来确定增加哪些职位。

6. 信守承诺

信守承诺是创业者避免失败的基本要素之一。一个充满激情的创业者必须全力以赴，以确保能够信守承诺。如果创业者承诺当额外的现金流达到一定数量时，招募新员工，以减轻现有员工的工作负荷，他就应该遵守这个承诺。这不仅是合情合理的，也有利于员工在将来某个时刻再被要求延迟工作。如果一而再、再而三拖延雇用新员工，那么下次员工延迟这一招就会失灵。

7. 提供额外的补贴作为“礼物”

当新员工到位以后，可以为之前一直承担额外工作的员工提供一些休息时间或者其他一些有意义的补贴作为“礼物”，以感谢他们的同舟共济，激励他们为工作投入更多的精力。

资料来源：贺尊，贺嘉贝．创业管理学．北京：高等教育出版社，2020：126－128.

（二）员工培训

新创企业要在竞争中立于不败之地，制订提高员工劳动素质的培训计划也很重要。员工培训是提高企业人力资源管理绩效的关键举措。成长战略导向的新创企业需要不断评估当前劳动力的优缺点，并采取措施弥补缺点。

新员工的入职培训很重要。企业应该让新员工在组织中感到轻松自在。许多新员工在刚开始工作的前几天都感到茫然、紧张，不知从哪里入手。为了帮助他们消除这种感觉，企业主或经理应该带领他们参观公司，把他们介绍给即将共事的同事，并说明他们的工作如何与企业的整体任务相匹配。

初创期的企业最好由企业主亲自对新进员工进行岗位培训；规模稍大的企业可由企业各职能部门的领导负责实施岗前培训工作，如生产部经理负责一线新员工的培训，销售部经理负责新销售员的培训，办公室主任负责新文员的培训。培训方法很大程度上取决于工作的种类和所需的技术，但通常要用到以下五种培训方法①：

（1）以会代训。由企业的领导者来主持会议，通过会议对重要的想法进行有针对性的阐述，这是企业培训中高层管理人员常用的方法。新企业的创建者应该把团队培训纳入整个培训体系中来，有计划地对团队成员所需要的技能及团队协作、沟通能力进行培训。

（2）专题讲座。向受训者提供基本政策和程序性工作信息的培训。

（3）角色扮演。表演特定的场景，这尤其有助于培训销售人员如何推销、主管如何管理下属。角色扮演有助于员工从观察和实践中学习。

（4）自我培训。利用事先准备好的培训资料，员工结合自身情况进行自我学习，这种自我培训方式花费不多。

（5）在职培训。在职培训是小企业最常用的培训方法，主要用于具体的工作培训，例如展示如何操作机器。可以采取“请进来，送出去”的在职培训模式，也可以采取传、帮、带的方式来实施培训。

总之，随着新创企业的成长和发展，创业者需要进一步开发和改善有效人力资源管理的全部职能。高素质员工的福利、培训、薪酬，这些都是未来人力资源管理的关键问题。鼓舞员工士气、提高工作满意度、吸引和留住高素质的员工，是企业人力资源管理的永恒主题。

小贴士

如何创建高质量的创业团队

当今世界充斥着丰富的技术、大量的创业者和充裕的风险资本，而真正缺乏的是出色的团队。如何创建高质量的创业团队，是每个创业者面临的最大挑战。

企无人则止，人是企业中最活跃最根本的因素，离开人，企业就成了无源之水，无本之木。“仅依靠创业家一个人的资源和经验、单枪匹马创业的时代已经一去不复返了，至少对于处于起步阶段的技术类公司来说是这样的。”②在美国硅谷流传着一条不成文的规则，即由两个工商管理硕士和两个麻省理工学院的博士组成的创业团队，几乎就是获得商业计划的保证。虽然这有些夸大其词，却蕴含这样的事实：创业已非纯粹追求个人英雄主义的行为。由团队创建的新企业要比由个人创建的企业更具优势，其成功率也更高。因为团队不仅为新创企业带来管理能力和技术能力，还有助于减轻或缓解创业者所面临的孤独、紧张以及来自各方面的不确定性压力。新创企业是成长为一个具有较高发展潜力的企业，还是沦为创业者个人和亲戚朋友养家糊口的饭碗，区别就在于其是否拥有一支高质量的创业团队。离开了团队，最好的商业计划也只是纸上谈兵，最好的商机和创业资源难以有机整合起来。大量证据表明，由创业带头人、管理者团队、核心员工、董事会、其他专家、贷款者和投资者以及顾问群体组成的创业团队，对于新创企业的健康成长具有举足轻重的作用。创业者在组建创业团队时的第一规则是：“不要屈从于只和那些背景、教育、经历状况与你自己相似的人一起工作的诱惑。这样做将在许多方面显得容易和令人愉悦，但它不

---

① 库拉特科，霍恩斯比．创新企业管理：创业者的路线图．北京：机械工业出版社，2009：200.

② 艾伦．技术创业：科学家和工程师的创业指南．北京：机械工业出版社，2009：55.

能提供新企业所需的丰富的人力资源基础。”① 通常的做法是：在知识、技能和经验方面主要关注互补性，而在个人特征和动机方面考虑相似性。这样做，既可以获得新企业所需的广泛的人力资源，又可以营造出让创业团队能够齐心协力把愿景变为现实的工作环境。

尽管团队很重要，但具有领导才能的创业带头人，相对而言显得更重要。高质量的创业团队中都有一个起带头作用的创业带头人，他思维敏锐、富有远见卓识，能够预见到并制定出让企业发挥出巨大市场潜能的战略。在腾讯、百度等企业中，马化腾、李彦宏等人就是创业带头人，他们精心设计公司愿景，带领、激励、说服核心员工为企业目标而努力奋斗，最终取得成功。事实上，创业带头人向初始创业团队人员灌输公司的伟大使命、愿景，并激发他们渴望成功的热情，在企业成立之初就未雨绸缪，如一面旗帜引导企业迈向成功。由此可见，深谙团队建设和团队合作之道的创业带头人，大多握有一件秘密武器，即把团队理念和态度转化为团队的新思路，从而打造出高质量的创业团队。

虽然我们强调新创企业团队的重要性，但这并不意味着每个新创企业必须一开始就配备一支完整的团队，一起参加创办新企业的活动。

通常，新创企业因前景不够明朗、财力不够雄厚，难以立马组建一支完整的团队，而是随着企业不断壮大能够招募到更多人员而逐渐形成团队。新创企业团队的形成和发展并非一帆风顺，团队成员走到一起的故事也是各种各样，甚至充满传奇色彩。一些团队的成立往往是机缘巧合，或是因为是老乡、同学、闺蜜、校友，或是因为志趣相投，或是因为在一起共事多年。如占中国民营快递业半壁江山的“三通一达”（申通、圆通、中通、韵达）公司，它们均来自浙江省杭州市桐庐县，其创始人是一家人。在新创企业团队的演变过程中，有两种主要模式。一种是由创业带头人先把企业办起来，然后在 1～3 年时间里三四位合作者陆续加入组成团队，与此同时企业也逐渐发展成型；另一种情况则是在最初就以相同的思路、友谊和经验等因素为基础，组建起一支完整的团队。

（三）薪酬管理

人力资源管理系统最显眼和最有影响力的部分是奖励与薪酬计划。毕竟，员工每天上班的最终目的是获取薪酬，而每个人获取薪酬的方式也不尽相同。有些人偏好经济报酬，有些人偏好权力和地位，当然也不排除还有一些人是为了个人发展、职业生涯的进步、自我实现或者社会报酬（如社会价值、友谊、友情）而奋斗。② 很显然，员工获取薪酬的方式会影响他们的态度和行为（如工作质量、对顾客的态度、灵活处理事务和学习新技能的主动性，或者提出创新和改进性建议的积极性），而这种态度和行为最终会决定一个企业能否取得成功。

薪酬作为一项主要的费用，对企业运营成本的影响是显而易见的和较易测算的。但是，对于薪酬如何真正发挥吸引和留住人才、促进员工提高生产率等方面的作用，却不那么容易测算。因此，重新审视员工获取薪酬的方式及相应的结果，是创业家们必须谨慎对待的一项管理工作。

根据效率工资理论，雇主若能提供具有竞争力的高工资，就会吸引高素质的求职者，

① 巴隆，谢恩．创业管理：基于过程的观点．北京：机械工业出版社，2005：87.

② 库拉特科，莫里斯，科温．公司创新与创业．北京：机械工业出版社，2013：163.

降低员工的流失率，增加其努力程度，并使其减少偷懒行为，进而减少管理监督成本并提高企业运营效率。薪酬管理的实践研究表明，工资越高，怠工率越低。当高失业率使被解雇或惩戒的员工无法找到新的高薪工作时，怠工率也较低。从根本上讲，效率的提高是通过雇用更优秀的员工或激励员工更努力、更巧妙地工作实现的。可见，效率工资作为一种信号甄别工具，对劳动力的定价和配置起着十分重要的导向作用，能够筛选出不同效率的员工。

然而问题在于，如何吸引优秀员工加入公司？优秀员工一旦加入公司又如何留住他们？如何促使员工为当前和未来的职位主动地开发工作技能？如何促使员工将现在的工作做得更好？解决这些问题的关键在于找出薪酬组合中哪些要素可能会影响员工加入公司的决策，并设计出一套能够提高员工工作绩效的薪酬体系。

马斯洛需求层次理论认为，人都有诸如生理、安全、自尊及成就感的需求，这些需求会影响人的行为。如果企业提供的报酬满足了员工的一种或多种需求，员工就会按照企业所期望的方式做事。然而，薪酬体系的复杂性使得企业很难构建工资理论，并以一种易于理解但同时也是综合全面的方式来研究工资问题。对创办新企业的创业者而言，“真正重要的不是你支付多少薪酬，而是你如何支付薪酬”①。也就是说，工资并不是影响员工行为的唯一报酬形式。金钱仅充当满足这些需求的中介，是低阶的激励因素，因为“一项员工已经感到满意的因素将不再是激励因素”②。更何况，有责任心的员工有很强的成就意愿，在很大程度上不太看重外部报酬。倘若雇主过于重视货币化的外部报酬，将会削弱内在激励，降低员工对工作本身的兴趣，使员工异化为“金钱的奴隶”，在支付过多工资的同时，忽视了向员工提供让他们自己建立一种既令其更加满意又可降低成本的报酬组合的机会。事实上，除了货币，工作的非货币性报酬对员工的行为也将产生巨大影响。“工作相关性回报包括认可与社会地位、就业保障、富于挑战性的工作以及学习机会等。其他相关性回报可能还包括如下行为带来的满足感：成功地面对新的挑战、与高水平同事的合作、获得新的制服等。这些因素都是总体回报（其涵盖面比总体薪酬更宽泛）的一部分。”③ “诸如员工持股和利润分享等有吸引力的付出经常不如给予认可、补偿性休假和有效赋予员工在公司中追求自我实现的权力报酬那样更有冲击力。”④ 一言以蔽之，奖金和认可与发给员工的正式报酬或者补助同样重要。因此，新创企业不妨让员工自己从表8-2所示的13种报酬形式中，选取一些自己需要的报酬形式，这样可以使雇主实现少花钱就能够获得期望绩效的双重效益。⑤

表8-2　总体薪酬体系的构成要素

1. 薪酬	工资、佣金及奖金
2. 福利	休假、健康保险
3. 社会交往	友好的工作场所

① 米尔科维奇，纽曼．薪酬管理：第9版．北京：中国人民大学出版社，2008：41.
② 格哈特，瑞纳什．薪酬管理：理论、证据与战略意义．上海：上海财经大学出版社，2005：50-51.
③ 同①11.
④ 库拉特科，莫里斯，科温．公司创新与创业．北京：机械工业出版社，2013：165.
⑤ 米尔科维奇，纽曼．薪酬管理：第9版．北京：中国人民大学出版社，2008：236.

续表

4. 保障	稳定、一致的职位和报酬
5. 地位、认可	尊重，工作成就的卓越感
6. 工作多样性	经历不同事情的机会
7. 工作量	恰到好处的适量工作
8. 工作的重要性	工作是否受到社会的重视
9. 权力、控制、自主性	影响其他人的能力，控制自己的命运
10. 晋升	进步的机会
11. 反馈	获得有助于提高绩效的信息
12. 工作条件	无危险
13. 发展机会	用于学习新知识与技能的正式或非正式的培训

资料来源：米尔科维奇，纽曼．薪酬管理：第 9 版．北京：中国人民大学出版社，2008：236.

根据表 8-2 所示总体薪酬体系的构成要素，支付给员工的报酬组合形式有多种选择。新创企业不妨学习借鉴一些企业创造性支付报酬以激励员工的做法，并发掘适合本企业的相关薪酬制度，以满足员工的需求。例如，一个拥有赞美文化的公司，常常会根据敢为人先的创业精神，在任何时间、任何地方召集会议，为员工提供颁发勋章、证书、徽章，或者其他形式的认可。这种做法，对局外人来说似乎有些落于俗套或不可理解，但对公司员工来讲则意味深长，它是荣誉，是鼓励，更是鞭策，有利于形成有竞争力的企业文化。

小贴士

创造性支付员工报酬的方法

1. 为作出创业贡献的员工发放个性化的“创业者”夹克、衬衫和钱包。

2. 当公司接受一个员工的新点子时，领导会奖给他一定的公司股份。

3. 员工产生一个与工作有关的创新想法就会得到 500 元。

4. 公司租借一个露天大型运动场，邀请众多员工及其家属和朋友，当创业先锋者的姓名和成就出现在记分板上时，请他们在运动场上奔跑。

5. 公司设定一个目标，将那些超过目标的额外收入的 30%作为奖金，并根据每个员工的绩效等级发放奖金。

6. 为尝试新事物但失败了的员工发放小额奖金，而该季度最有价值的失败者可获得较大的奖励。

7. 有些公司制定积分制度，根据员工不同类型的创新贡献给予他们不同的积分。这些积分可以用来兑换电脑、商品、免费日托、学费报销以及其他类型的报酬。

8. 为创新建议提供小额奖金，然后根据创新建议的发展、评估、执行过程及其成本节约或创收情况，给予可兑换大额奖金的积分。

9. 为“月创新者”保留一个停车位。

10. 在项目初期为从事重大创新的团队成员发放零价值的股票，当项目取得重大突破时就会为这些股票增加预先确定的价值，而如果项目没能取得突破，那么股票价值就会减少。

11. 奖金取决于员工在一段时间内所参加的创新活动的总量，包括其产生的新思想、所申请的专利、所开发的原创模型等。

12. 公司因为创新建议而认可员工，然后在年终根据所有接受的建议为建议者发放一笔数目可观的经济奖励。

13. 公司有一个“频繁创新者”项目，就如同航空公司有飞行常客计划一样。

14. 为员工写“英雄传记”，包括他的背景、所倡导的创新等，故事中充满表扬和幽默。

15. 在员工的想法被实施的那一天，公司为员工发放礼券，然后由其他人带领员工从“珍宝箱”的诸多礼物中挑选自己中意的礼物。

16. 在使用员工想法的头两年，公司把该想法所实现的现金储蓄的15%支付给该员工。如果该想法转化为一个产品，那么公司就将产品第一年销售额的3%支付给员工。

17. 让在创新中取得高绩效的团队公费旅游一周。

18. 在管理会议上提出最有挑战性问题的员工，将获得公司的一张储蓄债券。

19. 表现出特殊主动性的员工，将获得组织颁发的500元的“现场奖”。

20. 有些公司有表扬和认可宣传板、极限绩效俱乐部、专项奖金，有的公司允许创新者出现在公司广告中。

资料来源：库拉特科，莫里斯，科温：公司创新与创业：北京：机械工业出版社，2013：165－166. 有改动。

总的来说，创业者要想有效地利用奖金来鼓励员工的创新行为，应遵循如下指导方针[①]：

（1）重视成功，也认可为失败的创新所付出的努力。错比空好，要把重心放在成败的积极层面上。

（2）用公开、公正、公平的方式给予员工认可和报酬。如果暗箱操作，认可和报酬的影响会大打折扣。

（3）用个性、真诚的方式提供认可，避免“华而不实”或太过的方式，以及太寒碜或太肤浅的方式。

（4）根据相关人员的独特需求来适当安排认可和报酬。为认可和报酬设置多个选项，以使管理层能够从大量的可能性中挑选合适的方式来认可员工的成就。

（5）奖励的时机很重要。对贡献的认可要贯穿一个项目的始终，而对贡献的报酬则要等到项目即将成功时才能发放。

（6）不要让员工感觉企业以家长的方式发放奖金，那样看起来过于随意和漫不经心。

（7）力争在成就与报酬之间建立一种清楚的、不含糊和传达顺畅的联系，使员工明确获得奖金的原因和确定奖金的标准。

（8）保持连续的认可和奖金发放，并在会议、新闻信件、年终会议和员工年度总结会中加以强化。

① 库拉特科，莫里斯，科温．公司创新与创业．北京：机械工业出版社，2013：166. 有改动。

（9）对认可进行认可，即对认可别人的员工加以认可，力求公司蒸蒸日上。

由于薪酬这个话题非常博大而又引人注目，其内容不是本书所能完全囊括的。本节阐述了设计薪酬体系的有关理念。设计薪酬体系是为了达到高效、公平和合法的薪酬目标。一个好的薪酬体系往往也能够折射出企业的形象和地位。如果新创企业的薪酬目标是提高客户的满意度，就要使用激励工资计划和绩效加薪计划对员工的绩效付酬。如果新创企业的薪酬目标是开发新产品和进行技术革新，就要通过工作设计、培训和团队建设来达到这一目标。与这个目标相适应的薪酬至少不低于竞争对手，并且随着员工技能的提高而增长。

总之，在设计薪酬体系的过程中，既要统筹提高企业绩效、改进质量、取悦客户和股东、控制用工成本的效率目标，又要兼顾公平性与合法性的目标。“员工通过把自己的薪酬与社会上其他相似工作的薪酬进行比较，来判断自己所获得的薪酬是否公平。因此，影响内部薪酬结构的一个重要因素就是‘相关员工（对薪酬结构）的认可程度’。员工通过进行多重的薪酬比较来判断自己薪酬的公平性。他们既与本组织内部其他工作的薪酬待遇比较，又与外部市场（即雇主的竞争对手）相似工作的薪酬待遇相比。”[①] 当然，在薪酬组合中提供给员工的可选择项目不应太多或太复杂。这是因为员工并不总是能够做出合适的选择。他们并不总是能够理解不同选择之间的替代性，而且过多的选择只会使他们一头雾水，甚至通过提供选择和满足员工偏好所增加的价值，可能会被由此带来的沟通成本和给员工造成的困惑抵消。因此，在设计薪酬体系时要避免“24坛果酱”[②] 困境的发生。薪酬反映了指导员工行为的组织价值观，所有与绩效考核相关的因素都应在薪酬合约中体现出来。不然，绩效考核就会流于形式。

一个设计良好的个人绩效工资要素组合，可以产生有效的奖励效应和分选效应。

什么样的工资可以吸引和留住员工，减少员工的怠工行为，且产生的收益足以超过或抵消高工资成本？这是创业家们在确定薪酬水平和薪酬组合政策时必须认真权衡的问题。

初创期的企业，若要减轻或防止员工离职对企业运转带来的不利影响，就应把关键岗位的工资定得高于市场平均工资。因为当另一家同等规模公司的同等岗位的待遇高于本公司待遇的20%时，员工有可能会向高待遇公司流动。所以，在制定公司的薪酬制度时，一定要参考本地区同行业其他公司的薪酬待遇，使本公司的薪酬等于或略高于行业的平均薪酬，这将有利于稳定公司的核心员工。同时，公司应为员工及时提供各项社会保障福利，如医疗保险、失业保险及养老保险等，使员工对公司产生忠诚感和信赖感。

事实上，较高的工资是企业雇用和留住高素质员工的一种有效手段。其好处是：既提高了雇员努力工作的主观能动性，使其体验到与众不同的荣誉感和责任感，又能使雇主“萃取”到高素质的劳动者。恰如马克斯·韦伯所言：“从纯商业的观点来看，凡是生产某种商品需要熟练劳动，需要运用很容易损坏的贵重机器，或者需要敏锐的注意力和首创力，低工资都是失败的。……因为在此场合不仅绝对不能缺少高度的责任感，而且一般来

① 米尔科维奇，纽曼．薪酬管理：第9版．北京：中国人民大学出版社，2008：59.

② 只允许消费者品尝少许几坛果酱的风味，可以增加果酱的销售量。但是，如果让消费者同时品尝24坛不同风味的果酱，就会减少果酱的销售量。消费者面对如此多的选择，只能匆匆走人。与此同理，向员工提供过多不同类型的薪酬选择将会导致困惑、错误和不满。参见：米尔科维奇，纽曼．薪酬管理：第9版．北京：中国人民大学出版社，2008：181.

说还必须有一种态度，至少在工作的时候有这样一种态度，即不去时时盘算如何以最舒适的方式和最少的劳动取得惯常得到的工资。”由此可见，最恰当的、最符合股东利益的薪酬设计原则是：将公司的工资、奖金及其他奖励的水平设定在公司可比群体的平均水平之上，这有利于公司继续吸引、留住和激励高水平的管理人才。基于绩效的薪酬战略就是一项提高忠诚度的经营战略，其意义在于：吸引员工、留住员工、承认和奖励员工、激励员工、服务员工。

由于薪酬设计不合理，新创企业常会出现“想留的人留不住，想招的人招不来”的情况，因此，确定员工的薪酬待遇，也是创业者必须谨慎对待的一项管理工作。效率工资理论告诉我们，工资与生产率之间是相互联系的。高工资可以增加求职者被解雇的机会成本，降低跳槽频率，从而引导员工努力工作。

三、新创企业的财务管理

★路标 对核心资产、融资资金、应收应付账款的管理以及财务管理制度的构建，是新创企业财务管理的重要内容。

新创企业在创业初期只有少量的资源，为了生存和价值增值，创业者须学会如何在企业内部配置稀缺资源并使其价值最大化的技巧。财务管理作为一种权衡现金、风险和价值的方式，有助于创业者正确地思考这些问题：如何管理企业的核心资产？如何筹集并管理企业生存必需的资金？如何管理好应收应付账款？如何构建财务管理制度？处于初创期和成长期的企业往往将管理的重点放在经营上，而忽视财务管理，导致创业失败。因此，新创企业财务管理的重要任务是：以财务制度管理为核心，以成本控制为重点，建立产、购、销、存一体化的内部财务信息系统，重视企业财务的安全管理，并持续地改进，使财务管理为企业创造效益，为企业的发展壮大奠定良好的基础。新创企业财务管理最重要的四个方面是：核心资产的管理、融资资金的管理、应收应付账款的管理、财务管理制度的构建。

（一）核心资产的管理

企业资产有多种不同的形态和特征。现金资产、存货资产、设备设施等都是企业的核心资产，必须加强管理。

一是加强资产单据的建账管理。单据不仅要完整还要严密。单据要一式几联，并明确各联的作用，尤其要注意单据的连续编号。要将每日的销售单据与收到的销售款项进行核对，做到职责分工明确。不相容职务必须分离，如会计管记账、出纳管现金，职责务必清晰。

二是定期核对账务。现金是企业中流动性最强的一项资产，容易被挤占、挪用。出纳人员要经常进行对账工作，包括每日结算出现金的日记账余额，并与库存现金核对相符，定期与会计人员核对账目等。要严格执行现金突击盘点及银行对账制度，及时发现和处理问题，定期盘存。存货也是企业的重要资产，占企业资产的比重往往很大。加强对存货的管理控制，要做好存货的入库、保管、出库等环节的记录，并要定期或不定期地盘存。至少每半年要盘点一次，做到账货相符。有条件的企业可以购买一套企业财务会计电算化管理软件，以方便创业者了解整个企业的现金流、应收应付账款及产、供、销的运转情况。

（二）融资资金的管理

处于初创期和成长期的企业，融资几乎成了其创业管理的核心财务问题。成长初期的新创企业由于无法获得足够的股权资本，银行的信用也难以取得，因此必须借助其他可能的债权融资渠道和方式（如财务公司、代理商和租赁公司、应收账款融资、动产抵押）。

新创企业在成长过程中易患上“融资饥渴症”。创业者沉迷于筹集到尽可能多的资金，其中易犯的错误是易忽视融资的风险管理。融资不仅有代价，而且蕴含着不同的风险。根据一些创业企业的融资经验和教训，创业融资管理应注意两个问题[①]：

一是融资成本。企业面对的融资渠道不同，融资成本也不一样。过高的融资成本对创业企业来讲是一个“大包袱”，会抵消新创企业的成长效应。因此，新创企业要学会在投资收益率和资金成本的权衡中做出最佳选择，寻求成本较低的融资组合。

二是要注意“焦油陷阱”，即避免过度负债而造成的短期高投资收益率假象。新创企业的过度杠杆（负债）融资比成熟企业的过度杠杆融资更危险，因为新创企业对市场因素的变化具有较高的敏感性。从根本上来说，负债融资形成的资本结构不具有容错性，投资收益率短期可能增加，但是市场因素一旦变化（如商机变化、市场识别失误等），债务危机将毫不留情地淘汰一个看似发展良好的高负债的创业企业。

（三）应收应付账款的管理

在企业规模较小时，创业者往往只关心销售额，不太关心货款及时回笼的管理问题。因此，防范应收账款管理过程中的各种风险，减少坏账损失，加快企业资金周转，提高企业资金的使用效率，显得十分重要。有时，放弃一笔订单显然要比获得一个收不回货款的生意机会好得多。商业赊销业务所产生的应收账款以及企业经营中发生的各类债权，主要有应收销售货款、预付购货款和其他应收款，严格监督每笔账款的回收和结算，是这一时期管理工作的重点。

要特别注意的是，各种经济业务发生的原始凭证（如销售单、出库单等）一定得保存完整，并及时转交会计记账（这是财务工作的基础，若没有完整的原始凭证就不能做出真实的会计报表）。账簿可以提供每笔业务发生情况的信息。通过账簿记录可以更详细地了解各类账户的发生额及余额等信息。

应付账款管理指的是将企业经营业务所应支付的账款处理制度化，以加强财务管理，维护企业信誉并掌控资金动向的科学管理手段。应付账款是一种会计科目，用以核算企业因购买材料、商品和接受劳务供应等经营活动应付给供应单位的款项；是最基础的商业信用，反映企业在经营活动中与交易对方发生的最基本的商业借贷关系。

企业的应付账款在交易对方账簿上登记为应收账款。卖方允许买方在购货后延迟一定时间支付货款，是基于增加销售收入的考虑，而对于买方而言，应付账款的形成实质是向卖方借用资金购进商品，可以缓解一定的短期资金压力（有短期融资的功能）。企业应当将应付账款的金额和期限控制在企业信用可以支撑的范围内，否则，拉长的偿债周期可能形成企业的信用风险，也传递出企业现金支付能力较弱的信号，不利于新创企业的健康

① 涂建明．创业企业财务的几个问题．特区财会，2002（9）．

发展。

（四）财务管理制度的构建

处于成长期的企业，规范有效的财务管理制度是确保企业健康发展的重要工具。下面的小贴士专栏中提供了某公司财务管理各岗位的职责及财务工作规则，新创企业可以以此为蓝本，结合实际，建立健全财务管理制度。要记住，制度是降低管理成本的有效工具。

新创企业的财务管理体系建设是一个逐步规范、逐步完善的过程。要求在明晰产权的基础上，明确董事会、财务经理、一般财务人员各自在财务战略制定和实施中的地位与职责，并形成内部牵制以及责、权、利相结合的激励性制度安排。另外，为防范企业财务风险，创业者在未找到可信任的出纳之前，最好亲自控制银行个人印鉴和银行发给企业的结算卡，这既有利于掌控现金流状况，又可以确保银行资金的收支安全。

创业者作为企业法定代表人，是企业财务工作的第一责任人。因此，创业者要自觉地学习财务管理的相关基础知识。只有懂规则、懂专业知识，才能有效进行财务管理和监督，避免因不懂规则而造成的不必要损失。

四、新创企业的风险管理

★路标 明晰新创企业风险管理的定义、目标、意义、内容和过程。

风险是指未来的不确定性对组织实现其既定目标的影响。随着经济技术的快速发展，风险管理的意识已渗透到许多企业，如企业增设了风险管理机构，专门配备风险管理经理、风险管理顾问，由他们负责企业的风险识别、风险测定和风险处理等工作。然而，几乎没有哪一家创业企业可以很好地管理企业各个层次的风险。构建一个完善的风险管理机制，以便对新创企业所有的预期情况进行风险的评估和处理，对所有潜在的重大风险进行预计并制定出相应的解决方案，显得十分重要。

（一）新创企业风险管理的定义

新创企业风险是指由于企业内外部环境的不确定性、生产经营活动的复杂性和企业能力的有限性，导致企业的实际收益达不到预期收益，甚至导致企业生产经营活动失败的可能性。新创企业风险分为外部风险和内部风险。企业外部风险包括顾客风险、竞争对手风险、政治环境风险、法律环境风险、经济环境风险等；企业内部风险包括产品风险、营销风险、财务风险、人事风险、组织与管理风险等。

新创企业风险管理（enterprise risk management，ERM），是对企业内可能产生的各种风险进行识别、衡量、分析、评价，并适时采取及时有效的方法进行防范和控制，用最经济合理的方法来综合处理风险，以实现最大安全保障的一种科学管理方法。[①] 进入21世纪，ERM已形成了特定的概念。它是由一个企业的董事会、管理者和其他人员实施，应用于战略制定并贯穿企业之中，旨在识别可能会影响企业的潜在事项，管理风险以使其在该企业的风险容量之内，并为企业目标的实现提供合理保证。这一概念包含了七个方面：（1）企业风险管理是一个过程，它持续地流动于主体之内；（2）由组织中各个层级的人员

① 企业风险管理．百度百科．

实施；（3）应用于战略制定；（4）贯穿企业，在各个层级和单元应用，还包括采取主体层级的风险组合观；（5）旨在识别一旦发生将会影响主体的潜在事项，并把风险控制在风险容量以内；（6）能够向一个主体的管理者和董事会提供合理保证；（7）力求实现一个或多个不同类型但相互交叉的目标。

（二）新创企业风险管理的目标与意义

新创企业风险管理的基础性前提是每一个主体的存在都为它的利益相关者提供价值。所有的主体都面临不确定性，管理者所面临的挑战就是在为增加利益相关者价值而奋斗的同时，要确定能承受多大的不确定性。不确定性可能会破坏价值，也可能会增加价值，因而它既代表风险，也代表机会。新创企业风险管理使管理者能够有效地应对不确定性以及由此带来的风险和机会，提高创造价值的能力。

在企业既定的使命或愿景范围内，管理者制定战略目标、选择战略，并在企业内自上而下设定相应的目标。企业通过使风险成本最小化来实现企业价值的最大化；通过抓住风险机遇实现企业价值最大化。可见，新创企业风险管理的目标与企业经营目标是一致的。有效地对各种风险进行管理，有利于企业作出正确的决策，有利于保护企业资产的安全和完整，有利于实现企业的经营活动目标，对新创企业来说具有重要意义。

（三）新创企业风险管理的内容

每个企业在经营中都有可能发生风险，如何化解和减少风险是企业经营者的一项重要工作。在企业家的头脑中首先要明确有哪几种风险，然后有的放矢地采取措施。只有增强风险意识，进行科学的管理和科学的决策，建立起相应的制度才能避免风险。从市场环境来看，要防范七种类型的风险，并采取相应的措施。

一是投资风险。投资风险是指因投资不当造成投产企业的经营效益不好，投资资本下跌。新创企业在项目投资前，应由各职能部门和项目评审组一起进行严格、科学的审查和论证，不能盲目运作。对外资项目更不能作风险承诺，也不能作差额担保和许诺固定回报率。

二是经济合同风险。经济合同风险是指企业在履行经济合同过程中，对方违反合同规定或受到不可抗力影响，造成本企业的经济损失。因此，新创企业面临经营和产品合同签订后的履约及赔偿责任问题。企业签订合同后还应密切关注其执行情况，要有远见地处理随时发生的变化。

三是产品市场风险。产品市场风险是指因市场变化、产品滞销等导致跌价或不能及时卖出自己的产品。产生产品市场风险的原因：市场销售不景气，包括市场疲软和产品产销不对路；商品更新换代快，新产品不能及时投放市场；国外进口产品挤占国内市场。

四是存货风险。存货风险是指因价格变动或过时、自然损耗等损失引起存货价值减少。这时新创企业应马上清理存货，生产时要控制投入、控制采购、按时产出，加强保管。有些观念保守的企业怕影响当前效益，对存货长期不处理，结果造成产品积压，损失越来越大。

五是债务风险。债务风险是指企业举债不当或举债后资金使用不当致使企业遭受损失。为了避免企业过度负债，新创企业应控制负债比率。许多企业因股东投资强度不够，便举债扩大生产经营，结果是提高资产负债率，造成资金周转不灵，还会影响正常的还本付息，甚至有可能导致企业因资不抵债而破产。

六是担保风险。担保风险是指为其他企业的贷款提供担保，最后因其他企业无力还款而代其偿还债务。新创企业应谨慎办理担保业务，严格审批手续，一定要完善反担保手续以避免不必要的损失。

七是汇率风险。汇率风险是指企业在进行进出口及其他对外经济活动时，因本国货币与外国货币汇率波动，使企业在兑换过程中遭受的损失。企业平时就要注意其外币债务，密切关注各种货币的汇率波动，以便采取相应措施。在银行有外币贷款的企业更应如此。

（四）新创企业风险管理的过程

新创企业风险管理的过程包括企业风险的识别、度量和处理三个方面。企业风险识别是风险分析和管理中的一项基础性工作，其主要任务是识别各种可能导致企业价值减少（损失）的重大风险，并找到主要的风险因素，为风险度量和风险处理奠定基础。在风险识别之后必须进行企业风险度量，以确定其对企业发展影响的严重性并采取相应的措施，它其实就是运用一定方法对风险发生的可能性或损失的范围与程度进行估计和度量。企业风险处理是针对不同类型、不同规模、不同概率的企业内外部风险，采取相应的对策、措施或方法，使风险损失对企业生产经营活动的影响降到最低，其目的是增加股东价值和其他利益相关者价值。最后持续地对企业风险管理方法和风险管理战略实施情况和适用性进行监督。新创企业风险管理的过程如图8-1所示。

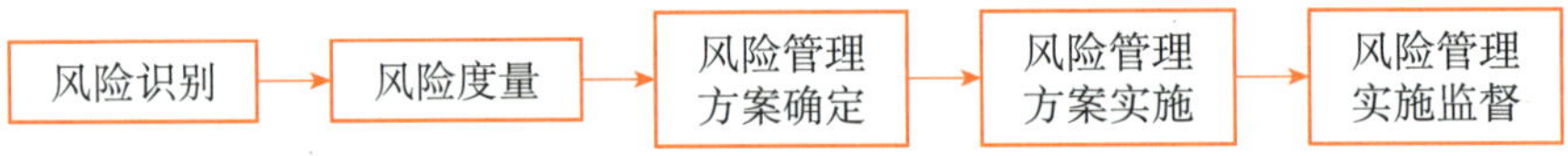

图8-1 新创企业风险管理的过程

小贴士

清单革命：持续、正确、安全地把事情做好的方法

清单是一种抓取关键、规避风险的有效工具。列出清单、逐步执行带来的效果是非常惊人的。

例如，有一家医院把防止中心静脉置管引发感染的5个步骤制成了清单，并授权护士，一旦发现医生跳过清单上所列步骤，就叫停操作。这个举措让原本经常发生的中心静脉置管感染的比例从1%下降到了零，避免了43起感染和8起死亡事故，也为医院节省了大量成本。

清单之所以有效，是因为它把医生在记忆和经验中的工作流程可视化了，从而确保在任何情况下，重要的操作步骤都不会被遗漏。更重要的是，当医生把这部分工作的记忆“外包”出去以后，他们自身也可以更专注于具体的操作。

又如，波音公司研发出了一架非常知名的轰炸机，它的操控复杂程度比过去的轰炸机高出了数倍。公司编制了一张检查清单，让飞行员可以更好地操作。在1935年，对那些自视甚高的机长们来说，这张清单就是一张无知的表格，不会起到任何作用。当时有一位非常知名的机长，没有严格按照清单来操作。这位机长失去生命的主要原因是他少进行了一项操作。为了避免飞机停放在地面时升降舵遭受风吹拍打地面造成损坏，升降舵被锁在中间位置，在起飞之前，飞行员必须先解除锁定。后来在事故调查中，人们发现机长忘记将升降舵解锁，致使飞机离地后就失去了控制。这架飞机因为机长没有按照流程操作，最终坠毁，而波音公司也差点因为这个事故宣告破产。

为了呈现出最佳的视觉效果，一场商业演出对舞台的要求极高，但现实中往往会有疏漏。有时候聚光灯和丝绒幕布挨得过近，可能造成火灾；有时候舞台的门搭得不够高，线阵音响就没办法通过。为了防止出现这些问题，著名摇滚乐手罗斯每次签巡演合同的时候，都会坚持在合同中增加这样一个条款：后台化妆间里必须摆放一碗M&M's巧克力豆，而且里面不能有一粒棕色巧克力豆，如果主办方没有做到的话，演唱会将被取消，而且主办方还要对乐队进行全额赔偿。或许有人会认为，大明星总是喜欢摆谱，提出不近人情的苛刻要求。其实不然，这是罗斯用来保障演唱会安全的一块“试金石”。“如果在后台放置巧克力豆的碗里发现了棕色巧克力豆，我们就会对各项装配工作逐一进行检查。我保证会发现技术错误，会碰到各种各样的问题。”

在一个复杂系统里，某个特定环节没有准备好，往往预示着其他准备环节也会出问题。

资料来源：罗振宇．阅读的方法．北京：新星出版社，2022：255－257；葛文德．清单革命：防范错误，从改变观念开始．杭州：浙江人民出版社，2012．编者有改动。

第3节 新创企业的成长管理

新创企业在成长过程中将面临诸多挑战，本节将明确这些挑战，并帮助创业者理解、管理和把握企业成长中的关键因素。

一、新创企业成长面临的管理挑战

★路标　唱独角戏、时间管理、企业伦理建设和构建学习型企业，是新创企业成长中面临的管理挑战。

初创期的新企业由于规模较小，"船小好掉头"，能够快速适应变化的环境趋势，为客户提供更快捷、更个性化的服务。但是，快速成长中的新创企业易患上"创业资源缺乏症"，如缺乏融资资源，缺乏市场创新能力，缺乏人力资源管理技巧，缺乏专业管理知识，缺乏良好的商业网络，等等。雇员少，一人顶多岗，资源匮乏，市场拓展能力有限，生产成本较高，是新创企业成长中的劣势所在。因此，新创企业在成长中将面临管理方面的独特挑战。

（一）唱独角戏

新创企业处在企业生命周期的孕育期至学步期的成长阶段[①]，"基本上可以说创业者即企业、企业即创业者，这两者是合而为一的"[②]。但是，如果创业者在企业的成长过程中拒绝授权，企业可能会面临危险。一项研究表明，大多数小企业的企业规划和运营活动，都是由创业者独自完成的。这种唱独角戏的状况源于创业者的独立性，正是这种独立性在最初的时刻帮助创业者创立了企业。如果创业者继续唱独角戏，就会限制企业的快速发展，因为创业者并不是无所不能的，个人的能力及精力都很有限。如果创业者终日疲于应付日常经营活动，又怎能静下心来为企业的发展做规划呢？因此，创业者应该认识到企业发展到一定阶段，随着制度的不断完善，要学会有效地授权。如果创业者能够摆脱诸事都要亲力亲为的做法，就能将个人能力及精力用于完成更多的职责，企业将会受益良多。[③]

（二）时间管理

马克思曾说："时间的节约，以及劳动时间在不同的生产部门之间有计划的分配，在共同生产的基础上仍然是首要的经济规律。这甚至在高得多的程度上成为规律。"[④]"真正的经济——节约——是劳动时间的节约（将生产费用降到最低限度）。而这种节约就等于

① 伊查克·爱迪思是美国爱迪思研究所的创始人，他认为："生命周期的概念不只是适用于生物体，也适用于企业这样的组织。……企业实际上就像生物体一样有生命周期。在企业生命周期的每一阶段，进行抗争和经历风雨都是很正常的事，在向下一阶段发展时，企业也会面临转型问题。"因此，他把企业生命周期描述为孕育期、婴儿期、学步期、青春期、盛年期、稳定期、贵族期、内耗期、官僚期和死亡期。参见：爱迪思．企业生命周期．北京：中国社会科学出版社，1997.

② 爱迪思．企业生命周期．北京：中国社会科学出版社，1997：47.

③ 库拉特科，霍恩斯比．创新企业管理：创业者的路线图．北京：机械工业出版社，2009：218.

④ 马克思，恩格斯．马克思恩格斯全集：第46卷（上）．北京：人民出版社，1979：120.

发展生产力。”[①] 因此，如何更有效地运用时间，是成长中的新创企业必须面对的管理挑战。

时间管理（time management）就是用技巧、技术和工具帮助人们完成工作，实现目标。时间管理的目的是要求你事先规划好该做什么事情和不该做什么事情。例如，每一次交工作成果，每一次写日报、周报，每一次公开发言，只要与他人之间形成公开对比的场合，就是工作中的“赛点”，都应该认真合理地安排出时间，把它精益求精地做好。把握好工作中的“赛点”是做好企业管理工作的一种方法。

时间管理并不是要求你把所有事情都做完，而是要求你如何更有效地利用时间做更有价值的事情。[②] 创业者的时间管理能力欠佳常常表现为：

（1）做事目标不明确。

（2）工作作风拖拉。

（3）缺乏做事优先顺序，抓不住重点。

（4）过于注重细节。

（5）做事有头无尾。

（6）做事没有条理、不简洁，把简单的事情复杂化。

（7）事必躬亲，不懂得有效授权。

（8）对不重要的事情没有学会拒绝。

（9）消极思考。

针对以上这些情况，创业者要想提高时间管理水平，就必须学会时间管理的方法。因此，创业团队应掌握以下时间管理技巧[③]：

（1）评估日常活动。创业者应该分析各项日常活动，并按照其重要性进行成本或收益的大小排序，然后将排序写在记事本上。

（2）先做成本低收益高的事情，把成本高收益低的事情放在最后，有时间就做，没时间就放弃。请记住：做好的事情要比把事情做好更重要。创业者每天根据自己的能力和时间将事务性工作进行分类排序，将优先办的事情放在最佳时间里去完成，这样可以避免时间浪费和耽搁。

（3）创建工作流程。一旦新创企业的工作流程建立，就可以将机械性的重复性的日常工作交给手下去完成。这种创建工作流程模块的方法，可以为创业者节省大量时间，并为有效授权提供配套的制度保障。

（4）授权。创业者为各类工作创建工作流程之后，就可以实现授权。如上所述，授权是创业者需要开发的关键技能。

总而言之，时间是最稀有的资源。若不能将时间管理好，要想管理好其他事情就只是空谈。分析自己的时间，也是系统地分析自己的工作，鉴别工作重要性的一种方法。“认识你的时间”是任何人只要肯做就能做到的，它是通向卓有成效的管理之路。[④]

---

① 马克思，恩格斯．马克思恩格斯全集：第31卷．北京：人民出版社，1998：107.

② 时间管理．百度百科．

③ 库拉特科，霍恩斯比．创新企业管理：创业者的路线图．北京：机械工业出版社，2009：218－219.

④ 德鲁克．卓有成效的管理者．北京：机械工业出版社，2011：38.

（三）企业伦理建设

创业者作为市场经济行为的主体是“纯经济动物”，“对你周围所有的人，抛弃所有的友善，谈道德是不务正业的事，只要能在商业竞争中获胜，采取一些不正当手段也是可行的，商业是一个伦理自由区，信守伦理的公司将难以生存”。[①] 这些言论的扩散，冲击着创业者的道德防线，因而创业者面对这些挑战，需要付出极大的努力来坚守自己企业的伦理道德。

创业者不能把创业活动仅仅理解为一个创造财富的过程，要从企业内部而不是从外部产生满足社会需要的伦理规则，把伦理道德和社会责任纳入创业活动的考量，实现伦理与经济决策的有机结合，只有这样才能从容应对来自伦理方面的巨大挑战，不断地提高企业经济活动决策中的伦理质量，促进企业的健康成长。

创业者如果不能进行正确的领导，不能建立起加强行为道德的制度，就应同那些处心积虑地从企业犯的错误中获益的人一样承担责任。[②] 我们要知道：伦理道德是企业安身立命的“保护神”，企业不仅要通过严格的道德检验，还要承担应尽的社会责任，这些责任和义务不是一个有始有终的计划，而是一个不变的承诺。倘若企业为了追求利益最大化，不惜违反各种制度和规范，其最终结果是“搬起石头砸自己的脚”。创业者应始终把企业伦理建设融入日常经营活动，以身作则。企业的经营理念与管理思维深刻影响着企业内部的文化氛围与价值导向，因此，创业者自身要有不断更新伦理观念的意识，明确企业对不同主体所承担的社会责任，时刻用与时俱进的伦理观念引领规范企业行为。同时，企业应该根据自身情况，制定符合企业文化和价值观念的伦理准则和规范，明确企业伦理的核心价值和原则，为员工提供明确的行为指南。企业伦理建设的成功与否，很大程度上取决于员工的伦理素质和意识。因此，企业应该加强员工的伦理教育和培训，提高员工的伦理素质和意识，增强员工的自我约束和责任感，规范员工行为。

随着数字经济的快速发展，越来越多的企业开始意识到数字化转型对于自身发展的重要性，因而加强企业数字伦理建设显得愈发重要。企业数字伦理建设是指企业在数字化转型过程中，积极推进数字伦理建设，建立起符合道德、法律、社会责任等方面要求的数字化行为准则和规范，以保障企业数字化发展的合法性、可持续性和社会责任感。数字伦理的核心是信任，数字化时代的信任是建立在数据安全、隐私保护、信息透明、公正公平等基础上的。数字伦理要求企业在数字化运营中，遵循道德和法律规范，保护用户的隐私和权益，保障数据的安全性和可靠性，提高数字化运营的透明度和公正性，提升数字化社会的信任度和稳定性。

加强企业数字伦理建设，须从以下五个方面着手：

（1）建立数字伦理管理制度。企业应该建立数字伦理管理制度，明确数字伦理的内涵和要求，制定数字伦理的规范和标准，建立数字伦理的管理机构和责任制度。

（2）加强员工数字伦理教育。企业应该加强员工数字伦理教育，提高员工数字伦理的意识和素养，加强员工的道德教育和法律法规培训，确保员工的行为符合数字伦理要求。

（3）保护用户隐私和数据安全。企业应该加大用户隐私和数据安全保护力度，建立完

---

① 贺尊．论伦理缺失的经济学贫困．江汉论坛，2004（7）．

② 库洛特克，霍志茨．创业学：理论、流程与实践：第6版．北京：清华大学出版社，2006：148.

善的数据安全管理制度，保护用户个人信息不被泄露、滥用或非法获取，防止数据泄露和滥用。

（4）推动数字化公平和包容。企业应该遵守公平竞争原则，不得利用数字化手段进行不正当竞争，不得侵犯他人的知识产权和商业机密。企业应该推动数字化公平和包容，避免数字鸿沟的扩大，促进数字化普惠，为弱势群体提供数字化服务和机会。

（5）履行社会责任。企业应该具有社会责任感，积极承担企业公民责任，推动数字化发展与社会发展相协调，促进数字化经济的可持续发展。

总而言之，创业者要明白："道德是我们发展的先头部队。它创造了交易中的信任、亲密和可预测性的成分。你那样做（不道德）不会获得好的名声。而且，如果你真那样做了（不道德），最后顾客会不再与你做生意。"

小贴士

数字伦理的塑造

当前，数字技术正以新理念、新业态、新模式全面融入人类经济、政治、文化、社会、生态文明建设各领域和全过程，给人类生产生活带来广泛而深刻的影响。提升全民数字素养的过程，也是重塑数字社会中数字伦理的过程。推动数字社会健康发展与良性治理需要反思传统社会的价值观念和行为规范，建立新型数字伦理秩序。伦理是指处理人与人、人与社会、人与自然相互关系应遵循的价值理念和行为规则。数字伦理则是指与数字化转型、数字化信息与技术的开发和应用相关的伦理理念和行为规范。数字伦理问题主要分为四个层面：第一，从个人层面来看，主要包括隐私权与知情同意、生命与财产安全、公平公正使用数据产品的权利等问题；第二，从公司层面来看，主要包括数据正当采集和使用、数据泄露、算法歧视、算法垄断、算法滥用等问题；第三，从社会层面来看，主要包括促进普惠共享、防止数据鸿沟、数据和算法的监管与问责、多元主体和参与者的权责、伦理审查制度、人工智能的道德主体地位等问题；第四，从人类层面来看，主要包括保障人类社会美好未来、全球数据共享、数据安全与协同治理、防止智能机器人反噬人类、防止智能技术整体失控等问题。

数据的采集与处理通过算法完成，算法也依赖大量数据和算例，数据与算法相结合对已有的伦理秩序构成极大的挑战。

一方面，算法会再现或放大已有的伦理问题。算法具有不透明性、可塑性、人类智能的嵌入性、价值负载性以及应用后果的不确定性。其中，算法的可塑性尤为重要，人能够对算法进行扩展、删除和修改，这意味着机器学习中的开放和创造也易于在伦理上产生"道德真空"。有偏见的、不完整的学习样本导致了歧视的加深和传递，可能影响社会公平。当前人们讨论较多的算法偏见与算法歧视，就是指潜藏着的来自设计者、使用者和学习数据的偏见。例如，有研究发现，美国医疗保健系统的机器学习算法中存在种族偏见，被判定为相同风险水平的黑人患者比白人患者的实际病情更重。算法偏见与算法歧视可能贯穿算法的设计与实现、数据的收集与处理以及结果呈现等多个阶段，产生不合理不公正的判断。算法偏见、算法歧视、算法本身的构建、数据样本数量及样本性质密不可分。偏好性歧视（歧视的根源来自设计者的价值观）和统计性歧视（歧视的根源来自粗暴的利益诉求）都可能通过算法被强化和极端化。

另一方面，“数据-算法”的叠加带来了新的社会伦理问题。例如数据权利问题、风险与责任、隐私与信息安全问题。算法从用户处获取大量的个人数据，甚至该行为是在数据主体不知情的情况下进行的。更甚者，算法可以通过不透明的计算、剖析、解释与预测侵犯个人隐私。此外，人类自主性丧失也是重要的伦理问题。数据采集、算法系统是否会以不可取的方式干扰用户最终的决策过程，从而影响人类的自主性？这些都是数据与算法相结合带来的新型社会伦理问题。

数字伦理问题既来源于数据、算法等技术因素，也是社会因素交互建构的结果。算法本身具有技术上的局限性，算法本身的复杂性、专业性、封闭性尤其是不可解释性使得一般人无法理解这项技术，导致公众对算法伦理规约的参与度比较低，无法更好地在这一技术的发展过程中表达个人诉求与建议。伴随数字经济的兴起，企业对数据进行了发掘，企业与平台按照符合自身利益的方式通过算法对数据进行操作。企业与平台所使用的算法如果优先考虑经济利益，可能会置个人隐私、信息安全等伦理问题于不顾。同时，价值的偏好、认知的缺失也是重要的影响因素。算法设计者和审查者的价值偏好、对伦理问题和伦理责任缺乏敏感性等都加剧了数字伦理问题。此外，政府监管不及时、体系不完善也导致很多数字伦理问题长期得不到解决。

重构数字伦理秩序，是一个新旧交织、新旧交替、破旧立新并不断探索的过程，需要在一定的原则和规范的基础上建立起包含多元主体的治理机制与体系，共同面对数字社会发展的风险，让人们最大限度地享受其福祉，同时降低可能出现的风险。

从技术层面来看，数字技术的发展与治理需要遵循一些一般性原则。首先，数据与算法伦理设计需要遵循风险最小必要原则和数据最少必要原则。其次，实现隐私设计要采取默认保护隐私的措施（如加密、脱敏处理、匿名化）。最后，实现全周期算法道德化的技术治理，不仅要求算法在设计阶段实现前瞻性道德嵌入，在应用过程中还要对道德伦理规范进行敏捷性迭代更新，来适应具体的道德应用情境。

从个体层面来看，数字伦理规约的达成要建立在个体道德修养提升的基础上。道德是个体性的，强调个体的认知和选择。在一个社会中，道德水准的分布有着很大的差异。相比较而言，伦理是社会性的，强调集体的共识和规则。伦理标准实际上是一种非差异化的社会契约。在一个社会中，个体道德水准越高，伦理规则的文明程度越高。而个体道德水准差异化程度越大，就越难形成高水平的伦理规则。因此，要将不断提升个体道德水准作为建立数字伦理秩序的重要前提与基础。

从企业层面来看，企业要自觉开展伦理合规建设与伦理自治。数据、算法产品的特殊性在于接受了消费者让渡的部分决策权，深刻改变了企业与消费者之间的关系，使得企业的伦理责任更加重要，为此需要建立新型的“企业-社会”伦理治理共同体。企业要充分考虑与平衡企业利益、员工利益、用户利益、竞争者利益与公共利益等多元利益。在数字社会中，企业竞争的核心已经不仅仅在于资本和技术，更在于伦理。为此，企业要强化“伦理即责任，伦理即竞争力”的意识，并付诸行动。

从国家层面来看，需要不断建立与完善有关数字伦理的审查机制与法律规范。数据、算法产品的专业化和黑箱化，导致公众难以辨别“企业-消费者”就伦理问题形成的社会契约的内在风险和陷阱。因而，政府相关管理机构作为公众的代理人要积极承担伦理审查的责任，依法进行约束和惩罚。数字社会的伦理规范逐渐呈现规则化和法律化的特征，伦理约束上升为正式规则（行政、法律处罚）。面对数字技术的飞速发展以及伦理问题的凸显，政府要愈加关注数字技术所带来的伦理风险，有序地引导数字技术不断服务于社会进步与造福人类。例如，在司法系统有人提倡使用智能辅助办案系统，赞同者很多，认为算法客观可靠，不会受人类主观性的影响，可以营造客观公正的纠纷解决情境，从而规避人性局限和排除人为因素的影响，努力做到标准一致、客观公正和“同案同判”。2019 年 3 月，法国出台了相关法律，禁止多种大数据在司法领域的应用，其中一种是一致性分析：不得将特定法官办案数据进行大数据对比，分析特定法官、特定案件与整个司法系统的一致性状况。这个决定涉及的理念很重要，一致性分析会使所有判决向平均结果靠拢，将多种倾向博弈产生的“平均数”固化为不可演进的绝对值。如果某种违法行为的量刑区间是 3～7 年，法官有酌情自由裁量权。但是有了所谓的大数据系统，法官搜一下别人怎么判，发现平均刑期 5 年，自己也作出 5 年的判罚，取平均数能有最少的争议和质疑。这听上去好像变得更加公正了。但是这种状况会使社会通过价值观改变和社会博弈产生的演进停滞。如果随着时间推移，多数法官都倾向于往 3 年刑期这个轻判方向靠拢的话，表明社会有新的共识在形成，“这个罪没有那么重”；相反，当所有的判案都向 7 年刑期靠拢的时候，表明社会认为“这是个重罪”，这种演进是人类社会重要的进步方式之一，却会随着所有人在网上查询之后取平均数而停滞下来。随着人工智能的快速发展和应用，这种情况将是数字社会中数字伦理治理的重要课题。

一直以来，我国高度重视数字治理，瞄准国际一流水平不断探索创新。随着《中华人民共和国电子商务法》《中华人民共和国数据安全法》《关于促进平台经济规范健康发展的指导意见》等法律法规文件相继发布实施，数字经济的“游戏规则”逐步规范，数字监管日趋完善，数据要素交易制度基本建立，数字经济和实体经济逐步有机融合。2021 年，我国出台《互联网信息服务算法推荐管理规定》；2022 年，我国出台《互联网信息服务深度合成管理规定》，发布进一步表明了加强人工智能伦理治理，积极构建人类命运共同体的中国立场。

未来，我们应继续深刻认识数字治理在推动数字中国建设中的重要作用，坚持问题导向和目标导向相结合，充分运用数字领域的新技术，逐步构建起符合我国国情的数字治理模式，不断提升数字治理的现代化水平。

资料来源：李正风，王硕．数字素养、数据权利与数字伦理．科普研究，2022（6）：8－14. 有改动。

（四）构建学习型企业

创业者需要关注的最后一点是如何构建学习型企业。学习型企业是指全员学习和终身学习，充分发挥每个员工的创造能力，形成一种全员学习的氛围，并通过学习，使自身价值得以实现，企业的核心竞争力不断增强，最后实现企业的远景目标。对创业者来说，必须投入一定的时间学习新技术和确定新的企业发展方针。企业竞争优势的获得取决于创业者是否始终具备比竞争对手更强的学习能力，这是构建学习型企业的根本所在。“知识的获取、共享和使用是企业家建立学习型组织的有力工具，可以使其设计出创新性产品，并迅速走向成熟。”[①] 企业学会学习就是学会生存，而只有不断地学习创新，以学习武装企

① 多尔夫，拜尔斯．创业的轨迹：从创意到一个企业的真正诞生．北京：中国人民大学出版社，2011：173.

业，才会具有核心竞争力，才能在竞争中生存发展。

毫无疑问，创业者都希望自己的企业能够健康成长。只是实现企业成长的愿望往往与管理企业成长的能力之间存在较大差距。由于缺乏管理企业成长的能力，许多初创企业没有活过5年就倒闭了。成长中的新创企业在很多方面有别于规模大、组织结构完善的成熟企业，它所面临的独特管理问题直接影响企业的整个发展过程。因此，创业者不仅要娴熟地运用传统的管理技能，还要通过“干中学”不断地增加管理新创企业的新知识和新技能。

二、新创企业成长的关键管理因子

★路标 决策控制、员工责任感、错比空好、变革创新是新创企业成长阶段中四个关键管理因子。

认真把握新创企业成长过程中的关键管理因子，有助于新创企业快速健康成长。新创企业的关键管理因子是决策控制、员工责任感、错比空好和变革创新。

（一）决策控制

新创企业在发展中会遇到决策指挥和控制方面的问题。处理好以下三方面问题，就说明企业已经把握好了决策控制权。首先，在企业控制结构方面要体现出管理人员和员工之间的相互信任；其次，在资源分配体系中要体现出信任（信任是管理的润滑剂）；最后，员工要求得到授权比要求被原谅更容易。例如，20世纪90年代巨人集团、三株集团等企业不到一年时间就从高速发展走向衰落，证明了这样一个道理：失控的成长不如不成长。

（二）员工责任感

日本的松下幸之助在谈到责任感时认为，失败时最重要的课题不在于找出谁是谁非，而是立刻把责任承担起来，并谋求减轻损失之道。[①] 可见，员工责任感的培养是新创企业成长中至关重要的管理要素。只有增强员工的责任感和使命感，才能建立一支团结进取、爱岗敬业、献身企业发展的创业团队。培养员工的责任感，有助于员工在工作中发挥更大的主动性和创新性，有助于促进新创企业又好又快地发展。

（三）错比空好

培育企业的宽容文化，保持容忍失败的能力对成长中的新创企业特别重要。创业者在初创阶段经历过失败，从中学到了经验，在成长阶段也应该保持容忍失败的心态，从中继续获取经验。俗话说“错比空好”，通过试错性成本，可以获得经验，这样总比因害怕出现差错而裹足不前、什么事情也没做、什么体验也没获得要强许多倍。正如史蒂夫·乔布斯所言：“我是我所知的唯一一个在一年中失去2.5亿美元的人——这对我的成长很有帮助。犯错误不等于错误。从来没有哪个成功的人没有失败过或者犯过错误，相反，成功的人都是犯了错误之后，做出改正，下次就不再错了，他们把错误当成一个警告而不是万劫不复的失败。从来不犯错意味着从来没有真正活过。”失败是创业过程中很自然的一部分。

---

① 松下幸之助：培养员工的责任感．(2011-12-09). http：//www.ceopx.cn/2011/1209/962.html.

“从来不失败的人只有那些从来不做任何事情或从来不打算尝试新事物的人。”① 在创业路上难免犯错误，即使做错了也比什么都不做好，经历了创业的过程，就是收获了一笔很大的人生财富。

百度刚成立的时候，是通过给各大门户网站和企业提供搜索技术来赚钱的，直到后来才找到竞价排名系统的盈利模式；QQ 问世之初，倘若你问马化腾商业模式是什么，估计他会说“我还想问你呢”。由此我们不难发现，互联网公司都是在不断试错的过程中前进，直至找到那个对的商业模式。不过大多数创业者没那么好的运气，试了几次错之后，就没有再试错的机会和资本了。② 所以创业成功是一个小概率事件，建设创业型城市，既要有容错的社会环境，又要让每一个有创业意愿的人放下“不错不死”的心理包袱。成功是人人都希望看到的结果，任何创业者都不会刻意寻求失败，但是坚持不懈地摸索盈利模式却需要社会及企业能够在一定程度上宽容失败，因为微小的、可逆性的失败是成功之母。由此可见，只有大力培育创客文化，努力营造敢为人先、敢冒风险、宽容失败的氛围环境，才能让大众创业万众创新蔚然成风。

（四）变革创新

古人云：流水不腐，户枢不蠹。创新是企业持续发展的不竭动力。新创企业变革创新的源泉在于每个员工都在发展阶段保持创新精神和积极进取的姿态，不为常规所束缚，始终保持对市场需求的敏感性。因此，成长中的新创企业只有始终保持求新、求变、求发展的心态，才能建立起发展阶段所需的各种社会资源网络，更好地应对变化的环境趋势，以创造新价值的方式为新创企业创造利润。

总而言之，新创企业的成功，并不是简单地依赖于商业模式的“优越性”那么简单，而是各种资源的综合运营体系组合的胜利，其中，商业模式是最重要的组合模块之一，包括团队和人才培训、激励制度、营销、运营、现金流管理等企业内部运营体系，还包括“天时”（企业/产品进入市场的时间点）和“地利”（核心业务地点的选择）等外部大环境。

三、新创企业成长的质量管理工程

★路标 以客户为中心、文化导向和全面质量管理是新创企业成长的质量管理工程。

质量不仅仅是一句口号。成功的创业者已认识到质量管理的严肃性以及为实现质量目标所需要承担的义务的重要性。因此，新创企业在成长过程中应做好以下三个质量管理工程。

（一）以客户为中心的质量管理工程

“质量可以定义为一种产品所具有的能满足它所说明的或暗示出的各种需要的特征。”③ 很显然，质量包括许多不同方面。例如，汽车客户将汽车质量理解为安全性、舒适性、低

① 斯卡洎莱，齐曼拉．小企业的有效管理：创业实务：第7版．北京：清华大学出版社，2006：26.

② 知乎．创业时，我们在知乎聊什么？．北京：中信出版社，2014：196.

③ 朗格内克，穆尔，佩蒂．小企业管理：创业之门：第12版．北京：人民邮电出版社，2006：467.

油耗等要素；食品消费者将食品质量理解为安全、营养、无毒等要素；药品使用者则将药品质量理解为有效性、安全性、稳定性、均一性等要素。虽然企业的成本和其他因素也不能忽视，但质量无疑是企业经营管理中至关重要的。例如，二战期间，美国空军使用的降落伞的合格率为99.9%，这意味着从概率上来说，每一千个跳伞的士兵中会有一个因为降落伞不合格而丧命。军方要求厂家必须让合格率达到100%才行。而厂家负责人却说他们竭尽全力了，99.9%已是极限，除非出现奇迹。于是，军方改变了降落伞的检查制度，每次交货前从降落伞中随机挑出几个，让厂家负责人亲自跳伞检测。从此，奇迹出现了，降落伞的合格率达到了100%。

新创企业的质量管理应以购买其产品的客户为中心来展开。离开这个中心，质量管理很容易沦为一种对抽象目标的盲目追求。质量最终是由客户从产品中获得的期望满意度来决定的。对客户需要的真正关心，尽可能地使客户满意，这是推动企业全面质量管理的关键因素。如果把满足客户需要仅仅看作增加利润的手段，可能会忽视“质量是生命”的管理本质所在。因此，只有把不断满足客户的需要当作质量追求的目标，才会有真正的质量进步，此时利润增加就是一个自然的附带结果。如果等到客户投诉之后才进行改进，为时已晚，甚至会威胁到企业的生存。管理专家建议：企业应努力使客户参与，并授权给客户，共同提高质量管理工作。

对客户开展观察、访问、问卷式调查等市场调研方法，是客户参与质量管理的有效方法，如一些企业给客户发放意见卡，收集客户对产品质量的意见，值得一些新创企业效仿和借鉴。

（二）文化导向的质量管理工程

有效的质量管理依赖于支持性的企业文化作智力保障。这是因为：“生产性行为及产品质量，从来就不是单纯的机械性的动作重复，而是生产者主体的人格质量的价值转换和智慧潜能的生动体现。”[①] 可见，优秀的企业文化往往是企业健康成长的“助推剂”，不良的企业文化可能会阻碍企业的进一步成长，甚至导致企业早衰。

企业文化是全体员工所遵循的价值观、信念和传统行为的总和。企业核心价值观是在企业管理哲学的统率下，为追求愿景、实现使命而提炼出来并予以践行的指导企业上下形成共同行为模式的精神元素。一些企业把质量看作企业的生命，如果客户对其产品不满意，就立即作出退款或者增加服务的反应，以免怠慢客户。维护产品的质量形象是其企业文化的核心。质量管理专家告诫：新创企业要取得突出成就，以质量为导向的企业文化是必不可少的。质量是一种标准，一种承诺，一种形象，一种信仰，一种系统，一种特色，一种创新，更是一种社会责任。

（三）实施全面质量管理工程

建立全面质量管理体系，使企业全体员工尽最大努力生产出质量卓越的产品，需要对全体员工进行全面质量管理培训。全面质量管理的目标远不是只达到现有的质量标准，而

① 秦在东．现代企业管理新方略．武汉：华中理工大学出版社，1995：119.

是要持续提升质量，把尽善尽美、不断追求变革创新作为企业生存发展的一种方式。

实施全面质量管理（total quality management，TQM）工程的好处在于：鼓舞员工的士气，提高全员质量意识，提高产品质量，改善产品设计及售后服务，提高市场的接受程度，降低生产经营成本，减少责任事故。因此，推行全面质量管理必须做到“三全”[①]：

一是内容与方法的全面性。不仅要着眼于产品的质量，而且要注重生产产品时的工作质量。注重采用多种方法和技术，包括科学的组织管理、各种专业技术、数理统计方法、成本分析、售后服务等。

二是全过程监控。市场调查、研究开发、设计、生产准备、采购、生产制造、包装、检验、储存、运输、销售、客户体验等全过程都要纳入质量管理的监控中。

三是全员性。企业全体人员包括领导、工程技术人员、管理人员和工人等都参与质量管理，对产品质量各负其责。因此，有效的质量管理需要选用适当的工具及工作方法作保障。塑造以客户为中心并致力于提高产品质量的企业文化，使得围绕员工培训、产品检验等内容的质量管理计划实施比较容易。

我们可以通过以下途径来实施这一工程。

1. 成立质量管理小组

企业员工在生产高质量产品中所起的重要作用，促使管理者努力寻求各种途径以使员工能积极参与质量管理。成立质量管理小组（quality circle，QC），就是利用员工的才智提高产品的服务质量的一种工作方法。质量管理小组由几个或十几个员工组成，通常每周开一次会，识别、分析和解决与工作尤其是与产品质量有关的问题。质量管理小组可挖掘员工的潜力，激发其工作热情和奉献精神。

2. 质量检验过程

保证产品质量的传统管理方法就是质量检验，即通过仔细检查产品或零部件以确定其是否符合质量标准的要求。检验员通常利用各种仪器设备检验重要的质量指标参数。要有效地控制质量，检验员必须诚实、客观，并且能抵制各种人情关系所带来的压力。例如，日本有家高级酒店，检测客房抽水马桶是否清洁的标准是由清洁工自己从马桶中舀一杯水喝一口。由此可以想象这样的马桶会干净到什么程度。

3. 质量控制统计方法

统计方法的采用使得产品的控制更容易、成本更低并且效率更高。因此，制订一个健全的工作计划，花费一些资金是值得的。常用方法有抽样检测法、质量关键点控制法、质量控制图表法。企业根据产品质量状况，可以把“过程质量”“过程控制”“采购质量”“进货检验”等指标体系作为质量控制重心。

4. 推行 ISO 9000 认证

企业的质量管理程序要获得国际的承认，就要达到一系列的质量标准，即 ISO 9000，我们称之为企业的“贯标”活动。企业贯彻系列标准要瞄准产品实物质量，自始至终应以提高产品实物质量为目标，开展各种质量活动，切记不可为贯彻标准而贯彻标准（即为管理而管理），也不可为认证而贯彻标准。否则，贯彻标准就得不到实际成效。企业贯彻标

① 全面质量管理．百度百科．

准的目的：建立质量体系，改善管理，提高产品质量，并以优质产品为基础增加市场销售量，取得市场竞争的胜利，增加经济效益。ISO 9000认证可使国外的购买者确认企业的可靠性，使企业更容易进入国际市场。

当然，认证需要花一大笔认证费，新创企业最好是在有国内和国际的竞争需要和用户有了要求时再申请认证。先通过全方位实施质量管理，提高企业管理水平，建立质量管理体系，以质量管理来实现质量保证。当条件成熟，质量管理水平达到认证标准要求时，就可以申请认证，使贯彻标准认证成为瓜熟蒂落之事。

本章小结

● 初创期企业管理的首要目标是让“企业婴儿”在市场中生存下来，让消费者认识和接受企业的产品，尽快使新产品开始盈利并进入良性循环。

● 生存第一、现金为王、分工协作、事必躬亲是初创期企业要遵循的四个管理原则。

● 专一经营、主动营销、有效授权、任人唯贤是成长期企业要遵循的四个管理原则。

● 成长中企业的最大问题是，要把营销管理、人力资源管理和财务管理工作尽可能地抓好。

● 销售、定价和创建品牌是新创企业取得营销活动成功的关键。

● 强调产品的功能比描述其特征更能激发消费者的购买欲望，是一种事半功倍的营销策略。

● 新创企业的营销策略是：准确为新产品“量身定价”，靠价格传递出产品质量信号。

● 口碑的创造意味着创造顾客意识及其对企业产品的预期。创建品牌是新企业必须重视的营销策略。

● 新创企业的人力资源管理工作主要包括员工招聘、员工培训、薪酬管理等方面。

● 新创企业的财务管理重点关注核心资产的管理、融资资金的管理、应收应付账款的管理和财务管理制度的构建四个方面。

● 新创企业的风险管理重点关注内容和过程。

● 唱独角戏、时间管理、企业伦理建设和构建学习型企业是新创企业成长中面临的管理挑战。

● 决策控制、员工责任感、错比空好、变革创新是企业成长阶段中要把握的四个关键管理因子。

● 新创企业成长的三个质量管理工程是以客户为中心、文化导向和全面质量管理。

思考题

1. 新创企业管理包括哪些方面的内容？
2. 初创期企业的管理原则是什么？
3. 成长期企业的管理原则是什么？
4. 新创企业营销管理包括哪些重要方面？
5. 新创企业的人力资源管理包括哪些内容？
6. 新创企业的财务管理要注意哪些方面？
7. 简述新创企业风险管理的过程。

8. 新创企业面临哪些成长中的挑战?
9. 新创企业如何应对时间管理的压力?
10. 新创企业加强伦理建设有何现实意义?
11. 新创企业成长的关键管理因子是什么?
12. 新创企业成长中必须实施哪些质量管理工程?

阅读材料

成长型小企业的发展轨迹

天堂岛运动服装公司是澳大利亚布里斯班的一家小企业,从事女式流行泳装、运动服装和休闲服装的生产,在经营的 20 年中,企业销售量稳定增长。

公司由彼得(Peter)和凯特(Kate)创建。他们在加勒比海的一艘游轮上相识。结婚后,两人在巴巴多斯岛创办了一家面向富有游客的泳衣设计与生产企业。工厂位于椰树林中紧靠水边的一栋老房子中。次年,他们回到澳大利亚,决定把在西印度群岛的这套方法搬到澳大利亚,正在发展的休闲服装业似乎为他们提供了一个机会,还能让他们继续保留自己喜爱的生活方式。

工厂最初就设在一个靠近海边的乡间小公寓里,每天只有几个人到公寓上班,其余的工作由不固定到公司上班的工人(在家工作的缝纫师)来完成。一开始,凯特负责泳衣的设计,为事业发展作出了很大的努力。彼得受过多年的财务培训,有一些财务经验,负责总的账目及工厂的经营业务。

几个月后,约翰·马克(John Mark)购买了工厂的一小部分股份并开始负责销售工作。由于增加了一个合伙人,有必要对公司的正式组织结构进行重新考虑。咨询会计师向彼得建议:出于税务考虑,而且为了取得只有公司形式才拥有的有限责任,最好将公司由合伙人形式改为公司形式。

和许多新兴的小企业一样,会计师亨利·琼斯(Henry Jones)多年来一直是彼得夫妇的主要外部顾问。在最初开业的两年,他除了协助新工厂做税单以外,几乎很少涉及其他方面,组织结构的调整为他提供了更深入细致了解工厂的机会。在最后确定新组织结构之前,他和彼得进行了多次讨论并检查了工厂的运行情况。

彼得认为,他们可以随意转向商业经营领域,他们利用存款和一小部分从银行得到的透支筹措到了企业的创办资金。银行方面只要求初步的企业计划、现金流动预算及透支担保,因此在公司创办初期的几年中,他们并没有做正式的计划和市场调研。

由于对澳大利亚制衣市场缺乏了解,加上严重的资金不足和缺少明确的计划,企业初期出现了很多问题,有几次几乎葬送了这个企业。是彼得决不服输、决不放弃自己企业的决心和凯特自信的天性挽救了企业。

闲散的生活方式一去不复返了,管理企业成为一项不再有休息日的工作。几个季度过后,公司与当地一些商店及女装店建立了销售关系。随着销售量的增长,他们收购了一家现成的制衣公司,原来的工厂也随之脱离了家庭作坊式的生产,使制造和经营活动朝集中和综合的方向发展,此时,企业又面临筹措大笔资金的需要。亨利·琼斯作为公司的外部会计师,仍是公司的主要商业顾问。他帮助工厂为新的资金筹措工作制定了业务规划,工厂初期调整时，曾短时间雇用了一位生产咨询师，他在为新系统提出建议期间，亲自在生产车间工作了几个星期，规划了新的生产战略。

随着公司搬进大厂房，产品范围也扩展到泳衣以外的睡衣、运动衣、网球衣、制服及校服，销售也延伸到澳大利亚其他地区。

尽管如此，公司在新厂房内运转了 4 年，勉强维持，并且渐渐有出现财务危机的趋势。产品在国内相当成功，形成了较高的销售额，但从总体上看，这种无规律和失去控制的生产多样化并不成功。公司在新开拓的行业里没有经验，没有战略优势，带来的后果是影响了主营产品——泳衣。彼得开始减少在公司工作的时间，由约翰·马克负责日常工作。约翰有很强的销售能力，但作为经理并不称职。公司没有计划，甚至没有销售目标，从而使生产规划十分困难。

在年度的工作报告中，会计师亨利·琼斯指出公司表现不佳，并建议由他从事管理咨询的同事吉姆·斯科特（Jim Scott）对公司的战略和运行给予分析。由于起初为咨询师定的预算很少，不足以完成整体任务，因此吉姆提议由他出席决策活动中的主要战略会议，并提供分析框架，而由公司负责收集数据和进行背景调研。

吉姆先花了几个星期的时间熟悉公司的运行和涉及的人员。他尤为感兴趣的是在公司主要人员对公司运行的不同看法之间作比较。彼得和凯特很清楚他们在公司中的位置。彼得有意识地减少在公司的日常工作，而开展其他一些活动，夫妇二人都清楚约翰作为经理的局限性，但欣赏他的销售能力，也相信他作出的“不久情况就会好起来”的保证。但他们都不明白为什么在销售量增加时，公司却只能少量盈利。约翰在与吉姆谈话时，质疑吉姆的动机并且表现出防备的态度。每次都要吉姆很多遍地说服，他才肯透露一些关键的销售数据和公司信息。

吉姆在分别采访其他经理和雇员时，采取了小心的态度并尽量采用非正式的形式，他抓住一切机会强调他独立的咨询角色，说明他可不是来开除谁的。他征得彼得的同意，让公司雇员帮他收集有关公司运行情况的数据。这样他在主持战略发展会之前，已在收集到的数据和会谈记录的基础上形成了对公司的初步印象。三个合伙人、公司市场部经理、生产负责人和财务总监参加了战略发展会议。这样的会议在远离工厂的某地召开了几次。

在第一次会议上，吉姆介绍了总体战略想法并引起了讨论。他尽量听取每一个人的意见，直至会议结束前才给出自己的意见。这一初步分析指出公司缺乏经营的中心。这是一个核心问题，从而导致或伴随着下列问题的产生：

- 每个产品都缺乏良好的市场定位。
- 销售目标和生产计划之间缺乏协调。
- 管理决策不明确而且缺乏连贯性。
- 缺少扩大再生产的资金。
- 生产率低于行业标准。

第二次会议对不同产品线的盈利程度进行了分析，证明泳衣是唯一创造利润的产品，作出的决策是立即重新集中生产泳衣，并将其作为核心产品，这是一个大胆的举措，它意味着销售额会马上减半，并给生产和设计造成一定的混乱，这段时间管理咨询师和咨询会计师则致力于建立管理和财务控制系统。

约翰·马克因不满意对新产品品种的重新定位的决策而离开了公司。和吉姆讨论后，彼得决定重新回到公司，全面负责公司的工作并减少了外部活动。重新定位决策后的具体战略变革集中针对公司财务结构和管理、组织结构，以适应未来的发展。

四个月后，公司取得了以下成果：

- 制定了第一份任务说明书及经营规划。
- 确立了更加明确和更加清晰的职权及决策程序。彼得重新作为总经理专职负责公司的管理。
- 设立了很正式的销售管理及销售目标制定程序，进行了某些基本的公司内的市场调研，收集有关宏观目标市场及可选分销渠道的数据，并把这些与详细的生产计划及财务预算挂钩。
- 致力于进一步寻找投资商以建立公司持续发展所需的资本结构。

亨利·琼斯的一些客户是知名的体育界人士，他们也在寻找投资项目，他们中的两位对公司进行了投资，并成为公司董事。管理咨询师此时也已成为董事会成员，这样，董事会已有五名成员。

进一步的发展

重新定位的尝试从整体上看是成功的，经营的获利能力得以提高，实现了市场营销及战略优势。相对于许多竞争对手只把泳衣生产作为产品之一的做法，重新定位使天堂岛以泳衣专家的形象占领了市场，打开了主要零售网络的销售渠道。

至 20 世纪 80 年代初，进行重新定位几年后，公司成为专业泳衣生产商，占有 6%～7%的澳大利亚女式泳衣市场。泳衣市场是一个很分散的市场，有很多小企业和中型企业介入，即使顶尖企业拥有的市场份额也很低。天堂岛每年大约生产 120 000 件泳衣，比与其最接近的强大竞争对手的规模要小得多，竞争对手的年销售额能够达到天堂岛的 3 倍。天堂岛的产品销往整个澳大利亚，在具有强大的沙滩文化和旅游业正在发展的昆士兰当地市场及悉尼的人口密集区稍有集中。公司 10%的产品出口国外，国外销售主要通过公司在新西兰、夏威夷和新加坡的代理商。公司的出口是时断时续的，主要还是先满足本地的市场需求。

公司选址远离主要市场中心，规模比较小和相对隔绝的特点反而成为公司的优势。保持低调使公司能够成功地与大公司竞争，避免价格战并将目标定位于专业市场，即采用特殊面料服务于年轻购买群体所在的高档时尚市场，与此同时，公司仍保留了一部分生产线针对廉价折扣市场和青少年市场。

此时，公司的净值已达到 150 000 澳元左右，年创利 120 000 澳元左右，在本地的生产能力已满负荷，有必要把一些标准件的生产外包给其他工厂，为此公司将总产量的一小部分（大约 5%）分包给了一个马来西亚制造厂。由于使用特殊设计和面料时可能会遇到质量控制问题，因此公司只把基本件分包给其他厂生产。

应对变化的商业气候

20 世纪 80 年代中期，公司经营环境的一系列变化促使公司对战略进行了全面审查，管理咨询师吉姆·斯科特介入公司事务已有一段时间，由他牵头负责对公司的战略审查，目的是为公司未来十年的发展确立目标。

这次审查采用了与第一次重新定位相似的做法，但这次吉姆的公司承担了大量的背景调查与分析工作。吉姆的公司在这段时间内也有发展，已拥有了胜任这类工作的人员。在天堂岛的员工无暇从事此类工作时，吉姆的公司可以把工作承担下来。

公司经营环境的主要变化发生在泳衣市场及在本行业的竞争地位上，尤其是一直是此行业支柱的进口关税和配额制方面的变化。

一家市场调研公司为公司补充了有关购买者特征的细节情况。市场对女式泳衣的需求一直持续较快增长到 20 世纪 70 年代初期，此后每年稳步增长。市场很容易按价格、销路、用户特点及采用的面料分割开来。

市场上的上限品牌是带有设计师标签的商品，这部分商品约占市场的 2.5%，且大部分是在女装店或商厦的专卖区销售。大路货泳衣约占市场的 85%，主要在商厦、特色连锁店及女装店销售。通过折价店销售的折价连锁商品占据了市场的其余份额。与此同时，澳大利亚零售业也开始经历一场剧变，开始向数量很少但规模大、门类全的零售渠道集中。天堂岛没有自己的品牌产品，产品生产主要针对大路货市场中的上层消费者，不到 10% 的产品销往折价连锁店。

顾客可以划分为三个消费群体。对于年轻时髦一族（14～25 岁），关键因素是价格和款式，品牌并不重要。运动一族（18～35 岁）虽倾向于时尚但要保守一些，看重品牌、面料和质量。时尚一族（25 岁以上）注重品牌和剪裁合体，乐于购买更贵一些的服装，年青一代的这部分细分市场没有增长趋势，而随着年龄结构收入分配的变化，成年人的这部分细分市场会发生变动。天堂岛的产品覆盖全部三个细分市场。

为高档市场生产的产品要求采用专门的面料而且需要特别的技术。只有天堂岛的产品完全采用这类面料而且具有成熟的生产经验。

虽然泳衣市场增长趋势平缓，但体操服及有氧运动服装市场飞速增长，而且该市场与泳衣市场有很多相似的特点，采用的面料也相似，对剪裁和款式也有相似的要求，但天堂岛没有多余的生产能力来为这部分市场生产服装。

1983 年，澳大利亚新一届政府提出了更为明确的经济改革政策。以往纺织业通过关税和配额制得到了很大的保护。新政府明确表示，将通过一系列的阶段性缩减，最后达到在相当大的程度上降低保护的程度。

正因为如此，海外生产的作用及公司的长远发展方向就成为战略评估中的话题。将要执行的降低关税的政策将会为来自劳动力成本很低的国家的进口服装敞开本地市场。吉姆·斯科特的报告首先提交给了公司的高级管理层——彼得和凯特。任何变革都需要他们全力的支持，随后报告提交给董事会。大家讨论了有关建议并达成了下一步如何实施的决议。

公司的强项和弱项

战略评估明确了公司在以下几个方面具有资源和实力：

- 获利经营，同时有一定能力从股东那里进一步筹措资金。
- 已建成的制造设施。
- 拥有高质量的管理队伍，已得到证明的设计能力，能够从事专业生产的现有生产人员。
- 为本地市场建立的采购和分销体系，拥有生产高质量产品所需的成熟经验。

评估同时也指出了公司在以下几个方面存在不足和薄弱环节：

- 季节性的现金流动，常伴随着额外的财务费用。

- 公司的高速发展使自身的借贷能力有限。
- 公司目前已满负荷运营，没有扩大生产的厂房。
- 设计工作完全依赖于一个人（凯特）。
- 对可能要离任的主要员工没有接替安排（生产经理已过了正常退休年龄），管理层队伍规模太小使得经理或设计师无法抽身参加培训。
- 没有现成的出口分销系统，除了目前的代理商和分销商以外几乎没有其他国际联络。

公司突出的竞争实力表现在设计和款式方面，能够生产并销售许多购买者不容易买到的剪裁合体或穿起来感觉漂亮的服装，所有的研究均表明购买者认为款式和剪裁是非常重要的。能使天堂岛领先于其他公司的专业化领域是它能用不易缝纫的面料制作出高质量的服装。

供选择的战略

评估中也发现了一系列可供选择的战略。评价它们的标准是如何在控制公司规模与结构，保证现有所有者和核心管理层控制地位的同时，实现公司经营收入稳定增长的目标。

主要可供选择的战略如下：A，不进行生产多样化（只集中于泳衣生产）；B，部分产品多样化。

A1. 地区集中

这种选择是将地点选在可能有高销售量的地区。公司只集中于澳大利亚主要人口中心且沙滩文化浓郁地区销售，目标是降低固定销售量的市场营销费用。

这一战略的主要优势在于销售量可以依据现有生产能力而定。销售和分销费用是公司的一笔重要开支（占收入的 10%～12%），因此降低这部分费用对增加利润有重要作用，而且无须改变现有的管理规模和财务结构。

但这一战略也会增加市场风险。由于以地理划分为基础从而排除了某些市场，总的目标市场规模会随之缩减，使企业很难承受在任一细分市场发生的变化。同时，这种维持现状、缩减费用的战略，也会带来管理效率降低的危险，由此而生的知足自满情绪可能会越来越难以改变。

A2. 市场细分

这种选择涉及缩减产品的范围，只集中生产最有利润的产品系列，但继续进行地理上的扩展，向公司产品尚未进入的地区开展销售。效果是从总体上使公司的走俏产品范围向价格更高的系列发展。这个战略从本质上说是一种适度发展、收入最大化的战略。

这一战略的优势在于减少了与市场中低价位主要厂家的竞争，降低了在任何一个地区市场的市场风险，同时将生产增长控制在中等速度上。这个战略还有效地利用了公司在生产、款式、版形、质量方面的良好信誉。

劣势在于会增加营销、差旅及分销费用。生产规模的扩大需要从布里斯班总部给予严格管理，或者需要公司搬迁到更大的工厂以保证成品的质量。然而由于高档市场需求的增长要在公司停止生产低档产品之后才会发生，因此需要增加的产量不多，也不要求马上就实施。现有的管理和市场营销基础设施完全能实现这一战略，同时对公司的长期稳定也具有吸引力。

A3. 产品范围扩大及地域扩张

这实质上是一个高增长战略。目标是覆盖所有主要地理区域的所有主要泳装细分市场。它意味着需要增加销售力量、立即提高生产能力或增加使用进口产品、提高生产效率以降低单位产品的成本。

这一战略会为公司未来向大众时装扩展打下良好基础。因为这样做可以使公司有能力雇用更多的设计和管理专业人员，可以帮助公司减少对某一特殊消费群体的依赖性。

这一战略的成功实施需要公司调动财务、管理及生产等各方面的资源，以应对更激烈的竞争。天堂岛会发现在更多样化的市场中很难维持和依靠原有的信誉和企业形象。

A4. 出口

A3、A4两种方法都可以集合大量澳大利亚以外的销售条件。这可能涉及更多的海外生产，生产地可以选择在泳装已有市场的国家，更可以选择生产成本低的国家。

最初的步骤是马上雇用两名新经理：一名保证产品质量的生产控制经理和一名国际营销经理，评估认为雇用这两名新成员可以承受的最高成本相当于额外增加30 000件的销售量才能保持不赚不赔。

这一战略将会提高公司在关键领域的专长，进一步分散市场风险并且有助于解决公司国内生产能力不足的问题，但涉及的费用很高而且会带来一定的财务风险。

B1. 非季节性服装

泳装的生产、营销和现金流动具有很强的季节性。在就减少对公司不利影响的可行性进行调查后，发现利用公司的专业特长和信誉进行产品多样化存在一定的优势。这类产品之一便是采用力可拉（Lycra）弹性面料的运动服装。

评估表明，公司在大众时装领域没有竞争优势，这个行业里的竞争太激烈了，一些天堂岛难以抗衡的超大公司控制着某些细分市场。因此回报率低，公司面临的风险很大。

B2. 非服装类产品

通过现有分销渠道，营销一些符合天堂岛形象的非服装类产品也是可行的。最可行的是与泳装有关的产品，如太阳镜和防晒霜。这样做可为建立公司的沙滩形象和利用已有的市场销路提供机会。

从小规模做起，从与公司现有产品紧密相关的产品做起，可以形成一个实用的互补产品系列。

战略建议

评估认为，天堂岛生产的时装产品是消费者不容易碰到的那种既合体又美观的产品（或称为“消费者高忧虑”类产品）。而能达到这类产品要求的公司就可以实行产品溢价。天堂岛就是这样的公司。

这一点对于公司的目标和战略具有不言而喻的意义。评估表明公司的重点应放在泳装生产上，而不是公司并不具有特殊专长的大众时装方面。因此，公司不应该进行泳装以外的大范围产品多样化（B），除非多样化产品具有相似的款式和版型的要求。公司在覆盖整个泳装市场（A3）方面也是没有优势的。公司没有独立竞争的能力，而在低价位市场中，这又是不可避免的。天堂岛不具备轻易调动资金或调整开支以获得整体市场地位的能力，如果不在生产能力方面注入大量的新投资，就无法达到额外增加产量的要求。而且这部分扩增产量的盈利余地也是很小的。天堂岛属于特殊的细分市场，很明显在这里由其产品的突出优点而带来的利润是最高的。

综上分析得出，公司应选用产品细分战略（A2），同时认为公司可以承受开拓出口业务（A4）存在的风险。国际市场的开拓和以往相比更具目的性。

选择这一战略后，战略评估还明确了贯彻实施这一战略对财务、机构及人员方面提出的细节要求。明确了影响公司全盘成功的关键因素是服装制造方面的技术特长。凭借这一点公司可以在低劳动力成本国家带来的新竞争面前仍保持公司本地生产的竞争力。以往主要的工人都是以分包或临时的方式参与公司的生产，无法使他们和公司凝聚在一起。劳动力的整体安排是以岗位工资辅之以产品质量为标准的奖励制度。

彼得主持了好几个会议，对员工讲述了战略评估的结果。就评估结果和什么是实现目标最有效的方法两方面内容，在会上和非正式小组讨论的过程中收集了反馈信息。针对公司的目标和主要战略总结了一份精练的文件下达给员工。

由彼得、吉姆两名高级管理人员和三名员工代表组成战略实施小组，负责协调所有的变革。

会议中还提出提高劳动生产率的方法是要引进由计算机控制的裁剪机，由生产经理、几名服装裁剪师和图案设计人员组成小组，负责调查引进这种新技术的最佳途径。

扩大生产需要额外的开发资金和流动资金，咨询师和会计师共同设计了一个中期融资战略。在 18 个月期间，首先通过降低股息不增加保留利润，加上股东贷款和新筹措的股东资金，用来支持扩大出口，然后支持迁入新址，新厂址有效地提高了 50%的生产能力并为以后的扩大生产提供了场地。

天堂岛的新战略成功了，它使公司依靠自己在生产和设计上的优势，在本地中高档泳衣市场中牢牢地站稳了脚跟；向海外市场的扩展保持了稳定的增长；布里斯班制造商生产的某些标准产品包括新的体操服系列也有所增加并更加稳定。

资料来源：成长型小企业咨询案例：天堂岛运动服装公司．百度文库．

【思考】

1. 天堂岛公司在成长中把握了哪些管理原则？
2. 天堂岛采用 A2 战略为什么能够成功？

第9章

新创企业的持续发展

在明天的创业者经济中，管理者和他们的公司有可能面对重要但令人兴奋的挑战。创新在未来的经济中将有比今天更重要的地位。在公司系统、运作、文化、组织各方面都存在的创新将具有更大的重要性。过程创新也将越来越重要。管理和培育这些创新仍是一项关键的管理挑战。

——沙克·扎赫拉（Shaker Zahra）

》问题导入

1. 新创企业的生命周期包括哪些内容？
2. 企业的长寿秘诀是什么？
3. 新创企业的持续成长该如何规划？

第 1 节　新创企业的生命周期

新创企业的成长是一个规模扩张和结构转换的互动过程。[①] 新创企业如同人的生命一样，有一个从产生到消亡的过程。新创企业的持续成长意味着企业生命周期的各个阶段的顺利延续与递进。我国新创企业平均寿命短，不少企业只能停留在某个阶段，无法顺利地过渡到下一阶段，也就不能实现持续成长的目标。如何做一个长寿企业，成为许多创业者关心的问题。创业者如果没有把握好企业生命周期规律，就很有可能葬送原属于自己的财富和梦想。因此，探究新创企业持续成长的内在规律，有利于延缓企业的衰老，有利于实施新创企业的可持续发展战略。

一、新创企业的"三阶段论"

★路标　新创企业的生命周期可划分为成长、成熟和老化三个阶段。

新创企业的成长与老化，如同生物体一样，也要经历三个阶段，即成长阶段、成熟阶段和老化阶段。新创企业生命周期的成长阶段包括孕育期、婴儿期、学步期、青春期；成熟阶段包括盛年期、稳定期；老化阶段包括贵族期、内耗期、官僚期和死亡期（见图 9－1）。

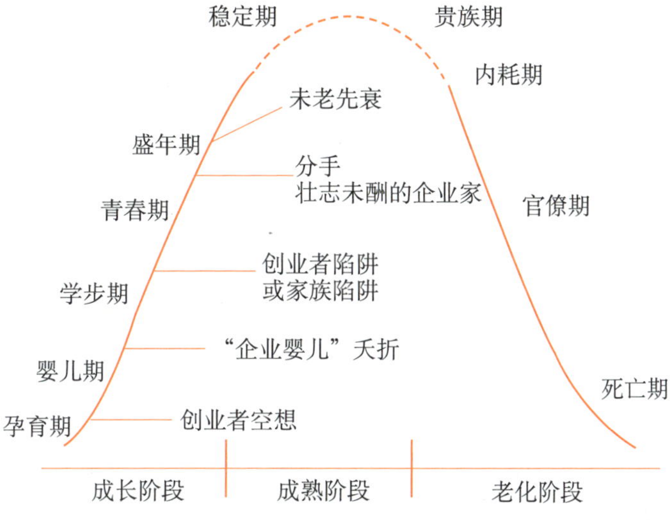

图 9－1　爱迪思的企业生命周期模型

资料来源：爱迪思．企业生命周期．北京：中国社会科学出版社，1997：98.

爱迪思认为，新创企业成长的每一个阶段都可以通过灵活性和可控性两个指标来分析，每个阶段的特点都非常鲜明，并且都面临死亡的威胁。

在孕育期，创办企业的人拥有雄心勃勃的创业计划，并且愿意对风险做出承诺，这样一个企业就诞生了。新创企业诞生后，进入婴儿期，此时的关键问题是资金不足，因为一

① 邬爱其，贾生华，曲波．企业持续成长决定因素理论综述．外国经济与管理，2003（5）.

旦失去资金的支持，婴儿期企业将难逃夭折的命运。

学步期是新创企业迅速成长的阶段。创业者此时把所有的创意都看作机会，相信自己做什么都能成功，但这常常会埋下隐患。

青春期是新创企业成长最快的阶段，规模效益开始出现，市场开拓能力也迅速加强，市场份额扩大，产品品牌和企业的名声已为世人所知晓。在这个阶段，创始人雇请职业管理人员，并逐步实现授权管理、制度化和规范化管理。这个时期对企业创始人是个极大的考验。青春期过渡顺利的家族企业产权结构可能发生变化，股权开始出现多元化或社会化，创始人逐渐从管理层淡出，经营工作逐步由职业经理人承担。但是这一切并非易事。往往是创始人自己仍然参与很多管理工作，与管理层发生矛盾；创始人、管理层和董事会之间发生矛盾，家族成员之间发生矛盾，企业新老员工之间冲突不断。这些矛盾和冲突成为这一时期企业的主要问题。如果处理不当，企业内部可能发生政变，由职业经理人全面接管企业，创始人被迫出局（离开），要么职业经理人被赶走（企业倒退至学步期），要么家族成员之间反目为仇，家庭破裂，等等。

新创企业度过青春期后进入盛年期和稳定期，这是企业生命周期中最理想的状态。在盛年期，企业的灵活性和可控性达到平衡，企业非常重视顾客需求、注意顾客满意度，具备了对未来发展趋势的判断能力。盛年期是企业生命周期曲线中最为理想的一段，在这一段企业的自控力和灵活性达到了平衡。盛年期的企业知道自己在做什么，该做什么，以及如何才能达到目的。盛年期并非企业生命周期的顶点，企业应该通过正确的决策和不断的变革创新，使企业能够持续增长。但如果失去再创业的劲头，就会丧失活力，停止增长，走向官僚期直至衰退死亡。①

表9-1列出了企业处于生命周期中不同时期的一些显著特征，创业者可以对照企业生命周期中各时期的特征，来判断自己的企业处在哪一阶段，并识别所处阶段遭遇的障碍，据此可以采取针对性的解决办法，防止企业过早消亡。

表9-1　企业生命周期各个时期的特征

时期	特征
孕育期	企业尚未诞生，仅仅是一种创业的意图。
婴儿期	行动导向，机会驱动，缺乏规章制度和经营方针；表现不稳定；易受挫折；管理工作受危机左右；不存在授权，管理上常唱独角戏；创业者成为企业生存的关键因素。
学步期	企业已经克服了现金入不敷出的困难，销售节节上升，企业表现出快速成长势头，但企业仍是机会优先，被动的销售导向，缺乏连续性和重点，因人设事。
青春期	企业得以脱离创业者的影响，并借助有效授权、领导风格的改变和企业目标的替换而再生。新老员工之间、创业者与中高层管理者之间、创业者与公司之间、集体与个人目标之间的冲突，是这一时期的主要问题。
盛年期	企业的制度和组织结构能够充分发挥作用；视野的开拓与创造力的发挥已制度化；注重成果，企业能够满足顾客的需求；能够制订并贯彻落实计划；无论从销售还是盈利能力来讲，企业都能承受增长所带来的压力；企业分化出新的婴儿期企业，衍生出新的事业。

① 李敏．生与死：中国企业到底能活多久．广州：广东经济出版社，2007.

续表

时期	特征
稳定期	企业依然强健，但开始丧失灵活性，表现为对成长的期望值不高；不努力占领新市场和获取新技术；对构筑发展远景失去了兴趣；对人际关系的兴趣超过了对冒险创新的兴趣。
贵族期	将大量资金投入控制系统、福利措施和一般设备上；强调做事方式，而不问内容和原因；企业内部缺乏创新，把兼并其他企业作为获取新的产品和市场的手段；资金充裕，成为潜在的并购对象。
内耗期（官僚早期）	强调是谁造成了问题，而不去关注应该采取什么措施来补救；冲突和内讧层出不穷；注意力集中到内部的争斗，忘记了顾客。
官僚期	制度繁多，行之无效；与世隔绝，只关心自己；没有把握变化的意识；顾客必须想好种种办法，绕过或打通层层关卡，才能与之打交道。

资料来源：张玉利．创业管理．北京：机械工业出版社，2008：184.

二、新创企业的“四阶段论”

★路标 新创企业包括培育阶段、成长阶段、成熟阶段和衰退阶段四个阶段。

我国学者结合企业实践提炼出许多企业生命周期模型，对企业成长所经历的阶段及各阶段的特点进行不同的划分和描述。通常将新创企业划分为培育阶段、成长阶段、成熟阶段和衰退阶段四个阶段。[①] 这种划分有利于创业者知晓企业成长的发展动态，有利于创业者及时预防不同成长阶段的企业问题。

1. 培育阶段

培育阶段是指企业的初创阶段。在这一阶段，企业生存能力较弱，市场占有率低，市场地位不稳定，很容易受到竞争对手的威胁，企业的管理工作也不规范。但初创阶段的企业充满活力，有“初生牛犊不怕虎”的拼搏精神。这股创业冲劲是这一时期企业成长的主要动力。进入培育期，“生存第一”是企业面临的首要问题。只要企业在市场上有了一席之地，有较稳定的利润来源，就能为将来的迅速成长赢得机会和希望。

2. 成长阶段

企业经过培育阶段的市场摔打能够存活下来，就会较快地进入成长阶段。处于这一阶段的企业，在较短时间内可以获得规模扩张，即有较高的成长速度，初显规模经济，市场占有率明显提高，抗风险能力不断增强，企业主业突出。进入成长阶段，企业面临的市场竞争更加激烈，因此，须谨慎防范经营战略的失误，尤其注意不能被众多令人炫目的机会迷惑，放弃主业阵地，搞多元化经营。一旦涉足多种行业，耗尽原本就不宽裕的资金，就会危及企业生存。

3. 成熟阶段

企业度过成长阶段后，成长速度将会放缓，但利润率仍有提高，这一阶段是企业的成

① 张玉利．创业管理．北京：机械工业出版社，2008：181－182.

熟阶段。中国的企业大多寿命较短，绝大多数企业没活过成长阶段就衰亡了，进入成熟阶段的企业更是屈指可数。一般而言，经过市场洗礼进入成熟阶段的企业，已具备了较大的规模，市场产品覆盖率高，竞争对手难以撼动其市场地位，因而无须继续大量投入，就可以获得较稳定的收益。进入成熟阶段后期，由于现有事业会遭遇发展的“天花板”，因此企业需要拓展新的领域和新的经济增长点，以促进企业的可持续发展。

4. 衰退阶段

企业步入衰退阶段的原因很复杂，但以下原因普遍存在：一是企业随某个关键人物（如创业者）的离去而衰退；二是随产品的消亡而衰退；三是因技术的落后而衰退；四是随企业组织结构的自然老化而衰退。总之，导致衰退的外因有很多，但其内因主要是没有与时俱进变革创新。

三、企业生命周期理论的启示

★路标　依据企业生命周期发展规律，突破各个阶段发展的极限，是企业永续发展的硬道理。

发展是硬道理，但比发展还重要的道理是客观规律，这个规律就是企业的成长规律。我国企业的真问题，是企业生存问题，没有什么比企业生存更重要。一个企业随着规模的不断发展，常常会面临不同的转折点。如果仍然给它硬套上“婴儿服”，不进行管理制度的创新、组织结构的创新、管理方式的创新，就会导致企业肌体发育变形，失去正常的功能，更不用说永续经营了。因此，不同的发展阶段、不同的发展规模必须有与之相配套的管理创新模式，这是企业生命周期的一条基本规律。如果一个企业能清醒地知道自己所处的生命阶段，抓住从量变到质变的机遇，采取新的管理方式和手段，平稳地实现突破和转折，就会不断创造业绩。

企业生命周期理论从企业生命体的生存与发展角度来考察企业成长，把企业看作一个生命体，动态地评价企业成长各阶段的特点及对策，揭示了企业成长与老化的规律，这有利于新创企业的管理者对症下药，以改变企业生命周期的结构，推迟老化阶段的到来。健康长寿的“生命型企业”并不是简单地逃离企业生命周期的循环，而恰恰是根据企业生命周期的一般规律，采取相应对策，避开各个阶段危及企业生存和发展的各种误区或陷阱；突破企业各个时期成长极限，不断给企业注入新的营养，激发创新活力，从而使企业在不断的循环中一次又一次地从即将衰退中走向新生，实现企业的健康长寿和持续成长。

总之，企业生命周期曲线是非常理想的，实际上很多企业在发展过程中，由于种种原因与正常曲线分离而掉落下来。例如，20世纪90年代红极一时的巨人集团、三株公司、秦池酒业，它们在快速扩张的转折点上发生了资金链断裂问题而衰亡。从图9-1的企业生命周期曲线上，我们看到这样的点非常多，特别是在两个阶段交替的时刻。每个阶段临界状态的转化，就是企业面临的战略转折点，即企业成长路上的危机管理点。如果能战胜这一点，突破这个极限，企业就能继续发展，否则就会走下坡路。如金响集团是北京的一家老字号糕点厂，曾与人合资生产一种膨化食品叫“金响卷”，生意很快火起来，短短两年间，产品卖到全国20多个省区，并出口到美国。到1998年底，一条生产线昼夜生产也供不应求。当时，公司主管拍板，马上再添三条线，结果三条线还没安装，销售急速下滑，1 000 多万元的应收货款不能及时回笼，导致企业难以为继，只好宣布破产。可见，创业者要想化蛹为蝶，蜕变成功，就必须把握好企业生命周期阶段中战略管理的转折点，只有这样才能实现新创企业的可持续发展。[①]

① 池向东 . 企业生命周期理论和战略管理 . 百库文库 .

第2节 新创企业的养生之道

任何企业的成长都会受到内外因素的影响，从而表现出不同的成长路径和成长速度。没有哪一家企业不想基业长青，做“百年企业”。企业长寿的养生之道是什么？或者说，企业长寿的秘诀有哪些？只有弄清企业成长的内外因素，才能真正把握企业兴衰成败的关键脉搏，从而做出有效的调整或预防措施（培养企业在未来的生命阶段避免出现异常问题的能力）。在此，主要介绍一些学者对企业成长决定因素的研究成果，以便从中领悟新创企业成长的养生之道。

一、新创企业成长的决定因素

★路标 新创企业成长受到多种因素的制约。

新创企业的成长常常受到多种因素的制约。一些学者从不同视角分析了新创企业成长的决定因素。主要观点如下①：

1. 企业家才能为主导的决定论

吉尔（J. Gill，1985）认为，影响中小企业成长的主要因素有：创业团队5年以上的企业管理经验；资金的获取；市场营销经验与技能；识别和把握机遇的能力；企业内部管理效率；市场快速反应能力、控制能力、快速集中资源能力；与顾客的关系，快速准确提供服务的能力；计划和控制能力；创业者从手艺人到职业管理者的转变；创业动力。

2. 企业家、企业与战略相互协调的决定论

斯托里（D. Storey，1994）从企业家、企业和战略三个方面对以往研究成果进行了梳理，认为企业家的创业动机、行业背景及管理经验，企业的产业属性、地域位置及规模，以及企业的市场定位和出口导向等方面的因素，都会影响企业成长，并且这三方面的因素共同发生作用。只有当它们恰当地结合在一起时，企业才能实现快速成长，而当其中某些因素不起作用或配合不佳时，企业就会成长得很慢甚至不能成长或衰退。

3. 企业与产业相互制约的决定论

奥杰斯（Augers，2000）从企业和产业两个层面分析了影响企业成长的因素。他认为，企业层面的因素包括初始规模、资本集约度、债务结构，产业层面的因素包括产业的平均企业规模、资本密集度、债务结构、边际成本、研发投入、年均增长率和新企业进入率等因素，这两个层面共同影响着产业内每个企业的持续成长。也就是说，企业与产业的相互制约是“一荣俱荣，一损俱损”的关系。

4. 企业成长的系统工程决定论

卡多佐（R. N. Cardozo，2000）通过对文献的梳理和对百余家企业的访谈，提出了影响企业成长的因素体系，得出影响企业健康成长的七方面因素。

---

① 邬爱其，贾生华，曲波．企业持续成长决定因素理论综述．外国经济与管理，2003（5）．

（1）缺乏企业愿景。一些企业常常对可利用的经营机遇缺乏敏感性，不清楚什么是企业的机遇，即使认识到机遇，但对其为什么能够产生价值、为谁而产生价值、价值的大小以及如何维持这种价值等具体问题，没有清楚的认识。

企业愿景是企业为之奋斗并希望达到的图景，它是一种意愿的表达。它不仅描绘了令人向往的未来，可以团结人，调动人的潜能，激发员工为实现企业目标而努力，还概括了企业的未来目标、使命和核心价值，犹如茫茫大海上的灯塔，始终导引和昭示着企业前进的方向。管理大师彼得·圣吉在《第五项修炼》中把“共同愿景”作为企业的五项修炼之一，他认为人们寻求建立共同愿景的理由之一，就是内心渴望能够归属于一项重要的任务、事业或使命。因此，企业制定一个能够吸引和调动员工积极性、创造性，结合企业战略需要的共同愿景，对企业良性发展具有十分重要的作用。当然，负面的愿景或者过于急功近利的愿景，往往会阻碍企业的健康发展；过于乐观的鸿鹄大志，如果缺乏战略系统的有力支持，只能是纸上谈兵。

（2）创业团队缺乏核心价值观。大多数企业是由创业团队创办起来的，随着企业的成长，创业者的目标和风险偏好发生了变化，从而导致企业内部出现分歧甚至出现多个成长规则。其原因在于没有建立起企业核心价值观。企业核心价值观是判断企业运行当中大是大非的根本原则，是企业提倡什么、反对什么、赞赏什么、批判什么的真实写照，是企业在发展中处理内外矛盾的一系列准则（如企业对市场、对客户、对员工等的看法或态度），是表明企业如何生存的主张。核心价值观的作用在于帮助企业在面临两难选择时作出抉择。如果创业团队成员的核心价值观不同，就会引发利益冲突，导致团队凝聚力下降，甚至危及企业生存。

（3）难以识别适中的经营规模。许多企业管理者缺乏对特定项目的成本和未来收入进行预测的意识和能力，只是简单比较近期的收益情况，容易将一项在未来会形成高收益的投资，错误地认为是无利可图的项目，或者是在经历了销售增长而利润不变甚至出现亏损以后，就马上放慢扩张速度，没有意识到利润率必须经过一段时期后才会提高。

（4）企业成长生不逢时。企业如在产业成熟时进入，开拓新的市场需要付出很大的代价，而在发育期或成长期进入，只需紧跟市场变化的步伐，就可以获得持续发展的利润。

（5）企业成长期望不切实际。很多企业对企业成长存在过于理想化的预期，而不太考虑企业成长速度还会受到许多因素的制约，如消费者对新技术的认知、企业获得许可证和办理相关审批手续等都需要一段时间，资金不足会导致企业不能正常成长，甚至可能无法继续生存。

（6）不适宜的产品牵制了企业的成长。许多企业为追求收入而无计划地接受订单，因而被迫为某一用户修改产品设计，但此后未对经修改的产品做任何市场努力，没有顺势开发市场潜力，有的企业甚至以牺牲市场为代价来换取产品生产线或产品线的扩展。

（7）不能有效地整合和配置各种资源。一些企业不能清楚地表达自己的扩张计划和扩张所需的资金，或是创业者宁愿在小企业中占有高额股份，也不愿在大企业中占有能够带来更多财富的较少股份，导致企业缺乏成长所必需的资金。有些企业的创业者没有足够的社会关系网，找不到合适的重要人才，无法对人才形成吸引力。

5. 企业与政府的二元因素决定论

我国学者刘万元（2002）认为，企业层面的因素主要包括企业文化、人力资源、管理方式、产品品种、资产规模、人才水平与规模、营销规模和研发技术实力等；政府层面的因素主要包括政府观念、政策措施、法律、政府职能等，这二元因素相互作用，影响和制约着企业的健康成长。

总之，不论从哪个视角来观察企业的成长维度，要想企业“不生病”或“少生病”，创业者都须防微杜渐，避免企业在成长过程中缺乏这种或那种“维生素”，若有不适，就应积极对症下药，给予有效诊治。只有这样，企业才能获得健康。对创业者而言，经常进行自我“体检”或定期请管理专家诊察企业行为的做法，不啻为新创企业长寿的“养生秘诀”。

小贴士专栏中提供了初创期“企业婴儿”的体征检测表，创业者要时刻关注初创企业的异常情况，以便及时自我诊治，保持“企业婴儿”顺利成长，进入学步期。

小贴士

初创期“企业婴儿”的体征检测表

正常体征	异常体征
• 所承担的义务没有因风险而丧失	• 风险使所承担的义务消失殆尽
• 现金支出偶尔大于收入	• 现金支出长期大于收入
• 辛勤工作增加了所承担的义务	• 所承担的义务丧失
• 缺乏管理深度	• 过早制定规章制度和工作程序
• 缺乏公司管理制度	• 创业者丧失控制权
• 缺乏授权	• 过早授权
• 独角戏，但愿意听取不同意见	• 刚愎自用，听不进不同意见
• 出差错	• 不容忍出差错
• 家庭支持	• 缺乏家庭与外部支持
• 外部支持	• 外部干扰而使创业者产生疏远感

资料来源：爱迪思．企业生命周期．北京：中国社会科学出版社，1997：40.

二、长寿企业的基本特征

★路标 环境变化的敏感性、社会责任的认同性、内部管理的宽容性和财务运行的稳健性是长寿企业的四个特征。

爱迪思说：“成长和老化既不取决于企业大小，也不在于时间长短。百年老企业仍可灵活如初，年仅十岁的企业却可能官僚无比。”[①] 在日本，超过200年历史的企业有3 146家，其中有7家企业超过了1 000年。排在世界最古老企业前三位的都是日本企业。在这些长寿企业中，89.4%的企业都是员工不超过300人的中小企业，它们多以家庭为单位经营。[②] 中国除了同仁堂、北京全聚德、烟台张裕葡萄酒等，并无多少长寿企业。据统计，中国中小企业的平均寿命为3～4年，企业集团的平均寿命为7～8年，低于欧洲平均水平的12.5年。那么，长寿型企业到底有哪些基本特征呢？

---

① 薛云建．用持续创新破解企业发展宿命（下）：以海尔为例．企业研究，2010（5）．

② 全球长寿企业，日本最多．http：//www.whkjcy.com/pagenews/ViewNews.aspx？id=6930.

丘吉尔和刘易斯（Churchill and Lewis，1983）依据企业成长轨迹，把企业成长过程划分为创业阶段、生存阶段、发展阶段（包括摆脱束缚阶段和成功发展阶段）、起飞阶段和成熟阶段。他们认为，影响企业成长的八种要素在企业成长的不同阶段将发挥重要的作用，有机组合八种不同要素，将有利于企业健康成长（见表9－2）。如企业资源在企业创业阶段极为重要，否则产品销售和原材料采购等都无法得到保证，而到了企业起飞和成熟阶段，它却不再是影响企业成长的最重要因素。此时，企业成长更多地受到发展计划模糊和控制乏力两大因素的制约。从表9－2中不难发现，企业的战略计划能力对企业持续成长的重要性持续上升；创业者工作能力对企业成长的影响力却不断下降，而融资能力对企业成长的重要性会出现由高到低再到高的转变。这些企业成长决定因素及其在企业不同成长阶段的影响，都是企业追求持续成长时必须考虑的内容。

如表9－2所示，我们把影响企业成长的八种要素分别假设为：

（1）甲——客户关系、技术声誉等企业的内在资源。

（2）乙——创业者工作能力。

（3）丙——融资能力。

（4）丁——企业和创业者目标。

（5）戊——员工素质及结构方面的人力资源。

（6）己——战略计划能力。

（7）庚——系统和控制能力。

（8）辛——创业者授权能力。

表9－2　企业处于不同发展阶段的养生配方表

	企业的养生要素	创业阶段	生存阶段	发展阶段摆脱束缚	成功阶段	起飞阶段	成熟阶段
至关重要	企业资源→甲	甲	乙	乙	丁	丙	己
	创业者工作能力→乙	乙	丙	丙	乙	辛	庚
	融资能力→丙	丙	丁	戊	己	己	戊
重要但可以管理	企业和创业者目标→丁	丁	甲	己	庚	庚	辛
	员工素质及结构→戊	戊	戊	甲	辛	丁	丙
	战略计划能力→己	己	己	庚	丙	戊	丁
	系统和控制能力→庚	庚	庚	辛	戊	乙	乙
不太重要	创业者授权能力→辛	辛	辛	丁	甲	甲	甲

资料来源：Neil C. Churchill，Virginia L. Lewis. The Five Stages of Small Business Growth. Harvard Business Review，1983，(5/6). 转引自：邬爱其，贾生华，曲波．企业持续成长决定因素理论综述．外国经济与管理，2003(5).

因而，企业处于不同发展阶段时的“养生组合”依次为：

（1）创业阶段的养生配方：甲、乙、丙、丁、戊、己、庚、辛。

（2）生存阶段的养生配方：乙、丙、丁、甲、戊、己、庚、辛。

（3）摆脱束缚的养生配方：乙、丙、戊、己、甲、庚、辛、丁。

（4）成功阶段的养生配方：丁、乙、己、庚、辛、丙、戊、甲。

（5）起飞阶段的养生配方：丙、辛、己、庚、丁、戊、乙、甲。

（6）成熟阶段的养生配方：己、庚、戊、辛、丙、丁、乙、甲。

总之，为使企业健康长寿，创业企业的管理者应在不同的发展阶段选择不同的“养生配方”，尽可能克服各种障碍，创造有利的条件，实现企业的跨越式发展。

著名学者阿里·德赫斯（Arie de Geus）借用生物学、生态学、认知心理学、神经学、免疫学、行为学等方面的知识，把有活力的企业看作一种有机体，需要免疫系统来维持健康，需要神经系统来辨别环境和做出反应，需要运动系统来协调各部分的活动，需要社会系统来交流和学习。他从自己在皇家荷兰壳牌集团公司38年的工作经验以及对世界上长寿公司的观察研究中，总结了长寿企业的四个特征[①]：

1. 环境变化的敏感性

长寿企业均能与时俱进，随环境的变化作出敏锐快速的反应，以便在战略规划中学习、调整、适应。适者生存是市场竞争的不二法则。市场环境千变万化，风险和不确定性时刻相随，创业者必须敏锐和准确地去感受和把握它，然后快速做出市场反应，这既是长寿企业的特征，也是企业长生不老的秘诀。

2. 社会责任的认同性

长寿企业均能正确认识企业的本质，把股东、员工、顾客、供应商和经销商看作利益共同体，这样就能把健康、持续的企业发展建立在坚实的社会基础之上；同时，企业对员工的认同感必将导致员工对企业的归属感，巨大的凝聚力将使企业面临危机时能逢凶化吉，面临挫折时也能转危为安。也就是说，每个员工都关心企业的发展，接纳企业文化的价值观，每一代管理者都把自己看成这个链条上的重要一环。

3. 内部管理的宽容性

长寿企业的内部管理，尤其是在“集权分权”和“业务开拓”这两个方面，表现出很强的宽容性。在权力分配方面，这些公司都避免过度集权化的管理，以调动下属部门和下属员工的积极性、主动性、创造性；而且最高管理层都力图摆脱日常经营事务的纠缠，把精力集中于对经营环境的分析判断、内部资源的整合和战略进程的控制。在经营业务遴选方面，这些公司独具慧眼，善于发现小业务的巨大潜力，允许其创新并加以扶持，直至其成为公司新的经济增长点。

4. 财务运行的稳健性

长寿企业常常表现出财务政策的偏保守性，注重财务运行的稳健性。这些公司在各种投资中能保持平和心态，不狂躁、不赌博、不急于求成；能够做到科学地“冒险”，知道取得什么样的公司业绩该冒什么样的风险，尽量避免冒毁灭性的风险；这些公司在财务运行过程中信奉“企业的资源非但不能透支，而且还要留有余地”的哲学，以应对可能出现的突发事件；这些公司对现金流量的关心胜过对利润的关心，深知现金流量是企业的血液，决定着企业的生死存亡。

三、新创企业成长的“维生素”

★路标 新创企业成长的“维生素”在于处理好成长过程中的五个因素。

① 生命力顽强的长寿公司有何共同特征．（2019-10-18）．https：//www.sohu.com/a/347976313_752471.

长寿企业总是有意识地强调或注意长期发展的重要性，这也构成了与普通公司明显的不同。这恰好印证了一句谚语："你想成为什么样，你就是什么样。"选择生命型公司还是选择经济型公司，是企业管理者不得不面临的挑战，生命型公司是为生存而管理，而经济型公司是为利润而管理。因此，要想做长寿型企业，首先需要了解到底是什么在维持企业健康。爱迪思把维持企业健康所必需的要素，称为"企业健康维生素"①。因此，成长中的新创企业须处理好以下影响企业健康成长的五个方面，以预防其缺乏"维生素"。

1. 处理好与企业利益相关者的关系

首先，处理好与消费者的关系，做企业理性的卫士。让客户在产品价格、质量、服务、信誉等方面满意，不仅是实现企业产品订单的前提，而且是企业"以客户为中心"获得销售利润的保证。因此，处理好与客户的关系，是企业经济理性的充分表现。其次，处理好与员工、股东的关系，认识到成功的相互依赖性，构建企业、员工、股东三位一体的"命运共同体"。

在管理中，不断强化人性管理意识，以人为管理重心，尊重人、相信人、依靠人，充分发挥员工的工作价值，让每一个员工在自己的岗位上都有一定的决策权，从而增强企业员工的向心力和凝聚力，增强员工的自豪感、使命感、主人翁责任感，充分调动和发挥员工积极性。因为员工是企业赖以生存的养料，"以人为本"是企业长生不老的"发动机"。企业要长寿，必须以人为本，通过培养员工共同的价值观、合理的人才选拔、培养和使用以及有效的激励机制等手段充分调动员工的积极性，增强员工对企业的归属感和认同感，培养一大批忠实于企业的高品德员工。

同时，要领悟到股东是企业赖以成长的养料，让股东实现最大投资回报率是促进企业健康、快速成长的法宝。最后，要处理好与政府之间的关系，处理好与生态环境的关系，做"社会理性的处方者"。

新创企业应善于与政府沟通，依法经营，依法纳税。企业本质上是社会的"公有物"，就其工作和事业的内容来说，都是带有社会性的，属于公共范畴，要敢于承担企业公民应尽的社会责任；营造绿色商业环境则是企业应尽的环保责任。这些都是企业理性在社会理性中的集中反映，只有做到这样才能使企业获得来自社会的环境所赋予的良好发展秩序。一个企业如果仅仅是从利益中来，到利益中去，一定难逃衰亡的宿命，只有完成了从利益到文化的飞跃，才可能获得永恒的生命力。

2. 维护好企业的竞争核心力

新创企业不管规模有多大，经营项目有多少，必须要有核心主业来支撑和确保企业利润的稳固增长，这是长寿企业公开的秘密。一般而言，企业核心主业建立在最具竞争优势的产品组、技术、目标客户、销售渠道和区位优势之上。任何企业在市场竞争中都必须发挥自身的比较优势，摒弃华而不实的发展路线，慎重考虑企业的扩张战略。一些中华老字号企业之所以能生存百年，其主要原因是控制了企业的发展速度，不急于快速扩张。因此，企业想要实现长寿的梦想，既不能高估企业的竞争实力，又不能低估市场变化的趋

① 吉凌，邓序波．摆脱创业者的陷阱．中外管理，2008 (9).

势，必须遵循企业生命周期各阶段的发展规律，量力而行，有效控制企业的发展规模和速度，把重视企业自身特质的竞争战略与重视利润增长的现实运营战术有机结合。①

3. 重视企业的可持续发展

人的趋利本性和市场的逐利本能，往往导致企业把深谋远虑的战略规划束之高阁，从而让企业变得“近视”，过于看重眼前利益。短期的高速增长对事业规模和利润扩大是有利的，却容易导致随后的市场冷却，长寿企业往往会避免勉强冒进式的设备投资，把企业的注意力放在长期稳定的可持续发展上。此外，企业能否长寿的关键还在于企业自身想不想长寿，是不是围绕长寿问题来规划企业的长期发展。突破生命周期规律的企业通常都具有长远的战略，不仅专注于现在，还着眼于未来，不只将目标放在短期获利的思维上，还能够敏锐地找到其他具有成长潜力的创新项目，也能够包容其他开发中的获利性项目。

4. 重视企业的运行安全

安全是企业生命的保障。安全包括企业经营决策的安全性和财务政策的安全性。企业应保持和强化自身经营项目的优势，并在保持核心主业的同时开展合理的多样化经营；采用保守的财务策略，不轻易投资、不轻易融资，经营过程中始终保持资产结余。安全性中也包含着维护企业的独立性。例如，若从外部引进资金，也许会将企业做大，但考虑到投资者或银行对企业的控制力加大，企业独立的自由运作权受到牵制，即便是具有魅力的市场资金，企业也不要轻易导入，应选择符合自身融资能力的发展路径。要知道，独立自主是长寿企业的特征之一。

5. 重视企业的生存志向

维护事业持续发展的强大意志力，即企业的生存志向是企业能永续经营的根本原因。这需要企业具有共同的价值观和深厚的文化底蕴，同时始终整合所有经营资源，而不是意气用事，把企业生死当儿戏。长寿是企业追求卓越的标志，而打造一个长寿企业是一件艰巨而任重道远的事——要求企业绝对要重视和处理好与利益相关者的关系，强化企业优势，日益提升防范风险能力，高瞻远瞩。只有这样，企业才能生存和发展，成长为长寿企业，为社会带来更多的物质文明和精神文明。

总之，长寿企业要求企业把握商业发展的脉搏，很好地融入日益全球化的世界经济中，培养自身对环境变化的洞察力，保持对政治、经济、社会、技术等领域新事物的敏感性，这就要求管理者要学会倾听，善于接受新事物。

长寿企业要把培育高素质的管理队伍作为一项战略任务来抓。高素质的管理队伍能够创造出共同的价值观及团体感，使员工团结起来，心往一处想，劲往一处使，在企业经历困难或是变革的时期，团队凝聚力能够使企业走出困境完成变革。长寿企业还非常注重员工内在潜力的开发。长寿企业之所以能够在激烈的竞争中独占鳌头，很大程度上在于它们能够充分发挥员工的潜力，而不是只追求开发新的生产线、建设新的办公楼或购买新的办公设备。

长寿企业需要借鉴的是宽容型管理方式。这种方式突出表现为对员工创意的包容，哪

① 姚圣娟．长寿企业的奥秘．华东经济管理，2008（3）．

怕是看似荒谬的点子。这种管理模式对发挥员工积极性，激发企业活力，具有很大的启迪作用。应当指出的是，实施宽容型管理，绝对不是指企业不要严格的规章制度，不要集中统一的管理体制，而是指这种制度与体制以宽容为特征（错比空好），积极鼓励支持员工的创造性活动，以求得企业生生不息、源源不断的创新力。

小贴士

小米的管理思想

9 年来，小米创业有什么管理经验？其最核心的管理思想：一是找到有能力、责任心、自驱力的人才；二是真正的关键绩效指标（KPI）应该和企业的使命和价值观紧密相连；三是坚持扁平化，在相对平等的氛围里面，每一个业务单元都具备非常强的主动性。

一、找人是管理的第一个切入点

从这个问题开始，我思考的是什么样的公司不需要管理，什么样的人不需要管理。假如我们找到这么一群人，拥有共同的目标和共同的利益，这个问题是不是就解决了呢？所以我把找人作为管理的第一个切入点，要找到不需要管理的人，我们后来总结了这些人的三个重要特点：

一是很能干，有能力。二是有高度的责任心。在没有外部激励的时候，这种责任心能够确保他把每一个动作执行到位，所以我们对责任心的要求非常高。因为责任心可以使我们简化很多流程。三是有强大的自驱力。这个自驱力是我们理解的共同愿景，大家在一起干一件什么样的事情，而你对此是否认同，之后，我们采用了互联网的手段，用股权和期权在内部形成一个利益共同体，使大家为了一个伟大梦想，也为了每一个人自身的利益，有效地团结在一起。这一点简单来说就是找一群优秀的志同道合的人。所以在创办小米的第一年，我们有 80% 的时间在面试。我们曾经在寻找一个关键技术人员的时候，核心团队在三个月时间里面跟他谈了十几次，每一次持续四五个小时甚至十个小时之久。

现在常说人才缺失，我觉得首先应当思考你是不是花了足够多的时间。有个成语叫三顾茅庐，而在今天，为了招募人才 30 次顾茅庐都不为过。我们常开玩笑说不是找不到人才，只是企业下的功夫不够。在初创企业、快速变化的企业里面管好人，首先要找对人。他要有能力，有高度的责任心和强大的自驱力，找到这样的人以后，你的管理稍微弱一些，其实也完全没有问题。

二、简单机械的 KPI，不能保证长期的竞争力

在管理过程中我们为什么要实施 KPI 呢？因为业务的本质其实是为用户提供价值，但我们试图把它简化成 KPI 的时候发现，无论怎么描述，都很难找到准确量化的方向。执行简单机械的 KPI 制度，很容易掉入过度管理的深渊。

我看了不少介绍索尼的文章，索尼是我曾经非常崇拜的一家公司，是我年轻时反复学习研究的企业，但它后来在管理上出现了很多问题。就索尼而言，绝对是被事业部和 KPI 这两个概念坑了。我自己管了企业 30 多年，这里面的核心问题是你的业务线一长，事业部一多，CEO 怎么管公司呢？直接用报表来管公司？但眼前的报表不意味着长期的竞争力。

而去掉 KPI 以后，我们怎么能够有新的导引来凝聚这几万人呢？在创业时，我们就建立了一个很重要的概念，就是和用户交朋友，把用户变成朋友。这个说法提起来很简单，做起来却很难。你敢把用户当朋友吗，有句话说无商不奸，如果是奸商，又怎么能够把用户当朋友呢，用户自己也是不愿意的。怎么和用户成为朋友呢？在这一点上小米下了很大的功夫。毫不谦虚地说，小米在这方面做的工作还是较为领先的。我们在上市以前经过和董事会、所有股东的反复交流、沟通，确定小米要坚持做感动人心、价格厚道的好产品。怎么体现我们坚持价格厚道呢？我们做了一个董事会纪要，规定今生今世我们小米经营的硬件综合净利润率永远不超过5%，如果超过5%，我们把多赚的钱全部退给消费者。小米可能是为数不多用法律的形式来约束自己净利率的公司之一。

很多管理学里面都谈利润越高越好，大家在增长和净利润的要求下，动作越来越变形，很多企业一步一步走上了不归路。那么为了避免小米走这样的路，为了永久性地取信于消费者，小米主动提出硬件综合净利润率永远不超过5%。小米是一家全球化的公司，我在提这个提案的时候，想法是不超过3个百分点，后来有股东提意见，考虑到全球利率的波动，所以写了5个百分点，我们的真实想法是做硬件产品只挣一两个百分点的净利。去年整个小米的营收规模是1 749亿元人民币，硬件利润率恰好只有1%左右，这样每一个消费者买小米产品的时候，就收到一个承诺，小米做这样的产品，只赚一两个点的利润。只有这样坚持下去，我们才有机会获得消费者毫无保留的信任。

我在追求什么呢？我在追求，我们有没有可能创造这样的品牌，消费者进小米店里买东西不需要看价钱，也不需要看质量，只要付钱直接拿走就可以了，这是我们追求的商业方向。

我们总是在想能不能获得用户毫无保留的信任，因为你只有获得用户的信任，整个小米的商业逻辑才比较流畅。所以小米的真正的KPI就是我们怎么能够超越用户的预期，让用户愿意口口相传，让用户成为粉丝，让用户给他的朋友推荐。

为了达成这个目的，那时，我们还定了一个更可怕的要求，叫零市场费用。那时，我们几乎没有做过广告，也没有请过公关公司，也几乎没有发过公关稿。可能很多人说雷总是不是你们没钱，其实在2014年小米的估值已经达到了创纪录的450亿美元，我们当时的营业额也在不到1 000亿元人民币的规模上。这么做，我们只是想验证一个最重要的内容，就是如果你的产品好，用户口口相传能够帮助你获得足够多的用户。

今年“十一”期间我在欧洲见到很多用户，包括我们的一些同事，有些同事就是早期的米粉，我问他们什么时候接触小米的，他们说2010年。那时候我们还没有做国际市场，就有很多全球的粉丝。所以小米进入全球各个市场的时候，已经具有了非常雄厚的品牌基础。

我们的KPI是怎么牵引的呢？是超越用户预期，和用户成为朋友，让用户毫无保留地信任。这一点其实就是小米最核心的KPI。当所有人的工作全部围绕这一点展开的时候，你发现原有的流程，原有的很多审批，原有的很多层级都消失了，使小米拥有了互联网的工具、互联网的手段和互联网的思维，具备了非常高效和极为扁平化的管理。这是第二点，去KPI。

三、打造相对平等的管理氛围

第三点，去title。在早期的小米，我们按之前的要求找了一百零几个人。其实他们比较典型的形象基本上是在30岁左右，有了相当丰富的经验，而且特别想做一些伟大的事业，我们就聚集了这样一批人。到今天为止这些人里面应该还有 90～95 个人在小米，活跃在非常重要的岗位上。

我们初期提的去 title 是什么意思呢？是指我们基本上都给他们一个 title 叫工程师，因为如果给一个总监的话，可能另外一个跟他差不多能干的人，说你给我一个经理肯定不行。如果你要给我一个总监的话，那整个办公室里面全部是总监。如果是工程师，大家都是工程师，反而能容纳更多能干的人。

所以在初期小米刻意模糊了层级，之后在很长时间里是没有级别的，而且到今天为止作为一个 2 万多人的企业，小米集团副总裁以上的管理者只有十三四个人。在这样的相对平等的氛围里面，每一个业务单元都具备非常强的主动性，初期我们在试验去 title 时也取得了很了不起的成绩。有时候我们想提拔个别做得非常出色的同事担任管理岗位的时候，他们都说其实不需要，现在这样更好。基于这样一种管理氛围，我们创业了 9 年时间。

四、未来要全面升级

当然在此时此刻，或者去年上市之后，我们在重新思考作为一个公众公司，我们怎么使公司变得更平稳、更可控、更安全，而且更具备创新性和增长性。

基于这么一个命题，我们思考的是什么呢？我们思考的是怎么把小米作为一个创业公司所获得的管理经验跟成熟的管理经验相融合，然后进行全面的管理提升。因为在今天 2 万多人的企业里面，不能还坚持我们 9 年前的这些思想，有一些已经不适用了，需要全面改进，所以小米目前正处在一个管理全面提升的阶段。

资料来源：雷军获得复旦企业管理杰出贡献奖 发文分享管理经验．(2019－10－21)．https：//finance. sina. com. cn/chanjing/gsnews/2019－10－21/doc-iicezzrr3784774. shtml.

第3节 新创企业的发展规划

管理大师彼得·德鲁克曾说："创业需要与现行管理方式不同的管理，但和现行的管理方式一样，创业也需要有系统、有组织、有目标的管理。创业的战略管理要求创业者能够将主要战略问题概念化，建立一个企业，使利益相关者的期望与资源能力和效率相匹配，并对复杂的环境及其变化做出各种反应。"[①] 下面将从新业务的拓展、发展战略的规划、家族企业的规划三方面，探讨新创企业持续成长的规划问题。

一、新业务的拓展

★路标 新业务拓展的六个基本准则和五个注意事项。

新的机遇、新的业务是企业可持续发展的"营养源"。新创企业要想获得持续成长的动力，就必须抢抓商机，不断拓展新业务，为企业成长培植新的利润链。因此，新创企业有必要明晰新业务拓展的基本准则和要素。

（一）新业务拓展的基本准则

新创企业持续成长面对的最大挑战是缺少与企业相适应的重要机遇。为更好地寻找新业务的发展机遇，安德鲁·坎贝尔和罗伯特·帕克提出了新业务拓展的六个基本准则。[②]

1. 继续专注于核心主业

生活中我们常常看到：排着长长的队伍半天没有挪动，就会有人焦急地探头张望。而对有些创业者来说，核心主业一旦进展较慢，焦虑感就会上升，以至于怀疑核心主业是否有问题了，从而丧失对核心主业的信心。

要知道，新创企业的成长不是一蹴而就的，而是要坚持循序渐进、久久为功。因为良好的机遇有时会姗姗来迟，需要等待5年、10年甚至更长的时间。试图在时机不成熟的时候加快步伐，往往会"欲速则不达"，其结果是：一旦丧失了核心主业，又没有寻找到新的替代业务，就会导致企业因经营不善而衰落。俗话说"心急吃不得热豆腐"，如果没有寻找到适合的新的业务机遇，不如继续专注核心主业。

2. 不要被迷人的市场诱惑

要想创造价值，管理者应该更加专注于企业具有竞争优势的市场，而不是成长中的市场。实际上，在不怎么流行的领域里创业，往往要比在吸引众多创业者去凑热闹的领域里更容易创造出更大的经济与社会价值。管理者应寻求的是能够把企业特殊的资源或能力投入竞争的机会。要知道，机会被人看到的时候，就已经不再是机会了。机会往往是靠自身的优势创造出来的。

3. 寻求企业优势

对于新业务方案，管理者应有选择性：只投资于企业具有显著优势的新业务机会。这

① 陈德智．创业管理．北京：清华大学出版社，2001：8.

② 坎贝尔，帕克．成长的博弈．北京：机械工业出版社，2006：12－19.

一做法的显著优势就在于发现需求并满足它的同时，还能赚取高于竞争对手 30％的利润。按照这一原则，有时候完全不投资任何新业务方案，有时候则可能只投资两三个新业务方案，但绝对不能投资于十个或更多新业务方案。企业可以设置新业务拓展部，管理为数众多的投资。产生一两个成功的新业务要花上几年的时间，因此，企业应有源源不断地提出新业务方案的补给渠道。

4. 谨慎看待企业的技能

在评估新业务时，应该对企业目前的技能保持谦逊态度。竞争者具有难以观察到的优势，再加上新市场有所谓的学习成本，在不熟悉的情况中，管理者会犯错，如过度投资于营销、过度设计产品、供应商的管理失当等。企业经常使用收购来降低学习成本，但收购多半得付出溢价，新业务之所以必须设定不低于 30％的利润率控制线，目的就在于提高企业的抗风险能力。若学习成本或收购溢价很高，期望的优势就更高，如 50％或 100％的利润率优势，以确保扣除成本后，还能有显著的优势。

5. 寻找有潜力的人才

管理者是稀缺的资源。在选择可支持项目的时候首先应该考虑人才的可获得性问题。在现有业务里，许多管理者都清楚产品与市场是企业发展的精髓，却忽略企业本身是否拥有能够发展这一事业机会的人才，新业务的失败往往缘于没有强有力的领导者来管理这项事业。要知道，拓展新业务，不仅仅是技术人才的问题，更需要“一些怀着成功信念的人和能够带领组织中的其他人来共同支持项目运作的人，而这样的人是很少的”。因此，吸引人才、发现人才是新业务获得成功的基础。

6. 依据发展机遇来确定目标

在寻找新业务时，管理者的工作是辨识机遇，看其中是否有值得发展的商机。因此，拓展新业务应由一个具有有限时间结构的项目组来执行，这通常比设立一个固定的组织单位来执行可能更理想。

（二）新业务拓展的要素

一项针对 1 870 家公司的研究发现，企业的市场价值将有 50％反映在该公司“未来的成长机会”方面，却只有 13％的企业能在新业务开发中获得成功。另一项针对成熟期企业所进行的调查发现，当业绩无法继续增长时，有 28％的企业的股价下跌超过七成，有 41％的企业的股价跌了至少一半。而这些企业中，只有 4％的企业因新业务开发成功而再度恢复成长。因此，新业务拓展要把握以下要素[①]：

1. 获利生存是新业务发展的目标

曾经历过高速成长的大企业，对于新业务的成长要求相对较高，这是一种成功者的包袱。资源规模不足的新创小企业，反而会以获利生存为第一目标，对于新业务成长较有耐心。在新业务发展初期，获利比成长更重要，因为开发新业务所遭遇的最大困难就是“能否存活”以及“能否创造顾客价值”，而获利则代表新业务确实能够克服这两项困难。新业务获利的关键在于具有创造顾客价值的能力，知道如何寻找目标顾客群，建立能够获利

---

① 刘常勇 . 新事业：获利优先于成长 . 21 世纪商业评论，2005（5）.

的成本结构，形成获利的压力。远大理想与获利之间往往会有冲突，当新业务开发者因追求理想而向获利让步时，将可能忽视理想背后潜藏的风险与盲点。好的业务必须建立在可能被实现的基础以及能够承受的风险底线上。不同的成本结构将影响损益平衡的条件与时间，而不同的商业模式又将决定成本结构是否能够获利。因此，设计一个能够获利的成本结构与商业模式，也是新业务开发规划与决策的重要工作。

2. 避开成长陷阱有利于新业务发展

不要等到企业停滞不前的时候再来拓展新业务。停止成长的企业只有4%能够恢复活力，这显示企业应该在“体质”良好、本业还在大幅成长的阶段就积极进行新业务开发。问题是，企业在本业大幅成长阶段，往往欠缺跨出核心主业运筹新业务的兴趣及动力，反而在核心本业不再成长时，才幡然醒悟急于跨越增长乏力的核心主业，拓展新业务以带动新一波的成长。这种不当的投入时机以及对于新业务成长过高的期待，往往使新业务背上沉重包袱，造成新业务开发的失败。因此，做到未雨绸缪，在企业状况良好时进行新业务开发，对于业绩成长需求的压力相对较小，加之本业持续成长与创造利润，可以补充部分资源并将之用于新业务的开发，这个时候正是新业务发展的良机。

3. 适时断奶有利于新业务成长

新业务从无到有、从小到大的发展模式，显然不同于核心本业追求持续成长的发展模式。因此，很多人主张新业务应独立发展，这样就不会受到现有组织流程与经营模式的牵制。问题是，企业是否将新业务纳入现有组织架构内运作，关键在于新业务与核心主业的关联程度如何。一般而言，新业务对于组织资源依赖程度越高，彼此的作业流程与营运模式越近似，则越倾向于将新业务纳入现有组织体系内运作；反之，应减少组织主业的牵绊，让新业务轻装上阵自我发展。

当企业从事跨越核心的新业务开发时，应尽量让新业务脱离母公司独立发展。因为新业务一旦沦为温室里的花朵，未必能适应竞争激烈的市场环境。尤其当母公司的核心事业已经进入成熟期的时候，新业务更需要脱离母公司独立运营，以尽早获利。如果新业务过度依赖母公司的资源，则可能因为母公司主业出现问题，拖累新业务的发展。主业成熟的公司大都形成了固定经营模式与坚强的组织文化，这类公司并不擅长从事与核心能力不一致的新业务的开发，因此，如将新业务放置于现有组织架构内，以现有流程与经营模式来发展与主业差异极大的新业务，其成功概率较小。

4. 领导是新业务成长的核心

高层管理者作为企业的领导，在新业务开发活动中扮演着极为关键的角色。由于专业经理人较擅长遵循企业现有经营模式，其绩效表现也建立在现有核心资源基础上，而跨越核心的新业务开发往往属于破坏性创新，不但颠覆现有经营模式，短期内也不容易获利，因此由经理人来推动新业务开发恐怕会有一定的困难。一般而言，只有高层管理者或创办者才有权改变现有经营模式，或推动有破坏性的创新活动。

高层管理者具有资源分配的权力，能够摆脱企业惯常流程的牵绊，可通过采用不同的流程与经营模式来发展新业务。高层管理者观察产业与市场变迁的信息来源渠道较多，更能够判断新业务机会所潜藏的市场商机，并适时做出何时进、何时退、何时该调整新业务开发的决策。新业务往往需要对外招揽人才，这也是高层管理者的职责。另外高层管理者也可以促进新业务与原有组织间的沟通，因此新业务不但可获得核心主业的支持，还能增加整体的综合效益。

5. 跨越核心主业有利于新业务成功

虽说新业务开发要立足主业的核心能力，但主业总有一天会成熟，企业如果不积极从事跨越核心主业的新业务开发，最后还是难逃衰败的命运。企业跨越核心主业来拓展新业务，可从以下四方面做起。

(1) 营造破坏性创新的环境。在组织内开创一个能让破坏性创新生存的空间，可由管理高层领导破坏性的创新项目，编列独立的经费来源，或设置企业内创投基金与新业务培育中心，发展鼓励创新与容许失败的组织文化。

(2) 开发增值的产品。新业务商机不是来自核心能力的推演，而是源于市场空白或顾客需求。经由深入的目标市场与顾客消费行为研究，企业可以发掘出大量尚未满足的新市场需求，包括为重新区分后的新市场提供附加价值服务，以及开发符合低端市场需求的新产品。企业可经由新业务开发来满足新的消费需求，并改变竞争基础，颠覆传统竞争的情境。

(3) 选择最合适的新业务推动者。绩效卓著的经理人未必就是新业务开发最佳的执行者，因此，在遴选新业务开发团队时，主要考量的不是专业经验与有效执行的能力。新业务推动者需要具备在不确定环境中发掘商机的能力，能理性评估风险，将风险转变为机会，能运用外部资源以最少投入来发展新业务，能发展获利的商业模式，能随着环境变化而及时调整经营方向。

(4) 探索最适合新业务发展的组织结构。从资源、流程、价值、文化方面来探讨新业务与现有组织的关联程度，来决定新业务在组织中的最佳定位。企业的作业流程、创造价值的营运模式以及组织文化越明确，则跨越核心的新业务将越难与现有组织相融合。资源提供虽然是新业务与现有组织的主要联结，不过过量的资源不一定有利于新业务开发。因此适当的组织定位，将有助于引导适量的资源提供。

总之，拓展新业务必须坚持“获利优先于成长”的基本原则，并在此原则上积极推动成长。新业务必须先生存再发展，获利目的要优于成长的目标，获利可以防止错误的成长方向，无法获利的成长是导致新业务失败的主因。如果以“摸着石头过河”来描述新业务拓展的情形，那么企业跨出成长的每一步，都要以获利作为踏脚石，要始终沿着获利性成长目标脚踏实地地前行。

二、发展战略的规划

★路标 企业发展战略的规划包括新产品开发战略、新产品的衍生战略、新产品的国际扩张战略和企业并购战略。

在起步阶段，新创企业的规划是非正式的，其战略无疑也是模糊不清的，但随着时间的推移，新创企业的发展就需要正式的战略规划。遗憾的是，很多企业在处理发展中的管理问题时没有战略规划。要知道，顾客需求会随市场的发展而变化，现有的和新的竞争对手也会开发新产品参与竞争。新创企业需要反复思考如何对所处环境中不断变化的机会和状况进行预测和快速反应。“成长是一种创造性的行动，也是一种有规律的流程，它能把企业内各个不同部分整合起来，协调一致地增加营收。”[①] 缺少长期规划的后果是企业发展速度减缓，这常常被归咎于产品销售不佳。但若是没有新产品或新战略，现行方案的收入肯定也会停止增长。在此，我们将阐述企业发展战略的有关规划。

1. 新产品开发战略

新产品开发是指创造和销售新产品以增加企业收入的一种方式。在很多快速变化的产业中，新产品开发为竞争所必需。例如，计算机软件行业由于受到摩尔定律的作用，必须不断开发新产品才能在竞争中获得优势。又如3M公司把持续开发新产品作为企业生存的根本，其使命就是要成为“世界上最具创新性的企业”。

尽管开发创新型的新产品能获得丰厚的回报，但这是一种高风险的战略。有效的新产品开发应遵循以下五个步骤[②]：

（1）发现需求并满足它。很多成功的新产品满足了目前尚未被满足的需求。

（2）开发市场增值产品。成功的产品还必须通过某种方式为顾客带来更多价值。

（3）制定适当的质量和价格。每个产品都代表着质量和价格的一种均衡。一分钱一分货，产品质量与价格一定要匹配。顾客愿意为高质量的产品付高价，而不愿意为低质量产品付高价。

（4）关注目标市场。每个产品都应该有一个特定的目标市场。这种专一性有利于企业有的放矢地进行促销活动并选择合适的分销商。

（5）进行持续的可行性评估。一旦新产品上市，可行性分析和营销研究就不应该停止。应该通过焦点小组和调查来测试产品反馈，合适的时候对产品进行渐进性调整。

在创业实践中，之所以会发生新产品开发以失败告终的事情，原因在于产品可行性分析不够充分，过高预估市场潜力，产品投放时机不当，广告和促销活动力度不够，产品售后服务措施较差等。

2. 新产品的衍生战略

企业通过改进现有产品，提高现有产品的市场渗透率，采用产品扩张战略来实现发展。主要有四种做法[③]：

（1）改进现有产品。改进现有产品的方法包括包装的变化、容量的变化、材料的变更、产品设计的变更、机能的变化等。改进产品意味着提高价值和价格潜力，增强新产品的获利能力。

（2）施行市场渗透战略。企业通过强有力的营销行动或不断提高产能和效率来增加产品的销售量。增加销售量的做法主要有增加广告支出、加大促销力度、降价销售或扩大销售队伍的规模。

（3）扩张产品线。企业制造不同规格的产品可以吸引不同的客户。不同规格的产品可以采用价格歧视的方法来定价，从而获取针对不同价格目标群体的销售。例如，超市中各种品牌和不同价格的白酒应有尽有，以满足不同消费者对白酒品质的不同需求。

---

① 成长力：寻求解决企业成长问题. http://www.kudu.net.cn/book/15/1147312.html.

② 巴林格，爱尔兰. 创业管理：成功创建新企业. 北京：机械工业出版社，2009：321.

③ 同②322－323.

(4) 地理扩张。很多企业仅仅从原始地点扩张到了新地域，就实现了增长。这种扩张在零售业、酒店业最为普遍。通过开设连锁店或分店的模式实现了规模与利润的增长。

3. 新产品的国际扩张战略

国际扩张是企业快速成长的另一种形式。例如，新企业开始创建时，就把全球视为它们的市场，而不是将自己局限于某个国家，力图利用资源在多个国家销售产品以获得竞争优势。企业欲采取国际扩张战略，首先要评估国际市场成长的可持续性，其次要结合自身优劣势，综合考虑选择许可经营、合资经营、特许经营、总承包项目以及全资子公司中的某一种扩张形式，实现企业的跨越式发展。

4. 企业并购战略①

企业并购是指一个企业购买另一个企业的全部或部分资产或产权，从而影响和控制被收购的企业，以增强企业的竞争优势，实现企业经营目标的行为。从并购双方所处的产业状况看，并购可分为以下三种形式。

(1) 横向并购，指生产同类产品或生产工艺相似的企业间的并购。这种并购实质上是资本在同一产业和部门内集中，迅速扩大生产规模，提高市场份额，增强企业的竞争能力和盈利能力。

(2) 纵向并购，指处于生产同一产品的不同阶段的企业之间的并购。纵向并购除了可以扩大生产规模，节约共同费用，还可以促进生产过程的各个环节的密切配合，加速生产流程，缩短生产周期，节约运输、仓储费用和能源。

(3) 混合并购，指处于不同产业部门、不同市场，且这些产业部门之间没有特别的生产技术联系的企业之间的并购，主要包括产品扩张性并购、市场扩张性并购、纯粹的并购。混合并购可以降低一个企业长期从事一个行业所带来的经营风险，另外通过这种方式可以使企业的技术、原材料等各种资源得到充分利用。

并购对企业发展具有重大意义。通过并购，企业可以在极短的时间内将企业规模做大，提高竞争能力，降低进入壁垒和企业发展的风险，还可以促进企业的跨国发展，增强对市场的控制能力。但从实际情况来看，许多并购案都是失败的。为保证企业并购成功，应该注意以下三个问题：

一是目标公司应与本企业的发展战略相吻合。收购之前，必须在企业战略的指导下选择目标公司，使目标公司与本企业的发展战略相吻合，这样才能提高并购的成功率。

二是并购前应详细审查目标公司。许多并购失败是由于事先没有能够很好地对目标公司进行详细的审查。由于信息不对称，收购结束后，才发现双方的企业文化、管理制度、管理风格很难相互融合，因此很难将目标公司融合到整个企业的运作体系当中，从而导致并购失败。

三是合理估计自身实力。在并购过程中，收购方通常要向外支付大量的现金，这必须以企业的实力和良好的现金流量为支撑，否则企业就要大规模举债，造成本身财务状况的恶化，企业很容易因沉重的利息负担或者到期不能归还本金而导致破产，这种情况在并购中经常出现。

---

① 企业并购战略. 百度百科.

三、家族企业的规划

★路标 重视家族企业发展中的困境，做好家族企业人事规划与传承发展。

家族企业是指企业资产和股份主要控制（50%以上的决策权）在一个家族之中，领导层的核心职位由同一家族成员出任，企业内部管理带有浓厚的家庭色彩的企业或企业集团。无论是在发达国家还是发展中国家，都存在大量的家族企业，它们在各国（地区）经济中拥有举足轻重的地位。

我国私营企业中既有家庭作坊式企业或单一业主制企业，也有合伙制企业、股份制企业，甚至还有家族成员保持临界控制权的企业集团。其中90%以上的企业采取家族管理模式。随着家族企业规模不断扩大，如何防范家族企业内部冲突的发生显得尤为重要。

（一）家族企业面临的困境

德鲁克认为："家族企业要想生存和保持高效运作，在高层管理人员中无论有多少家族成员，也无论他们多么出色，至少要有一位非家族成员。"从企业生命周期来看，创业初期，兄弟姐妹、叔叔婶婶、外甥侄子以及父母和子女等一起工作，不仅可以加深感情，而且其家族成员之间的忠诚信任关系作为一种节约交易成本的资源进入，既减少了企业的监督与激励成本，又提高了企业的灵活性，此时家族化的管理模式，不仅有效而且往往比较容易成功。其优势是：企业员工稳定，企业很少有对人力资源开发投资损失的顾虑，容易建立较正常的劳动关系及和谐的内部人际关系，减少人事上的纠纷，有效防止企业机密和技术情报的外泄。管理者与被管理者的距离比较近，企业内部员工的个人目标与企业整体目标比较容易达成一致。尤其是在企业处于危难之际时，家族纽带具有无可替代的凝聚力和坚韧性，具有较高的可信度和低成本，而且决策机敏和应变迅速。

然而，家族企业在向青春期阶段转化的过程中，初创期的优势将会变成劣势，成为家族企业做大做强的累赘。当市场竞争的各种条件要求家族企业突破自身的界限，需要以家族资本去有效融合社会的财务资本，需要与非家族成员共享企业的资产所有权、剩余索取权和经营控制权，甚至需要完全放弃家族控制时，家族企业若不能顺利进行管理转型，依然在家族财务资本和人力资本的封闭圈子内运作，依然实行家族化的管理模式，那么这时的家族企业就是不合理的和低效的。如果家族成员是基于家族对企业的所有权，而不是靠能力和经验接管企业，就会导致有能力的非家族管理人员纷纷离去。这种任人唯亲的行为使家族企业可能面临以下困境：

1. 职业化管理人员难以引进

目前，大多数家族企业会面临这样一个艰难的选择：企业发展要突破家族制，但要让渡并与他人分享所有权和经营权又面临很大的风险。相当多的家族企业的财务资本较充裕，负债水平低，机器设备也很先进，但经营发展却遇到人才瓶颈问题，其重要原因是家族企业主难以聘用到既有能力又对企业忠诚的管理人才。一方面，社会上各种专业和管理人才过剩，但家族企业主对他们心存疑虑，即使聘用他们，也多少带有一定的防范心理；另一方面，有的家族企业大胆聘用外人，使企业管理效率大大提高，但这种合作成功的可能性较小，现实中，外聘的职业经理中饱私囊、架空老板、带走原企业客户和机密等现象并不少见。家族企业由家族式管理向专业化管理的演变中出现的“发展的痛苦”，不仅使企业的规模扩张和竞争力提高受到抑制，而且会影响到中国经济增长的质量与速度。

2. 制度化管理难以落实

制度化管理难以落实是家族企业的短板。有时企业内家族成员不仅不能成为企业制度的带头执行者，反而是制度的破坏者。而辞退家族成员的代价过高，制度在家族成员感情面前往往苍白无力。初创期企业由于主客观条件的不完善，无法建立各项制度，但当企业发展到一定阶段，没有一套完善的制度则很难保证企业的长期发展。制度建设是保证企业能够长期健康发展的重要条件。这一时期，企业必须建立起完善的决策制度、财务制度、监督制度。要摒弃企业初创期的凭经验进行管理的模式，代之以规范的公司治理机制。

3. 企业文化难以形成

家族企业普遍面临着企业文化建设的问题。在企业内部，由血缘及泛家族关系铸就的员工与决策者之间的亲疏远近，决定了其在企业中的地位和报酬，甚至与能力高低没有根本关联。决策者的家长作风、任人唯亲、个人主义，可能使企业根本达不到科层组织所拥有的秩序和效率。由于家族与非家族成员内外有别的价值判断标准，企业难以进入不以个人意志为转移的、职业化管理的现代化企业阶段，难以形成以人为本的企业文化以及建立在这种文化基础上的企业持续发展能力。

（二）家族企业的人事规划

俗话说：亲兄弟明算账。在出现矛盾之前，就有关职位描述、业绩期望以及意外事件预案方面，制定一套管理原则，是非常必要的。通过这种管理原则，企业既可以减少家族成员之间的不和，又可以避免非家族成员因其贡献被低估而感到不满。因此，在雇用和管理家族和非家族成员时应遵循以下原则：

1. 制定正式的雇佣规定

如果你想雇用家族成员来帮助你管理企业，那么有必要制定正式的雇佣规定，并与雇用非家族成员的标准保持一致性，同时“清楚地说明你的公司的经营理念和操作惯例以打消他们不恰当或不现实的期望”，这样做的目的是尽可能使你雇用到最适合的人。

家族企业的雇佣规定应包括：对家庭成员的工作绩效、工作时间和职责的要求，以保证对家庭成员评价的客观性和公平性；薪酬、福利规定以及调整工资水平的条件；家族成员的职责权限，以保证在工作中做到公私分明、决策及下达的命令畅通。总之，正式的雇佣规定，有助于建立良好的工作关系，防范一些潜在问题的发生。

2. 端正家族成员的角色意识

在企业里，每一个人都有属于自己的岗位，每个岗位的职责权限是不一样的，因此要求每一位成员都要扮演好自己的角色，严格地按角色做事，为其所当为，止其所当止，这样才能与整体步调一致，否则就会造成混乱，出现不和谐的状况。因此，对于着手开办家族企业的创业者来说，重要的事情是每一个角色都被很好地确定了界限，并且雇员和经理相互尊重对方的界限。作为家族成员的雇员做事要到位，而不要越位，不可以替总裁或总经理身份的亲戚做“决定”。如果出现问题，管理者要像对待任何一个雇员一样，与该雇员进行一次交谈以指出其存在的问题。如果没有指出其存在的问题，那么雇员将意识不到他的不恰当行为，并有可能重复这种行为。一个非常有智慧的创业者讲到她是如何让自己的几个儿子参与自己的公司经营："在他们首次进入公司之前，我把他们挡在公司大门外，并对他们说'一旦进入公司，我就不再是你们的母亲，而是你们的老板，你们是我的员工'。"可见，端正家族成员在企业中的角色意识，是很有必要的。

3. 制定清晰的工作说明书

工作说明书是指经过职位分析得到的对某一特定职位的职责和工作内容进行的一种书面记录，包括工作名称、工作目的、管理权限、工作关系、责任范围与影响程度、工作业绩衡量标准、任职的基本要求和高绩效的要求、薪资收入标准与变化的条件与要求等内容。为了防止未来可能出现的任何问题，在家族成员上岗之前，应确保你明确了对每一个家族成员身份的雇员的期望，以及当期望没有达到时会发生什么情况。如果你的家族成员没有经历过正式的招聘过程，那么他可能就没有完整的有关业绩期望方面的信息，而这种信息对于雇员的成功至关重要。因而你有必要安排一次面谈来解释业绩期望，介绍这个工作岗位的需求是什么、支付的报酬会是多少，以及他要负责什么。清楚地描述责任，有利于工作岗位任职者更好地发挥积极作用，提高个人绩效。制定清晰的工作说明书，既有助于减少家族成员对工作内容和结果的理解偏差，又可以使企业在某些员工的责任没有得到很好履行时有章可循。

4. 明确申述问题的程序

雇员在家族企业中遇到不开心的事向谁申述可能会成为一个现实问题。在正常情况下，如果雇员有牢骚，可以向顶头上司反映而不是向公司的领导反映。而在家族企业里，有怨言者是企业主的亲戚时，这种程序通常会变得模糊不清。根据组织环境的不同，有几种不同的更好的交流渠道。企业主可以采取一种开放式的政策，欢迎任何一个雇员反映企业的问题。有些组织有等级制度，希望雇员向他们的上级或是经理反映问题。有些组织是扁平化的，没有许多管理层次，在向谁反映问题方面具有较大灵活性。重要的是，通过公司中最好的沟通渠道进行交流，并且让所有的雇员，包括家族成员身份的雇员和非家族成员身份的雇员，都遵守同样的申述程序。这样做，不仅有助于提高管理沟通的效率，还有助于阻止不该发生的事发生。

5. 建立家族成员退出机制

如果我们确信不能协调好同亲属的工作关系并且需要亲属辞职，那么我们需要确定一个什么样的处理程序呢？当家族企业的规模发展到一定程度，超出家族成员所能应付的范围时，家族成员对企业发展的不利影响开始日益显露，这个阶段的家族企业应该雇用非家族成员来替企业主从事各种生产工作。如果不能及时建立家族成员退出机制，势必会影响到企业的日后经营甚至会造成企业的衰亡。当然，一下子做到企业的中高层管理职位都由家族以外的人来担任是很难的，要有一个逐步过渡的过程。绝不能搞一刀切，必须从企业自身的实际出发，这既有利于企业的稳定，又有利于家族企业的长远发展。妥善解决从企业各个岗位退下来的家族成员、吸收社会资金和人力资本是家族企业实现持续发展的重要条件，在处理这个问题上的任何不恰当的做法，都会导致企业经营的中断，给企业带来不小的损失。

家族企业普遍存在的问题之一是雇用了没有才能的亲戚。但是，当你的兄弟姐妹或关系密切的亲戚"非常需要一份工作"时，你应该怎么做？从家族情感方面来看，类似的要求很难回绝。然而，某些情况下，一个亲戚通过他与其他雇员的相处可能会使小企业的士气变得低落。为了不影响你与其他雇员之间的关系，可以把他们安排到尽管他们不擅长但是能够做出一份贡献，而且不会打扰你的雇员的一个工作岗位上。如果这个人还是无法满足工作岗位的要求，那么做出一些改变就会非常重要。离职面谈是改变这种局面的最有效的方法。一是“发配”他到另外的分支机构去工作，使其远离做决策的主流人员；二是在另外一家企业为他寻找一份工作；如果那位亲戚具有取得创业成功所必需的管理能力，不妨帮助他创办一家不与本企业竞争的企业。

要记住，无论对企业主还是员工来说，解聘都是一件很敏感、很痛苦的事情。妥善处理好“家族情感”“家族矛盾”是一项突破家族企业发展瓶颈的重要能力。

6. 坚持任人唯贤的用人制度

家族企业要逐步改变对非家族成员的管理人员的排斥，按照公平、公正的原则聘用干部，最终形成以非家族成员为主的科层体系。按照公平竞争原则，能力较弱的家族成员要将职位转移给优秀的职业经理。企业家族成员如果担任企业领导职务，应该和其他员工一样，依靠自身的管理和专业能力，而非凭借特殊的血缘、亲缘关系。家族企业主要做到胸怀宽广，在社会上广纳人才。对于外聘的管理人员，要按照章程给予职权，建立信任感。特别是随着生产规模的扩大和技术水平的提高，企业主更应该从技术人员中选拔管理人员，做企业的管理工作，增强企业的核心竞争力和创新力，在市场竞争中不断发展壮大自己。特别是一些中小企业，可以考虑在家族企业掌握企业经营控制权的基础上，吸纳部分非家族成员承担部分高层、中层管理工作和技术岗位的技术工作，使家族人员和非家族人员逐步相互融合。

7. 建立有效的激励机制

有效的激励机制是调动企业员工的工作热情的重要制度，是企业留住人才的重要条件。要建立有效的激励机制，首先必须有完善公正的考核制度，建立全面科学的评估体系，从德、勤、能、绩、廉等方面对员工进行考核，在此基础上建立合理的激励机制。从物质、精神等各个角度去满足员工不同层次的要求，设计出多样化、多层次的激励措施，如参与管理、分享决策权、提供学习深造的机会等，充分发挥员工潜能和积极性。在物质激励方面，要对不同的人才有不同的薪酬标准，要按贡献大小给予相应的报酬，对贡献大的高级人才要给予高薪报酬，对突出贡献者要给予重奖。对于专业技术骨干和高级管理人员可考虑以股权和期权激励，打破家族产权“一股独占”的封闭结构，通过吸收社会资本和产权流动形成合理的股权结构，使其树立起与企业共荣辱的理念，对于达不到考核标准的员工要给予惩罚。在精神鼓励方面要为员工创造良好的工作环境，对于贡献突出者给予升职的奖励，对于重要技术和管理人员要给予信任、权限和参与企业决策的权利等。

8. 建立以人为本的企业文化

坚持以人为本就必须尊重员工的主体意识，培养员工的奉献精神，不断激发员工的创新精神，为企业中的人才构筑施展才华的舞台。因为人与技术、自然资源、资本等物的因素相比，是最活跃、最重要、最根本的因素，人才资源是第一资源。经济社会越发展，人的因素就越重要。因此，家族企业要把以人为本的思想深入到企业各种制度和行为规范中，深入到企业的长期战略中。如浙江某企业在发展中提出“人人都可以成为人才”的口号，加强对企业员工的培养，构建人才成长梯队，提供人才公平竞争舞台，营造育才、留才、用才的良好环境。在以人为本思想的指导下，该企业不断做大做强，连续三年进入我国民营企业500强。

9. 完善员工的社会保障制度

家族企业为企业员工提供完善的社会保险，是留住和吸引人才，调动人才积极性的重要途径。一个有远见的企业主，一定要从企业的长远利益出发，为企业员工办理“五金一险”，要按时、按数额交足各种保险金额。另外，要完善劳动合同制度，依法签订劳动合同，提高劳动合同的签约率。明确双方的权利和义务，特别是对一些技术骨干和中高层管理人员，可适当延长合同的年限，使优秀的人才能较长期地为企业服务。

总之，家族企业要做到：产权明晰、责任明确和核算透明。这样做，不仅可以降低企业的交易费用，减少家族成员之间出现摩擦，约束其偷懒、疏忽以及作弊等机会主义行为，还可以为家族成员提供特定的经济激励和约束，有助于解决家庭经济纠纷、润滑成员关系、促进长期合作，有助于形成企业雇员稳定的经济预期，减少不确定因素。

（三）家族企业的传承规划

家族企业的传承发展是个世界性难题。从世界范围来看，第一代创业后，大约60%能够顺利保持，传到二代的有25%，传到三代的有7.7%，传到四代的只有5%～6%。因此，做好家族企业的传承与发展十分重要，可从以下五个方面入手。[①]

1. 做好传承计划

家族企业的传承是一个伴随触发事件的、长期的、多阶段的演进过程，必须进行精心计划和细心管理。企业家在离退休还有7～8年的时候，就应着手成立一个由家族管理者、员工、亲戚和外部人士组成的委员会，开始对传承问题进行集中讨论。对传承过程的准备是家族企业中持续时间最长的战略过程。

企业的传承实践表明，预先对传承过程进行有计划的管理有助于推动企业的成功延续。克里斯滕森（Christensen，1953）和特罗（Trow，1961）的实证研究发现，制订了传承计划并与关键利益相关者进行过交流的家族企业，传承后的盈利能力要强于那些没有制订传承计划的企业。

2. 编制共同愿景

彼得·圣吉在《第五项修炼》中提到，学习型组织的第三项修炼就是要建立共同愿景。他认为，企业共同愿景能够帮助组织培养其成员主动而真诚地奉献和投入。在家族企业的代际传承研究中，学者们认为，大家彼此分享关于企业终极目标的看法对成功的传承至关重要。在传承的十字路口，家族企业面临前所未有的方向性抉择，如果没有共同愿景的指引，难免陷入彷徨的境地。正如兰斯伯格（Lansberg，1999）所言：“所有的传承都是由一个长期形成的关于企业未来的愿景所驱动，这样的愿景可以有效契合上一代和下一代甚至他们祖先的愿望……一个令人信服的愿景对吸引下一代的加盟是很有帮助的……各代人的梦想必须有效融合成一个大家共享的集体梦想。”

3. 组建家族理事会

理论研究成果和国外家族企业成功传承的经验表明，成立单独的机构来提高家族成员

---

① 贾生华，窦军生．家族企业如何实现“家业长青”：国外家族企业传承经验借鉴．浙江经济，2008（3）.

的福利水平，减轻董事会和管理人员负担是行之有效的。其中，家族理事会在处理家庭纷争、提供建议等方面所发挥的独特作用已得到广泛认同。除了处理纷争和提供建议外，家族理事会还可以清晰地阐明家族的核心价值观。家族理事会不仅可以帮助创业家族开发它们的使命、价值观、历史和故事，还可以通过反复的灌输，让家族成员都认同这些价值观，从而坚定他们对家族和企业的承诺。

4. 创业者择时急流勇退

作为一"家"之主，家族企业的传承过程也大都在创业者的控制下进行，他们决定谁将继承企业的管理权或所有权、传承过程何时启动以及如何实施等。因此，如果得不到他们的支持，传承的成功率将微乎其微。

针对这种状况，许多研究者分析指出，创业者不情愿放手，会给子女的接班意愿带来负面的影响，还容易让子女形成"父母仍然有能力掌管企业"的假象，不利于子女领导素质的培养。大量失败的案例都有一个共同的现象，那就是父亲不能或不想将权力放给"缺乏胜任力"的子女，而子女缺乏胜任力的直接诱因就是他们的父辈迟迟不愿放手。例如，对美国 749 位失败的家族企业的继承人的调查发现，家族企业传承失败的主要原因是创始人没有做好传承准备就退居二线或离开。

5. 接班人的内培外练

赢得传承过程中利益相关者的接受和认可，进而获得合法性，是年轻接班人成功接班的关键一环。如何才能获得合法性呢？接班人必须进行内培和外练，双管齐下。

让接班人尽早接触企业，有助于他们熟悉企业的历史、文化和价值观，增加他们对企业运营的兴趣；可以私下里熟悉企业的员工，并在组织中建立起自己的核心网络；同时还可以通过"导师"的指导、监督与援助，或者对"导师"行为的观察和模仿，发展运营企业所需的各项特殊技能。如果继承人从基层做起，并能够通过自身努力成功取得晋升，还可以获得来自公司员工、顾客等利益相关者的认可和信任。

当然，接班人如果一味地在企业内部发展，容易落入旧传统或旧惯例的枷锁之中，所以，世界知名家族企业纷纷将是否拥有外部工作经历列为接班人的选择标准之一。在美国，外部工作经历常作为后代加盟家族企业的先决条件之一。如比利时的一位家族企业领导人指出，他们的家族成员要想加盟企业必须精通四种语言、取得商学与工程学学位、有在美国的工作经历。

研究表明，拥有外部工作经历不仅可以帮助接班人在更为客观的环境中证明自己的能力而获得合法性，还可以让他们看清加盟家族企业到底是不是他们真正的追求（Salganicoff，1990）。此外，家族企业外的工作经历还可以帮助继承人获得独立（脱离家庭的影响和帮助）的成长，树立自信心，增加知识存量，体验不同的企业文化，拓宽商业环境的视野，为日后处理企业发展过程中可能面临的问题做好充分积累。

总之，家族企业要想进一步发展，必须做到极早规划好传承计划，编制共同愿景，组建家族理事会，择时急流勇退，进行接班人的内培外练。

本章小结

● 企业的生命周期可分为三个阶段十个时期：成长阶段——孕育期、婴儿期、学步期、青春期；成熟阶段——盛年期、稳定期；老化阶段——贵族期、内耗期、官僚期、死亡期。

● 新创企业包括培育、成长、成熟和衰退四个阶段，每个阶段都表现出不同的特征。

● 企业生命周期理论从企业生命体的生存、发展角度来考察企业的成长，把企业看作一个活的生命体，动态地评价企业成长各阶段的特点及对策，揭示了企业成长与老化的规律，这有利于企业管理者对企业对症下药，以改变生命周期的结构，推迟老化阶段的到来。

● 缺乏企业愿景、创业团队缺乏核心价值观、难以识别适中的经营规模、企业成长生不逢时、企业成长期望不切实际、不适宜的产品牵制了企业的成长，以及不能有效地整合和配置各种资源是影响企业健康成长的七个因素。

● 环境变化的敏感性、社会责任的认同性、内部管理的宽容性和财务运行的稳健性是长寿企业的四个特征。

● 要想做长寿型的企业，必须处理好企业利益相关者的关系，维护好企业的核心竞争力，重视企业的可持续发展，重视安全的运行，重视企业的生存志向。

● 新业务拓展的六个准则是：继续投资于核心事业，不要被迷人的市场所诱惑，寻求企业优势，谨慎看待企业的技能，寻找有潜力的人才和依据发展机遇来确定目标。

● 拓展新业务要注意：获利生存是新业务发展的目标；避开成长陷阱有利于新业务发展；适时断奶有利于新业务成长；领导是新业务成长的核心；跨越核心主业有利于新业务成功。

● 企业成长战略的规划包括新产品开发战略、新产品的衍生战略、新产品的国际扩张战略和企业并购战略。

● 家族企业的传承必须从以下五个方面入手：做好传承计划，编制共同愿景，组建家族理事会，创业者择时急流勇退，接班人的内培外练。

思考题

1. 企业生命周期包括哪些内容？
2. 企业生命周期理论的启示是什么？
3. 企业成长的决定因素主要有哪些？
4. 长寿企业的特征是什么？
5. 做长寿型的企业要处理好哪几方面的问题？
6. 新业务拓展的准则是什么？
7. 新业务拓展的要素有哪些？
8. 如何谋划企业成长的战略？
9. 如何做好家族企业的人事规划？
10. 家族企业的传承需要从哪些方面入手？

阅读材料

麦当劳的持续成长战略

麦当劳是全球最大的快餐连锁店，拥有3万多家连锁店、40多万名员工。

吉姆·坎塔卢波（Jim Cantalupo，1943—2004）1974年加入麦当劳，1987年成为麦

当劳国际总裁。任期内，坎塔卢波的主要业绩是成功地开拓了中国市场和包括俄罗斯在内的东欧市场。1999 年，坎塔卢波成为麦当劳全球总裁和副主席。2001 年 4 月，坎塔卢波宣布退休，但是他同意继续留在麦当劳一年以保证管理层交接工作的顺利进行。2002 年 12 月 18 日，麦当劳出现上市 36 年来的第一份打上亏损烙印的季度财报。时任首席执行官杰克·格林伯格出现一连串的失误之后，麦当劳内外充满了要求更换 CEO 的呼声。2003 年 1 月，已经退休的坎塔卢波在麦当劳一次重大管理层调整中被任命为该公司董事长兼首席执行官。此前，他已经为麦当劳效力 28 年。

从 2004 年开始，麦当劳股票的价格上涨 10.6%，成为道琼斯工业指数中表现第二好的股票。

在任何一家麦当劳快餐店，每项操作都有严格规定。从每斤牛肉用来做成的肉饼数(10 个)，到烘烤一个小圆面包所需的时间（17 秒），甚至清洗机器设备应该使用的消毒剂量（一小包兑 11.3 升水），都配有详细的说明。遗憾的是，这一图文并茂的操作手册无法保证食品到达柜台后的情况。近几年，麦当劳的店铺数一直在疯狂增长，利润总额也在年年上升，麦当劳的行政人员似乎可以高枕无忧了，但是有关服务问题的投诉仍不时传到他们的耳中。

火山口上

让他们始料不及的是，这些年来顾客的意见不仅没有减少，反而更多。据当时对顾客满意度所做的调查，麦当劳远远落后于主要竞争对手温迪快餐公司和汉堡王。更糟糕的是，在同一时期麦当劳增加资本增开新店，甚至不惜放松对特许权的管理，造成了同一地区店铺之间的残酷竞争。目前，麦当劳自身全权拥有的店铺仅有 9 000 余家，特许经营店却高达 2.2 万家，占整个麦当劳体系的 75%。很多店主在市场营销和菜单决策上拥有自主权之后，放松了对服务质量的监控，导致顾客满意度直线下降。

麦当劳的更大危机来自内部，顾客不断抱怨快餐店卫生状况不佳，员工的服务态度粗暴，所提供的食品口味差，而且品种少。公司一直遵奉的管理哲学——质量、服务、清洁和价值，似乎已经完全失效。此外，公司一贯为之骄傲的口号——欢聚欢笑每一刻，愈来愈给人以一种过时的感觉。2002 年公司的销量更是连续 11 个月负增长，第 4 季度公司亏损 3.44 亿美元，这也是自 1965 年公司上市以来第一次出现的经营亏损；当年麦当劳的股价仅为 16 美元，也是 1965 年以来前所未有的低值。内外压力之下，麦当劳已处于火山口上，火山爆发只是个时间问题。

一切为了顾客

在麦当劳的顶级培训中心汉堡包大学的入口处，行政人员似乎迷失了方向。他们已经习惯于聚集在雷·克洛克的办公室里，希望能从这位已故的精神领袖那里寻求支持。这一举动，正反映出麦当劳领导层出现的问题：缺乏一位掌握全新经营理念的总舵手。关键时刻，吉姆·坎塔卢波走马上任，使用的第一把利剑就是“顾客就是上帝”。不过坎塔卢波赋予了这句话新的内涵：争取做到量化顾客的满意度。从此，麦当劳开始与顾客交心，了解他们的就餐体验，并且不遗余力推出各种符合大众口味的健康食品。坎塔卢波的努力收到了丰硕的回报：从 2003 年 5 月开始，美国本土的“同一店铺”一直保持增长势头，到 2004 年 2 月共增长了 20.1%。2003 年每天前去麦当劳就餐的人数达到 470 万，比 2002 年增加了 100 万人，该年公司的总利润也比上一年增长了 65%，达 150 亿美元。

在伊利诺伊州橡溪镇的公司总部，坎塔卢波在首次召开高级行政人员工作会议时就强调自己的工作重心：立即停止以往疯狂增设连锁店的做法。新店开张数也从2002年的1 250家迅速下降到2003年的500家，从而保证现存的店铺有足够的发展空间。在这次会议上，坎塔卢波还开诚布公地说："如果你们对我的一些做法还心存疑虑，那么让我来告诉你们好了：一切都是为了我们的顾客。"

实施"胜利计划"

坎塔卢波热衷于对顾客的消费体验进行评估，并坦率地将数据与工作人员分享。但是以往的统计数据并不科学。例如，人们无从判断两个顾客给出相同的合格分是否意味着他们得到了相同质量的服务。于是坎塔卢波决定启用一个大家都能理解的标准，以便对遍布全球的快餐店的服务进行评估。

在此之前，麦当劳美国业务负责人迈克尔·罗伯茨曾敦促前任执行官格林伯格收集更多的顾客反馈意见。然而格林伯格反应冷淡。于是罗伯茨又建议将顾客免费热线电话印在汽水杯上，同时派人假扮顾客对快餐店服务进行匿名考评，并在考评中采用明确的数字评分。后来坎塔卢波接受了这些建议，并将之付诸行动。2003年初，坎塔卢波推出了麦当劳宣言——"胜利计划"。

该计划的目的十分明确：为顾客提供更好、更快和更佳就餐环境的服务。坎塔卢波特意聘请一些调查公司充当"神秘顾客"，每人手上都备有一份目录，根据上餐的时间、食品的温度、卖相和口味，柜台和桌子的清洁情况，甚至员工是否有对顾客展露微笑等要求给每家店铺评分。每隔半年到一年，这些评分都在麦当劳公司的内部网上更新一次，以便同一地区的店主互相比较。有了客观统一的评分标准，管理人员就可以有针对性地找出问题所在，如上汉堡包的时间较长，厕所的卫生条件较差等。新近被坎塔卢波聘请的执行副总裁兼市场部总裁拉里·赖特说："显然，知道需要评分的内容，就可以发现问题所在，从而集中精力处理。"

时间就是金钱

如果说时间就是金钱，那么缩短服务时间就是麦当劳得以生存的资本。坎塔卢波特意派遣900名技术人员到各地帮助一线快餐店，反复为每一家店铺的服务提供修改建议，同时他们还举办了为期一天的研讨会，让快餐店经理分享公司内厨房大师的诀窍，例如，如何合理安排工作人员的位置，以缩短平均服务时间中宝贵的几秒钟。

汽车顾客在美国一直是麦当劳的利润核心。流动车窗的销量占美国本土总销量的2/3，有132亿美元。每节约6秒的等待时间就意味着1个百分点的销量增长。据调查，麦当劳提高了服务速度，其标准时间从163秒缩短到157秒。虽然这一成绩已十分出色，但还可以做得更好，因为温迪快餐公司的平均时间仅为116秒。

罗伯特·玛萨尔主管汽车顾客业务，他正发动一场旨在压缩时间的战争。其中最基本的理念就是让程序简单易懂。例如，户外广告牌的广告词减少了，取而代之的是增多的图片。用液晶显示屏对顾客点餐进行确认，减少了后续服务中的混乱情况。一些美味现在使用盒装而不是纸包，这样可节省几秒钟时间。同时不同品种的三明治也被装入不同颜色的盒子以提高速度和准确率。当车子开始排起长队时，马上会有一名工作人员跑上前，一边询问一边用PDA下单。

重塑品牌价值

市场宣传也是麦当劳急需重铸活力的地方。赖特通过自己所做的调查发现，麦当劳虽赢得儿童的心，却拉大了与年轻人的距离。那句“欢聚欢笑每一刻”的口号，已无法让时尚一族提起多大的兴趣。为此，2003 年 9 月，麦当劳在全球 120 多个国家同步发起声势浩大的新品牌宣传“我就喜欢”（i'm lovin'it)，旨在通过此次重大决策，调整其品牌战略，并重新点燃雇员及顾客对麦当劳的热情。

重塑健康的形象是麦当劳未来工作的重心。多年来，汉堡包和炸薯条一直是麦当劳的当家产品，但也是许多人眼里的头号垃圾食品。近年来关于其食品大多热量太高，容易导致肥胖并由此威胁人体健康的批评声一直居高不下。为此，麦当劳不得不试图改变形象，融入当前风行世界的“瘦身”潮流中。在欧洲 16 个国家的快餐店里，麦当劳大幅减少汉堡包系列食品，取而代之的则是鸡肉沙拉、酸奶和水果碎等。此外，在产品多样化的同时，麦当劳将更多的未来发展重点放在“健康食品”上，努力走绿色环保路线。此举又为麦当劳争取了不少的回头客。

继续销售世界上最多的一样东西

正是这些得力措施使麦当劳迅速恢复了活力。2004 年上半年，麦当劳销售额再次增长 13%，达 91 亿美元，纯利润额更是比上年同期增长 38%，达 11 亿美元。10 月 13 日，麦当劳公布第 3 季度的初步财政预算，显示它的每股利润暴增了 42%，销量走势也一直保持强劲的上升势头，这也是麦当劳连续第 7 个季度显示盈利增长。

目前麦当劳全球的沙拉销量世界第一，不过它的利润中心依然是汉堡包。至于未来麦当劳的发展又将如何，正如克洛克说的：“我不知道麦当劳将来会销售些什么，但它肯定是世界上销量最多的一样东西。”

资料来源：吉姆·坎塔卢波．百度百科．

【思考】

1. 麦当劳的可持续发展战略是什么？
2. 麦当劳将来会销售些什么？

主要参考文献

1. 库拉特科，霍杰茨．创业学：理论、流程与实践：第 6 版．北京：清华大学出版社，2006.

2. 多林格．创业学：战略与资源：第 3 版．北京：中国人民大学出版社，2006.

3. 卡普兰，沃伦．创业学：第 2 版．北京：中国人民大学出版社，2009.

4. 巴隆，谢恩．创业管理：基于过程的观点．北京：机械工业出版社，2005.

5. 兰姆英，库尔．创业学：第 4 版．大连：东北财经大学出版社，2009.

6. 库拉特科，霍恩斯比．创新企业管理：创业者的路线图．北京：机械工业出版社，2009.

7. 巴林格，爱尔兰．创业管理：成功创建新企业．北京：机械工业出版社，2006.

8. 巴林杰．创业计划：从创意到执行方案．北京：机械工业出版社，2009.

9. 布莱克韦尔．创业计划书：原书第 5 版．北京：机械工业出版社，2009.

10. 蒂蒙斯，斯皮内利．创业学：第 6 版．北京：人民邮电出版社，2005.

11. 朗格内克，穆尔，佩蒂．小企业管理：创业之门：第 12 版．北京：人民邮电出版社，2006.

12. 坎贝尔，帕克．成长的博弈．北京：机械工业出版社，2006.

13. 道格拉斯．创业箴言．哈尔滨：哈尔滨出版社，2004.

14. 莱斯．精益创业：新创企业的成长思维．北京：中信出版社，2012.

15. Ash Maurya. 精益创业实战：第 2 版．北京：人民邮电出版社，2013.

16. 多尔夫，拜尔斯．创业的轨迹：从创意到一个企业的真正诞生．北京：中国人民大学出版社，2011.

17. 贝赞特，蒂德．创新与创业管理：原书第 2 版．北京：机械工业出版社，2013.

18. 斯卡泊莱，齐曼拉．小企业的有效管理：创业实务：第 7 版．北京：清华大学出版社，2006.

19. 理查德·史密斯，珍妮特·史密斯．创业金融：原书第 2 版．北京：机械工业出版社，2011.

20. 毕海德．新企业的起源与演进．北京：中国人民大学出版社，2004.

21. 奥斯特瓦德，皮尼厄．商业模式新生代．北京：机械工业出版社，2011.

22. 德鲁克．创新与企业家精神．北京：机械工业出版社，2009.

23. 德鲁克．卓有成效的管理者．北京：机械工业出版社，2011.

24. 库尔特．创业行动：第 2 版．北京：中国人民大学出版社，2004.

25. 尼尔森，克莱弗，埃瓦尔德，等．创业的悖论：原书第 2 版．北京：机械工业出版社，2021.

26. 希斯里奇，卡尼．公司内部创业．北京：中国人民大学出版社，2018.
27. 辛德胡特，莫瑞斯，皮特．创业营销：创造未来顾客．北京：机械工业出版社，2009.
28. 科特勒，陈就学，塞蒂亚万．营销革命 5.0：以人为本的技术．北京：机械工业出版社，2022.
29. 麦格拉思，麦克米兰．创业思维：在不确定时代持续创造机会的战略．北京：机械工业出版社，2021.
30. 怀斯，菲尔德．创业机会：认清那些关乎创业成败的核心要素．北京：机械工业出版社，2018.
31. 瑞德，萨阿斯瓦斯，德鲁，等．卓有成效的创业：原书第 2 版．北京：机械工业出版社，2020.
32. 拜尔斯，多尔夫，尼尔森．技术创业：从创意到企业．北京：北京大学出版社，2017.
33. 爱迪思．企业生命周期．北京：中国社会科学出版社，1997.
34. 韦伯．新教伦理与资本主义精神．西安：陕西师范大学出版社，2002.
35. 米尔科维奇，纽曼．薪酬管理：第 9 版．北京：中国人民大学出版社，2008.
36. 格哈特，瑞纳什．薪酬管理：理论、证据与战略意义．上海：上海财经大学出版社，2005.
37. 迪克西特，奈尔伯夫．策略思维：商界、政界及日常生活中的策略竞争．北京：中国人民大学出版社，2013.
38. 贺尊，贺嘉贝．创业管理学．北京：高等教育出版社，2020.
39. 张玉利．创业管理．北京：机械工业出版社，2008.
40. 梅强．创业基础．北京：清华大学出版社，2012.
41. 李家华．创业基础．北京：北京师范大学出版社，2013.
42. 胡剑锋，彭学兵．创业管理：理论、流程与实践．北京：高等教育学出版社，2012.
43. 卢福财．创业通论．2 版．北京：高等教育出版社，2012.
44. 夏清华．创业管理．武汉：武汉大学出版社，2007.
45. 李志能，郁义鸿．创业学．上海：复旦大学出版社，2006.
46. 张涛．创业教育．北京：机械工业出版社，2007.
47. 杨安，兰欣，刘玉．创业管理：成功创建新企业．北京：清华大学出版社，2009.
48. 赵淑敏．创业融资．北京：清华大学出版社，2009.
49. 高建，姜彦福，李习保，等．全球创业观察：基于 2005 年数据的分析．北京：清华大学出版社，2006.
50. 吴运迪．大学生创业指导．北京：清华大学出版社，2012.
51. 刘锋．影响世界经济的 45 条铁律．北京：新华出版社，2008.
52. 知乎．创业时，我们在知乎聊什么？．北京：中信出版社，2014.
53. 上海市教育委员会．大学生创业素质通论教师用书．北京：高等教育出版社，2011.

54. 内克，格林，布拉什．如何教创业：基于实践的百森教学法．北京：机械工业出版社，2015.

55. 朱瑜．企业员工关系管理．广州：广东经济出版社，2005.

56. 叶虹．大学生创业法律事务．北京：清华大学出版社，2009.

57. 李大玲，王文莲．企业创办实训教程．北京：经济科学出版社，2006.

58. 傅家骥．技术创新学．北京：清华大学出版社，1998.

59. 初明利，于俊如．创业学导论．北京：经济科学出版社，2009.

60. 李敏．生与死：中国企业到底能活多久．广州：广东经济出版社，2007.

61. 张玉利，李乾文，李剑力．创业管理研究新观点综述．外国经济与管理，2006 (5).

62. 邬爱其，贾生华．企业持续成长决定因素理论综述．外国经济与管理，2003 (5).

63. 姚圣娟．长寿企业的奥秘．华东经济管理，2008 (3).

64. 刘常勇．新事业：获利优先于成长．21 世纪商业评论，2005 (5).

65. 贺尊．论伦理缺失的经济学贫困．江汉论坛，2004 (7).

66. 贺尊．创业商机的来源．北大商业评论，2013 (10).

67. 孙继伟．“和谐”投资方．北大商业评论，2013 (10).

68. 刘成，朱创业，王绍东．社区参与理论的古镇旅游商业模式设计：以广元市青溪古城为例．企业导报，2011 (3).

69. 梁婧，黄全斌．以创业促就业系列报道之七：开发艺术火柴抓住新的商机．经济日报，2009-03-25.

70. 王迎军，韩炜．新创企业成长过程中商业模式的构建研究．科学学与科学技术管理，2011 (9).

71. 曾照英，王重鸣．关于我国创业者创业动机的调查分析．科技管理研究，2009 (9).

附　录
创业学混合式教学设计方案

课程平台：	中国大学 MOOC/优课联盟
授课对象：	各专业大学生
学时分配：	线上 16 学时；线下 16 学时
考核方式：	线上考核 50%+线下考核 50%

众所周知，并非只有商学院的学生在校学习创业课程。事实上，大学的艺术设计学院、工程学院、文理学院、医学院、法学院，都开设了创新创业课程，也涌现出大量的创业者。因此，在高校面向全体学生开设创业学课程有助于帮助具有不同学科背景的学生成功实现创业。换言之，通过创新精神、创业意识和创新创业能力的培养，使学生拥有凭技术悟性做决策的能力、主动工作的能力、构建人际关系的能力、识别和把握机遇的能力、创造性地解决问题的能力，可以帮助学生在不同的职业生涯中获得成功，使他们在今后的各种工作环境中更具灵活性和竞争力。这些拥有创新创业素质的大学毕业生若进入传统产业，将推动这些产业的“内创业”，促进这些传统产业开拓新的业务领域、开发新产品，提升市场适应能力和创新力。

如今，用人单位大多倾向于聘用那些具有创业思维的学生，这种“倒逼机制”更加突出了创新创业课程在造就数以亿计的高素质劳动者、数以千万计的专门人才和一大批拔尖创新人才中的基础性作用。

大众创业万众创新的深入推进，为拥有创业精神的人提供了一个良好的发展平台。时代赋予当代大学生新的使命——不仅做求职者，还要成为工作岗位的创造者，为社会创造出更多的职位，带动一大批人实现就业。具有创业素质是为自己创造机遇。因为劳动力市场的激烈竞争使职业转换频率不断加快，个人主动或被动转换职业的情况越来越普遍，很多人将在职业生涯中面临不止一次的职业选择，应把创业工作当作一条可行的职业之路，把“创业企业家”的头衔印在自己的名片上，不一定非要离开公司去施展才能。因此，当代大学生须具备就业创业的双重能力，具有多方位的职业转换能力和自主创业能力，只有这样才能适应经济社会发展的需要。这不仅是社会进步对劳动者素质提出的高要求，也是每一个劳动者实现全面和自由发展的必备素质。

为了充分发挥课堂在人才培养中的核心作用，远离“重知轻行”“重学轻思”的“低阶封闭”课堂，着力打造富有高阶性、挑战性和创新性的“金课”，切实将创意、创新、创造、合作和敢于应对不确定性的能力培养，全面融入课程体系，笔者设计了五个线下教学模块，融合了主动学习、探究式学习、项目学习、做中学、实践学习、问题导向学习、自我学习、同伴互学、团队学习等教学理念与方法，供广大师生因内容制宜、因课时制宜。这些线下作业培养了团队的合作和沟通能力，使团队成员真正意识到团队的作用，从而使创新、沟通、合作、协调这些能力得以内化，有助于激发求知欲望，提高学习效率，提升自主学习能力。

一、教学日历：混合式教学设计

（一）基本信息

课程基本信息如表1所示。

表1　课程基本信息

课程名称	创业学	课程性质	必修课
课程学分	2	总课时	32
班级数	1	平均班级人数	35～50人

（二）教学设计方案

1. 课程目标

“创业学”是一门系统阐述创业基本理论与实践的混合式课程。线上教学以“十二五”普通高等教育本科国家级规划教材《创业学》为蓝本，制作了 37 个视频、355 分钟的课程内容，可在中国大学 MOOC（https：//www. icourse163. org/）、优课联盟（https：//www. uooc. net. cn/leaque/union）、智慧树（https：//www. zhihuishu. com）等平台观看。

依据教学培养计划要求，按 32 学时分配线上线下学习资源，其中线上教学 16 学时，1 学分；线下教学（含创业实践活动）16 学时，1 学分。

线上教学：要求学生完成商业创意的发掘与评估、商业模式的开发、创业计划的撰写，新企业创建、融资与成长管理等内容的学习，将章节视频、教学文档、线上测验、作业互评、师生互动、讨论答疑、进度督促、期末考试等模块，有机融入课程，使纸质教材与视频教程有机结合，同时在课程平台上开展精细化、智能化的管理服务，不定期发布课程公告，及时解答学生疑问，鼓励学生互相评论，要求学生人均回复不低于 5 次。利用线上资源拓宽教学空间，既丰富了教学质量内涵，又提高了学习效果。

线下教学：运用建构主义等理论，由学生 5～7 人组建学习小组，按教学日历进度，要求学生完成创新能力测试、画图作业、视频采访、创业营销等线下学习任务，并在课堂上进行分享、互评与反馈，使学生了解创业的过程、相关任务以及需要汲取的知识，认同、理解并体验创业者的行事、思考、感知、沟通、组织和学习方式，培养学生独立思考能力、分析判断能力、应对不确定性能力、搜集处理运用信息能力、获取和发展新知识能力、沟通能力以及团队协作能力，增强其参与认知过程的主动性和创造性，使学生成为联结者、合作者、创造者，拥有在职业生涯中产生创业精神的动力，清楚自己的相对优势，从而达到培养学生创新创业素质能力，促进其全面、自由、个性化发展的教学目的。

2. 混合式教学进程安排

创业学混合式教学日历如表 2 所示。

表 2 创业学混合式教学日历

序号	周次	讲次	学时	教学内容（要点）	教学形式	教学活动
1	第 1 周	第 1 讲	2	第 1 章 导论：走进创业新时代 创业经济风靡全球 创新创业赢在中国 双创教育引领未来	课堂	创新能力测试；案例分析
2	第 1 周	第 2 讲	2	第 2 章 创业是什么 创业的属性 创业的过程 创业的类型	线上	在线自学

续表

序号	周次	讲次	学时	教学内容（要点）	教学形式	教学活动
3	第2周	第3讲	2	第3章　决定成为创业者 创业者的动机 创业者的特征 创业者的素质	课堂	案例分析
4	第2周	第4讲	2	实践活动1：画出创业者特征	课堂	分组画图，共同发掘新时代创业者特征，师生点评
5	第3周	第5讲	2	第4章　商业创意的发掘与评估 商业创意的发掘 商业创意的筛选	线上	在线自学
6	第3周	第6讲	2	商业创意的评估 商业模式的开发	线上	在线自学
7	第4周	第7讲	2	创业专题：商业模式的定义与构成	课堂	案例分析，分组讨论商业模式九大模块的排序
8	第4周	第8讲	2	第5章　撰写高质量的创业计划 创业计划的基本属性 创业计划的框架结构 创业计划的有效推介	线上	在线自学
9	第5周	第9讲	2	第6章　创建新企业 新创企业的法律组织形式 新创企业的知识产权保护 创建新企业的主要流程	线上	在线自学
10	第5周	第10讲	2	实践活动2：采访企业家	实践、课堂	提前分组采访企业家，拍摄视频，课堂分享评析
11	第6周	第11讲	2	第7章　新创企业的融资 新创企业的融资渠道 新创企业的权益融资 新创企业的融资流程	线上	在线自学
12	第6周	第12讲	2	实践活动3：开展微创业活动	实践、课堂	提前分组完成微创业活动，拍摄视频，课堂展示PPT、考核与评析

续表

序号	周次	讲次	学时	教学内容（要点）	教学形式	教学活动
13	第 7 周	第 13 讲	2	第 8 章　新创企业的管理精要 新创企业的管理原则 新创企业的管理要务	线上	在线自学
14	第 7 周	第 14 讲	2	新创企业的成长管理	线上	在线自学
15	第 8 周	第 15 讲	2	实践活动 4：企业家进课堂	课堂	邀请企业家分享创业成功与失败的案例
16	第 8 周	第 16 讲	2	第 9 章　新创企业的持续发展 新创企业的生命周期 新创企业的养生之道 新创企业的发展规划	课堂	案例分析

3. 课程教学策略

采用线上线下混合式教学方式，将在线教学和线下讲授的优势有机结合，运用建构主义等理论，将头脑风暴、画图、寻找机遇、个性推销练习、快速人际联络、小组评审、案例分析等多种教学方法，全程贯穿线下教学活动，有助于提高该课程的趣味性、生动性、挑战性和学生的学习效率，帮助学生建立自信，在真实的世界里帮助学生培养独立思考能力，分析判断能力，应对不确定问题的能力，搜集，处理、运用信息的能力，获取和发展新知识的能力，人际沟通以及团队协作的能力。

4. 课程考核方式（教师可自定）

成绩组成比例：线上成绩占 50%，线下成绩占 50%。

线上成绩构成：单元测验占比 35%，视频观看占比 20%，期末考试占比 35%，讨论占比 10%，合计 100%。

线下成绩构成："画图作业"考核占比 20%；"采访企业家"考核占比 20%；"微创业活动"考核占比 50%；"企业家进课堂"考核占比 10%。由小组之间互评打分，其平均值计为小组成员分。

画图作业批改采取"系统机改＋生生互评＋教师调分"的模式。

5. 课程的信息技术应用与学习支持

(1) 以中国大学 MOOC、优课联盟、智慧树等平台作为线上教学支持工具，为学生提供课程视频学习、知识文本阅读、课程内容互动讨论。

(2) 建立课程交流互动 QQ 群、微信群作为线下教学支持工具，方便学生随时随地交流学习，激发其学习兴趣。

(3) 挑选采访企业家的优秀视频作品进行点评。

(4) 举办结课典礼暨线下作业评比表彰会。

6. 课程的效果

通过线上平台，搭建生生互动、师生互动学习交流的平台，拓宽教学空间，丰富教学质量内涵。运用大数据管理学习进度，对进度落后者发布督促邮件，提高课程学习效果。精心设计线下活动内容，提升课程的趣味性和生动性。如以小组为单位开展“5元钱公益派送”活动。作业布置下来后，许多学生都认为送钱“太容易不过了”，通过亲身体验后，发现有意义的事不一定都能算出来，算出来的事不一定都有意义。通过这种全新的理念和教学模式的综合运用，培养了学生独立思考能力、分析判断能力、应对不确定性能力、搜集处理运用信息能力、获取和发展新知识能力、人际沟通能力以及团队协作能力，增强了学生参与认知过程的主动性和创造性。

总的看来，通过线上学生的自主学习，为线下做知识铺垫，实现基本知识点的学习与积累；线下是线上学习的延伸，利用课堂教学优势，开展线下实训活动，有效地实现了线上知识讲授与线下能力培养的有机融合，使学生成为视频制作的导演者、知识的发掘者、学习的主导者、创业角色的扮演者，从而达到培养学生创新创业素质能力，促进其全面、自由、个性化发展的教学目的。

二、创新创业：素质能力测试

【说明】下面有40道题目，每道题目按表现频率打分：1分代表从来没有；4分代表一般情况；7分代表几乎总是。把各项分数加起来，先算出八大类的小分，再算出总分。

（一）创意和创新：有能力识别机会和挑战，持续创新

1. 迅速吸收和应用新的想法和信息。

1	2	3	4	5	6	7

2. 能够清晰地看到未来。

1	2	3	4	5	6	7

3. 能够在资源有限的情况下找到新方法，获得更好的结果。

1	2	3	4	5	6	7

4. 善于判断哪个想法值得开发。

1	2	3	4	5	6	7

5. 能想到很多新主意和工作方式。

1	2	3	4	5	6	7

小计：

（二）结果和行动为导向：能够富有战略性地思考问题，对反馈做出灵活反应

1. 直接关注要完成的任务。

1	2	3	4	5	6	7

2. 勇于尝试别人躲避的风险。

1	2	3	4	5	6	7

3. 当其他人都放弃了的时候，自己勇于坚持。

1	2	3	4	5	6	7

4. 敦促自己和他人取得成果。

1	2	3	4	5	6	7

5. 愿意突破条条框框来克服障碍。

1	2	3	4	5	6	7

小计：

（三）有主张和谈判：能够为自己和生意争取最大的利益

1. 遇到反对意见能够有效反击。

1	2	3	4	5	6	7

2. 实话实说。

1	2	3	4	5	6	7

3. 随机应变，获得先机。

1	2	3	4	5	6	7

4. 时间观念强。

1	2	3	4	5	6	7

5. 尽管很困难，不介意单打独斗。

1	2	3	4	5	6	7

小计：

（四）个人营销：能够推销自己，做市场调查，获取最大好处

1. 通过强有力的沟通获得别人的注意。

1	2	3	4	5	6	7

2. 为了自己勇于采取行动。

1	2	3	4	5	6	7

3. 注意倾听，了解别人的需求。

1	2	3	4	5	6	7

4. 主动要求多干活。

1	2	3	4	5	6	7

5. 知道如何满足别人的需求。

1	2	3	4	5	6	7

小计：

（五）财务敏感度：有财务管理战略，有获得最高回报的能力

1. 能够准确评估某项提议的财务状况。

1	2	3	4	5	6	7

2. 计算能力强。

1	2	3	4	5	6	7

3. 对市场做出符合实际的预判。

1	2	3	4	5	6	7

4. 不断寻求更好的交易和回报。

1	2	3	4	5	6	7

5. 愿意在计算风险后冒险。

1	2	3	4	5	6	7

小计：

（六）领导力和团队合作：在合作的基础上引领团队和项目的能力

1. 重要的决定让大家都参与。

1	2	3	4	5	6	7

2. 能听进别人的意见。

1	2	3	4	5	6	7

3. 决定艰难时勇于承担责任。

1	2	3	4	5	6	7

4. 让大家知道各自所处的位置。

1	2	3	4	5	6	7

5. 能够绘制出诱人的未来蓝图。

1	2	3	4	5	6	7

小计：

（七）个人功夫和信心：掌控个人的信仰和情绪，使之成为资源

1. 从失败中吸取教训。

1	2	3	4	5	6	7

2. 虚心接受批评。

1	2	3	4	5	6	7

3. 冒险决策的时候沉着冷静。

1	2	3	4	5	6	7

4. 快速做出明智决定。

1	2	3	4	5	6	7

5. 抓得住机会。

1	2	3	4	5	6	7

小计：

（八）交际圈子和销售：有能力通过销售和沟通对活动和他人产生影响

1. 在大的商业环境下制定自己的规划建议。

1	2	3	4	5	6	7

2. 了解竞争产品和人。

1	2	3	4	5	6	7

3. 采取行动的时候从客户的角度出发。

1	2	3	4	5	6	7

4. 对人能够做出准确判断。

1	2	3	4	5	6	7

5. 获得他人的支持。

1	2	3	4	5	6	7

小计：

测试结果分析：

（1）估值在 40～159 分，表示创新能力有待提高；

（2）估值在 160～200 分，表示创新能力达到正常水平；

（3）估值在 201～280 分，表示创新能力较强。

三、画图作业：描绘创业者特征或商业创意

【线上作业提交要求】

1. 邀请同学组建一个 5～7 人的学习小组，共同画出新时代的创业者特征图。
2. 给学习小组起个“高大上”的名字，例如“一带一路”创享未来组。
3. 用 QQ 截图通过慕课平台上传小组成员的合影照片以及手持“创业者特征图”的个人照片。

【线下作业分享要求】

首先，让第一组成员站列讲台前面，把创业者“素描”特征图贴在黑板上，其他小组成员补充完善一个创业者的“特征”，并写在黑板上，以此类推进行。

【画出你的商业创意】

把问题视作机遇。将学生分成 5～7 人的学习小组，要求他们做“头脑风暴”练习，在精益创业画布上，描述近来个人经历的或观察到的一些事情中存在的问题或机遇。例如，在工作中、在俱乐部、在家里、在社区、在休闲度假时、在公共场所等地方所发生的事情，寻找适合创办企业以解决问题的商业创意。目的是去确认、评估这些创意。基于组织讨论，分享精益创业思路：问题、客户、独特卖点、解决方案、渠

道、收入分析、成本分析、关键指标、门槛优势，并通过投票评选出哪个小组的描述最让人信服。

<table>
<tr><th colspan="6">精益创业画布</th></tr>
<tr>
<td rowspan="2">1 问题
最需要解决的三个问题：
a.
b.
c.</td>
<td>4 解决方案
产品最重要的三个功能：
a.
b.
c.</td>
<td colspan="2" rowspan="2">3 独特卖点
用一句简明扼要但引人注目的话，阐述为什么你的产品与众不同，值得购买：</td>
<td>9 门槛优势
无法被对手轻易复制或者买去的竞争优势：
a.
b.
c.</td>
<td rowspan="2">2 客户群体分类
目标客户：
a.
b.
c.</td>
</tr>
<tr>
<td>8 关键指标
应该考核的关键指标：
a.
b.
c.</td>
<td>5 渠道
如何找到客户：
a.
b.
c.</td>
</tr>
<tr>
<td colspan="3">7 成本分析
争取客户所需花费：
销售产品所需花费：
网站建设费用：
人力资源费用等：</td>
<td colspan="3">6 收入分析
盈利模式：
客户终身价值：
收入：
毛利润：</td>
</tr>
<tr><td colspan="3">产品</td><td colspan="3">市场</td></tr>
</table>

资料来源：Maurya. 精益创业实战. 北京：人民邮电出版社，2013：4.

最后，教师对创业者特征或商业创意进行归纳总结。①

四、视频采访：与企业家面对面

（一）采访提纲

围绕以下 3～5 个问题，采访你身边的企业家。

1. 您出于什么原因创业？
2. 您的亲朋好友支持您的创业行为吗？
3. 创业前您是否有过销售或其他相关工作经历？
4. 您现在遇到的创业困难是什么？
5. 您觉得创业融资难、融资贵吗？
6. 哪些创业优惠政策对您公司帮助最大？
7. 您公司最喜欢招聘拥有什么能力素质的大学生？
8. 做创业者要有什么能力？
9. 其他想咨询的创业问题，可以自拟。

---

① 笔者的教学实践证明，学生们很难将创业者与就业者完全区分开，也就是说，通过这种图画教学法可以让学生明白，创业者与就业者基本上是合而为一的，他们的特征基本相似。

（二）视频要求

1. 邀请家人或身边朋友、同学协助完成。

2. 用手机或相机的视频功能拍摄采访视频，并按以下要求将视频剪辑好后，上传至课程平台作业端，以便老师批阅。

（1）拍摄视频前，请拿着本人校园卡或学生证，自我介绍。例如：大家好，我是武汉科技大学法学与经济学院金融科技专业2023级学生，我叫贺禧宝，在广东深圳完成本次采访任务。

（2）视频长度3～5分钟为宜，视频大小不超过150M，最大可传200M。

（3）拍摄场地选择在采访者的办公室、工作室以及环境优美的场所。

（4）画面不要过度曝光或光线过暗，尽量做到声音画面清晰，无噪点。

（5）视频中最好有采访者的合影照以及协助完成拍摄任务的伙伴。

五、创业营销：微创业活动

【学习要求】

以5～7人学习小组为单位，走出校园，把5元现金送给一个陌生人（不能送给与小组成员认识的人）。步骤如下：

第1步：请每个小组成员直接在下方空白处完成目标问题。

（1）你们准备把钱送给什么样的人（年龄、性别、性格等）？

答：

（2）为什么要选择送给这样的人？

答：

（3）到哪儿去找这样的人？

答：

第2步：小组成员达成共识后，完成表格中的行动计划列，预测收钱者的反应。

问题	行动计划	预测收钱者会有怎样的反应
打算怎么开口？		
以什么样的理由把钱送给对方？		
送钱对象会说什么，做什么？		

第3步：采用视频等方式，记录收钱者的真实反应。

第4步：用PPT、视频等方式，回到课堂上进行汇报展示。

第5步：请其他小组成员按以下考核表互评打分。

指标	观测点	评价内容	分值	考核分
方案设计和实施的可行度	挑战性 创新性	方案设计和实施等方面的创新程度	20	
实施过程中的不确定性以及发现和解决问题的方法	新颖性 创造性	团队应变能力、合作能力、沟通能力等	20	
PPT 及视频演示效果	美观性	课件制作清晰度、视觉效果	15	
成员从行动中获得的收益	收益性	每个成员的受益程度及贡献	15	
行动计划的总结与反馈	启迪性 借鉴性	丰富和建构了新知识、新想法等	15	
课堂分享	流畅性	准备充分，衔接紧凑	15	
合计				

第 6 步：公布每个小组的得分，排名前三的小组，教师可以颁发证书给予奖励。

第 7 步：教师点评、反馈、总结。

学习是作为活动的结果而发生的。所有的活动都是有目的的，通过参与活动，学习得以发生。在真实的活动中，学习能最佳发生。实现课堂教学由相安无事、回答是或否，情感交流、批评质疑，最后升华到辩论，让学生进行应用和归纳，通过启发、讨论、参与、互动、体验和发现来实现。教师的角色转变为激励者，发挥着支持、指导、监督学习过程的作用，激励学生建立自信去直面问题，鼓励学生拓展自己的认知，使学生的角色转换为知识的发掘者、学习的主导者、创业的扮演者。

中国人民大学出版社　管理分社

教师教学服务说明

中国人民大学出版社管理分社以出版工商管理和公共管理类精品图书为宗旨。为更好地服务一线教师，我们着力建设了一批数字化、立体化的网络教学资源。教师可以通过以下方式获得免费下载教学资源的权限：

★ 在中国人民大学出版社网站 www.crup.com.cn 进行注册，注册后进入“会员中心”，在左侧点击“我的教师认证”，填写相关信息，提交后等待审核。我们将在一个工作日内为您开通相关资源的下载权限。

★ 如您急需教学资源或需要其他帮助，请加入教师 QQ 群或在工作时间与我们联络。

中国人民大学出版社　管理分社

教师 QQ 群： 648333426（工商管理）　114970332（财会）　648117133（公共管理）
教师群仅限教师加入，入群请备注（学校＋姓名）

联系电话： 010-62515735，62515987，62515782，82501048，62514760

电子邮箱： glcbfs@crup.com.cn

通讯地址： 北京市海淀区中关村大街甲 59 号文化大厦 1501 室（100872）

管理书社　　人大社财会　　公共管理与政治学悦读坊